GEISSLER: ERZIEHUNGSMITTEL

ERZIEHUNGSMITTEL

Von

Erich E. Geißler

5., durchgesehene Auflage

1975

VERLAG JULIUS KLINKHARDT · BAD HEILBRUNN/OBB.

»Vielleicht, daß die Erziehung immer besser werden, und daß jede folgende Generation einen Schritt näher tun wird zur Vervollkommnung der Menschheit; denn hinter der Edukation steckt das große Geheimnis der Vollkommenheit der menschlichen Natur. Von jetzt an kann dieses geschehen. Denn nun erst fängt man an, richtig zu urteilen, und deutlich einzusehen, was eigentlich zu einer guten Erziehung gehöre. Es ist entzückend, sich vorzustellen, daß die menschliche Natur immer besser durch Erziehung werde entwickelt werden, und daß man diese in eine Form bringen kann, die der Menschheit angemessen ist. Dies eröffnet uns den Prospekt zu einem künftigen glücklichern Menschengeschlechte.«

Immanuel Kant (Cassirer VIII/460)

»Ich halte dafür, daß das einzige Ziel der Wissenschaft darin besteht, die Mühseligkeit der menschlichen Existenz zu erleichtern.«

Bertolt Brecht, in: Leben des Galilei

1975. 7. KK. Alle Rechte vorbehalten
Gesamtherstellung: Graphischer Großbetrieb Friedrich Pustet, Regensburg
Printed in Germany 1975
ISBN 3 7815 0200 7

Vorwort

›Erziehung‹ betrachten heute viele mehr und mehr als einen abgestandenen Begriff. Die unterschwellig vor allem über die Sozialisationsforschung sich einschleichende Annahme eines totalen Determinismus, die Lehre von den Sozialschichtsspezifika, die man sich oft als unaufhebbare Wirkzwänge vorstellt, die Annahme eines »Mechanismus« im Sozialgeschehen, von dem man gerne spricht, verbreiten, gewollt oder ungewollt, reflektiert oder nicht, das Leitbild unangreifbarer Außensteuerung, der der einzelne schlechthin ausgeliefert sei. In Weiterführung solcher Annahmen erscheint dann Erziehung gleichsam als Derivat jener letzten Romantiker, die diesen Determinismus noch nicht sehen und deshalb irrtümlich an einer Selbstverfügbarkeit des Individuums festhalten.

Diese in der Gegenwart offensichtlich kulminierende ideengeschichtliche Entwicklung kontrastiert in eigenartiger Weise mit einer in ihrer Anzahl kaum noch zu übersehenden Fülle verschiedener bekenntnishafter Formeln, wie etwa der Forderung nach Selbstbestimmung, nach individueller Unabhängigkeit oder sogenannter Feldunabhängigkeit, schließlich dem bekannten Schlagwort der Emanzipation: alle sollen sich und andere »befreien«. Die tatsächlich bestehenden Abhängigkeiten im sozialen Bezugssystem werden dann entweder nicht gesehen oder geleugnet oder auf das Konto der bestehenden gesellschaftlichen Verhältnisse geschoben, nach deren Veränderung endlich das goldene Zeitalter totaler Freiheit anbrechen werde.

So pessimistisch orientiert sich jene ersten Annahmen erweisen, in denen das Individuelle auf eine Funktion im übergeordneten Sozialmechanismus reduziert wird und Erziehung sich in Assimilation auflöst, so optimistisch sind im Grunde jene anderen, die die Lösung individueller Leiden durch Veränderungen gesellschaftlicher Rahmenbedingungen erhoffen und, in Konsequenz dieser Annahme, Erziehung weithin durch politisches Handeln ersetzen wollen. Beide in ihren Folgerungen stark differierenden Konzepte entstammen indes der gleichen Annahme: das Individuelle sei nur als Funktion eines größeren konkreten Allgemeinen zu begreifen.

Will man die mit dieser definitio negativa der Individualität gesetzten letztlich immer destruktiven, weil zur Inhumanität tendierenden Konsequenzen vermeiden, muß man davon ausgehen, daß Erziehung ein ubiquitäres Phänomen ist, das mit Sozialisation (dem Insgesamt sozialer Beeinflussungen) zwar stark korrespondiert, mit ihr indes keineswegs deckungsgleich ist. Der Erziehung geht es nicht nur darum, eine nachfolgende Generation einfach in bestehende Verhältnisse einzuordnen. Ihr geht es allerdings auch nicht nur um die berühmte Dimension der Zukunft, sondern vornehmlich um eine derartige Stabilisierung des Individuums, daß es unter gegenwärtigen Bedingungen handlungsfähig wird, Selbständigkeit gewinnt und sein Handeln unter jene moralischen Maximen zu stellen in der Lage und bereit ist, ohne die gerechte soziale Verhältnisse sich weder entwickeln noch erhalten können.

In der Verfolgung dieses Erziehungsziels muß in erziehungswissenschaftlichen Analysen vor allem ein Gesichtspunkt stärker als bislang verfolgt werden: das sind die von pädagogischen Alltagssituationen ausgehenden, in ihrer Bedeutung und Wirktendenz zumeist überhaupt nicht richtig erkannten Nebeneffekte sozialer Handlungen: Eltern loben oder tadeln, Kinder spielen miteinander, Jugendliche wetteifern, von klein auf werden Arbeiten ausgeführt, mit denen Erfolg oder Mißerfolg verbunden sind. Dies alles ist immer auch ein wichtiges pädagogisches Geschehen, das allerdings in seiner Bedeutung weithin unbeachtet bleibt. Derartige Vorgänge, wie sie eben erwähnt worden sind, lassen sich indes auch analysieren. Man kann nachsehen, welche Wirkungen von ihnen ausgehen und wie sie sinnvoll verändert werden könnten.

Sicher ist, daß pädagogische Möglichkeiten immer von bestimmten Voraussetzungen abhängen, zu denen vor allem soziale Konstellationen gehören. Sicher ist indes auch, daß Eltern, Lehrern, Erziehenden, von einigen Extremsituationen abgesehen, ein verhältnismäßig großer Entscheidungsfreiraum bleibt, in dem pädagogisch kontrolliertes Handeln durchaus möglich ist. Alle direkte pädagogische Verantwortung aufzulösen und sie auf soziale Rahmenbedingungen abzuschieben, würde letztlich menschliche Existenzbedingungen nicht verbessern, sondern vielmehr die Basis individueller Lebensführung endgültig zerstören.

Den Erziehenden diesen Spielraum individueller Entscheidungsfreiheit gegenüber der Determinismusgläubigkeit des Zeitgeistes wieder in die Erinnerung zurückzurufen, ist ein Hauptanliegen der vorliegenden pädagogischen und zugleich allgemein anthropologischen Analysen. Sie sind außerdem als theoriereflektierte Praxisanleitung gedacht: für Elternseminare, für die Ausbildung von Kindergärtnerinnen und Vorschulerziehenden und natürlich vor allem für die Lehrerbildung. Reflexionen über die erzieherische Auswirkung schulischer Lernabläufe sind besonders wichtig. Denn in der gegenwärtigen Schulsituation entscheiden gar nicht so sehr die Eltern über das Bildungsschicksal ihrer Kinder, wie das meist behauptet wird. Die ersten großen Entscheidungen über Erfolg und Mißerfolg und davon abhängig über das Zukunftsschicksal eines Heranwachsenden fallen in der Schule. Hier entscheidet sich außerdem, ob ein Leben in psychischer Ausgeglichenheit möglich ist oder unter beständigem Druck und entsprechender Angst geführt werden muß. Deshalb ist es eine pädagogisch unverzichtbare Forderung, daß auch in der Schule auf die erzieherische Gesamtsituation des Kindes stärker Rücksicht genommen wird. Deshalb sind Analysen der Phänomene vordringlich, die jene erzieherische Gesamtsituation vor allem bedingen. Dazu gehören die hier beschriebenen Erziehungsmittel.

Diese 1966 zum ersten Mal veröffentlichten Analysen, die eine erfreulich weite Verbreitung gefunden haben, sind für die vorliegende Fassung gänzlich neu bearbeitet worden. Dazu habe ich viele Anregungen und kritische Hinweise durch die Teilnehmer meines Oberseminars erhalten, denen ich dafür herzlich danken möchte.

Bonn, im März 1973   Erich E. Geißler

Inhalt

6. Spiel

1. Erziehungsziele – Erziehungsmittel – Erziehungsfeld

1.1 Über Erziehung und Erziehungsziele

1.1.1 Assimilatorische Tendenzen

Ehe man Mittel aufsuchen kann, muß man wissen, wozu man sie gebrauchen will, denn dem Mittel geht der Zweck voraus. Es ist deshalb notwendig, daß wir uns erst über den Zweck der Erziehung verständigen, ehe nachgesehen werden kann, welche Mittel dafür je und je eingesetzt werden können. So werden, um ein beliebtes Beispiel zu wiederholen, Lob und Strafe dort gänzlich andere Funktionen haben, wo zum »Untertan« oder zur »Abhängigkeit« gedrillt werden soll, als dort, wo man »freie Bürger« zur »Selbstbestimmung« bilden möchte. Unterschiedlich werden dann auch die Bewertungen der verwendeten Mittel im einen wie im anderen Falle sein müssen.

In der Geschichte der Pädagogik ist der Begriff Erziehung auf vielfältige Weise ausgelegt worden[1]. Er gehört zu den randlosesten der pädagogischen Fachsprache[2]. Diesen Umstand kann man allerdings weder den Erziehern noch den Erziehungswissenschaftlern anlasten, denn über die Art, wie man Erziehung interpretierte, bestimmte selten der Gegenstand allein, sondern außerdem verschiedenartige, teils verhüllte, teils unverhüllte Interessen verschiedener Gruppen und politischer oder weltanschaulicher Systeme, in denen von vornherein die Erziehungseinrichtungen als ausführendes Organ vorgegebener Aufgaben betrachtet wurden[3]. So entstanden dann etwa spartanische, monastische, ritterliche, nationalistische, politische Erziehungsideale; hier totalitaristisch, dort liberalistisch orientierte Erziehungskonzeptionen. Pädagogik blieb im einen wie im anderen Falle auf eine Explikation der angemessenen Methode beschränkt, mit der die ihr vorgegebenen Ziele erreicht werden konnten[4]. Die Diskussion, welche Kompetenz und Autonomie einer Erziehungswissenschaft und den einzelnen Erziehungsinstitutionen zukomme, hält bis in die Gegenwart hinein an, und die Gefahr, daß Erziehung als Vollzugsorgan vorgegebener politischer Entscheidungen angesehen werden könnte, ist keineswegs kleiner geworden.

Zwar hatte bereits Herbart gefordert, daß sich die »Pädagogik so genau als möglich auf ihre einheimischen Begriffe besinnen und ein selbständiges Denken mehr kultivieren möchte; wodurch sie zum Mittelpunkt eines Forschungskreises würde und nicht mehr Gefahr liefe, als entfernte, eroberte Provinz von einem Fremden aus regiert zu werden[5].« In der Tat bemühten sich auch die Nachfolger Herbarts um die Grundlegung einer eigenständigen Erziehungswissenschaft, auf dem Boden eines philosophisch-anthropologischen Konzepts, in dem der aufgeklärte Mensch, seine Selbständigkeit, seine Fähigkeit zu eigener Urteilsbildung und entsprechender Handlungsmächtigkeit als wichtigstes Ziel des Erziehungsprozesses auftraten[6]. Aber die alsbald von Dilthey geäußerte Kritik, daß jedes Individuum an die vorgegebenen gesellschaftlichen Rahmenbedingungen gebunden bleibe[7], ließ deutlich werden, daß Erziehung immer auch Assimilation darstellt. Der ebenfalls von Dilthey geäußerte Zweifel an der Möglichkeit gültiger Voraussagen über die Tendenzen historisch-gesellschaftlicher Entwicklungen schränkte Erziehung erneut auf eine Funktion im fortwährenden gesellschaftlichen Assimilationsprozeß ein. Wiederum erschien sie nur noch als »angewandte Psychologie«, das heißt als Methode der Vermittlung, über deren Inhalte und Ziele von anderer Seite bestimmt wird[8].

1.1.2 Individualität

Zwar ist es richtig, daß die Inhalte und Ziele der Erziehung, ohne deren Analyse man Erziehungsvorgänge nicht bestimmen kann, in einer dauernden Veränderung begriffen sind, über die nicht Erziehungsinstitutionen und Erzieher allein befinden können[9]. Es stimmt auch, daß, wie die Sozialisationsforschung deutlich gemacht hat, der größere Teil der Verhaltensformung über Gewöhnung, Identifikation und Internalisation erfolgt, also funktionale Assimilation ist[10]. Es läßt sich schließlich nicht bestreiten, daß um der (trotz aller begehrten Veränderungen doch notwendigen) gesellschaftlichen Kontinuität willen Erziehung zu einem größeren Teil auch absichtlich auf Assimilation ausgerichtet sein muß[11]. Gleichwohl blieb und bleibt ein deutliches Unbehagen an der Auffassung, Erziehung erschöpfe sich in einer teils unabsichtlichen, teils absichtlichen Angleichung der Heranwachsenden an die Inhalte der gegenwärtigen Gesellschaft. Die Heftigkeit reformpädagogischer Kritik[12], die zum großen Teil in gegenwärtige kritische Ansätze eingegangen ist[13], läßt sich von daher begreifen.

Diese Kritik richtete und richtet sich vor allem gegen teils hergebrachte und nicht weiter reflektierte Annahmen, teils gegen moderne funktionalistische Leitbilder, die das Individuelle mehr als Minusposten definieren und es als eine Funktion des vorgegebenen gesellschaftlichen Rahmens betrachten. Zwar wird anerkannt, daß Erziehungsvorgänge stets unter dem Einfluß konkreter gesellschaftlicher Konstellationen ablaufen. Diese Vorgänge erscheinen jetzt aber erheblich vielschichtiger, einfache Assimilation außerordentlich fragwürdig; zumindest ist die Erkenntnis nötig, daß man nicht einfach auf das Individuum einwirken könne, bis es soziabel sei, sondern daß offensichtlich alle Gesellschaften in allen ihren Verhältnissen und Bereichen beständiger Veränderungen bedürfen, ehe sie selber den Rechtsansprüchen genügen können, die mit einer qualitativ positiv begriffenen Individualität gesetzt sind[14].

Von da aus erhielt Pädagogik, in deren Praxis sich die negativen Auswirkungen eines allzu unbekümmerten Assimilationsprozesses am ehesten zeigten, gesellschafts- und ideenkritische Aufgaben, die sie in der Praxis und in der Theorie aus der Funktion eines reinen Vollzugsorgans heraushoben[15]. Damit mußte zugleich auch die einzelne Person und die Ausbildung ihrer Fähigkeit selber zu urteilen, zu prüfen, zu wählen, zuzustimmen, aber auch zu verwerfen ungleich stärker als ehedem in das Zentrum pädagogischen Interesses treten[16].

Aber selbst dort, wo man Erziehung weiterhin primär als sozialen Erneuerungsprozeß durch Assimilation der Heranwachsenden begreift – sei dies aus politischen Vorentscheidungen, sei es infolge einer bestimmten Sozialisationstheorie –, verschoben sich die Erziehungsziele merklich auf die Seite individueller Entscheidungsfähigkeit. Aus mehreren Gründen:

a) Selbst, wo man einen positiven Individualitätsbegriff (durch Einmaligkeit, Jemeinigkeit und die prinzipielle Fähigkeit zum mündigen Verhalten ausgezeichnet) als spekulativ ablehnt, muß man doch von der Tatsache ausgehen, daß es nirgends mehr die Art von geschlossener Gesellschaft gibt, die ohne individuelle Entscheidungskompetenz auskäme. Je weniger aber unreflektierte Assimilation genügt, desto mehr Nachdruck muß man auf die Wahl- und Entscheidungsfähigkeit des einzelnen legen.

b) Dann hat sich auch in der Verhaltensforschung, in der zunächst Lernen mehr assoziativ-assimilatorisch verstanden wurde, mit dem Aufkommen der Rollentheorie[17] eine beträchtliche Veränderung vollzogen. Wenn man heute »Ich« als Komposition zweier kontradiktorischer Positionen begreift[18]: einerseits »Sein-wie-die-anderen« (me), andererseits »Sein-wie-kein-anderer« (I), dann zeigt sich in diesem »Sein-wie-kein-anderer« doch wohl offensichtlich mehr als nur eine zufällige Konstellation funktionaler Eindrücke. Dies wäre wiederum nur eine definitio negativa von Individualität. Positiv kann »Ich« aber erst bestimmt werden, wenn man es als ein Entscheidungszentrum ansieht, das selbständig sach- und situationsorientierte Urteile bilden kann und in der Lage ist, sein Handeln diesen Urteilen entsprechend zu bestimmen[19].

c) Eine letzte Überlegung zu diesem Problem entstammt einer individualitätsorientierten pädagogischen Anthropologie[20]. Es ist der von historisch unterschiedlichen gesellschaftlichen Ausprägungen unabhängige Gedanke, daß auch jede rechtmäßige Assimilation persönliche Willensakte und individuelle Entscheidungen nicht ausschalten darf. Wenn wir auch inzwischen hinreichend wissen, daß jeder Internalisation (d. h. jeder Verinnerlichung einer Forderung) etwas Manipulatorisches anhaftet, so hängt doch die pädagogische Qualität einer solchen Einflußnahme immer davon ab, ob der Belehrte die sachlichlogischen Bedingungszusammenhänge der Forderung erkennen und als richtig beurteilen kann. Ansonsten bliebe Erziehung, selbst wenn sie sich der sanften Mittel sozial-integrativer Stilformen bediente, nur dressurhafte Außensteuerung.

1.1.3 Selbständigkeit

So sicher es ist, daß man keine Erziehungsvorgänge ohne eine entsprechende Berücksichtigung ihrer konkreten Zielsetzungen beschreiben kann, und so sehr derartige Ziele und vor allem ihre inhaltlichen Voraussetzungen in dauernder Veränderung begriffen sein mögen, so wird man doch, nach den vorangegangenen Überlegungen, an einem Prinzip festhalten müssen: Auf welche detaillierten Ziele einzelne Erziehungsvorgänge auch ausgerichtet sein mögen und an welchen Inhalten sie auch anknüpfen, Erziehung wird immer darauf aus sein müssen, daß der Heranwachsende die Begründungszusammenhänge angesonnener Rollen, Verhaltensformen, Einstellungen, Werthaltungen kennt und sie selbständig logisch nachvollziehen, eventuell durch reflektierte Einwände kritisieren kann und den Spielraum zum begründeten Nein-Sagen behält.

Wenngleich man hier noch einmal einschränken muß, weil diese selbständige Einsicht in den Sinn geforderter Handlungen keineswegs immer den Handlungen vorausgehen wird, vor allem nicht während der Phase der Kleinkinderziehung, bleibt dennoch dieses Prinzip gültig: Erziehung ist Verselbständigung eines noch Unselbständigen (der sog. interimistische Charakter der Erziehung[21]). Was immer dann im einzelnen geschehen mag: Angewöhnung, Verhaltenstraining, Wissensvermittlung, Lenkungen oder Gegenwirkung, ob die Einwirkung absichtlich oder unabsichtlich erfolgt – es ist keine Erziehungssituation denkbar, für die dieses Kriterium: Verselbständigung eines Unselbständigen nicht zuträfe. Selbst wo man einen (zeitweiligen) unbedingten Gehorsam fordern mag, soll dieser eine Bewegung des je eigenen Willens darstellen und nicht einfach nur im Verhältnis von Druck und Reaktion erfolgen. Gleiches gilt auch für Gewöhnungsvorgänge, sofern sie pädagogische Qualität besitzen sollen. Obwohl sie auf eine Mechanisierung bestimmter Verhaltensabläufe zielen, brauchen sie, wenn sie sich von Dressur unterscheiden sollen, eine Phase begründenden Bewußtmachens, damit die Bedeutung übernommener Verhaltensmuster verstanden und geprüft werden kann[22].

Mag deshalb auch von verschiedenen weltanschaulichen Standpunkten her den jeweiligen Erziehungssystemen eine unterschiedliche Begründung gegeben werden und die dazugehörige Hierarchie von Erziehungszielen von System zu System und dort außerdem noch von Epoche zu Epoche variieren: in einem scheint ein Consensus über ein erstes Erziehungsziel möglich, der die Möglichkeit gibt, pädagogische Praxis wie Theorie gegenüber einem heteronomen Zugriff zu sichern. Seine Begründung ist zeit- und gesellschaftsunabhängig, wenngleich natürlich Kenntnis und erst recht Konkretisierung dieses Zieles von vielfältigen gesellschaftlichen Faktoren bestimmt bleibt. Das ist die Ansicht, daß menschliches Leben keinem bloßen Ablauf gleichen solle, dem das Individuum ohne Einsicht und ohne die Möglichkeit zu eigenen Entscheidungen einfach unterworfen wäre, gleich, unter welchen Weltanschauungen das immer erfolgen mag, sondern daß es als Aufgabe und Leistung selbständig und verantwortlich geführt werden muß, so daß das Ich als ein in seinen Willen eingebettetes, durch seine Freiheit verantwortetes und durch sein Handeln bewirktes Werk seiner selbst angesehen werden kann[23]. Die in Mode gekommene Bezeichnung »Selbstbestimmung« ist nur die zum Schlagwort verkürzte Formel dieser pädagogischen Ansicht[24].

1.1.4 Erziehung als vormundschaftliche Leitung. Der interimistische Charakter der Erziehung

Sicher ist natürlich, daß zur Realisation dieses Erziehungszieles objektive Voraussetzungen gegeben sein müssen. Allenthalben anzutreffende außensteuernde Mechanismen (angefangen bei sozialschichtspezifischen Einflüssen in der Familie bis zu unerkannten Organisationsauswirkungen in der Schule) sind häufig so mächtig, daß Selbständigkeit entweder überhaupt nicht zustande kommt, auf beiläufige Bereiche beschränkt bleibt (Hobby und Freizeit) oder aber sich als eine nur scheinbare herausstellt, weil Lenkungsmechanismen (Reklame, Mode, Trends) Entscheidungen insgeheim suggerieren. Dies alles als richtig vorausgesetzt, kann Erziehung doch nur immer erneut den Versuch unternehmen, in diesem komplexen Feld direkter oder insgeheimer Determinationen jene individuelle Selbständigkeit herzustellen, ohne die menschliches Leben in der Tat nicht mehr wäre als fremdgesteuerte Konditionierung und Programmierung.

Das pädagogische Leitziel: Verselbständigung von Individuen gilt deshalb trotz bestehender Schwierigkeiten, fehlender Voraussetzungen und unterschiedlicher Erziehungssysteme immer und überall. An dieser Zielbestimmung hängt zugleich die Selbständigkeit der Erziehungsorganisationen, der Erzieher und schließlich auch der Erziehungswissenschaft insgesamt, von welchen verschiedenen »Menschenbildern« und Gesellschaftsordnungen her man ansonsten auch Erziehung betrachten mag.

Nun stehen dieser pädagogischen Leitidee individueller Selbständigkeit aber nicht nur vielfältige gesellschaftliche Zwänge entgegen. Sie hat außerdem ihren beträchtlichen Widerspruch in sich selber. Dieses Vermögen, sich selber zu bestimmen, ist weder von Anfang an da, wie in einer in den letzten Jahren erneut popularisierten Theorie autonomer Triebregulation gedacht wird[25], noch kann sie unmittelbar Produkt heteronomer Maßnahmen sein, weil man zuvor die beträchtliche logische Schwierigkeit auflösen muß, wie ein Widerspruch einer Sache zu ihrer Voraussetzung gemacht werden kann, denn heteronome Erziehungsmaßnahmen bedeuten das Gegenteil autonomer Entscheidungen des Heranwachsenden. Es ist deshalb zwar richtig, indes noch nicht ausreichend, mit Aloys Fischer zu formulieren: »Die heteronomen Erziehungsmomente sind lediglich als Mittel zum Zweck gerechtfertigt, solange und nur solange, als die Reife des eigenen Wissens und Gewissens unvollendet und damit die Voraussetzungen der selbständigen eigenen Lebensführung und persönlichen Verantwortung nicht vollständig vorhanden sind. Der ›Zweck‹ des Zwanges ist Freiheit, das ›Ziel‹ des Gehorsams die Selbstbestimmung, der Sinn der Autorität lediglich die vormundschaftliche Stellvertretung der freien Bindung an einsichtige Notwendigkeiten und erlebte Werte. Sachlich darf eine Autorität nur das verlangen, was der ihr Unterworfene, einmal mündig und urteilsfähig geworden, selbst als richtig ansehen würde. Zeitlich ist sie nur so lange berechtigt, als die Fähigkeit der eigenen Entscheidung ungenügend entwickelt ist[26].« Formal besehen richtig – die heteronomen Erziehungsmaßnahmen müssen sich in der Tat von der sich entwickelnden Autonomie des educandus her rechtfertigen –, läßt dieser Satz den Eindruck entstehen, als wäre eine geradlinige Wirkmöglichkeit gegeben: heteronome Maßnahmen bedingten gleichsam kausal einen Zuwachs an Selbständigkeit. So einfach sind die Zusammenhänge indes nicht.

Jede Erziehungsmaßnahme – sofern man unter Erziehung mehr versteht als ein einfaches Gewährenlassen – hat den Charakter eines äußerlichen Stimulus, dem eine spezifische Reaktion zugeordnet ist. Die logische wie pädagogische Schwierigkeit besteht nun darin, daß ein pädagogisch qualifizierter Stimulus je länger je mehr auf Aufhebung seiner selbst gerichtet sein muß. Je länger Erziehung währt, desto weniger soll an Erziehung nötig sein. Die besondere Wirkung der Erziehung besteht also in der Aufhebung ihrer Notwendigkeit. Die einzelne erzieherische Maßnahme mißt sich folglich nicht daran, ob jetzt ein gewünschtes Verhalten eintritt (dann fielen Erziehung und Disziplinierung zusammen), sondern ob sich nach und nach Selbständigkeit in den Handlungen des Heranwachsenden zeigt.

Daraus leiten sich zwei pädagogische Bedingungen ab:
- Mechanistisch-kausalistische Denkmodelle können zwar noch zur Erklärung bestimmter Lernvorgänge (Konditionierung) verwendet werden, müssen aber aus dem Bereich der Erziehung von vornherein ausgeschlossen bleiben, weil auf ihrer Ebene per definitionem keine Selbständigkeit zu gewinnen ist. Daraus läßt sich folgern, daß alle pädagogischen Maßnahmen und Mittel, die einen stark kausal orientierten Wirkmechanismus besitzen, grundsätzlich kritisch betrachtet werden müssen[27].
- Da man Selbständigkeit folglich nicht direkt angehen kann, wird sich Erziehung mehr okkasionaler Verhältnisse bedienen müssen: Man kann nicht befehlen, daß sich ein anderer selbständig verhält; man kann ihn indes methodisches Verhalten, Möglichkeiten für Problemlösungen u. ä. lehren und ihn dann in Situationen bringen, in denen er selbständig Handlungen durchführen muß und über diese Erfahrung Selbständigkeit gewinnen kann.

Ich fasse diesen Gedankengang über den Bedingungsrahmen von Erziehung noch einmal thesenhaft zusammen:

a) Erziehung heißt Leitung von Entwicklungen. Menschliche Entwicklung erfordert Erziehung, weil die leitende Instanz der Vernunft (der Einsicht, des Urteilens) sich erst allmählich ausbildet und gegenüber den ursprünglichen Begehrungen für sich belassen ohnmächtig bliebe. Erziehung soll deshalb die »Mächtigkeit der Führerrolle des Geistes« (Aloys Fischer[28]) systematisch aufbauen. Einsicht, Urteilsfähigkeit, Wahlfähigkeit werden in der Phase der Fremderziehung zuerst in den Personen und Institutionen der Erziehung ansässig sein. Mehr und mehr sollen sie im Laufe der Erziehung in die Eigenverfügbarkeit des Individuums gelangen[29].

b) Diese Entwicklungen: von der punktualistischen Steuerung durch momentane Begehrungen zu erfahrungsreflektierten und wertorientierten Handlungen, laufen also nicht eindimensional, weder von innen nach außen, wie das bei Ausfaltungen in entelechischen Prozessen der Fall ist und wie es in neuerlich wieder gern diskutierten Entfaltungsanalogien geglaubt, noch von außen nach innen, wie es in einer im Gefolge bestimmter Sozialisationstheorien auftretenden funktionalistischen Konzeption gedacht wird. Diese Entwicklungen setzen ein Maß an ursprünglicher Spontaneität, Phantasiefähigkeit, ein ursprüngliches Neugierverhalten als Bedingung möglicher Selbständigkeit voraus, bleiben dann aber von äußeren Voraussetzungen abhängig. Zu diesen äußeren Voraussetzungen gehören einmal Sozialisationsbedingungen (früher Sozialkontakt, ausreichende emotionale Zuwendungen und Bestätigungen, ein anregendes Kulturmilieu zur Entwicklung von Sprache, Interessenverzweigungen und einem lerninteressierten Aspirationsniveau)[30]. Danach sind Maßnahmen der Erziehung im engeren Sinne zu nennen: geordnete Lernverläufe, überprüfte Lerninhalte, ein geordneter pädagogischer Bezug und entsprechende Methoden.

c) Unter quantitativem Aspekt betrachtet sind Voraussetzungen für selbständige Entscheidungen in der Frühphase der Entwicklung verhältnismäßig gering. Dennoch müssen Erziehungsmaßnahmen prinzipiell immer auf Verselbständigung ausgerichtet sein. Dies geschieht indem man
– den Kindern reiche Erfahrungsmöglichkeiten bietet (Erfahrungen über den Zusammenhang von Handlungen und Konsequenzen, Entwicklung von Realitätsbezügen und Sensibilisierung);
– gefordertes Verhalten einsichtig macht (Entwicklung von Rationalität);
– Bereiche sucht, in denen Entscheidungen bereits möglich sind und deren Voraussetzungen wie Folgen mit den Kindern so sachlich wie kritisch besprochen werden sollten (Entwicklung von Innensteuerungen und schöpferischem Verhalten)[31].

An den entwickelten Prinzipien sind, wie alle Erziehungsmaßnahmen, so auch Erziehungsmittel zu analysieren, zu bewerten und in ihrer Handhabung zu kontrollieren.

1.2 Erziehungsmittel

1.2.1 Über das Wort »Mittel« in der pädagogischen Fachsprache

Unter Erziehungsmitteln verstehen wir Maßnahmen und Situationen, mit deren Hilfe Erziehende auf Heranwachsende einwirken, in der Absicht, deren Verhalten, Einstellungen oder Motive zu bilden, zu festigen oder zu verändern. Man zählt eigentlich seit jeher die Maßnahmen des Lobens und Tadelns, der Erinnerung und Ermahnung, der Strafe, schließlich die Situation des Spiels, des Wetteifers und der Arbeit zu den Erziehungsmitteln. Manche betrachten auch Gewöhnung und Gespräch, Beispiel und Vorbild als Erziehungsmittel, deren Zahl, wie dieser Hinweis schon andeutet, sehr fließend ist, von einigen Pädagogen ausgeweitet, von anderen wiederum eingeschränkt wird[32].

Weil bei den erwähnten Maßnahmen der Erzieher meist direkt auf ein Kind einwirkt (er lobt, er straft), bei den aufgezählten Situationen dagegen nur indirekt (er bringt das Kind zum Spielen, zum Arbeiten), empfiehlt es sich, das eine Mal von *direkten*, das andere Mal von *indirekten Erziehungsmitteln* zu sprechen. Man kann auch so sagen, daß bei allen indirekten Erziehungsmitteln Erzieher (das können die Eltern sein, das kann sich um einen Lehrer handeln) *absichtlich Situationen funktionaler Erziehung arrangieren*. Da uns vielfältige Erfahrungen zeigen, daß funktionale Erziehung in der Regel größere Erfolge als intentionale Erziehung aufweist – vielleicht, weil der Heranwachsende weniger eine direkte Erziehungsabsicht merkt –, kommt gerade den indirekten Erziehungsmitteln besondere pädagogische Bedeutung zu.

Um die Frage, mit welchem Recht man in der Erziehung überhaupt von »Mitteln« sprechen darf, ist lange und oft gestritten worden. Man hat, nicht zu Unrecht, die Sorge geäußert, die Bezeichnung »Erziehungsmittel« bedeute nichts anderes als eine »in Analogie zum handwerklichen Tun verstandene Materialbearbeitung«[33]. Denn wenn man von einer Zweck-Mittel-Relation spricht, so tauchen – wie im allgemeinen so auch im pädagogischen Denken – gern Modelle auf, die, auf Analogien aus physikalischen Vorgängen gestützt, sich Bilder aus handwerklichen, technischen, werkorientierten Prozessen bedienen: Auf ein genau vorgeplantes Ziel hin werden einzelne Schritte abgestuft vorbereitet, dafür notwendige Mittel bereitgestellt und angewendet. Als ein ähnlich planmäßig determinierter Prozeß wird auch Lehre, Bildung, Erziehung verstanden. Erziehungsmittel erscheinen dann, in Analogie zu handwerklich-technischen Geräten, gleichsam als Werkzeuge in der Hand des Erziehers, mit denen er an einem Objekt Handlungen vollzieht.

Den eigentümlichen Vorgang der Erziehung aber »nach dem Modell einer Psychotechnik zu konstruieren«[34], würde Erziehungslehre zu einer Technologie machen, den Erzieher zum Psychotechniker. (In der Tat ist die Bezeichnung »Technologie« im Zusammenhang mit pädagogischen Handlungen neuerdings in einer positiven Interpretation in der pädagogischen Fachliteratur aufgetaucht[35]). Wer, so geht die Kritik weiter, von Erziehungs-Mitteln spreche, orientiere sich folglich einseitig an der Metapher des Prägens, Formens, Bildens, des Wachsstücks, des Lehmklumpens, der tabula-rasa-Lehre. Eine solche Ansicht von Bildung dürfe aber allenfalls ein Aspekt sein, der durch andere Gegenbilder im rechten Maße gehalten werde. Deshalb stellt man dieser ersten, mechanischen Auffassung von Erziehung und Bildung gern eine andere, organische entgegen, die, in Analogie zu biologisch-entelechischen Prozessen, auch Bildung als Entfaltung begreift, von der aus die von technisch-mechanischen Wirkursachen abgeleiteten Mittel als unpädagogisch verworfen werden[36].

Nun handelt es sich bei der einen Ansicht (Bildung und Erziehung sei Formung), wie auch bei der anderen (Bildung und Erziehung sei Entfaltung), um vergleichende Veranschaulichungen. Analogien übertragen aber immer Anschauung nur dann und dort in sachadäquater Weise, wo mit der tatsächlichen Ähnlichkeit im vergleichsweisen Dritten die meist noch größere Unähnlichkeit aller übrigen Teilmomente mitgedacht wird. Bildung wie Erziehung sind einerseits tatsächlich einer Formung ähnlich, von ihr andererseits aber wiederum verschieden, weil kein Prägevorgang am toten Stoff, sondern Einwirkung auf ein agierendes und zugleich reagierendes Wesen, das »lebendig sich entwickelt«. Einer einseitigen Charakteristik der Erziehungs- und Bildungsvorgänge als Prägung und Formung steht die Tatsache entgegen, daß sich menschliche Erziehung ohne Spontaneität des Heranwachsenden nicht denken läßt.

Eine ähnliche Einschränkung gilt allerdings auch für das entgegenstehende Bild. Bei aller tatsächlichen Spontaneität ist der gesamte Bereich der menschlichen Wahrnehmungen und Vorstellungen nichts, was sich ohne Rezeptivität denken ließe. Unser gesamter Gedankenkreis ist von Eindrücken gebildet und bliebe ohne sie inhaltslos. Wir wissen heute zudem, wie stark Reifevorgänge, die lange Zeit als reine Entfaltung betrachtet worden sind, von Lernvoraussetzungen abhängen. Das bedeutet, daß wir die aus der einen Metapher des Formens stammenden Bilder mit denen aus der anderen Metapher der Entfaltung entnommenen zusammennehmen müssen, wenn korrekt von Erziehung und Bildung gesprochen werden soll.

Setzt man dies voraus, dann wird eine am Bilde der Entfaltung begrenzte Formung legitimer Teil der Erziehung bleiben, mithin auch der Begriff »Mittel« sein gutes Recht im pädagogischen Denken behalten, zumal es nicht notwendig ist, daß man »Mittel« sofort und eng im Sinne naturgesetzlicher Kausalität interpretiert. Wirkzusammenhänge gibt es schließlich auch im geistigen Bereich; anders geartet freilich und von eigener Gesetzlichkeit. Wären sie aber prinzipiell unmöglich, dann könnte es auch keine Lehre, keinen Unterricht, kurz: keinerlei Erziehung und Bildung geben. Beide hängen notwendig an der Möglichkeit zwischenmenschlicher Wirkzusammenhänge, an einer, mit dem

Körnchen Salz der Einschränkung zu verstehenden »pädagogischen Kausalität«[37], wie sie unter anderem auch in Erziehungsmitteln wirkt.

1.2.2 Über den systematischen Ort der Erziehungsmittel

Mittel sind nicht um ihrer selbst willen da. Sie sind auf einen außer ihnen liegenden Zweck hingeordnet[38]; so dient ein Nahrungsmittel der Sättigung, ein Arzneimittel der Gesundheit. Ihre Qualität richtet sich jeweils nach dem Grad der Wirksamkeit, mit dem sie den gesetzten Zweck erreichen und außerdem noch nach dem Umfang an unerwünschten Nebenwirkungen, die von ihnen ausgehen. Auch Erziehungsmittel haben die Funktion, daß ein außer ihnen liegender pädagogischer Zweck erreicht werden soll. Nach den bisherigen Überlegungen ist ihr letzter Zweck Verselbständigung, gleich, ob der einzelnen Maßnahme mehr stützende, mehr lenkende oder mehr gegenwirkende Absicht zugrunde liegt.

Man kann einer, wie ich glaube, brauchbaren Unterscheidung Ferdinand *Birnbaums*[39] folgend, alle Unterrichts- und Erziehungsvorgänge, alle Unterrichts- und Erziehungsmittel einteilen in Evolutions- und Progressionshilfen, Gegenwirkungen und Transformationsmaßnahmen.

1. Evolutionshilfen: Das sind sichernde, unterstützende, fortlenkende Einwirkungen, die den Leistungs- und Reifestand eines Heranwachsenden zu verbessern suchen, sei es im Bereich körperlicher Entwicklung, sei es im Bereich des Psychischen, sei es im Bereich des Geistes selbst. Ausgehend von Untersuchungen wie denen Adolf Portmanns und René Spitz', daß die geistige Entwicklung des Menschen im frühen Sozialkontakt, also bereits in den elementaren Pflegevorgängen des menschlichen »Frühjahrs« eine bedeutende Wurzel habe, kann man von Evolutionshilfen auch in der Entwicklung der sprachlichen und allgemein geistigen Vermögen sprechen. Allen Evolutionshilfen liegt die Erfahrung zugrunde, daß menschliche Entwicklung nirgends nur entelechische Entfaltung ist, noch nicht einmal im biologischen Bereich, sondern immer Produkt aus Reifungsprozessen und Lernvorgängen.

2. Progressionshilfen: »Progression« hebt jenen Teilbereich der Gesamtentwicklung heraus, den wir umfassend, wenngleich auch meist entsprechend randlos, »Bildung« nennen. Während Evolutionshilfen sich mehr auf die »Natur« des Menschen beziehen, so Progressionshilfen mehr auf seine »Kultur«. Wie fragwürdig freilich eine strikte Trennung zwischen einer »Natur« und »Kultur« des Menschen ist, das eben zeigte der Hinweis, wonach menschliche Reifungs- und Lernprozesse in einem immer wechselseitigen, oszillierenden Verhältnis stehen, so daß mit gutem Grund gesagt werden kann, die Kultur sei ein konstituierender Bestandteil der menschlichen Natur selber. – Bildung stützt sich zum großen Teil auf Wissen. Wissen wiederum soll eine möglichst unverstellte, das heißt sachgetreue Repräsentation von Gegenstän-

den und Verhältnissen in Gedächtnis und Denken sein. Progressionshilfen unterliegen deshalb der ersten Forderung, einen möglichst adäquaten, möglichst sicher haftenden und – falls auch das noch erreicht werden kann – möglichst unkomplizierten, angenehmen und schnellen Wissens- und Fertigkeitserwerb durch Lernen vorzubereiten, dafür vor allem die Fähigkeiten des logischen Denkens, des Abstrahierens, des Denkens in Analogien, außerdem aber auch Charaktereigenschaften wie Ausdauer, Lerneifer, Sachlichkeit, Genauigkeit auszubilden. – Nun wissen wir längst, daß weder die formalen Qualitäten guter Lerntugenden noch die Genauigkeit der Vorstellungsinhalte schon für richtige Handlungsmotivation ausreichen. Progressionshilfen dürfen deshalb nicht nur die – sei es formalen, sei es inhaltlichen – Bestandteile des Wissenserwerbs stützen. Sie sollen außerdem die Vorstellungen mit einer entsprechenden Wertung verbinden, die indes aus recht verschiedenartigen Quellen hervorgehen kann. Unter welchen Voraussetzungen erkennen und begreifen wir ein Objekt auch als einen Wert, für den zu wirken sich lohnt? Wie macht man es, so heißt deshalb das zweite Kriterium für Progressionshilfen, daß ein Lernender Wertverhältnisse des Gesellschaftlichen, des Politischen, des Moralischen nicht nur in ihrem logischen Zusammenhang aufnehmen und wiedergeben kann, sondern zugleich auch in seinem Verhalten repräsentiert?

3. Gegenwirkende Maßnahmen: Die beiden Hilfen, von denen wir bislang sprachen, haben gemeinsam, daß sie unterstützend, »fortlenkend« wirken. Was an Anlagen der biologisch-körperlichen, der allgemein geistigen, der natürlichen charakterlichen Entwicklung je schon da ist, das wecken, unterstützen und verstärken sie. Nun gibt es aber außer fortlenkenden Erziehungsmaßnahmen auch noch andere, die gänzlich anders orientiert sind. Diese haben eine hemmende Wirkung. Sie wollen nichts vorantreiben, sondern ganz im Gegenteil Entwicklungen abbremsen, die erzieherisch nicht toleriert werden können[40]. Gegenwirkende Maßnahmen sind nach verschiedenen Modellen konstruiert: entweder nach dem in der Erziehungspraxis zwar verbreiteten, dennoch sehr problematischen Wirkmodell des Leides und der Furcht oder nach dem der natürlichen Konsequenz (die sogenannte »natürliche Strafe«), schließlich auch nach dem ebenfalls sehr verbreiteten Wirkmodell des Entzugs von Vergünstigungen (Lust- und Unlustgefühle, Empfindungen des Angenehmen und Unangenehmen).

4. Transformationsmaßnahmen: Mit Gegenwirkungen allein kann es allerdings schwerlich getan sein. An die Stelle eines schlechten Verhaltens soll schließlich ein besseres treten, gute Motive sollen bisherige fragwürdige ablösen. Negation allein ist noch keine Erziehung, sondern allenfalls die Sicherung des Raumes, in dem nachfolgend Erziehung geschehen kann. Es reicht indes noch nicht aus, den durch Gegenwirkungen umgrenzten Erziehungsraum durch Evolutions- und Progressionshilfen pädagogisch zu bebauen. Es kommt vielmehr vor allem darauf an, die in Ordnungswidrigkeiten, in un-

diszipliniertem Verhalten und anderen Formen eines noch ungebildeten »Ungestüms« sich äußernde Spontaneität nicht einfach zu schwächen oder gar zu vernichten, wie dies in einer langen Erziehungstradition oft geschehen ist, sondern diese Spontaneität als etwas in ihrem Kerne durchaus Positives, nur in der Äußerungsform Ungeordnetes zu begreifen, das es nicht zu zerstören, sondern zu transformieren gilt[41]. Gut läßt sich deshalb verstehen, weshalb viele Pädagogen die reine Repression als unpädagogisch ablehnen und die pädagogische Qualifikation gegenlenkender Maßnahmen von der Voraussetzung abhängig machen, daß jeder Druck auf Heranwachsende sich immer nur dann rechtfertigen lasse, wenn er zu einer Transformation hinüberleite und in ihr sich schließlich auflöse.

In diesem Geviert von Evolutions- und Progressionshilfen, von gegenwirkenden Maßnahmen und Transformationsmaßnahmen haben die verschiedenen Erziehungsmittel ihren systematischen Ort. Von einem dieser vier Aspekte her erhalten sie ihre spezifische Intention. Viele verknüpfen überdies Evolution mit Progression, gegenwirkende mit umlenkenden Maßnahmen und erhalten von daher zusätzliche Bedeutung. So darf beispielsweise ein Tadel, wenn er wirklich Erziehungsmittel sein will, nicht nur bei der Feststellung eines Mangels stehenbleiben, darf also nicht nur Verweis sein, sondern muß den Heranwachsenden zugleich zu anderen, besseren Verhaltensformen oder qualifizierteren Leistungen umzulenken suchen. So erhält das Lob, zunächst Bestätigung für ein zurückliegendes, abgeschlossenes Tun, eine pädagogische Bedeutung, weil die Bestätigung Sicherung, die Sicherung wieder fortlenkende Progression bedeuten kann. Ähnlich wirkt das Spiel, ähnlich die pädagogisch qualifizierte Arbeit.

1.2.3 Über Transformation als einem Kernstück der Erziehungsmittel

Ohne Zweifel ist es sinnvoll und nützlich, zwischen Evolution und Progression einerseits, Gegenwirkung und Transformation andererseits zu unterscheiden. Sehen wir indes genau zu, dann zeigt sich alsbald, daß allen diesen Teilbereichen und mithin auch allen Erziehungsmitteln ein Stück Transformation innewohnt, ja daß anscheinend in ihr die eigentliche pädagogische Zielsetzung der Erziehungsmittel zu finden ist. Denn ob ein Kind aus zögernder Verzagtheit zur Sicherheit, aus Zurückhaltung zur Anteilnahme, aus Desinteresse zur Mitarbeit, aus Außenseiterrollen zu gruppenkonformem Verhalten, aus Widersetzlichkeit zur Einsicht, aus Unkonzentriertheit zur Ausdauer, aus Phlegma zum Fleiß gebracht werden soll, immer ist, auch in Evolutions- und Progressionshilfen, ein Stück Transformation enthalten. Von da aus gewinnen wir ein, wenngleich nur formales, so doch entscheidendes Kriterium aller Erziehungsmittel. Welche hohe Bedeutung ihm zukommt, wird uns am pädagogischen Verhältnis von gegenwirkenden Maßnahmen und Transformation besonders deutlich, hier wiederum vor allem an den Veränderungen, die die Ansichten über den Wert repressiver Maßnahmen im Laufe der Geschichte der Erziehung genommen haben.

Die in allen Aktionen wie Reaktionen eines Kindes, in seinen Begehrungen, Wünschen, Abneigungen, seinen Motiven und Handlungen wirkende Spontaneität ist in mehrfacher Weise vorgeformt. Wir bezeichnen diese vor allen Umwelteinflüssen wirkende Formursache gewöhnlich als *Anlage* (Disposition). Sicher ist, daß für wissenschaftliches Denken »Anlage« nur als eine Art hypothetischer Grenzbegriff gelten kann, weil alles, was wir – bislang wenigstens – an tatsächlichem Verhalten beobachten können, stets ein bereits innig miteinander verwobenes Produkt aus vorauszusetzenden Potenzen und äußerlichem Einfluß ist. Über den Umfang, der der einen Seite, der dispositionalen Voraussetzung und der anderen, der Umwelt, dabei je zukommt, gibt es seit alters her sehr verschiedene Meinungen. Ich erinnere nur an die gerade in der pädagogischen Fachsprache häufigen Bilder und Metaphern, auf die bereits verwiesen worden ist und die in den nächsten Abschnitten noch einmal ausführliche Darstellung finden werden.

Eine andere Überlegung kommt allerdings noch hinzu, die für das Verhältnis von gegenwirkenden Maßnahmen und Transformation eine besondere Rolle spielt. Es geht dabei um die Frage, wie man sogenannte Disziplinwidrigkeit bei Kindern, den »Ungehorsam« oder »Faulheiten« etwa, zu bewerten habe und wie ihnen zu begegnen sei. Drei Erklärungsmöglichkeiten bieten sich an:

1. Es könnte sein, daß es sich in diesen Fällen um ein *anlagemäßig Negatives* handelt, das sich im Laufe der biologischen Entwicklung immer mehr äußert, um einen, um mit *Kant* zu reden, »Hang zum Bösen«[42]. Verständlich, daß unter einer solchen Annahme Repression eine große und anscheinend auch durchaus heilsame pädagogische Funktion erlangen wird.

2. Eine andere, dem entgegengesetzte Ansicht, die sogenannte *Milieutheorie*, sieht nicht in der Anlage die Ursache der konstatierbaren Verderbnis, sondern erklärt sie für geworden, Wirkung einer bereits verderbten Umwelt. Bewahrung, Isolation, Gesellschaftskritik erhalten in diesem Falle eine ungleich stärkere Bedeutung.

3. Eine dritte Erklärung schließlich wendet sich dagegen, daß in diesen Fällen überhaupt von Verderbnis gesprochen wird. Sie sieht die in vielen Kinderhandlungen tatsächlich sich äußernde Unordnung nicht als angelegtes negatives Prinzip, auch nicht als erworben an – wenngleich sie beide Möglichkeiten nicht unbedingt ausschließt –, sondern hält sie *für einen entwicklungsbedingten Mangel an geordnetem Verhalten, der gerade durch Erziehung und Bildung überwunden werden soll*[43].

Die beiden letzten Erklärungen sehen den Ursprung auftretenden ungeordneten Verhaltens nicht in der kindlichen Spontaneität selber, sondern entweder in einem übermächtigen Milieueinfluß oder aber in einem Mangel an Kenntnissen, Fertigkeiten, Motivationen, kurz an Erziehung und Bildung. Wenn lange Zeit in der Geschichte der Erziehung Repressionen einseitig im Vordergrund gestanden haben, so deshalb, weil man in der ursprünglich ordnungslosen, ungestümen, »rohen«, »wilden« Spontaneität der Kinder ein Prinzip der Unordnung zu erkennen glaubte, das unterdrückt werden müsse. Man denke nur an die verbreitete rabiate Praxis des »Trotzbrechens« oder an jene Auffassungen, die die sehr natürliche Distanzierung des Sohnes vom Vater in der Autoritätskrise der Pubertät als Auflehnung gegen eine seinsmäßige Ordnung begriffen und dann natürlich auch entsprechend bewertet haben. Beide Male erschien die störende Unordnung im Verhalten trotziger Kinder und autoritätskritischer Söhne nicht mehr als entwicklungsbedingtes, vorübergehendes Akzidens einer in sich höchst positiven Grundsubstanz, – man könnte sogar, einen Gedanken Hegels aufgreifend, sagen: als Äußerungsform einer höheren Ordnung, die sich in der nur scheinbar negativen Entwicklungskrise Bahn brechen muß – einer positiven Grundsubstanz, sagte ich, die der Erzieher unterstützen, auf richtige Ziele transformieren, auch einmal ertragen muß, sondern als ein verwerfliches Prinzip. Dort, wo man den entwicklungsbedingten Mangel durch positive Erziehung hätte beseitigen, Fehlentwicklungen unterbinden, dabei aber doch stets die Grundsubstanz der Spontaneität, dieses individuelle Grundkapital der Bildung und Erziehung schlechthin, sorgsam hätte hüten müssen, ist allzu oft durch einseitige, unterdrückende Pressionen diese Spontaneität verschüttet, wenn nicht zerstört worden[44]. Wir können nur ahnen, wieviel an Lernunwilligkeit, an Schulmüdigkeit, an Bildungsfeindlichkeit, an Aggressivität und Negativismus bei Jugendlichen auf solche fehlerhaften Annahmen und entsprechend einseitige, unnuancierte Verfahren der Erziehenden zurückzuführen ist.

Von da aus fällt Licht auf unsere These, *daß alle Erziehungsmittel ihre besondere pädagogische Qualität letztlich daran messen müssen, in welchem Maße sie transformierende Eigenschaften besitzen.* Sie sollen niemals Spontaneität als solche eindämmen, sondern müssen sie erhalten, zwar unangebrachte Äußerungsformen umlenken, ohne indes die ihnen zugrundeliegende Grundkraft anzugreifen, Ordnungsmängel ausgleichen, ohne zu neuem Widerstand zu reizen, Interessen entwickeln und nicht belasten, Erfolgserlebnisse unterstützen und nicht erschweren und schließlich die Bildungsvorgänge in fördernde, angenehme »Gefühlstöne« einbetten. Vor allem die gegenwirkenden Erziehungsmittel des Tadels, der Ermahnung, der Strafe müssen eine solche zusätzliche, auffangende, transformierende Wirkung an sich haben, wenn sie pädagogisch qualifiziert und mehr als disziplinierendes Reglement sein wollen.

Weil aber im Erziehungsalltag des Elternhauses und der Schule der Augenblick oft Ordnungsmaßnahmen erforderlich macht, die sich nicht immer gleich an diesem hohen Ziel messen lassen – jetzt, hier ein Minimum unentbehrlicher Ordnung herstellen, jetzt in einer Klasse für Ruhe sorgen, damit Lernvorgänge beginnen können –, sollte in der Erziehung immer streng zwischen *Disziplinar-mitteln* und *Erziehungsmitteln* unterschieden werden. Jene sorgen für den Augenblick. Sie stellen äußerlich geordnetes Verhalten her, wobei auf die Motive kaum ein Einfluß ausgeübt werden kann. Erziehungsmittel dagegen richten sich vornehmlich auf Motivation. Nur in dem Maße, in dem sie Gesinnungen bilden, tragen sie den Namen Erziehungsmittel zu recht.

Oft findet man allerdings, in Schulen nicht minder als in Elternhäusern, die pädagogisch falsche Ansicht, daß das, was für den Moment gut ist, auch der Erziehung dienlich sei. In solchen Fällen verflüchtet Erziehung sich denn auch meist gänzlich in Disziplinierung. Wie wenig aber die eine der anderen entspricht, zeigt der regelmäßig sehr rasch auftretende Zusammenbruch der Disziplin überall dort, wo die die Disziplin sichernde Gewalt einmal verschwindet.

Natürlich ist eine solche Unterscheidung zwischen Disziplinar- und Erziehungsmittel nicht unproblematisch. Denn die von einseitigen Gegenwirkungen ausgehende Gefahr bildungsfeindlicher Nebenwirkungen besteht bei Disziplinarmaßnahmen schließlich auch. Deshalb brauchen auch sie eine auffangende, transformierende Gegenkraft, die aber weniger in ihnen selbst liegen kann, sondern für die der Erzieher zusätzlich sorgen muß. *Bollnow*[45] hat, einen Gedanken *Herbarts* aufgreifend, der sogenannten »*pädagogischen Atmosphäre*« eine solche sichernde, umlenkende, transformierende Wirkung zugeschrieben. Bei ihr ist es vor allem die aus der Erfahrung der Geborgenheit stammende Grundkraft des kindlichen Vertrauens, die es auch dort in einer Bildungswilligkeit hält, wo Disziplinierungen es daraus zu verdrängen drohen.

1.2.4 Einwände gegen Systematisierungen

Wissenschaftliches Denken unterliegt einem gewissen Zwang zu Systematisierungen. Erziehungsmittel allerdings konnten bislang in keine überzeugende Systematisierung gebracht werden. Es fehlt zwar keineswegs an verschiedenen Einteilungsversuchen. Aber diese bleiben entweder im Abstrakten stecken oder summieren einfach.

Dieser Umstand hängt einmal mit der *immer nur situativ bestimmbaren Wirktendenz* der einzelnen Erziehungsmittel zusammen: ob ein Lob anspornt oder überheblich macht, ob ein Tadel zur Besinnung führt oder Widerstand aktiviert, ob Wettbewerb antreibt oder schließlich erst recht in Resignation zurückfallen läßt, das kann nicht nur von Person zu Person, das wird überdies von Situation zu Situation sehr verschieden sein. Man kann deshalb die verschiedenen Erziehungsmittel nicht direkt nach pädagogischen Intentionen gruppieren, so daß man ein Erziehungsmittel als Progressionshilfe, ein anderes als eine gegenlenkende Maßnahme betrachten könnte, weil bei den einzelnen Erziehungsmitteln die verschiedenen Intentionen situativ in unterschiedlicher Weise auftreten können.

Ist diese *Komplexität möglicher Wirkungen* erkannt worden, dann ist es im Grunde unausweichliche Konsequenz, daß man auf Einteilungsschemata verzichtet, die unter dem Oberbegriff einer bestimmten erzieherischen Intention (etwa der Sicherung oder der Gewöhnung oder der Inspiration) Erziehungsmittel subsumieren möchten. Wichtiger erscheint es jetzt nachzusehen, *unter welchen Voraussetzungen* ein Erziehungsmittel sichert, ermutigt, lenkt und unter welchen anderen es zusätzlich belastet, distanziert, aggressive oder resignative Einstellungen verstärkt.

Deshalb werden in dieser Abhandlung nicht Erziehungsmittel auf ein Ziel hin systematisiert, sondern in ihren situativen Wirkungen analysiert: Unter welchen situativen Bedingungen lenkt ein Lob, unter welchen ein Tadel besser? Unter welchen Umständen ist ein unterscheidender Tadel ausreichende Gegenwirkung? Wirken Strafen oder sollte überhaupt auf jede direkte Einwirkung zugunsten von korrigierenden Erfahrungen in Arbeitsprozessen oder in Gruppenspielsituationen verzichtet werden? u. a. m.

Wenn in der pädagogischen Diskussion öfters darüber Klage geführt wird, daß »Erziehungsmittel« ein unpräziser Oberbegriff sei[46], so ist dies Folge einer überzogenen Erwartung und hängt mit einer ungenügenden Reflexion der Grundlagen zusammen: Erziehungsmittel lassen sich in der Tat nicht streng systematisieren, weil nicht nur die Effektivität, sondern bereits die Wirktendenz von situativen Konstellationen abhängt.

Diese Unbestimmtheit hat indes noch eine tiefere Ursache, denn schon der Grundbegriff »Erziehung« ist nicht eindimensional und eindeutig, sondern besitzt eine hohe Komplexität, die immer in Rechnung stellen muß, wer von Erziehung und Erziehungsmitteln redet. Man kann sich diese Komplexität, über die bereits beiläufig gesprochen worden ist, am besten an den unterschiedlichen Analogien verdeutlichen, die zur Beschreibung von Erziehungsprozessen und deren Zielen verwendet werden[47]:
- Neben dem Bild der Entfaltung, Entwicklung (der »Gärtner«, als Symbol für Pflegen, Bewahren, Behüten) steht das
- Bild der Führung (Lenken, Erziehen, Wegweisen) und damit auch der Gegenwirkung (falls vom vorgeschriebenen Weg abgewichen wird).
- Die Metapher Bildung (Bilden, Bildner, Bildungsideal, Bildungsziel, Prägen, Formen) hat sich zwar längst vom ursprünglichen tertium comparationis: »mit dem Beile behauen« gelöst. Aber daß sie eine starke Fremdeinwirkung suggeriert, ist unbestreitbar, wenngleich man heute Bildung gern als Selbstbildung auslegt.
- Die Geburtshilfe (Mäeutik), als Bild dagegen gehalten, hebt eine genau entgegengesetzte Intention hervor: Der Geburtshelfer zeugt nicht, prägt und formt auch nicht. Er verhilft lediglich einer neuen individuellen Form gegen äußere Widerstände zum Durchbruch.
- Eine letzte Gruppe von Bildern schließlich, die sich der Polarität von Licht

und Dunkel, von klar und unklar (Aufklärung), von Wachheit und Schlaf, von offen und verschlossen bedient, betont das »Selbst-sehen-Können« (Einsichten haben, aufgeklärt sein) in besonderer Weise.

Die fünf Metapherngruppen signalisieren zugleich unterschiedliche pädagogische Intentionen. Erziehung und Bildung, selbst je einer dieser Metapherngruppen zugehörig, zeichnen sich dadurch aus, daß sie zugleich als Oberbegriffe die Einheit dieser verschiedenen Intentionen ausdrücken sollen. Natürlich kann diese Einheit keine Einheitlichkeit im Sinne von Eindimensionalität darstellen, sondern ist vielmehr durch Gegensätze bestimmt, die einen ausgemacht antinomischen Charakter annehmen können: »Führen und Wachsenlassen«, »Befreien und Binden«, »Autorität und Freiheit«, »Konformität und Selbstbestimmung«[48].

Obwohl Selbständigkeit als oberstes Erziehungsziel bestimmt worden ist und es aussehen könnte, als wäre damit jede Heterogenität von Intentionen überwunden, zeigen pädagogische Analysen immer wieder deutlich, daß in jede Ausprägung individueller Selbständigkeit diese antinomische Komplexität eingeht: Selbständigkeit ist genauso wenig ohne ein hohes Maß an Konformität denkbar, wie es sich unter totaler Konformität vorstellen ließe, ja Selbständigkeit ist geradezu als individuelle Balance zwischen Konformität und Nonkonformität zu definieren[49].

Erziehungsmittel sind folglich nicht nur im Spannungsfeld verschiedener, eventuell gegensätzlicher Intentionen angesiedelt (zur Selbständigkeit »führen« – durch Bildung »befreien«), sie sind in ihrer Wirkweise und Handhabung außerdem daraufhin zu kontrollieren, ob sie nicht eine Intention so hervorheben und verstärken, daß dadurch andere benachteiligt werden: An sich wichtige und legitime Lenkungsfunktionen dürfen zum Beispiel nicht dem Aspekt der Aufklärung widersprechen. Der Aspekt nachgehender, behütender Pflege darf nicht den oft durch weitaus mehr erzieherische Aktivität bestimmten der Bildung zu sehr beschränken[50].

Diese von starken Gegensätzen regierte Komplexität wirkt also sowohl in die pädagogische Analyse von Erziehungsmitteln, wie in deren pädagogische Handhabung hinein und hat zur Folge, daß nicht nur die Wirkweise ein und desselben Erziehungsmittels von Situation zu Situation außerordentlich variabel sein kann, sondern daß sich der *Katalog der Erziehungsmittel rein quantitativ nicht abschließen läßt*. Denn die erziehungswissenschaftliche Analyse von gegensätzlichen Intentionen bestimmter Erziehungsprozesse ist noch nirgends abgeschlossen. Mit dem Fortgang der Analyse werden aber nicht nur einzelne Erziehungsmittel in einen neuen Deutungsrahmen gestellt, es werden oft überhaupt neue Dimensionen erkannt. Am besten läßt sich das an der Hand in Hand mit der fortschreitenden *Sozialisationsforschung* vorangetriebenen Analyse verschiedener *Erziehungs- und Unterrichtsstile* nachweisen[51].

Ich kann deshalb der Auffassung nicht zustimmen, die in der Tat vorhandene Interpretationsbedürftigkeit des Begriffs Erziehungsmittel hänge mit der Verwendung des Mittel-Begriffs in der Pädagogik zusammen. Inhaltlich wäre keine Klärung gewonnen, wenn zukünftig statt von Erziehungsmitteln von Erziehungsmaßnahmen oder Führungshilfen[52] gesprochen würde. Man kann bei einem abgeleiteten Begriff wie dem der Erziehungsmittel oder der Erziehungsmaßnahmen schließlich nicht weniger Problematik erwarten als sie bereits beim Erziehungsbegriff selber anzutreffen ist.

1.2.5 Verschiedene Einteilungsversuche

Unter der Voraussetzung der eben genannten kritischen Gesichtspunkte seien die folgenden Einteilungsversuche referiert:

- *Göttler*[53] nennt Gewöhnung, Inspiration, Belehrung und weist ihnen einzelne Erziehungsmittel zu.
- *Spieler* gruppiert nach Übung und Gewöhnung, Inspiration, Belehrung und Führung.
- *Langeveld*[54] unterscheidet zwischen Behütung, Einvernehmen, Angleichung, Übereinstimmung, Zugehörigkeit und einen letzten Gesichtspunkt, den er den »Zögling um seiner selbst willen« nennt.
- *Trost* trennt zwischen Entscheidungshilfen, Erweiterungshilfen, Hilfen zu Situationsanpassung, Vertrauens- und Erwartungshilfen, Weisungen vor erhöhten Anforderungen, Weisungen in Fehlsituationen.

Mir erscheinen diese Einteilungsversuche und vor allen Dingen die Zuordnung bestimmter Mittel zu einzelnen Intentionen, wie schon ausgeführt, nur beziehungsweise gültig zu sein, denn ein und dasselbe Mittel kann in verschiedenen Situationen sehr unterschiedliche Wirkungen zeitgen. Solchen Überlegungen folgend erweist es sich als vorteilhaft, von vornherein auf Einteilungen zu verzichten, die sich nachher doch nicht durchhalten lassen. Ich setze deshalb an die Stelle von Systematisierungen ausgebreitete Phänomenanalysen, in denen deutlich wird, unter welchen situativen Rahmenbedingungen ein Erziehungsmittel in die eine oder andere Richtung wirkt, mehr stützt oder mehr belastet, mehr bindet oder lenkt oder mehr ablösende Wirkungen zeitgt. Als einzige formale Differenzierung ist jene geblieben, auf die bereits verwiesen worden ist, die sich nun aber nicht von unterschiedlichen Intentionen herleitet, sondern von einer wichtigen Unterscheidung erzieherischer Wirkfaktoren ausgeht. Das ist die Unterscheidung zwischen *direkten* und *indirekten* Erziehungsmitteln:

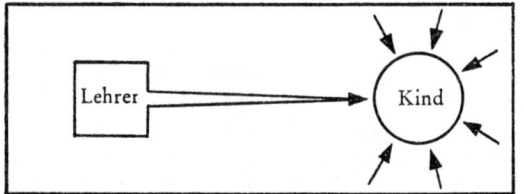

Direkte Erziehungsmittel
(Lob, Tadel, Strafe)

zusätzliche situative
Wirkung des Erzie-
hungsfeldes

Der Impuls geht vom Lehrer aus.
(Die Situation des Erziehungsfeldes
variiert die Wirkung.)

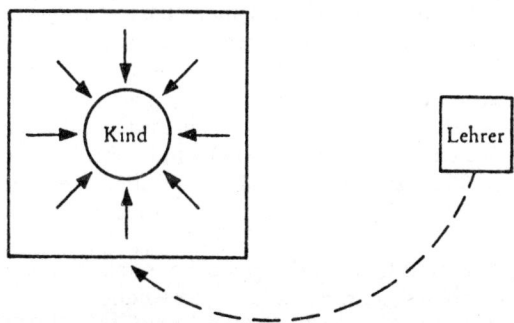

Indirekte Erziehungsmittel
(Spiel, Arbeit, Wetteifer)

Der Impuls geht von der Situation aus.
(Der Lehrer hat die Situation initiiert.)

Natürlich kann selbst diese Einteilung nur auf Kosten einer Überschneidung aufrechterhalten werden, die sich darin zeigt, daß auch bei direkten Erziehungsmitteln immer zusätzliche Wirkungen auftreten werden.

1.3 Das Erziehungsfeld. Über das Verhältnis von funktionaler und intentionaler Erziehung und den Einfluß ungewollter Nebenwirkungen

1.3.1 Das Erziehungsfeld

Vor allem in der deutschsprachigen pädagogischen Literatur ist Erziehung bevorzugt und nicht selten mit deutlicher Emphase als ein »*personales Verhältnis*«, ein Verhältnis »nur unter zweien« beschrieben worden[57]. Konsequenz dieser Leitidee war, daß einmal die *Absicht* des Erziehers, zum anderen die Wirkung seiner Person als *Vorbild* im Vordergrund pädagogischer Reflexion stand.

Teils durch die Rezeption psychoanalytischer Theorien, teils durch soziologische Analysen, vor allem aber durch die verstärkte Übernahme angloamerikanischer Sozialisationsforschung ist deutlich geworden, daß diese Favorisierung eines isolierten erzieherischen Verhältnisses zu bedenklichen Einseitigkeiten geführt hat[58]. Die wichtigste unter methodologischen Gesichtspunkten vorgetragene Kritik ging von der *Feldtheorie* in den Sozialwissenschaften aus[59]:

- Keine Handlung geschieht isoliert zwischen zweien. Alle Handlungen laufen in einem »Feld« ab. Die tatsächliche Wirktendenz erscheint als Integral dieser Faktorenkonstellation.
- In diese Wirktendenz gehen Stimmungen, Emotionen, Anmutungen ein. Diese beeinflussen den momentanen Eindruck und lassen im Handlungsverlauf und im Handlungsergebnis Unterschiede entstehen, die zwischen interessierter Zuwendung und affektiver Ablehnung streuen können.
- Als wichtige Faktoren sind außerdem vorausgegangene Erfahrungen und daraus gewonnene Einstellungen anzusehen. Der Pessimist beispielsweise erfährt ein Lob anders als ein Optimist. Ein Enttäuschter nimmt Erfahrungen anders auf als ein Hoffnungsvoller. Die individuelle Geschichte und die davon regierten Biographien der Handlungsteilnehmer verändern Handlungsintentionen, Handlungsvollzug und Handlungserfahrung in jedem Augenblick.
- Institutionelle Faktoren können dieses Feld zusätzlich überlagern: das Lob des Vaters, das Lob des Lehrers, das Lob des Cliquenführers werden jeweils andere Voraussetzungen haben (hier Gleichgültigkeit, da Ablehnung, dort Erwartung) und folglich zu je verschiedenen Wirkungen führen.
- In dieses ohnehin schon hochkomplexe Feld wirken außerdem noch Strömungen des sogenannten Zeitgeistes ein, von dem eine epochaltypische Vorinterpretation ausgeht: Individualistische Tendenzen lassen die Wirkung von Vorbildern verblassen oder favorisieren tendenzielle Haltungen zum Ungehorsam. Antiautoritäre Wellen unterlaufen stabilisierte Ordnungen. Totalitaristische Tendenzen lassen individualitätsorientierte Handlungen in den Hintergrund treten.

In diesem »Feld« gibt es also nicht nur verschiedene Faktoren. Die Wirktendenz dieser Faktoren kann sich, wie in Beispielen bereits deutlich gemacht worden ist, *unter dem Einfluß der jeweiligen Konstellation derartig nachhaltig verändern, daß widersprechende Ergebnisse möglich sind.*

In diesem »Feld« ist der Erzieher ein Faktor unter vielen; das gilt für ihn als Person wie für jede seiner pädagogischen Handlungen. Die Stilisierung der »Erzieherpersönlichkeit« zum zentralen pädagogischen Faktor ist deshalb so abstrakt wie in ihren Folgen bedenklich, weil sich verhältnismäßig rasch einstellende Diskrepanzen zwischen erzieherischen Absichten und tatsächlich auftretenden Wirkungen[60] leicht zu der Annahme führen können, nicht erwartete Reaktionen der Heranwachsenden deuteten auf Erziehungsunwilligkeit, auf absichtliche Auflehnung oder einen anderen moralischen Defekt hin. Natürlich bleibt, wenn überhaupt an absichtgesteuerten Einwirkungen festgehalten werden soll, der Auftrag weiterhin bestehen, Wirkzusammenhänge zu analysieren und daran orientiert pädagogisch zu handeln. Es muß indes davon ausgegangen werden, daß immer die Komplexität des jeweiligen Erziehungsfeldes in Rechnung gestellt werden muß. Entsprechend sind auch Erziehungsmittel zu analysieren, auszuwählen und anzuwenden.

1.3.2 Über den Zusammenhang von funktionaler und intentionaler Erziehung

Von diesen Überlegungen her ergibt sich die Notwendigkeit, das Verhältnis der intentionalen zur funktionalen Erziehung neu zu überdenken und wichtige Folgerungen zu ziehen. Die herkömmliche Unterscheidung ist bekannt: Intentionale Erziehung sei jene, bei der man zwar einen Erzieher kenne und auch um dessen pädagogische Absicht wisse, einen erzieherischen Erfolg aber erst suchen müsse. Funktionale Erziehung zeichne sich dadurch aus, daß zwar eine Wirkung vorliege, indes erst nach der zugehörigen Ursache gesucht werden müsse. Im einen Fall haben wir es mit einem »*absichtsorientierten*«, im anderen mit einem »*wirkorientierten*« Erziehungsbegriff zu tun[62].

Sicherlich sind auch die erheblichen Einwände gegen das traditionelle Verständnis funktionaler Erziehung bekannt. Ihr fehle direkte Absicht, folglich auch nur personal zu verstehende pädagogische Verantwortung, ohne die Erziehung nicht zu denken sei. Deutlich ist, daß dieser Einwand von einem dagegengehaltenen absichtsorientierten Erziehungsbegriff ausgeht: Nur wo reflektierte Absicht vorliege, die dann in einem direkten auf einen Heranwachsenden gerichteten Handeln eines Erziehenden hervortritt, könne von Erziehung gesprochen werden[63].

Teilt man diese Auffassung, muß man allerdings als Konsequenz in Kauf nehmen, daß Erziehung zu einer sehr beiläufigen, in ihrer Wirkung fragwürdigen drittrangigen Größe schrumpft. Sie isoliert sich gleichsam selbst und beraubt sich dadurch vieler Wirkmöglichkeiten. Man muß nämlich berücksichtigen, was gerade in den letzten Jahren durch sehr umfangreiche Forschungen über Bedingungen menschlicher Verhaltensformung gefunden und analysiert worden ist. Hält man einmal nebeneinander, was die Sozialisationsforschung allgemein, im einzelnen die Familiensoziologie[64], die Erforschung schichtspezifischer Einflüsse[65], die Analysen früher Mutter-Kind-Beziehungen oder Mutterentbehrungen, aber auch die Psychoanalyse, die Aggressivitätsforschung[66], die neuere Intelligenz- und Kreativitätsforschung[67] über die Bedingungen der menschlichen Entwicklung vorgelegt haben, dann zeigt sich, daß die Auswirkungen der direkten im herkömmlichen Schema von »Erzieher und Zögling« ablaufenden pädagogischen Handlungen eine nur *nach*geordnete Größe bilden. Die funktionalen Einflüsse, die vom frühen Sozialkontakt im »extra-uterinen Frühjahr« des Menschen (*Portmann*[68]), über Abstillprozeduren, über das Reinlichkeitstraining, über die Stellung des Heranwachsenden in der Geschwisterreihe, über die Feldwirkungen der Vater-Mutter-Beziehung, über die Entlastungstendenzen der Eltern ihrer eigenen Geschichte gegenüber, bis zu Klassenstrukturen, zu Schüler-Lehrer-Beziehungen und zu den belastenden Wirkungen von Mißerfolgserlebnissen im Unterricht reichen, sind wichtig und derartig umfangreich, daß sie gleichsam den Urgrund bilden, von dem die direkt personorientierten pädagogischen Handlungen ausgehen müssen.

Natürlich besteht die Schwierigkeit, daß man nicht alle sozialen Einwirkungen als Erziehung bezeichnen kann, daß es vielmehr neben erziehenden auch verziehende, neben formenden auch verformende, neben bildenden auch verbildende Einflüsse gibt. Sicherlich wird man unter dem Oberbegriff ›Erziehung‹ *eine Gruppe positiver Konstellationen herausheben*, die zu wünschenswerten Verhaltensformungen führen. Aber nicht nur, daß diese Einflüsse in der Mehrzahl eine starke Situationsabhängigkeit haben, zeigt, daß auch hier die *Funktionalität einer Feldwirkung im Vordergrund steht*; zu beachten ist außerdem eine in allen direkten pädagogischen Maßnahmen auftretende *deutliche Ambivalenz*, die erkennen läßt, daß sich in ein- und demselben Verhältnis positive wie auch negative Auswirkungen einstellen und folglich auch der direkte erzieherische Einfluß von komplexer Natur und von funktionalen Wirkungen durchsetzt ist.

Das heißt nun nicht, daß der natürlich immer von einer bestimmten Absicht geleitete Erzieher resignieren müsse und künftig allein noch auf Milieueinwirkungen vertrauen könne. Das bedeutet vielmehr zuerst, daß man sich aus dem alten Interpretationsschema von »intentional« und »funktional« lösen muß, das bisheriges Erzieherverhalten so stark wie einseitig beeinflußt hat, und einen neuen Interpretationszusammenhang sucht, der den inzwischen bekannt gewordenen Tatsachen gerechter wird. In Thesen entwickelt sieht diese neue Position folgendermaßen aus:

1. Ausgangspunkt ist der bereits ausführlich erwähnte Umstand, daß alle pädagogischen Vorgänge in einem hochkomplexen Feld ablaufen. Die Wir-

kung eines Faktors (das kann ein einzelner Mißerfolg oder Erfolg, eine Lehrer-handlung, eine direkte Maßnahme wie ein Appell oder ein Lob oder ein Ge-spräch sein) bleibt immer stark an situative Bedingungen gebunden. Ist bei-spielsweise die Gesamtatmosphäre des gegebenen pädagogischen Feldes posi-tiv und ermutigend, kann ein einzelner Fehler eine heilsame, korrektive Wir-kung haben. Der gleiche Fehler kann innerhalb einer belastenden Atmosphäre zu schwerwiegenden Ausweichhandlungen des Betroffenen führen. Der sorge-volle Appell eines Erziehenden kann im einen Fall als gerechtfertigte Mahnung dankbar angenommen werden, im anderen zu heftigen trotzartigen Verhär-tungen führen. Das einzelne Feld (eine Gruppe, eine Familie, eine Schulklasse, aber auch eine Geschwisterreihe, eine Freundschaft) ist dabei nach außen hin nicht autonom, sondern steht zu anderen Feldern in einem deutlichen Inter-dependenzverhältnis und bleibt außerdem in die größeren Bereiche des epo-chaltypischen gesellschaftlichen Gesamtrahmens eingeschlossen.

2. Der Erziehende ist ein Faktor unter vielen. Seine direkten auf einen Her-anwachsenden gerichteten Handlungen wie Gespräch, Lob, Tadel, Strafe, sind keine Vorgänge, die man isoliert betrachten könnte. Eine so verstandene intentionale Erziehung – und das ist ihre klassische Interpretation – ist ideali-sierend; sie macht den Erzieher zu einer dominanten Größe, abstrahiert indes dabei und gerät dadurch in die fatale Lage einer gewissen Hilflosigkeit: der künstlich isolierte Erzieher kann gegenüber der komplexen Erziehungswirk-lichkeit die in ihn gesetzten Erwartungen nicht erfüllen.

3. Hier jetzt nur als ein exkursartiger Einschub: Die Folgen dieser bedenk-lichen Konzeption konnten so lange einigermaßen verdeckt werden, solange eine halbwegs homogene und auch genügend stabile *allgemeine Gesittung* be-stand, durch die *von außen her* eine gewisse Übereinstimmung zwischen funk-tionaler Wirktendenz und den expliziten Absichten der Erziehenden vorge-geben war. Die Gesamttendenz des damaligen gesellschaftlichen Rahmens ent-sprach den pädagogischen Intentionen; der absichts- und der wirkorientierte Aspekt des Erziehungsprozesses waren also von der äußerlichen gesellschaft-lichen Konformität her einander angeglichen. Der Unterschied zwischen den funktionalen Feldwirkungen und den isolierten pädagogischen Handlungen mußte indes rasch zum Konflikt werden, sobald in einer sogenannten »offenen Gesellschaft« der äußerliche Konformitätsrahmen zerfiel. Man muß, wenn man das feststellt, keineswegs diese ehemaligen ordnungstabilisierenden Fak-toren in einer Art neuromantischen Verklärung preisen, sondern kann sehr nüchtern die ihnen anhaftenden Einseitigkeiten herausstellen. Man sollte aller-dings kritisch genug auch darauf verweisen, daß eine gegenwärtig öfters an-zutreffende entgegengesetzte, stark affektiv getönte Schwarz-Weiß-Malerei in einer typisch undialektischen Denkmanier schon von Auflösungen ehemaliger Verhaltensregulative das Heil für die Zukunft erhofft und deshalb nach dem Preis zu fragen vergißt, den solche Veränderungen immer auch fordern und

kosten. Die Folgen dieser Einseitigkeiten zu analysieren, ist nicht Thema dieser Gedankenentwicklung und kann auch hier nicht weiter verfolgt werden. Sicher ist aber, daß dieser Konflikt gegenwärtig zum guten Teil auf dem Rücken der Erziehenden ausgetragen wird.

4. Wenn auch nur ein Faktor, so kann der Erziehende trotzdem ein sehr wichtiger Faktor sein, sobald er nicht mehr im Direktbezug zum sogenannten »Zögling« seine Hauptaufgabe sieht (dann ist und bleibt er allerdings nur ein Faktor unter vielen), sondern sich vornehmlich als *Arrangeur der pädagogischen Felder* begreift, für die er Verantwortung besitzt. Jetzt steht nicht mehr die direkt auf einen Heranwachsenden und Lernenden zielende Handlung im Vordergrund seiner pädagogischen Aufgabe, sondern vielmehr eine andere, indirekte: *ein Arrangement eines angemessenen pädagogischen Feldes aufzubauen*. Der entscheidende pädagogische Einfluß geht dann von der *Situation* aus, ist folglich, im herkömmlichen Interpretationszusammenhang gedacht, *funktional*. Diese funktionale Wirkung ist indes nicht zufällig, sondern pädagogisch vorbereitet worden. Die reflektierte Absicht fehlt keineswegs, sie ist aber in einer anderen Weise handlungsbezogen als dies in der klassischen intentionalen Erziehung der Fall gewesen ist. Wir haben hier also die besondere Situation absichtlich arrangierter funktionaler Wirkungen.

5. Von dieser Konzeption her wird deutlich, daß man dem personal verstandenen erzieherischen Verhältnis – ein Erziehender steht einem educandus gegenüber und wirkt direkt auf ihn ein – nicht mehr die Bedeutung beimessen kann, die es lange Zeit hatte; zumal sich ja zeigt, daß auch bei solchen erzieherischen Direkthandlungen der qualifizierte pädagogische Einfluß oft mehr über das Arrangement der pädagogischen Situation verläuft als über die unmittelbare Person-Person-Beziehung.

6. Natürlich ist der Begriff »intentional–funktional« mehrdeutig[69], – wie übrigens alle anderen Begriffe der philosophischen, soziologischen, psychologischen und pädagogischen Fachsprache auch. Der Einwand, daß auch der absichtlich arrangierten Situation, die funktional auf einen Heranwachsenden einwirken solle, eine Intention zugrunde liege, ist natürlich richtig und im Grunde so trivial, daß darüber zu diskutieren müßig scheint. Natürlich kann man nicht pädagogische Absichten überhaupt aufgeben und alles einer irrationalen Funktionalität überlassen. Auf dieser Begriffsebene sind definitorische Differenzen rein spekulativer Art und ausgemachte Randprobleme. Unsere Unterscheidung ist von vornherein auf einem sehr viel anderen Problemhorizont angesiedelt. Die drängende Frage ist: wie innerhalb der skizzierten Faktorenkomplexion und der immerwährenden funktionalen Einwirkungen überhaupt noch wirkungsträchtiges erzieherisches Handeln möglich sein kann. Hier ist die neue Zuordnung dieser beiden Begriffe zu sehen, die, aus ihrer traditionellen Gegensätzlichkeit gelöst, in ein *wechselseitiges Bedingungsverhältnis gebracht werden*: Es geht dabei darum, Abstand von der beliebten Vorstellung

eines isolierten, hochstilisierten erzieherischen Verhältnisses zu nehmen und dafür die pädagogische Handlungsintention darauf zu konzentrieren, pädagogische Felder und Situationen vorzubereiten, deren verhaltensformendes Wirkintegral in die gewünschte pädagogische Richtung weist. Hier tritt die erwähnte differenzierte Begriffsverwendung von intentional und funktional auf: *Das Feld wird nicht sich selber überlassen, sondern unterliegt Veränderungen, die von pädagogischen Absichten ausgehen. Die tatsächliche erzieherische Wirkung indes ist situativ-funktional.*

7. Interessant ist, daß gerade dann, wenn das Schwergewicht des pädagogischen Handelns auf diese indirekte Form funktionaler Wirkung eines absichtlichen Arrangements zurückgenommen wird, die verbleibenden direkten pädagogischen Maßnahmen wie Gespräch, Lob, Gegenwirkung an *Bedeutung und Wirksamkeit gewinnen.* Das hängt wahrscheinlich damit zusammen, daß dann solche Maßnahmen einerseits besser situationsspezifisch abgestimmt sein dürften, daß andererseits die Heranwachsenden, mehr mit Direkterfahrungen konfrontiert, auch bessere Voraussetzungen mitbringen, um solche Vorgänge sachlich zu verstehen. Je mehr der Erzieher darauf verzichtet, seine Person als dominanten Faktor in ein isoliertes erzieherisches Verhältnis einzubringen, desto weniger Grund haben Heranwachsende, über eine meist als Willkür empfundene Personabhängigkeit zu klagen, desto eher wird der verbleibende keineswegs gering zu schätzende persönliche Kontakt an positiver Wirkung gewinnen.

Wenden wir nun diese Überlegungen auf die Analyse der Erziehungsmittel an: Weil man also auch bei den Impulsen, die von absichtlich verwendeten Erziehungsmitteln ausgehen, niemals streng zwischen Intentionalität (der Absicht) und Funktionalität (der komplexen Wirkung) trennen kann, scheint mir auch die von *Langeveld* vorgeschlagene Unterscheidung[70] zwischen Erziehungs*mitteln* und Erziehungs*faktoren* in einer Art abstrakt zu sein, daß sie zur Analyse von Vorgängen und erst recht zur Vorausplanung pädagogischer Handlungen nur wenig beitragen kann. *Langeveld* möchte die Bezeichnung »Erziehungsmittel« für jene besonderen Fälle vorbehalten wissen, in denen eine ausdrückliche pädagogische Absicht vorliegt. Ein Lob wäre beispielsweise nur dann Erziehungsmittel, wenn es mit deutlicher erzieherischer Absicht ausgesprochen würde. Ein in gleiche Worte gekleidetes, in gleichen Situationen geäußertes, aber nicht ausdrücklich mit erzieherischer Intention verknüpftes Lob hingegen sei, nach *Langevelds* Meinung, ein Erziehungsfaktor. Hier zeigt sich deutlich eine interpretatorische Einstellung, in der Erziehung vom »pädagogischen Bezug« und einer explizierten pädagogischen Absicht her definiert wird. Nicht nur dem Heranwachsenden, dem Adressaten von Erziehung, sondern auch dem erzieherisch Handelnden ist aber weitaus mehr gedient, wenn von der Wirkung ausgegangen und nachgesehen wird, unter welchen Bedingungen gewünschte Verhaltensformen zustande kommen.

1.3.3 Das Gesetz der pädagogischen Nebenwirkungen und der »erziehende Unterricht«

Bei dieser neuen Interpretation von »funktional« und »intentional« tritt noch ein weiterer wichtiger Gesichtspunkt hervor, der im klassischen Interpretationsrahmen unberücksichtigt geblieben ist: Umfang und Wirkung sogenannter *Nebeneffekte*[71].

In der Pharmazie, vor allem in der Technik ist längst bekannt, daß bei verschiedenen Mitteln und Vorgängen Nebeneffekte auftreten können; bisweilen in einer Größenordnung, daß man das Mittel des unerwünschten Nebeneffektes wegen nicht anwenden kann. Wärme- und Reibungsverluste bei Motoren, unerwünschte Nebenwirkungen bei Arzneimitteln zeigen beispielhaft, daß Mittel und Maßnahmen nicht nur in einem komplexen Feld zur Wirkung kommen, sondern daß ihre Wirkung selber von komplexer Art sein kann.

Die Frage ist natürlich, ob solche Analogien aus dem Bereich der Technik und Pharmazie auf pädagogische Verhältnisse übertragbar sind. Daß in der Tat Nebeneffekte auch im Pädagogischen eine große Bedeutung haben – bislang nur zu wenig erforscht –, läßt sich leicht an einem exemplarischen Fall demonstrieren: den ungewollten Nebenwirkungen, die Unterrichtsformen auf die Lerneinstellung bei Schülern haben können.

Herbart hat erwähnt, daß er sich keinen Unterricht vorstellen könne, der nicht immer zugleich auch »erziehender Unterricht« sei[72]. Er meint damit, daß das im Lernen erworbene richtige Wissen als eine unerläßliche Voraussetzung für richtiges Wollen und damit für Charakterbildung diene. Wohl ist, in Herbarts Sprache ausgedrückt, »Tugend der Name für das Ganze des pädagogischen Zweckes«[73]. Auch aller Unterricht untersteht diesem Bildungsziel, denn »der Wert des Menschen liegt nicht im Wissen, sondern im Wollen«[24]. Es gibt aber, so meint Herbart, »kein selbständiges Begehrensvermögen«, das man direkt bilden könne, »sondern das Wollen wurzelt im Gedankenkreis«[75]. Wissensvermittlung mit dem ausdrücklichen Ziel, Willensentscheidungen richtig zu motivieren und sachgerechtes Handeln vorzubereiten, ist folglich der Inhalt der Herbartschen Formel vom »erziehenden Unterricht«[76].

Dieser Aspekt, daß Unterricht nicht nur pure Datenvermittlung sein dürfe, sondern immer eine erzieherische Komponente besitzt, gilt natürlich auch für jede heutige Unterrichtssituation. Gerade in der Gegenwart hat sich wieder eine starke Reserve gegen jedes rein technologische Lehrkonzept ausgebildet. Wir sprechen heute allerdings – der Gedankenführung nach in manchem Herbart durchaus ähnlich, wenngleich in der Terminologie stark verändert – lieber von Motivationsbildung[77]. Motive, das heißt »Beweg-Gründe«, sind jene Voraussetzungen, die in die Entschlüsse des Willens eingehen und zur Handlung drängen. Und da natürlich auch für uns der Unterricht nicht nur den Sinn haben kann, rein in sich ruhende Wissensbestände zu geben, sondern dem

Schüler vielmehr vielseitiges Wissen auf eine derartige Weise vermitteln soll, daß jetziges und späteres Handeln sachlich richtig orientiert sein kann, gilt auch für den Unterricht heute die Zielangabe Herbarts, daß der »Wert des Menschen nicht in Wissen, sondern im Wollen liege« und folglich aller Unterricht, um erziehender Unterricht sein zu können, die Voraussetzungen für selbständigen Informationserwerb, selbständige Informationskontrolle und angemessene Handlung bilden müsse[78].

Nun stellt sich allerdings alsbald die im einzelnen recht komplizierte Frage ein, unter welchen Voraussetzungen Wissensvermittlung durch Lehre und Lernen zugleich auch derartige Bildung sein kann; noch genauer: es ist zu fragen, ob die Abfragbarkeit von Fakten bereits eine ausreichende Dokumentation entsprechender Bildung sei oder nicht. Tatsächlich begnügt sich die Schule vielfach mit Abfragbarkeit und erhofft eine mehr oder weniger von selber vonstattengehende, dem Unterricht parallellaufende Motivbildung. Die Tatsache etwa, daß den Abiturienten ein »Reife«-Zeugnis auf Grund eines abfragbaren Wissensbestandes vermittelt wird, ist nur ein besonders deutliches Beispiel für die dahinterstehende, sei es ausdrücklich bedachte, sei es mehr unbedachte und aus Tradition weitergeschleppte Auffassung, Kenntnis und Wissen verbürgten sich allein schon als sicherste und beste Entscheidungs- und Handlungsbasis.

So wichtig dafür natürlich ein schnell verfügbares Wissen sein mag, so hängt doch Bildung von wesentlich mehr und vor allem von weitaus komplexeren Konstellationen ab. Deshalb ist eine zu eng gedachte Koppelung von Wissen und Motiv sicher einseitig. Diese Einseitigkeit wiederum ist dazu angetan, bedenklichen pädagogischen Fehlentwicklungen vorzuarbeiten. Denn angemessene Erkenntnis- und Verhaltensmotivationen hängen nicht nur von der Exaktheit und Verfügbarkeit der Wissensbestände ab, sondern weitaus mehr von *Erlebnisganzheiten*[79]. Dazu gehören vor allem auch die Begleitumstände des Wissenserwerbes selber, die korrespondierenden »Gefühlstöne« und »Anmutungen«, die sich während des Unterrichtes, von der Eigenart der Unterrichtssituation ausgelöst oder von der besonderen Eigenart des pädagogischen Bezugs zwischen Lehrer und Schüler vermittelt, einstellen. Als was ein Gegenstand dem lernenden Schüler erscheint, ob bedeutsam und interessant oder langweilig und gleichgültig, ist folglich weniger ein Produkt des sogenannten Erkenntnisprozesses, wobei ein Subjekt einem Objekt gegenübersteht und auf dem Wege der Wahrnehmung, Vorstellung, der denkerischen Abstraktion und des systematisierenden Begreifens sich einen Begriff bildet, sondern weitaus mehr von jenen tangierenden Momenten abhängig, die zur Unterrichtssituation gehören und *über affektive Anmutungen die Einstellungen der Lernenden deutlich beeinflussen*[80].

So ist es, um nur ein Beispiel zu nennen, eine immer wiederkehrende Erfahrung, daß die Art des Kontaktes zwischen Lehrer und Schüler, die dabei funktional entwickelte Eigenart und Stärke der Sympathierelationen zwischen beiden, das Interesse des Schülers am Unterrichtsinhalt außerordentlich fördern, eine bestehende Antipathie dagegen die Entwicklung von Sachinteressen nachhaltig behindern kann. Auf diese Weise wird der pädagogische Bezug zu einem wichtigen Faktor der Motivationsgenese. Was von der Bedeutung des pädagogischen Bezugs für Interessebildung, für Lernhaltung und damit schließlich für eine adäquate Sacherkenntnis gesagt worden ist, läßt sich an jeder Unterrichtssituation beobachten: Alle Unterrichtssituationen, seien es Formen des Frontal- oder Gruppenunterrichts, der Disziplinierung, Maßnahmen zur Erhaltung der Aufmerksamkeit, die Art der Hausaufgaben und vieles andere, haben die Eigenart, nicht nur auf das vom Lehrer intendierte Lernziel hin zu wirken, sondern noch zusätzlich in vielfältiger Weise zu beeinflussen: sei es, daß durch sie Interessen geweckt und verstärkt, sei es aber auch, daß durch sie Langeweile und Apathie bei Schülern gezüchtet werden[81]. Unterrichtssituationen beispielsweise, die die Mehrzahl der Schüler in Passivität drängen, wie das im Frontalunterricht der Jahrgangsklasse der Fall ist und sich besonders beim Frage-Antwort-Betrieb ständig beobachten läßt[82], verleihen auch dem Unterrichtsinhalt bestimmte *negative Gefühlstöne*. Sie fördern eine Art Fluchttendenz und werden bewirken, daß der Schüler gerade nicht von dem angesprochen und motiviert wird, was im Unterricht als bedeutsam vermittelt werden sollte. Durch derartig heterogene Wirkungen der Unterrichtssituationen kann folglich bei vielen Schülern die vom Lehrer geplante Intention des Unterrichtes ins Gegenteil verkehrt werden.

Hier zeigen sich überall deutlich »ungewollte Nebenwirkungen«. Diese Bezeichnung, von *Spranger* in seiner letzten Veröffentlichung in die pädagogische Fachsprache eingeführt[83], scheint dazu angetan zu sein, daß wir, noch über *Herbarts* Überlegung hinaus, in einer zweiten Weise von »erziehendem Unterricht« sprechen müssen. Nach dem, was in den vorangegangenen Überlegungen ausgebreitet worden ist, kann damit jetzt aber nicht mehr nur die Bedeutung des Unterrichtsinhalts für Motivationen gemeint sein, sondern vielmehr außerdem dies: daß jede Methode, jede Unterrichtssituation, jede disziplinierende Maßnahme, jede Form des Lehrer-Schüler-Kontaktes, sei es Lob, sei es Tadel, seien es andere Begegnungsweisen, einer je eigenen Gesetzlichkeit unterliegen, die eine gewisse Atmosphäre schaffen, gewisse Gefühlstöne erzeugen, Sympathien oder Antipathien des Schülers ansprechen, kurz: ein Erlebnisganzes herstellen, in dem dann der Lernprozeß abläuft. Von diesem Erlebnisganzen aus geschieht eine, oft vom Erzieher kaum bemerkte, Motivbildung, die noch weitaus mächtiger als die vom Unterrichtsinhalt ausgehende erscheint, denn dieses Erlebnisganze bestimmt die Art, wie der Unterrichtsinhalt aufgenommen wird. Es präformiert ihn in einer ganz entscheidenden Weise. Die im Erkenntnisprozeß vermittelte *rationale Partialpräsentation* des Gegenstandes (als Wahrnehmung, Vorstehung, Begriff) wird folglich immer von einer *emo-*

tionalen Partialpräsentation (interessant, bedeutsam, angenehm) überlagert[84]. Diese aus Anmutungen, Sympathien, Gefühlen, affektiven Einstellungen bestehende emotionale Partialpräsentation besitzt deutliche *präkognitive Effekte*, die mit den Einstellungen schließlich auch die Gedächtnis- und Denkkapazität beeinflussen werden.

Derartig »ungewollte Nebeneffekte« wirken ständig auf unsere Schüler ein; gleich, ob Lehrer dies sehen und wissen oder nicht[85]. Deshalb kann der in der Unterrichtspraxis und wenn wir das gewählte Beispiel jetzt auf Erziehungsvorgänge überhaupt ausweiten: in der allgemeinen Erziehungspraxis leider häufige Fall eintreten, daß funktionale Nebenwirkungen den unterrichtlichen und erziehlichen Intentionen der Lehrenden und Erziehenden zuwiderlaufen, weil jene Mittel handhaben und Situationen schaffen, deren komplexe Nebenwirkungen noch nicht genügend analysiert worden sind. So können pädagogisch gesehen wahrhaft unheilvolle Situationen entstehen, in denen Lehrende gleichsam mit ihrer linken Hand einreißen, was sie mit der rechten mühsam aufgebaut haben, das heißt übersetzt: daß Lehrer und Erzieher die gute Absicht, richtige Einstellungen bei ihren Schülern zu bilden, mit Maßnahmen betreiben, deren Nebenwirkungen genau entgegengesetzte Haltungen erzeugen müssen, weil mögliche positive Eindrücke durch ein antipathetisches Angemutetsein zerstört werden, das durch falsche Unterrichtssituationen, durch unkritisch gehandhabte Unterrichts-, Disziplinar- und Erziehungsmittel provoziert worden ist.

Tatsächlich zeigt es sich in einer Vielzahl von Fällen, daß funktionale Nebenwirkungen von Unterrichtsmaßnahmen und Erziehungsmitteln der guten Absicht der Lehrenden keineswegs entsprechen und folglich ein Widerspruch zwischen der Absicht und dem klafft, was wirklich geschieht, so daß von einer deutlichen Diskrepanz zwischen erzieherischer Einstellung und pädagogischem Verhalten gesprochen werden kann[86].

In diesem zweiten Sinne meint »erziehender Unterricht« weniger das, was *Herbart* intendierte, daß nämlich Unterrichtsinhalte zur Bildung sachlich orientierter Motive unerläßlich sind, sondern weist auf den versteckten Einfluß der Nebenwirkungen hin, die von der Unterrichts*form* ausgehen. Nicht nur, daß der Unterricht der Erziehung als Voraussetzung dient – das ist *Herbarts* These –, die meisten Erziehungsvorgänge sind in der Schule außerdem in Unterrichtssituationen hineingewoben, ja finden, um ein bekanntes Bild von *Scheler* abgewandelt zu wiederholen, auf dem Rücken unterrichtlicher Prozesse statt. Reformpädagogen waren zwar nicht die ersten, so doch jene, die am deutlichsten auf den versteckten funktionalen Einfluß der Schulatmosphäre, der Unterrichtsmethode, des Lehrer-Schüler-Verhältnisses auf die Bildung von Einstellungen hingewiesen haben. Denn was Maria *Montessori* durch ihre methodischen Veränderungen der Lernsituationen erreichen wollte, was *Kerschensteiner* und *Gaudig* durch neue Methodenformen anstrebten, was Berthold *Otto*

43

durch die Veränderung der Jahrgangsklasse erzieherisch beabsichtigte, was schließlich Peter *Petersen* immer wieder als Grund für die organisatorische Veränderung der Schule anführte, das alles läuft ja auf eben die Erkenntnis hinaus, daß es nicht genügen kann, wenn Lehrer die richtigen Lernziele kennen und auch fachdidaktisch informiert sind; sie müssen im Unterricht auch die erzieherisch richtigen Mittel benutzen, erzieherisch wertvolle Unterrichtssituationen schaffen, ihre Unterrichtsmethode vom Erziehungsziel her determinieren und über die erziehlichen Nebeneffekte ihrer eigenen Handlungen und Mittel kritisch reflektieren.

Aber nicht nur Unterrichtssituationen, *jedes pädagogische Verhältnis ist von einer Vielzahl von Faktoren bestimmt*, mit denen von außen her auf den Schüler eingewirkt wird. Auch dort, wo Rat, Appell, Gespräch die starren Dominanzformen von Befehl und Verbot abgelöst haben, bleibt trotz aller Modifikation Einwirkung erhalten. Hier wird beispielsweise zu einer Arbeit angeregt, eine gute Arbeit herausgehoben und gelobt, eine weniger gute zurückgewiesen. Dort muß ein Kind getadelt werden, weil es die Grundlage unentbehrlicher Gruppenordnung gestört hat. Hier wird zu Spielformen angeregt; dort werden Wettbewerbe veranstaltet. Täglich spielen Kinder, in der Schule und im Elternhaus, arbeiten, wetteifern miteinander, kooperieren in Gruppen, werden belohnt oder bestraft. Das alles sind Maßnahmen, die, wenngleich mit einer bestimmten Absicht begonnen, sehr komplexe Wirkungen zeitigen können. Auch bei ihnen tritt in jedem Fall das auf, was ungewollte Nebenwirkungen genannt worden ist. Die tatsächliche Wirkung, die von den gewählten Mitteln ausgeht, muß keineswegs der guten Absicht entsprechen, die zugrunde gelegt worden ist. Die Strafe, zur Disziplinierung angewendet, kann auf Dauer gesehen erzieherisch destruktiv wirken; das Lob eines Kindes, das andere zu ähnlichen Leistungen anspornen sollte, kann zum Gruppenausschluß des Gelobten führen. Alle diese Mittel haben also eine eigene Gesetzlichkeit, die man kennen muß, wenn verhindert werden soll, daß sich ihre Eigenarten als ungewollte, eventuell zerstörende Nebenwirkungen bemerkbar machen.

1.3.4 Zur Methode

Die folgenden Analysen unterliegen methodisch den erläuterten Konzepten:
- daß es *keinen abgeschlossenen Katalog* von Erziehungsmitteln gibt, die hier analysierten Beispiele folglich exemplarischen Charakter haben;
- daß Erziehungsmittel unter den *epochalen Verschiebungen in den vorinterpretierenden Wirkungen des Zeitgeistes* sehr unterschiedlich bewertet werden können (besonders deutlich an »Autorität«, ähnlich aber auch bei »Vorbild« zu erkennen);
- daß Erziehung kein einheitlicher, eindimensionaler Vorgang, sondern von

einer *antinomischen Struktur* ist und diese Gegensätzlichkeit bei den Analysen von Erziehungsmitteln zugrunde gelegt werden muß;
- daß Erziehung in einem *komplexen Feld* abläuft, so daß ein Faktor sich unter Einwirkungen anderer Faktoren situativ stark verändern, eventuell gegengerichtete Wirkungen zeitigen kann;
- daß jedes Mittel überdies seine *besonderen Nebeneffekte* hat, die zu deutlichen Diskrepanzen zwischen Intentionen und tatsächlichen Wirkungen führen können.

2. Grundlagen der Erziehungsmittel

2.1 *Überlegungen zum Autoritätsstreit*

2.1.1 Außenlenkung oder Selbstregulation?

In den sozialwissenschaftlichen Diskussionen der Gegenwart dominieren, bereits einleitend erwähnt, zwei anthropologische Konzepte, die zueinander in einem erheblichen Widerspruch stehen, ohne daß diese Gegensätzlichkeit immer klar genug hervorträte. Einerseits ist das die mit dem methodologischen Konzept der Verhaltensforschung verbundene anthropologische Grundannahme, daß, nach dem Gesetz des englischen Empirismus, »nichts im Verstande sei, was nicht vorher in den Sinnen gewesen wäre«. Das heißt, alles, was Menschen an Empfindungen, Gedanken, Handlungen, Einstellungen, kurz: an Verhalten äußern, ist Lernprodukt. Individualität wird damit zu einer *Funktion* des vorgegebenen, durch Kultur, Milieu, ökonomische Verhältnisse, Zeitgeist bestimmten gesellschaftlichen Lebens[1].

Dem steht die in popularen »antiautoritären«, »nicht repressiven«, gesellschaftskritischen, auf Selbstbestimmung hin orientierten Konzepten enthaltene anthropologische Annahme entgegen, daß es eine *ursprüngliche Selbstregulation der individuellen Begehrungsstruktur* gebe. In diesem Konzept gedacht, muß die Gesellschaft mit ihren Regulationssystemen als der große Widerpart der Individualitäten erscheinen. Den gesellschaftlichen Regulationen hafte etwas grundsätzlich Kupierendes an: Entweder sollen Individuen etwas tun, was sie nicht wollen, oder nicht tun, was sie wollen. Eine Harmonisierung zwischen Individuum und Gesellschaft könne nur für den Preis einer Unterwerfung und das bedeutet zugleich einer »Selbstentfremdung« des Individuums von seinen »echten Bedürfnissen« zustandekommen[2].

Hatte man (so *Freud*) eine Zeitlang diesen Gegensatz zwischen Individuum und Gesellschaft als ubiquitäres Phänomen angesehen, so neigten spätere gesellschaftskritische Verfechter dieser These immer mehr zur Behauptung, nur der gegenwärtigen Gesellschaft hafte dieses kupierende Moment an. Eine zukünftige Gesellschaft hingegen könne sehr wohl das sein, was zu sein ihr allein zukomme: eine Instanz, die ausschließlich dafür zu sorgen habe, daß zur Befriedigung der »echten Bedürfnisse« jederzeit die nötigen Voraussetzungen vorhanden seien. Jene zukünftige Gesellschaft werde keinerlei Regulationskompetenz mehr haben, sondern allein subsidiäre Funktion für individuelle Bedürfnisbefriedigung sein.

Eine eigenartige contradictio besteht in der Tatsache, daß die eine Position sich an Annahmen orientiert, die von der anderen her strikt verneint werden – Konditionierung und Selbstregulation schließen sich gegenseitig aus –, ohne

46

daß indes dieser Widerspruch genügend berücksichtigt würde. Nicht selten argumentieren Selbstbestimmungstheoretiker mit den Ergebnissen anthropologisch gänzlich anders orientierter Verhaltensforschung; andererseits entwickeln aber auch Sozialisationsforscher Konzepte, die sich mit ihrer eigenen methodologischen Basis schlechterdings nicht vereinbaren lassen.

Dieser ungenügend erhellte Gegensatz führt zu einigen erheblichen Schwierigkeiten in der Diskussion verschiedener pädagogischer Probleme; so vor allem bei der Frage nach Legitimität oder Entbehrlichkeit von Ordnung, Recht, Gesetz, Anstand, Gehorsam, mit deren Hilfe gesellschaftliche Institutionen das Verhalten der Individuen regulieren. Die gerne auf eine bestimmte *Freud*-Rezeption zurückgreifende neuere Monadologie der Selbstbestimmungstheoretiker und ihre zweifellos starke Publikumswirksamkeit haben es zustande gebracht, daß heute mit diesen genannten Begriffen vornehmlich die Vorstellungen von Zwang, Unfreiheit, Untertänigkeit assoziiert werden. »Ordnung« hat keinen guten Klang; »law and order« ist zum Ausdruck von Inhumanität abgestempelt worden und gängig ist außerdem die Behauptung, Kreativität und Ordnung schlössen sich aus. Deutlich wird, daß eine externe Regulation als eine Art von Sündenfall und – entsprechend extrapoliert – Anarchie als höhere Ordnung durch Selbstregulation betrachtet wird[3].

Die auf Übernahme, Identifikation und Internalisation aufbauenden Verhaltens- und die auf empirische Basis gestützten Persönlichkeitstheorien dagegen können die ihren Befunden nach unentbehrlichen sozialen Regulationssysteme nicht einfach negieren. Kinder brauchen Erfahrungsabfolgen, aus deren Ordnung sie Erwartungen ableiten können. Sie brauchen Verhaltensmodelle, deren Beständigkeit Ordnung bedeutet. Inkonsequenz als eine Form von Unordnung führt nachweislich zu deutlichen Verhaltensstörungen und Persönlichkeitsdefekten[4]. Empirisch gesehen müssen auch jene mit externen Lenkungen verbundenen Phänomene von Ordnung, Recht, Gesetz, Gehorsam als *eine unentbehrliche Basis individueller Selbständigkeit* betrachtet werden[5], die von den mit einem starken (allerdings selbst zuerkannten) moralischen Anspruch auftretenden Selbstregulationstheorien verworfen werden.

In dieser widersprüchlichen Lage behilft man sich gern – sei es absichtlich, sei es unvermerkt – mit einem semantisch-terminologischen Trick. Man überläßt die Begriffe »Gehorsam« und »Autorität« unwidersprochen der Kritik und spricht im eigenen System ausschließlich von »Sachzwängen«, »externen Lenkungen«, von »konzeptualistischer Verhaltensformung«, von »wünschenswerten Sozialisationsergebnissen« und einer entsprechenden »Technologie« angebrachter »Sozialisationsmechanismen«. Es entsteht dadurch der Eindruck, als blieben Gehorsam und Autorität säuberlich ausgeschlossen, während sie in Wahrheit als lediglich anders benannte Phänomene getreulich wiederkehren[6].

Mir scheint, daß auf diese Weise Probleme eher verschleiert als gelöst werden, denn man klärt das Problem individualitätsgerechter Lenkungen dann um nichts, wenn nicht mehr von Autorität gesprochen wird, sondern allein nur, indem man in der »Anstrengung des Begriffs« und in der Analyse seiner Ambivalenz Negatives und Positives separiert. Wer dagegen beispielsweise einerseits gegen »Gehorsam« agiert, zugleich aber die externen Steuerungsmechanismen kybernetischer Pädagogik als Fortschritt preist oder die gängelnden Lenkungen linearer Programme toleriert, beweist, daß er sich an Epiphänomenen aufhält und die Einheit des zugrundeliegenden Problems: *Bedarf es in der Erziehung einer zeitweiligen Außensteuerung oder kann auf sie generell verzichtet werden?* noch nicht erkannt hat.

2.1.2 Erziehungsbedürftigkeit und pädagogische Verantwortung

Aufbauend auf der entwickelten Grundposition einer pädagogischen Antinomie:
- daß Selbständigkeit ein Erziehungsprodukt ist, das temporäre Außensteuerung notwendig macht,
- daß auch die Jemeinigkeit des Individuellen gesellschaftlich vermittelt ist und von entsprechenden Lernprozessen abhängt,
- daß die Möglichkeit für Selbständigkeit sicherlich in dem Maße schwindet, in dem man sie als anlagemäßige Selbstregulation interpretiert,
- daß andererseits natürlich die »Mechanismen externer Lenkungen« pädagogisch sorgfältig kontrolliert werden müssen, wenn sie für eine Verselbständigung von positiver Wirkung sein sollen,

wird in der vorliegenden pädagogischen Konzeption *Erziehungsbedürftigkeit als Grundlage und Selbständigkeit als Ziel aller pädagogischen Prozesse angesehen.* Diese Erziehungsbedürftigkeit macht, in der Sprache des letzten Abschnittes: Evolutions- und Progressionshilfen, gegenlenkende Maßnahmen und Transformationsmaßnahmen, zusammengefaßt: Lenkungsmaßnahmen notwendig. Lenkungsverhältnisse bedeuten, wie man es auch wenden mag, zumindest temporäre Abhängigkeit; sie signalisieren – bei aller Milde möglicher sozialintegrativer Stilformen – ein Oben und ein Unten und haben folglich immer etwas mit sozialer Macht zu tun. Dieses Abhängigkeitsverhältnis impliziert wiederum, wenn es überhaupt in Handlungen aktualisiert werden soll, daß die einen in einer angemessenen Weise lenken können und daß sich die anderen ebenfalls in angemessener Weise lenken lassen. Fehlt diese Bereitschaft – auf der einen oder der anderen Seite –, löst sich das aus der generellen Erziehungsbedürftigkeit des Menschen abzuleitende erzieherische Verhältnis[7] auf. Erziehung ist dann nicht möglich.

In der Tradition ist die Bereitschaft und Fähigkeit, Verantwortung für pädagogische Lenkungen zu übernehmen, *Autorität* genannt worden. Die Bereitschaft und Fähigkeit, sich etwas sagen zu lassen und auf die Autorität zu hören, heißt *Gehorsam.* Beide sind, das muß noch einmal betont werden, *kein Zweck, sondern Mittel* und rechtfertigen sich folglich nur vom Ziele der Erziehung, also der Verselbständigung der Individuen her.

In der erwähnten popularen Meinung liberalistischer Konvenienz wird diese Verfassung des Menschen als eines ens sociale geleugnet. »Autorität« und »Gehorsam« erscheinen gleichsam als pädagogischer Sündenfall[8] und jede Pädagogik muß als verkehrt betrachtet werden, die sich dieser Verhältnisse nicht radikal entäußert, ja sich als deren ausdrücklichen Gegensatz begreift. Eliminierung von Autorität und Gehorsam erscheint jetzt als die für eine Emanzipation des Menschen notwendige Voraussetzung.

Hier wird dagegengehalten, daß sicherlich, wie alle menschlichen Verhältnisse so auch die Verhältnisse externer Lenkungen, die weiterhin Autorität und Gehorsam benannt werden sollen, pervertieren können und in der Tat in der Geschichte schrecklich pervertierten; teils, indem sie zu Standesunterschieden und Privilegien geronnen sind, teils zu bestimmten politischen Handlungen mißbraucht wurden. Immer geschah dabei eine Verkehrung, bei der man aus egoistischen Gründen das Mittel zum Zweck erhob: aus Verantwortung und Auftrag wurde Anspruch, aus Gehorsam Hörigkeit. Daß eine sich gegen solche Verkehrungen wendende Kritik zu Recht erfolgt, steht außer Zweifel. Man darf indes eine Sache nicht von ihren Verzerrungen her beurteilen, sondern muß von ihrer konstitutiven Bedeutung ausgehen. Denn wenn sich zeigt – und die empirische Sozialforschung besorgt dies in unübersehbarer Weise –, daß die gepriesene Selbstregulation des »natürlichen Lernens« eine Utopie ist, weil dabei die historische, kulturelle, gesellschaftliche Verfassung des Menschen übersehen wird[9], wenn sich zeigt, daß menschliches Leben von der Art ist, daß es ohne ein Aufeinander-Hören, Miteinander-Sprechen, eine ständige Erfahrungsweitergabe, ein permanentes Lernen, ein dabei notwendiges Anleiten und Korrigieren sich nicht denken läßt, dann wäre es eine eigenartige Schizophrenie, wenn immer wieder attackiert würde, was als unaufhebbare Bedingung gelten muß. Erweist sich der Mensch als ens sociale, kann nicht gegen diese Sozialität agiert werden, ohne daß man zugleich menschliches Sein überhaupt in Frage stellte, auch wenn man es der erklärten Absicht nach »befreien« möchte. Man muß dann vielmehr auch die mit der Sozialität notwendig verbundene Soziabilität als ein pädagogisches Ziel annehmen und sich um die Voraussetzungen für deren Bildung kümmern[10].

Der Fehler einer verbreiteten populären Gesellschafts- und Erziehungskritik liegt darin, daß berechtigte Einwände gegen historisch bedingte Verzerrungen in den sozialen Verhältnissen ungenügend reflektiert auf Grundlagen ausgedehnt werden und man dadurch in den Mißstand gerät, etwas moralisch verwerfen zu müssen, was anthropologisch unentbehrlich bleibt. Weil man »Gehorsam« und »Autorität« zu einer Art von modernem Sündenbock stilisierte und ihre aus den anthropologischen Befunden der Erziehungsbedürftigkeit ableitbaren moralischen Qualitäten so total wie beharrlich negierte, entläßt man sich aber selbst aus der pädagogischen Verantwortung und stößt die Kinder in die Scheinfreiheit einer nur angenommenen internen Lenkung innerhalb eines für geschlossen gehaltenen Funktionskreises von Begehrungsimpulsen und Spannungsreduktionen[11].

2.1.3 Intention und Erfahrung

Diese falsche Meinung über die Bedeutung sozialer Gebundenheit kam vor allem deshalb zustande, weil der anthropologisch unentbehrliche Sozialkontakt pädagogischer Lenkungen in einer langen erzieherischen und allgemein gesellschaftlichen Tradition sich vornehmlich in den Formen von Druck, Zwang, Kommando, Befehl und in den Weisen unvermittelter Amtsautorität und eines Anspruchs auf unbedingten Gehorsam geäußert hat. Erziehung war dabei, als Instrument vorgegebener politischer Ziele, nicht auf eine Verselbständigung des Individuums aus, sondern blieb auf eine permanente Unterordnung unter eine vorgegebene Hierarchie beschränkt. Erziehungsziel war also nicht die zur internen Lenkung gebildete selbständige Person, sondern der auf permanente Außenlenkung abgerichtete Untertan[12].

Aber selbst, wo dieses Ziel revidiert worden war, blieb doch die Unverhältnismäßigkeit traditioneller Mittel übrig, deren ungewollte Nebenwirkungen ein Hauptproblem gegenwärtiger Erziehungsanalysen darstellen. Denn trotz der Revision der Erziehungs*ziele* blieben die den benutzten Mitteln anhaftenden Empfindungen die gleichen: Auch wenn Erziehung und Bildung nicht mehr auf pure Soziabilität, Gefügigkeit und Hörigkeit abzielen, erfahren die Erzogenen und Belehrten die pädagogischen Vorgänge zum weitaus größeren Teil noch immer als Druck und Zwang[13]. Das belastet die Lernenden: Sie erfahren die pädagogischen Hilfen als Einschränkung und nicht als das, was sie der Intention der Lehrenden und Erziehenden nach sein sollten: als Hilfen. Das belastet aber auch die Lehrenden und Erziehenden: Sie erfahren die Auflehnung der Schüler als scheinbare Erziehungs- und Bildungsunwilligkeit, durch die sie in Resignation getrieben werden. Beide Seiten geraten durch diese Diskrepanz in jene beträchtlichen Schwierigkeiten, die die besonderen Belastungen des pädagogischen Verhältnisses in der Gegenwart darzustellen scheinen[14]:

– Die Erziehenden sind enttäuscht: was von ihnen aus als Hilfe gedacht ist, wird nicht angenommen, sondern erfährt Ablehnung.
– Die Heranwachsenden sind überfordert: sie sollen etwas willig annehmen, was sie unter deutlichen und permanenten Empfindungen der Unlust und des Unangenehmen erfahren müssen.

Diese *deutliche Diskrepanz zwischen dem objektiven Angebot und der subjektiven Empfindung* ist, wie gesagt, das pädagogische Kernproblem der Gegenwart[15]: Hilfe wird nicht als Hilfe, sondern als Belastung empfunden und deshalb abgelehnt. Dieses Mißverständnis führt dann zu Mißverhältnissen, die sich auf der subjektiven Seite in Erziehungsmüdigkeiten, Aversionen, Aggressivitäten, Resignationen, Distanzierungen, im grassierenden Negativismus, im vieldiskutierten Generationenkonflikt niederschlagen, im Verhältnis der Söhne und Väter genauso wie im Verhältnis der Schüler und Lehrer.

Daraus folgt: Haben wir einerseits jene Abhängigkeitsverhältnisse, die traditionell Autorität und Gehorsam genannt werden, auf Grund anthropologischer Befunde gegen die liberalistisch-monadologische Konzeption unmittelbarer Selbstregulation verteidigt und vor allem auch herausgestellt, daß man nicht constitutiva menschlicher Existenz permanent moralisch negieren kann, sondern die Legitimität unaufhebbarer sozialer Lenkungsverhältnisse bejahen muß, so ist andererseits hervorzuheben, daß diese Mittel allerdings einer sorgfältigen pädagogischen Analyse unterworfen werden müssen, damit nicht ungewollte Nebenwirkungen über die Empfindungen der Heranwachsenden zum Gegenteil dessen führen, was in der pädagogischen Intention als Ziel gefaßt worden ist.

Die besondere pädagogische Frage heißt also, *wie eine Übereinstimmung zwischen individuellen Strebungen und Empfindungen einerseits und den sozialen Faktoren des Lehrens und Lernens andererseits erreicht werden kann*, ohne daß die historisch-kulturell bedingte Kontinuität von Lernprozessen zugunsten eines affektiv-punktuellen »natürlichen Lernens« unterbrochen wird, ohne daß aber auch pädagogische Einwirkungen beim Heranwachsenden affektive Abwehrmechanismen auslösen, die teils zu allgemein bildungsfeindlichen Einstellungen, teils zu personenbezogenen aggressiv-resignativen Verhaltensformen führen können. Dieses Problem stellte sich nicht, wenn das erwähnte begehrensgesteuerte »natürliche Lernen« ausreichte, wie es in den Konzeptionen *Rousseaus*, Ellen *Keys* und auch im Lernkonzept *Summerhills* gedacht wird[16]. Das ist indes nicht der Fall. Zwischen dem natürlichen Begehren und gegebenen objektiven Notwendigkeiten besteht *keine* derartige prästabilierte Harmonie, durch die die Geschichtlichkeit menschlicher Existenz überspielt werden könnte. Summerhill ist in der Tat eine »Insel«, deren Realitätsferne ein Stück Luxus darstellt und überhaupt nur deshalb existieren kann, weil die Gesellschaft und ihre Schulen insgesamt sich gerade *nicht* nach diesem Prinzip richten, das in Summerhill verkörpert wird. Weil es leider keine derartig prästabilierte Harmonie gibt, werden in allen Lern- und Erziehungsprozessen – sofern man diese nicht künstlich realitätsfern hält – *immer Verfrühungen auftreten* (das heißt, Kinder müssen zu etwas angeleitet werden, was sie jetzt noch nicht von sich aus wollen) *und Lenkungen erforderlich sein* (das heißt Anleiten zu einem gewünschten Verhalten, Konzentrieren auf ein bereitgestelltes Lernobjekt, das heißt auch Unterbinden bedenklicher Begehrungsfixierungen). Hier eben tauchen dann die gravierenden pädagogischen Probleme auf, die man allerdings nicht sehen kann, solange man nicht die *Divergenz zwischen objektiven gesellschaftlichen Kon-*

stellationen einerseits und den anders orientierten subjektiven Begehrensmustern sieht und ernst nimmt. Bei diesen pädagogischen Problemen handelt es sich vor allem um zwei:

- Um die bereits mehrfach genannte Diskrepanz zwischen Forderungen und Empfindungen, die sich auch dort einstellen können, wo Lernverläufe insgesamt positiv, also erfolgreich verliefen. Der Konflikt spielt sich in diesem Falle im wesentlichen im educandus ab, als Widerstreit zwischen subjektiv determinierten Neigungen und Empfindungen und einem zumindest in großen Teilen objektiv determinierten Handeln.
- Noch gravierender wird das Problem in der Form des Mißerfolgs als Diskrepanz zwischen Forderung und Leistungsfähigkeit. Hier tritt der Konflikt zwischen dem Lehrenden, Erziehenden als den Repräsentanten einer Forderung und dem Heranwachsenden auf. Mißerfolgserlebnisse lassen verstärkte affektive Gegenbewegungen auftreten und verschärfen dadurch den emotionalen Konflikt im educandus selbst.

Trotz der unterschiedlichen Gewichtigkeit treiben beide Diskrepanzen zu ähnlichen Konsequenzen:

- Werthaltungen und Einstellungen sind weitaus weniger als gewöhnlich angenommen wird eine Folge urteilsgesteuerter Ansichten, sondern Haltungen, die infolge von Anmutungen und Gefühlstönen zustande kommen[17].
- Menschen halten deshalb vorwiegend das für wertvoll, was sie als wertvoll *empfinden*[18].
- Diese Empfindungen sind in einem hohen Maße von Begleitumständen des Kontakts, der Begegnung ausgelöst. Ist die Gesamtatmosphäre des Lern- und Erziehungsvorgangs bestätigend, ermutigend, stimulierend, kurz: von positiver Valenz, kann mit hoher Wahrscheinlichkeit angenommen werden, daß auch die gestellten Aufgaben die geforderten Lern- und Arbeitsprozesse, das gewünschte Verhalten, die vermittelnden Inhalte und Bewertungen in eine insgesamt positive Anmutung geraten.
- Dies erklärt, weshalb sogar ausgesprochen harte Forderungen gerne angenommen und große Entbehrungen freudig ertragen werden können. Sie erscheinen aus der Situation heraus als wertvoll und werden deshalb nicht als Einschränkungen, sondern im Gegenteil als Bestätigungen erfahren. In anders gearteten Situationen dagegen, deren Gesamtatmosphäre kühl ist, kann eine geforderte Anstrengung sehr viel geringeren Ausmaßes bereits zu einer Zumutung werden, gegen die man sich sehr scharf wendet.
- Deshalb zeigen mit Leistungen verbundene Arbeitsprozesse starke Ambivalenzen:
  sie können als *Druck und Last* empfunden werden, deren man sich nach Möglichkeit rasch zu entziehen sucht (vgl. das gesellschaftspolitische Konzept der fortschreitenden Arbeitszeitverkürzung);

sie können *Bestätigung seiner selbst* sein und als Erfüllung empfunden werden (das Werk als Objektivierung seiner selbst).

– Auch *alle Lern- und Erziehungsprozesse stehen unter dieser Ambivalenz:* ob sie als Hilfe erscheinen, die man gerne annimmt (frohes Lernen im entspannten Feld) oder als eine Last und Zumutung, die im besten Falle seufzend ertragen wird, darüber entscheiden in hohem Maße die emotional wirkenden Begleitumstände des Lern- und Erziehungsverlaufs.

– Lern- und Erziehungserfolge hängen folglich in einem sehr hohen Maße von der pädagogischen Kunst ab, in welchem Maße es gelingt, eine *pädagogisch stimulierende Gesamtatmosphäre* zu schaffen, sei es durch persönliche Bezüge (Vertrauensverhältnisse), durch besondere Formen gruppendynamischer Prozesse oder durch besondere Ermutigungen, Lernhilfen, Bestätigungen und der gleichen mehr.

Trotz der hervorgehobenen Bedeutung der Affekte und Emotionen wird die Urteilskraft der Vernunft *nicht* in ungebührlicher Weise eingeschränkt[19]. Deutlich ist indes, daß sie nicht die apriorische Wirkkompetenz und Universalität besitzt, die man ihr gern zuteilen möchte, sondern sich als etwas Kontingentes erweist, das selber deutlich der Erziehung und Bildung bedarf[20]:

– Einmal im Sinne von *Psychohygiene*[21]: daß Situationen vermieden werden, die affektive Belastungen zur Folge haben, daß dagegen eine emotional stimulierende Atmosphäre geschaffen wird, die aufmerksamkeits- und konzentrationsfördernd, gedächtnisstützend, urteilserleichternd wirkt;

– sodann in der Weise methodisch aufbereiteter und *richtig dosierter Lernbarrieren;* Lehrinhalte, Aufgaben, allgemein gefaßt: Leistungsanforderungen sollen so dosiert werden, daß Urteils- und Kritikfähigkeit, sachorientiertes Problemlöseverhalten, allgemein: kreative Verhaltensmuster entstehen können.

In diesem Gesamtrahmen sind die pädagogischen Funktionen von Autorität und Gehorsam zu sehen:

– Sie sind nirgends Zweck, sondern Mittel für Lenkungen;

– sie sind auf individuelle Selbständigkeit hin orientiert und unterliegen folglich der paradoxalen Bestimmung, daß ihre Qualität sich an dem Maße mißt, an dem sie sich selbst aufzuheben imstande sind;

– sie dürfen nicht die Diskrepanzen zwischen Forderungen und Empfindungen verstärken, sondern müssen vielmehr auch vom Heranwachsenden als echte Hilfe empfunden werden können.

Unter diesen Voraussetzungen besehen, stellen diese Begriffe dann weder einen »Sündenfall« dar, noch werden sie in einer Art »naiver Unschuld« gebraucht. Sie benennen vielmehr aus der sozialen Verfassung des Menschen folgende unabdingbare, mithin auch pädagogisch relevante Größen; wie alle anthropologischen Verhältnisse freilich von starker Ambivalenz, für deren Klärung man indes nichts gewinnt, wenn man bestimmte Begriffe vermeidet.

Sie werden deshalb in den folgenden Textstellen nicht eliminiert, sondern kritisch analysiert.

2.1.4 Tradition und Zukunft

Im gegenwärtigen Autoritätskonflikt spielt schließlich noch ein letztes Problem eine erhebliche Rolle. Gegenüber der bewahrenden Tendenz traditionsorientierter Gesellschaftsformen, in denen Erhaltung (conservare) als dominanter Wert, Veränderung dagegen als bedrohlicher Ordnungs- und damit Sicherheitsverlust angesehen wurden, ist in der Gegenwart ein fortschrittsorientierter Zeitgeist tonangebend, durch den Veränderung bis zur radikalen Form der Revolution als wertvoll, Bewahrung, Beharrung, Tradition dagegen schon beinahe als eine Art moralischer Defekt angesehen werden. Die dauernd zu hörende Rede von der »bestehenden Gesellschaft«, der man zugleich, nach Art des Sündenbock-Denkens, die Verantwortung für alles Übel aufhalst, und der glorifizierten »zukünftigen«, die Unterscheidung von »Affirmation« und »Fortschritt« und der neu auftretende Glaube an den »neuen Menschen« signalisieren diesen Umbruch deutlich.

Diese *Veränderung im Verhältnis der drei Zeitdimensionen Vergangenheit, Gegenwart und Zukunft* zueinander hat unmittelbare Konsequenzen für das Verhältnis der Generationen und da wiederum vor allem für den Rechtsanspruch, mit dem Vermittlung des vorhandenen Erfahrungsbestandes und der bestehenden gesellschaftlichen Organisationsformen betrieben werden darf oder abgelehnt werden muß:
– Für einen, der das Individuum *nicht* als Monade begreift, sondern Lernprozessen unterworfen sieht, für den deshalb vermittelte Erfahrung unabdingbar ist, der folglich der Tradition kritisch-positiv gegenüberstehen wird, erscheinen Vermittlung, Autorität und Gehorsam trotz deutlicher Ambivalenz als insgesamt positive Größen.
– Für den Zukunftsorientierten dagegen sind sie Hemmungen, ungerechtfertigte Ansprüche, die das »Eigentliche« (was immer das auch sei) am Durchbruch hindern.
– Für den Zukunftsorientierten bedeutet deshalb Zerstörung des Gegenwärtigen notwendige Vorarbeit für die Befreiung des Zukünftigen.
– Für den dagegen, der sich weigert, die Gegenwart der Zukunft aufzuopfern, bedeutet eine solche Einstellung nicht nur kulturellen Verlust, sondern noch weiterreichend ein Stück Selbstzerstörung.
Richtig ist zweifellos, daß Traditionen erstarren und zur Hemmung werden können. Richtig ist auch, daß die Zukunft (der Gesellschaft und des Einzelnen in ihr) ein Recht auf eigene Lebensäußerungen hat. Richtig ist aber auch, *daß das durch Tradition weitergegebene Erfahrungsarsenal, das subjektiv als Hemmung empfunden werden kann, objektiv unabdingbare Basis der an Lehre und Erziehung ge-*

bundenen Menschwerdung ist. Man kann und darf nicht immer nur davon reden, was durch Tradition und die Kontinuität der Gesellschaft gehemmt wird, man muß vielmehr zuerst einmal davon sprechen, was Tradition alles gibt und welche unentbehrliche Basis sie darstellt. Denn sicherlich widerspricht die so populäre wie unreflektierte Annahme, die Zukunft könne als eine isolierte Kategorie betrachtet werden, allen soliden Befunden über die dialektische Struktur der Geschichte. Man muß vielmehr auch hier den zweifellos bestehenden Gegensatz in den Zeitdimensionen zugleich als konstitutives Prinzip einer Einheit sehen:

– »Veränderungen« ohne Tradition sind so problematisch und gefährlich wie Beharrungen ohne »Fortschritt«; – wenn die so beliebten Schlagwörter der Moderne hier einmal zur Formulierung des Gegensatzes benutzt werden sollen.

Man kann diese unaufhebbare Verschränkung zwischen Vergangenheit, Gegenwart und Zukunft ins Positive gewendet auch so formulieren: Die in der Tat notwendigen Veränderungen kann nur verantworten und durchführen, wer die Bedeutung der bestehenden Verhältnisse begriffen hat. Deshalb sind auch Lenkungen (im Politischen wie im Pädagogischen), die sich der kontrollierten Autorität und des Gehorsams bedienen, keine rudimentären Reste eines rückwärtsfixierten Konservativismus, sondern dienen zur Herstellung der Basis von Reflexionsfähigkeit, von der her Veränderungsabsichten sich überhaupt erst legitimieren können[22].

Natürlich wird immer die starke Ambivalenz sichtbar bleiben, daß Autorität und Gehorsam sich als positive wie negative Größen erweisen können, je nachdem, aus welchem Bezugssystem von »Beharrung«, »Fortschritt« oder einer Vermittlung beider Positionen heraus man sie begreift, interpretiert und anwendet.

2.2 Autorität – Formen und Funktionen

2.2.1 Zum Gebrauch der Bezeichnung »Autorität«

2.2.1.1 Erste Begriffsanalysen

1. Hält man nebeneinander, was alles »Autorität« genannt wird[23], dann entsteht ein verwirrendes, sich widersprechendes Bild. So wird in der Literatur unterschieden zwischen einer »echten« und »unechten« Autorität, zwischen einer »äußeren« und »inneren« Autorität und schließlich zwischen einer »tatsächlichen«, »persönlichen« und einer sogenannten Amtsautorität[24]. Entgegengesetzte Sachverhalte wie der Wissensvorsprung eines Fachmannes und das völlig anders gelagerte Charisma eines »Führers« werden beide Autorität genannt. Dem häufig beklagten Autoritätsverlust der Väter und Lehrer steht die

negativ verstandene Bezeichnung »autoritär« gegenüber: »autoritäres Verhalten«, »autoritäre Persönlichkeit« und »autoritäre Gesellschaft« gelten als besonders deutliche Signale der allgemeinen Korruption der Gegenwart[25].

Der Begriff Autorität, schreibt Peter *Roeder*[26], »ist offenbar ein Prüfstand für Weltanschauung und wissenschaftliche Methode zugleich. Dem Gläubigen ist menschliche Autorität ein Abglanz der Vaterherrschaft Gottes, in dem sie ihre letzte Begründung findet, dem Faschisten ein Beweis für die Naturnotwendigkeit eines Führers der Massen, dem Demokraten ein Produkt der Arbeitsteilung und politische Macht, die – auf Zeit delegiert – vor dem Forum der Kritik sich zu verantworten hat; dem analytischen Psychologen – z.B. in der Gestalt des Vaters – Widerstand und der Inbegriff von Normen, an denen sich der Charakter bildet; dem Vater bedeutet sie sein Erwachsensein, seine Leistung in der ›Welt‹ und für die Familie; dem Lehrer die Macht seines Amtes, die Würde und Bedeutung seines erzieherischen Auftrags, die Inhalte der geistigen und materiellen Welt, die in seinem Wissen für das Kind aufbewahrt sind, und schließlich die Distanz zwischen den Generationen; für das Kind heißt Autorität: die Großen, die Wissenden, aber auch die Normen der Gruppe von Gleichaltrigen, mit denen es in der Schule, auf der Straße und im Spielplatz zusammenlebt – Verbote, Widerstand und Hilfe. Für den empirischen Forscher handelt es sich um einen Relationsbegriff, der die Stellung von Normen setzenden und Tätigkeiten einleitenden Instanzen innerhalb eines bestimmten Bezugsrahmens beschreibt; ihm kommt es zudem auf die feinen Schattierungen der Verwirklichung an. Den Theoretiker interessiert häufig nicht nur ein solches genau beobachtetes Handlungsgefüge, sondern er untersucht auch die gegenseitige Abhängigkeit zwischen der empirisch erfahrenen Struktur und den Inhalten und Zwecken eines beliebigen Funktionsgefüges. Anderen jedoch gilt Autorität als etwas weder empirisch Erfahrbares noch gar quantitativ zu Bestimmendes. Sie wird zu einer Qualität sui generis – als ›Strahlungskraft‹ oder Charisma umschrieben.«

2. Expliziert man dieses Begriffsfeld, dann zeigt sich, daß über den schillernden Begriff Autorität, ihre Bedeutung oder Entbehrlichkeit, ihre Unzeitgemäßheit oder Unersetzlichkeit, nicht diskutiert werden kann, wenn man nicht drei Aspekte auseinanderhält[27]:

– einen philosophisch-anthropologischen Aspekt,
– einen historisch-psychologischen Aspekt und
– einen genetisch-pädagogischen Aspekt.

2.2.1.2 Der philosophisch-anthropologische Aspekt

Als was Autorität erscheint, hängt – darauf ist bereits verschiedentlich hingewiesen worden – immer von einer bestimmten anthropologischen Grundkonzeption ab, gleich, ob diese explizit formuliert worden oder als latente Anthropologie vorhanden ist. Bisweilen erscheinen solche Grundannahmen noch in der Form des Mythos oder des Glaubens. Da sie immer normativ besetzt sind, konnte wissenschafts-positivistische Kritik mitunter behaupten, sie wären wissenschaftlicher Kontrolle prinzipiell unzugänglich. Die Kritik am Wissenschaftspositivismus hat indes gezeigt, daß solche Behauptungen ihrer Konsequenzen wegen zurückgewiesen werden müssen, weil in ihrer Folge gerade die entscheidenden menschlichen Verhältnisse wissenschaftlicher Kontrolle unzugänglich blieben[28].

1. Autorität und Individualität

Für den philosophisch-anthropologischen Aspekt des Autoritätsproblems am bedeutsamsten erscheint die Analyse des *Verhältnisses von Autorität und Individualität,* denn die Interpretation jedes der beiden Begriffe leitet sich unmittelbar aus der des anderen ab:

– Erscheint individuelles Verhalten als solches grundsätzlich einem Dilettantismus und einer Ordnungslosigkeit verhaftet, wie dies in den anthropologischen Konzeptionen von *Hobbes* und *Schopenhauer* zu lesen ist, dann wird Autorität zu einem den Einzelnen an ein »übergeordnetes Ganzes« bindenden Halt, der ihn zugleich über die Vereinzelung und damit »über sich hinaushebt«[29].

– Erscheint dagegen Individualität als Selbstmächtigkeit, als in sich geschlossene *Monade,* der sich entelechisch entfaltenden Pflanze vergleichbar, dann wird jeder Eingriff von außen als Störung bewertet werden[30]. Autorität gilt dann als ein rechtloser Anspruch und als Repression, die es aufzulösen gilt (Vergleich: antiautoritäre Konzepte).

– Erscheint richtige, das heißt sachangemessene Erkenntnis (vor allem, was Strukturgesetze der Gesellschaft in der Form der sogenannten gesellschaftlichen Gesamtanalysen anbetrifft) nur wenigen »Auserwählten« zugänglich, dann kann das Volk oder die Masse der Individuen an diesem »Eigentlichen« nur partizipieren, wenn sie als Gefolgschaft einem Führer oder als Mitglieder ihrer Partei gehorsam untergeordnet bleiben. In beiden Fällen kommt es darauf an, daß der Einzelne das »richtige Bewußtsein« erhält, das jedoch nicht aus sich selber entstehen kann, sondern entsprechende Bewußtseinsveränderungen in Form von Außensteuerungen notwendig macht.

– Erscheint Individualität als prinzipiell zur Selbständigkeit fähig, betrachtet man diese »Mündigkeit« (die Fähigkeit des »Hinterfragens« und des »feldunabhängigen Verhaltens«) jedoch nicht als einfach gegeben, sondern immer von vorausgehender Bildung abhängig, dann kann Autorität in Form von Lehre eine partielle (vorübergehende, zeitweilige, vormundschaftliche) Funktion annehmen. Sie vermittelt dann als »Hilfe zur Selbsthilfe« Voraussetzungen von Mündigkeit und macht sich eben dadurch selbst nach und nach überflüssig.

2. Autorität und menschliche Korruptibilität

Heutige Autoritätskritik[31] bezieht sich gerne noch auf einen ehemals besonders mächtigen, stark metaphysizierten Autoritätsbegriff, der wiederum durch eine (meist theologisch gefaßte) Konzeption menschlicher Korruptibilität (Erbsünde, Erbschuld) bestimmt war. Diese anthropologische Annahme hat, vor allem seit *Rousseau*, heftigen Widerspruch erfahren. Hält man, so die Kritik, den Menschen für von Grund auf verderbt und behandelt man ihn entsprechend, dann wird er durch eben diese Maßnahme tatsächlich verdorben. Die Konsequenzen der falschen Annahme erzeugen also erst das, was diese der menschlichen »Natur« von allem Anfang an anhängen will[32]. Hält man dagegen den Menschen für gut und läßt man ihm seine Freiheit, dann wird er auch – so diese Kritik – sich als gut erweisen[33]. Die tatsächlich konstatierbare »Schlechtigkeit«, wie sie sich etwa in der Form beobachtbarer Kriminalität äußert, erscheint mithin primär als Folge autoritärer Behandlungsformen, vor allem einer autoritären Erziehung in einer autoritären Gesellschaft[34]. Es geht also um die Frage, was eigentlich als *Ursache*, was als davon bedingte *Folge* anzusehen ist:

– Steckt die Korruption in der menschlichen Natur bereits ab ovo, und wird sie dann nach und nach als ein Entfaltungsprodukt sichtbar?
– Oder ist Korruption, die man vielfältiger geschichtlicher Erfahrungen wegen nicht bezweifeln kann, nicht Folge der Verbiegungen, die von einer repressiven Erziehung angerichtet worden sind?

Kritische Interpretation wird davon ausgehen müssen, daß der Begriff der »corruptio« lange Zeit undifferenziert gebraucht worden ist und auch noch wird. Tatsächlich gab und gibt es noch eine von solchen Annahmen abgeleitete, starre, institutionell verfestigte Autorität mit einem reglementierenden Anspruch. Doch wird in vielen genaueren Interpretationen Korruptibilität längst nicht mehr auf eine allgemeine »Schlechtigkeit« der »menschlichen Natur« bezogen, sondern als ein so bedauerlicher wie offenbar unvermeidbarer *Folgezustand menschlicher Kontingenz* betrachtet. Das damit Gemeinte sei an einigen Beispielen erläutert:

– Ein Kind, das ein neu geschenktes Spielzeug zerlegt, vernichtet es nicht aus einer tadelnswerten »Lust am Zerstören« heraus, sondern folgt zumeist einer positiven elementaren Neugierde. Für die von anderen Einstellungen her urteilenden Erwachsenen dagegen erscheint die Tat des Kindes als moralwidrige »Zerstörung«.
– Scham über eine Tat, deren Konsequenzen erst nachher begriffen werden, kann einen Menschen in die Lüge treiben, falls die soziale Mitwelt falsch reagiert. Eine positive menschliche Grundeinstellung kann folglich, unter dem Einfluß ungenügend kontrollierter gesellschaftlicher Einwirkungen, zur Ausbildung von Fehlhaltungen führen, die, im Teufelskreis von wechselseitigen Reaktionen und Verstärkungen, sich bis zum Negativismus steigern können.

– Selbst hochgebildete Erwachsene können trotz sorgfältiger Vorplanung nicht das Geflecht verschiedener Wirkungen übersehen, das von ihren Handlungen immer ausgeht. Aus dieser Diskrepanz von Intentionen und verschiedenen Nebeneffekten entwickeln sich wiederum häufig Ketten von Mißverständnissen und Fehlreaktionen, die sich über den momentanen Konflikt hinausziehen und eventuell als problematische Persönlichkeitsstrukturen habitualisieren können (Beispiele: Pessimismus – Optimismus, Aggressivität – Resignation)[35].

– Voreilige Erwartungen über Leistungsfähigkeit, Verhaltensweisen und Einstellungen anderer Menschen führen nicht selten zu Enttäuschungen, Vorwürfen und daraus resultierenden Feindschaften. So ist beispielsweise eine falsche Annahme des Lehrers über die Leistungsfähigkeit der Schüler und deren Interessenhorizont sehr oft Ursache jenes Teufelskreises, wonach aus enttäuschter Erwartung des Lehrers falsche Tadelsformen hervorgehen, die die Schüler erst in das Verhalten hineindrängen, das ihnen die Schule dann nachher als tadelnswert vorhält[36].

Daraus ergibt sich als Konsequenz:

– Wird von einer mit der Kontingenz des Menschen eng zusammenhängenden Korruptibilität gesprochen, so muß das nicht heißen, daß der Mensch ab ovo »böse« sei, sondern daß er unter bestimmten Konstellationen »böse« werden kann. Diese Konstellationen sind revidierbar, sofern sie von sozialen Mißverhältnissen abhängen. Sie erweisen sich indes in beträchtlichem Umfang auch als ubiquitär, sofern sie aus den Diskrepanzen zwischen der Inprognoszibilität des Menschen und den Konsequenzen seiner Handlungen hervorgehen.

– Dieser Gesamtzustand bedeutet, daß man menschliche Entwicklung nicht sich selber überlassen kann (laissez-faire), sondern daß Lernen und erzieherische Lenkungen unentbehrlich sind. Bildung des Geistes und Erziehung des Verhaltens erscheinen dann als die Art von Lenkung, durch die der Heranwachsende zur jeweils objektadäquaten Erfahrung und der ihr entsprechenden Innensteuerung befähigt werden soll. Realitätsbezogenheit, Logik und Kritikfähigkeit, Frustrationstoleranz und Ambiguitätstoleranz, notwendige Faktoren für Innensteuerung, setzen zeitweilige externe Lenkungen voraus[37].

2.2.1.3 Der historisch-psychologische Aspekt

Solange man Kultur und »Welt« insgesamt als eine wesentlich statische Größe betrachtet, in der Änderungen nur durch den Wechsel der Generationen geschehen und deshalb von beiläufiger Art bleiben, sind der Erziehung und

Bildung bestimmte Ziele vorgegeben. Individualität erscheint dann mehr als ein störender, allenfalls zu duldender, weniger hingegen als zu fördernder Faktor (man vergleiche den Begriff »Störvariable« in der empirischen Forschung). Auf dieses Welt- und Individualitätsverständnis gegründete Autorität bestimmt außer den inhaltlichen Zielen der Bildung zumeist auch ihre Wege, das heißt in diesem Fall die meist uniformierenden Methoden und Stile assimilatorischer Erziehung und tritt in diesem Prozeß selbst oft noch zusätzlich in der Weise des »Vorbildes« auf. Ein großer Teil gegenwärtiger Autoritätskritik wendet sich gegen ein solches Autoritätsverständnis.

Im gleichen Augenblick, in dem Kultur und Welt dynamisch als Prozeß gesehen werden (Problem des Historismus), verändern sich die Voraussetzungen für Bildung und Erziehung entscheidend: Die zwar in der Gegenwart angesiedelte, aber immer auf Zukunft bezogene Erziehung hat jetzt kein konkretes »Bild« mehr, an dem sie ihre Inhalte messen könnte. Von diesem Umstand, der Erkenntnis, daß allem Gegenwärtigen zugleich immer etwas von Vorläufigkeit anhaftet, geht eine teils so berechtigte wie notwendige, teils aber auch überspitzte Autoritätskritik aus:

– Zuerst zeigt sich diese Kritik als Sorge, am Vergangenen, also an der Tradition orientierte Erzieher werden durch ihren Autoritätsanspruch die Zukunft behindern, wenn nicht gar »vergewaltigen«[38].

– Diese Sorge kann sich bis zum Affekt steigern, daß das sogenannte »Gestrige« »morgen« keinerlei Recht mehr haben dürfe. Alle auf Tradition des Vergangenen und Weitergabe des Gegenwärtigen ausgerichtete Autorität sei mithin unrechtmäßiger Anspruch. Der häufig zu hörende Vorwurf, jemand gehöre bereits zum »Establishment« wie auch die Aversion des »Trau keinem über dreißig« gehen von einer solchen mehr oder weniger reflektierten Annahme aus, daß etwas Gegenwärtiges im Verhältnis zu Zukünftigem schon deshalb minderwertig sei, weil es der Gegenwart angehöre.

Damit hängt eine weitere stark psychologisch beeinflußte Komponente historischen Denkens zusammen, die sich vor allem im sogenannten *Generationenkonflikt*[39] deutlich zeigt. Zwischen den Generationen gibt es ja in der Tat ein »Gefälle« zwischen Mobilität und Beharrung, weil beide Seiten, Väter wie Söhne, »Welt« in der Weise ihrer je zeitverhafteten Anschauung interpretieren, wobei naturgemäß die Väter das Bestehende als ihr Werk verteidigen werden und damit für die Söhne, die, um etwas Selbständiges leisten zu können, eben das Bestehende in Frage stellen müssen, zum Konservativismus tendieren. Hinzu kommt das bekannte »Umschlagphänomen«, daß Wertungen nicht von der Sache selber gewonnen, sondern aus negativen Erfahrungen mit ihren Repräsentanten abgeleitet werden. So kommt es, daß sich vom konservativen Denken der Väter gern eine sezessionistische, gesellschaftskritische Jugendbewegung abhebt oder daß dem Idealismus der Väter eine skeptische Generation folgt.

Schon der einfache Wechsel zwischen den Generationen, erst recht natürlich epocheprägende Umschlagphänomene, bedeuten immer zugleich Herde heftiger Autoritätskritik, die selber aber wiederum einer meta-kritischen Analyse bedürfen, *weil sich in dieser Art von Autoritätskritik gern psychologisch determinierte Einstellungen an die Stelle von Sacherfahrungen setzen.*

Über diese psychologische Argumentationsbasis hinaus führt die historische Perspektive: daß mit der kontinuierlichen Ausweitung unseres Erfahrungshorizontes im Forschungsfortgang sich unser Wissen von »Welt« ständig vermehrt und dadurch verändert[40]. Deshalb werden immer neue Interpretationshypothesen notwendig, weil das neu erfahrene Wissen sich nicht einfach summativ zur bisherigen Gesamtdeutung hinzusetzen läßt, sondern die Konstrukte (Modelle, Theorien, Anschauungen) in sich strukturell verändert[41]. So kann man, um dafür ein Beispiel zu geben, die neueren Analysen der Soziologie über Sozialisationsvorgänge nicht einfach additiv zu den traditionellen »Menschenbildern« hinzufügen, sondern muß von den neuen Befunden her den gesamten Interpretationszusammenhang neu herzustellen suchen.

Mit diesem Sachverhalt der historischen Perspektive verbunden zeigt sich eine für das Autoritätsproblem und damit auch für alle Lehre und Erziehung bedeutsame Ambivalenz:

– Weil Lehre als Einführung und Orientierungshilfe unerläßlich ist, kann auch auf vermittelnde Funktionen von Autorität nicht verzichtet werden. Deshalb bleiben mit aller Lehre Autoritätsphänomene untrennbar verknüpft.

– Lehre hat indes die fatale Tendenz, durch Vorinterpretation[42] Lernende im vorläufigen Verständnis (Vorurteil) von Sachverhalten zu verfestigen und dadurch die Offenheit gegenüber perspektivischen Weiterentwicklungen zu verdecken. Weil Lehrautoritäten folglich dogmatisierend wirken könnten, seien sie aus Lernprozessen auszuschalten.

Ohne Zweifel haben These 1 wie 2 ihre Berechtigung. Eben diese Ambivalenz bezeichnet deshalb auch die Spannung im Autoritätsverständnis, die generell, das heißt definitorisch nicht aufgelöst werden kann, sondern eine immer situationsangemessene Bewertung erfordert.

2.2.1.4 Der genetisch-pädagogische Aspekt

Eine verbreitete Autoritätskritik wendet sich, wie erwähnt, summarisch gegen Autorität überhaupt und übersieht dabei, daß der charismatische Autoritätsanspruch einer Führernatur offensichtlich anders gesehen und bewertet werden muß als die funktionale Autorität eines Fachmannes[43], daß eine auf permanente Über- und Unterordnung zielende Autorität wiederum andere Bewertung erfordert als das in allen Lernvorgängen sich zeigende Informationsgefälle, das ja ebenfalls zu den Autoritätsphänomenen zu rechnen ist.

Wenn man das ubiquitäre Phänomen »Lernen« nicht Zufälligkeiten überantworten will, kommt man folglich um eine positive Bewertung verschiedener in allen Lenkungsvorgängen enthaltener (nicht-repressiver) Autoritätsphänomene nicht herum, weil diese zu den Bedingungen von Lehre und Erziehung gehören. Sie lassen sich selbst dort noch nachweisen, wo pädagogische Führungselemente in didaktisch aufbereitetes Lehrmaterial hineingewandert sind, wie dies beispielsweise beim *Montessori*-Material der Fall ist. Streng zu unterscheiden sind deshalb Autoritätsverhältnisse, in denen der Autoritätsträger darauf aus ist, daß Abhängigkeit (»Herrscher« – »Untertan«) erhalten wird, von jenen, in denen aus einer zeitlich begrenzten vormundschaftlichen Absicht heraus Führungselemente jetzt dazu benutzt werden, sich selbst nach und nach überflüssig zu machen.

2.2.2 Zur Bezeichnung »autoritärer Führungsstil«

Beschreibungen, wie die hier vorgetragenen, laufen einer verbreiteten Kritik zuwider, die Autorität als ungebührliche Hemmung individueller Spontaneität betrachtet und deshalb möglichst aus dem pädagogischen Bezug ausgeschlossen wissen möchte; – während hier ein unaufhebbares Fundierungsverhältnis zwischen Autorität und Erziehung behauptet wird. Diese Kritiker pädagogischer Autorität stellen autoritäre Stilformen sozial-integrativen gegenüber, weisen auf einen Gegensatz von »autoritär« und »demokratisch« hin und kritisieren »autoritäre Persönlichkeiten« so gut wie »autoritäre Gesellschaften«. Dies alles steht in einem scheinbar deutlichen Gegensatz zu dem, was hier an positiven Befunden über Autorität entwickelt worden ist.

Bei näherem Zusehen findet man allerdings alsbald, daß es sich um keinen Widerspruch der Sache nach handelt, sondern um Unterschiede in der Terminologie. Denn daß es Führungsstile gibt, die das Verhalten der Schüler schädigen, ist schließlich eine täglich erfahrbare Tatsache. Ob es allerdings sehr glücklich ist, das zu Recht der Kritik Unterworfene unmittelbar begrifflich mit Autorität in Verbindung zu bringen, ist eine andere Frage. Denn wer konsequent einen Gegensatz zwischen »autoritär« und »demokratisch« behauptet, dürfte schließlich demokratischen Organen auch keinerlei Autorität zuerkennen und müßte auch den sozial-integrativ eingestellten Lehrer ohne jede Einflußnahme belassen. Das wären aber offensichtlich contradictiones in adiecto, weil Lehrer ohne jede Geltung keine Lehrer mehr sind und auch der Amtsträger eines demokratischen Staatswesens ein Maß an Anerkennung (Autorität) als Voraussetzung braucht, ohne das er nicht mehr handlungsfähig wäre[44].

Gegenüberstellungen, wie sie hier deutlich werden, reißen einen Gegensatz dort auf, wo er gar nicht bestehen kann, denn sie setzen etwas zum Widerspruch, was Voraussetzung der eigenen Position ist. Dieses bedauerliche Durch-

einander hängt damit zusammen, daß der Name »Autorität« zur Bezeichnung zweier verschiedener Sachverhalte benutzt wird:
- Einmal als Bezeichnung für unentbehrliche, legitime Verhältnisse sozialer Macht, wie sie sich beispielsweise in pädagogischen Lenkungen äußern,
- das andere Mal als Äußerungsform und Methode sehr viel anders orientierter Zwangsgewalt.

»Autoritär« im Gegensatz zu »demokratisch« bedeutet in diesem Wortverständnis eine falsche Methode, Autorität zu gebrauchen, während »demokratisch« die angemessene Methode im Gebrauche von Autorität darstellt. Ebenso ist der Gegensatz von »autoritären« und »sozial-integrativen« Führungsstilen kein Gegensatz, bei dem nur auf einer Seite Autorität zu finden wäre. »Autoritärer Führungsstil« meint auch hier eine schlechte Art und Weise Autorität auszuüben. Deshalb ist sozial-integratives Verhalten kein Gegensatz zur Autorität als solcher, sondern angemessene Methode, pädagogische Autorität einzusetzen[45].

Das Durcheinander entstand, wie gesagt, weil die Bezeichnung Autorität nicht immer genügend von Zwang und Gewalt als anderen Äußerungsformen sozialer Macht unterschieden worden ist. Das hat dann wiederum im heutigen Sprachgebrauch dazu geführt, daß die einen sozial notwendige Lenkungen Autorität nennen, die anderen hingegen mit dem Begriff Äußerungsformen von Gewalt und Zwang bezeichnen wollen. Im ersten Falle nennt Autorität eine *conditio*, im zweiten Fall wechselt der Begriff hinüber und meint eine bestimmte *Methode des Verhaltens*[46].

Diese bedauerliche Äquivokation hat dazu geführt, daß in den Erziehungs- und Lehrverhältnissen im Elternhaus und in der Schule sich eine fatale Ratlosigkeit breit zu machen beginnt:
- Einerseits haben die permanenten Attacken gegen jede Art von Autorität bewirkt, daß Lenkungen überhaupt in einem permanenten Zustand schlechten Gewissens vorgenommen werden.
- Andererseits führt dieser auf Dauer unerträgliche Zustand zu einer Art von beobachtbarer Verdrängung: »Krypto-Autoritäten« entstehen, deren Zusammenhang mit Autoritätsphänomenen zwar geleugnet, deren Auswirkungen aber zum Teil beträchtlich autoritärer sind, als man das von traditionellen Autoritäten her gewohnt ist. Es kann sich dabei sowohl um demokratische Abstimmungsprozeduren mit nachfolgendem Gruppendruck wie um ein neues elitäres politisches Bewußtsein einzelner Gruppen wie pädagogisch um sogenannte »objektivierte Leistungsmessungen« wie um »verhaltenssteuerndes Sensibilitätstraining« handeln. Überall zeigt sich, daß die beobachtbare Verdrängung des Begriffs Autorität zur Problemanalyse nicht nur nichts beiträgt, sondern eher zu verwickelteren Verhältnissen führt, weil jetzt nicht selten etwas typisch »Autoritäres«, nämlich direkte Fremdbestimmung, nicht mehr »autoritär« genannt werden soll.

2.2.3 Erscheinungsformen und Genese

2.2.3.1 Phänomenologie der Machtverhältnisse

Offenbar meint Autorität immer ein bestimmtes Verhältnis der Menschen zueinander, in dem sich eine Abhängigkeit, ein Oben und ein Unten zeigt. Die einen haben Autorität, die anderen unterstehen ihr. Offensichtlich hat sie immer etwas mit sozialer Macht zu tun. Ihr Träger besitzt einen Einfluß, der Wille und Handeln anderer bestimmt[47].

Aber die Bezeichnung »soziale Macht« genügt allein noch nicht, um Autorität hinreichend zu beschreiben. Sie gibt uns lediglich die nächst höhere Gattung an, der wir Autorität zuordnen müssen, läßt uns indes über das artunterscheidende Merkmal im unklaren, durch das Autorität von anderen Formen sozialer Macht abgehoben wird. Denn soziale Macht kann sich außer in der Form von Autorität auch noch in den Formen von Zwang und Gewalt äußern[48]:

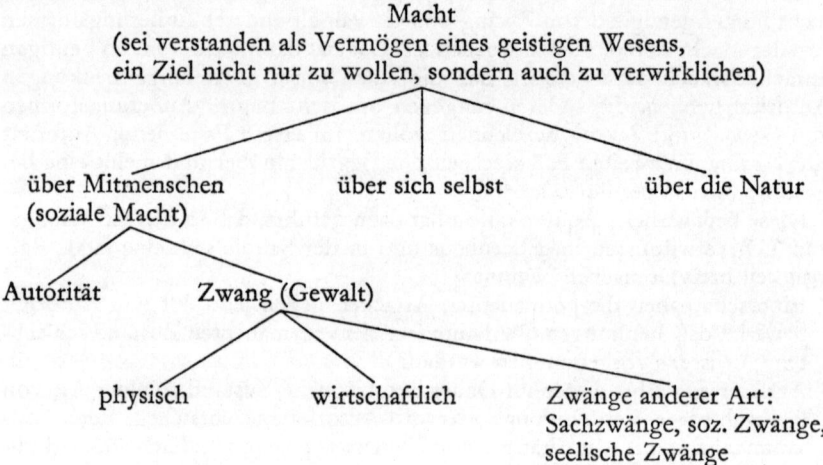

Während Zwang auf den eigenen Willen des Betroffenen keine Rücksicht nimmt, sondern sich über ihn hinwegsetzt, wirkt Autorität *nicht gegen, sondern mit dem Willen des Gehorchenden*. Der einer Gewalt Gehorchende folgt, weil er gehorchen muß, der einer Autorität Gehorchende, weil er gehorchen will. Macht in der Form des Zwanges setzt ihren Willen durch, gleichgültig, ob die davon Betroffenen zustimmen oder nicht. Macht in der Form von Autorität findet dagegen freie Zustimmung. Es ist deshalb nicht richtig, bei Herrschaftsverhältnissen von Autorität zu reden, die sich auf Machtmittel physischer, wirtschaftlicher oder politischer Art gründen. Denn Autorität ist eine Bindung, die

die Freiheit des Gebundenen unangetastet läßt. Deshalb kann auch jeder eine auf Gewalt gestützte Herrschaft ausüben, sofern er nur die notwendigen Zwangsmittel besitzt; dagegen kann niemand mit Sicherheit Autorität erlangen oder behalten.

Diese Freiwilligkeit des Gehorsams ist indes erst ein Teil der Autorität konstituierenden Bestimmungsmerkmale. Entscheidend ist außerdem, daß dieser Gehorsam gegenüber einer Autorität nicht unmittelbar aus der eigenen Einsicht in einen Sachverhalt hervorgehen kann. Wenn durch eigenes Denken ein Urteil als wahr erkannt wird, dann ist das nachfolgende Tun dort richtig, wo es das erkannte Wahre verwirklicht. Dieser Gehorsam aus Einsicht ist folglich eine Übereinstimmung zwischen Denken und Tun. Autorität indes ist eine *mittelbare Form des Erkennens*[49], bei der eine Einsicht oder ein Verhalten nicht aus eigener Überlegung und Urteilsfindung stammen, sondern im sozialen Bezug vorgezeigt, zugesprochen, angenommen und nachvollzogen werden:

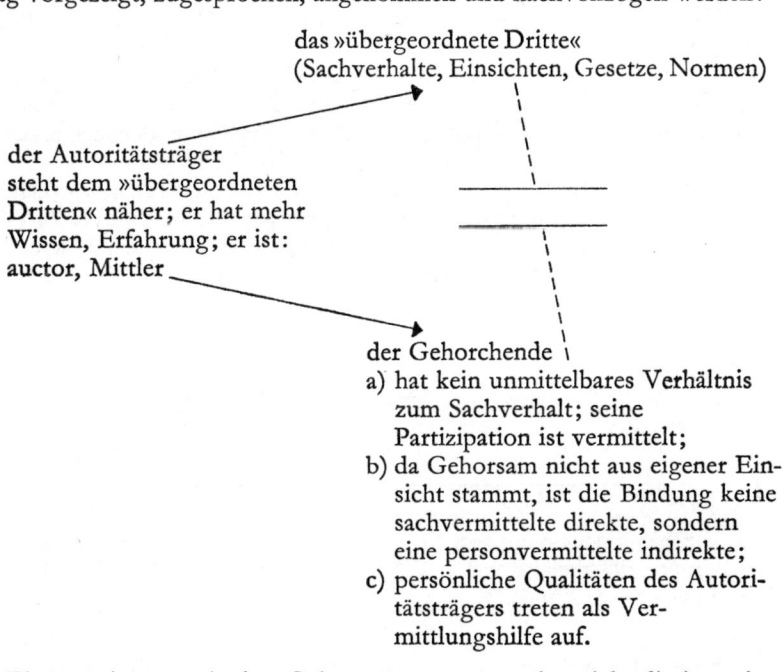

das »übergeordnete Dritte«
(Sachverhalte, Einsichten, Gesetze, Normen)

der Autoritätsträger
steht dem »übergeordneten
Dritten« näher; er hat mehr
Wissen, Erfahrung; er ist:
auctor, Mittler

der Gehorchende
a) hat kein unmittelbares Verhältnis
zum Sachverhalt; seine
Partizipation ist vermittelt;
b) da Gehorsam nicht aus eigener Einsicht stammt, ist die Bindung keine
sachvermittelte direkte, sondern
eine personvermittelte indirekte;
c) persönliche Qualitäten des Autoritätsträgers treten als Vermittlungshilfe auf.

Ein autoritätsvermittelter Gehorsam entstammt also nicht direkter eigener Einsicht, sondern entsteht über den Kontakt mit einer Person, durch die jene Sachverhalte in einer bestimmten Weise entweder in der Form des Wissens (Fachmann) oder des Verhaltens (Vorbild) oder der Normen- und Gesetzesauslegung (Amtsträger) repräsentiert werden. Diese Mittlerperson braucht die nötige Vertrauenswürdigkeit im Hinblick darauf, daß ihr Urteil wahr ist und angenommen, daß ihre Anordnung richtig ist und ihr deshalb gehorcht werden kann. Autorität bleibt deshalb immer an eine aufweisbare Vertrauenswürdigkeit ihres Trägers gebunden und unterscheidet sich von daher von jeder anderen Form von Macht[50].

Natürlich muß zwischen einer pädagogischen Autorität und einer politisch demokratischen Auftragsautorität unterschieden werden[51]. Zwar braucht auch politische Auftragsautorität die nachweisbare Vertrauenswürdigkeit ihres Trägers. Im Gegensatz zu einer pädagogischen Autorität kann man bei politischen Mandatsträgern indes nur in einem sehr begrenzten Maße von besserer Einsicht und größerem Sachverstand sprechen. Politische Auftragsautorität ist mehr als eine Sonderform der allgemeinen Arbeitsteilung anzusehen und unterliegt folglich eigenen Gesetzen, deren Analyse hier nicht erfolgen kann. Das Verhältnis mittelbarer Einsicht gilt auf jeden Fall vornehmlich für Autoritätsbeziehungen im pädagogischen Bereich der Lehre, der Erziehung, des Fachmanns und des Vorbildes.

Das Wort Autorität leitet sich von »*augere*« ab und bedeutet verbal-definitorisch betrachtet: »*vermehren, bereichern, wachsen machen*«. Der auctor ist der Urheber und Vermittler derartig positiver Einflüsse. Die Gebundenheit, in der er selber steht, ist dabei nicht einseitig, sondern polar: Er ist verantwortlich für den repräsentierten Sachverhalt, der realisiert, und zugleich verantwortlich für die Person, an der und durch die er realisiert werden soll. Eben diese *Polarität* macht die Mittlerfunktion eines Autoritätsträgers doppelseitig. Er ist immer zwei Seiten verpflichtet: den Sachverhalten, die er vertreten, und den Personen, denen er etwas zu vermitteln hat:

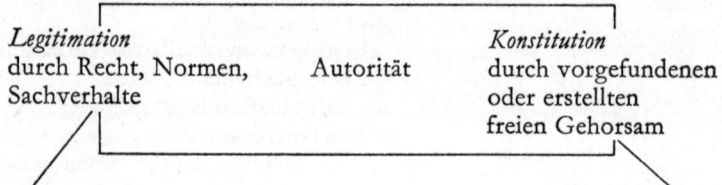

Legitimation
durch Recht, Normen,   Autorität
Sachverhalte

Konstitution
durch vorgefundenen
oder erstellten
freien Gehorsam

Es gibt darüber hinaus noch rechtmäßig Befugte, die aber keinen Gehorsam erlangen können.

Es gibt auch noch charismatische Führernaturen, die jedoch keine Legitimation besitzen.

2.2.3.2 Weiterführende Analysen

Diese zur Beschreibung des Problemfeldes notwendige Deduktion bleibt indes abstrakt und hat außerdem, wie *Strzelewicz* richtig bemerkt, »Ähnlichkeiten mit dem Verfahren des moralischen Dekretierens«[52]. Sie muß deshalb durch Ergebnisse empirischer Forschungen ergänzt werden:

1. Formen des Autoritätserlebens

In ihren *positiven* Varianten kann, wie beispielsweise die Untersuchungen von *Erikson*, René *Spitz* und anderer zeigen[53], Autorität erlebt werden als: Geborgenheit, Sicherheit, Vertrauen, Halt, Orientierungshilfe und Vorbild. In diesem Sinne ist sie eine zur Regulation menschlichen Lebens, und zwar sowohl des individuellen wie des sozialen Lebens, normgebende und normerhaltende Instanz. Das Vertrauen des Kindes zeigt sich dabei als Antwort auf ein im Sozialkontakt der frühen Pflege spürbares Wohlwollen. Wer einem anderen wohlwill, sorgt sich um ihn. Für den, der umsorgt wird, entsteht als reaktive Empfindung ein Gefühl der Geborgenheit: die eigene Not ist aufgehoben in der Sorge des anderen. Dieses Vertrauen scheint, vor allem nach den Analysen *Eriksons*, eine Bedingung zu sein, ohne die sich die Person nicht stabilisieren und Ich-Identität nicht gewonnen werden kann.

Die *negativen* Formen autoritären Verhaltens dagegen werden Autorität erfahren lassen als: Bedrohung, Beunruhigung, Ängstigung, Rigidität, Kontrolle, Mißtrauen, Freiheitsentzug und Machtmißbrauch. Hierbei ist, nach der Unterscheidung von Intention und Empfindung, zwischen den Situationen zu trennen, in denen Willkür, Rigidität, Mißtrauen tatsächlich auftreten, also eine *objektive* Verzerrung im Autoritätsverhältnis vorliegt, und jenen anderen, in denen zwar Kälte und Mißtrauen *empfunden* werden, ohne daß der Empfindung entsprechende objektive Tatbestände korrespondierten.

Sicher ist, daß entscheidungsbeeinflussende Wirkungen nicht nur in personalen Verhältnissen auftreten. Gegenüber den in der Literatur bevorzugt behandelten Personautoritäten haben die mehr anonymen Größen etwa der Bezugsgruppen oder der Massenmedien oder so allgemeiner Faktoren wie: die öffentliche Meinung, die Wissenschaft, die Partei, die Unternehmer einen zwar quasiautoritativen, deswegen aber nicht minder bedeutsamen außensteuernden Einfluß. Für die Kinder können: die Gruppe, die Klasse, die Lehrer, die Eltern, die Erwachsenen zu ähnlichen autoritativen Größen werden. Wenngleich es üblich geworden ist, auch hier von »Autoritäten« zu sprechen, sollte man beachten, daß es sich dabei immer nur um lockere Analogien handeln kann, wenn »Autorität« nicht zu einer losen Sammelbezeichnung für Einwirkungen aller Art zerrinnen soll.

Rollentheorie und die Analysen gruppendynamischer Prozesse[54] haben gezeigt, daß Autorität in der Tat nicht nur »unter zweien« existiert. Die Übernahme angesonnener Rollen in gruppendynamischen Prozessen sind häufig in einem Umfang entscheidungsbeeinflussend und verhaltenssteuernd, daß direkte personale Verhältnisse zu drittrangigen Größen werden können. So haben etwa Väter, Mütter, Lehrer bei ihren Kindern und Schülern gegenüber den einstellungsbildenden Wirkungen der peer-group nicht selten einen geradezu hoffnungslosen Stand. Da man aber die in mehr oder minder zufällig ablaufenden gruppendynamischen Prozessen enthaltenen Wirkkonstellationen nicht einfach sich selber überlassen darf, bleibt auch hier mit der Frage nach der Legitimität der notwendigen Verhaltenssteuerungen die Frage nach der pädagogischen Verantwortung und damit auch nach der pädagogischen Autorität bestehen.

Das *Autoritätserleben* wird nach der jeweiligen Genesetheorie unterschiedlich gedeutet:

- Im Rahmen einer psychoanalytischen Theorie kommt Autorität durch Introjektion von Normen (Über-Ich-Bildung) sowie durch Identifikation mit Autoritätspersonen zustande. Diese Identifikation kann anlehnend oder abwehrend sein (Angstabwehr durch Identifikation mit dem Angreifer). Anerkennung von Autorität oder deren Ablehnung geschieht danach durch Projektion des jetzigen Verhältnisses auf frühere Bezugspersonen: Konflikte mit dem Lehrer sind Konflikte mit dem Vaterbild[55]. Das kann sogar noch reziprok im Verhältnis der Eltern zu ihren Kindern auftreten: Eltern übertragen ihre nicht verarbeiteten kindlich-jugendlichen Konflikte auf ihre eigenen Kinder, entlasten sich dadurch, belasten indes ihre Kinder (sog. substitutäre Rollen)[56].

- Nach der motivationspsychologischen Theorie entsteht Autorität auf der Grundlage emotionaler Grundbedürfnisse des Sozialkontaktes und des über andere vermittelten Selbstwertgefühls[57].

2. Personales Verhältnis und Feldstruktur

Sicher ist Autorität immer eine Form sozialer Interaktion. Da soziale Interaktionen stets in einem Feld erfolgen, erweist sich, als Folge der damit gegebenen Faktorenkomplexion, Autorität als ein *multifaktorelles Konstrukt*, bei dem

- die Person des Autoritätsausübenden und ihre Biographie (Einstellungen, Zielsetzungen, Intentionen),

- die Person des vom Autoritätsanspruch Betroffenen und ihre Bedürfnisse (Sympathierelation, Einstellungen, vorausgegangene Erfahrungen),

- die soziale Konstellation, in der der Anspruch auftritt (Familie, Klasse, Jugendgruppe; dazu wiederum die Merkmale dieser Gruppen wie: Größe, Kohärenz, Status, Homogenität, Intention),

- die situative Konstellation (Atmosphäre und »Klima«, situative Ermunterung, Art der Forderung: Schwierigkeitsgrad, angebotene Hilfen usw.) und

- schließlich die weltanschaulich bedingte Vorinterpretation des Zeitgeistes (vorherrschende Aktualität völkischer, nationaler, ideologischer, uniformierender, antiautoritärer Stimmungen)

jeweils von besonderer Bedeutung sind. Autorität ist also nicht nur als eine Persönlichkeitseigenschaft anzusehen, sowenig wie dies bei Gehorsam möglich ist; von »autoritären Persönlichkeiten« zu sprechen ist folglich mißverständlich, zumindest so lange, solange die angesprochenen Persönlichkeitsmerkmale nicht wiederum auf ihre sozialpsychologisch-historischen Bedingungen zurückgeführt worden sind. Diese wie eben gesagt auf sozialpsychologisch-soziologisch-historische Bedingungen zurückführbare außerordentlich große Merkmalsvariabilität läßt sich am besten in Form einer Skizze[58] demonstrieren, wobei jetzt als Beispiel das Autoritätsverhältnis zwischen Lehrer und Schüler herausgegriffen wird:

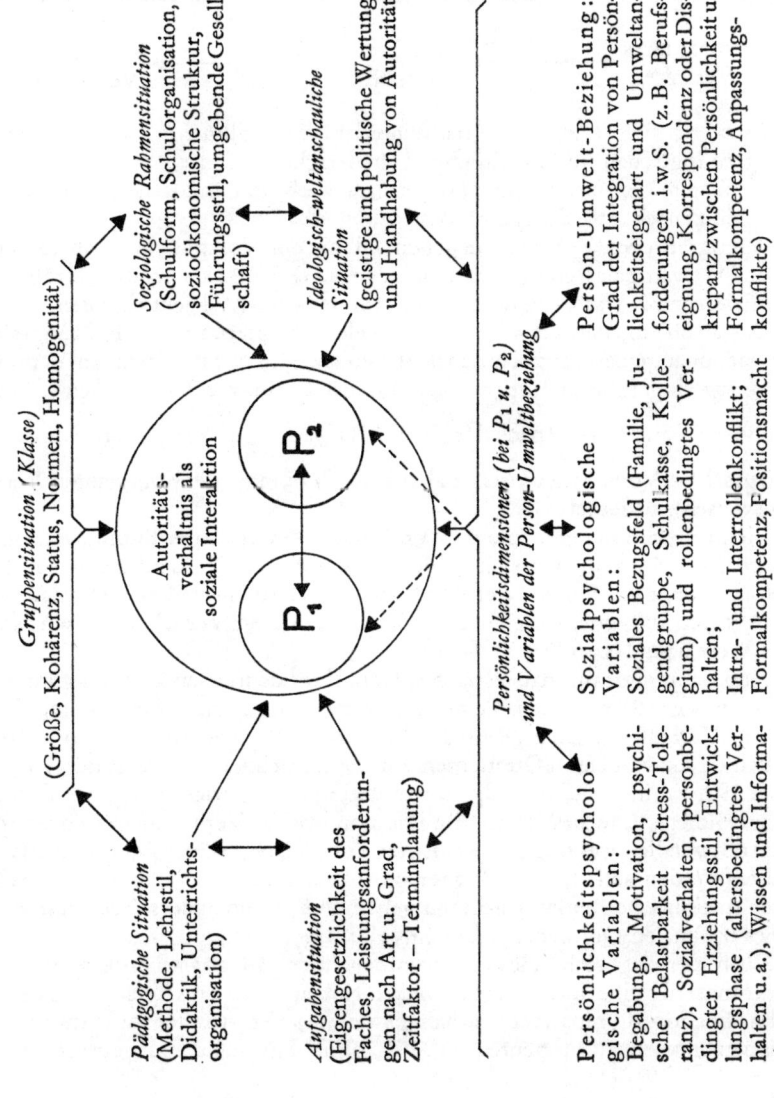

Bedingungen des Autoritätsverhältnisses zwischen Lehrer und Schüler

Gruppensituation (Klasse)
(Größe, Kohärenz, Status, Normen, Homogenität)

Soziologische Rahmensituation
(Schulform, Schulorganisation, sozioökonomische Struktur, Führungsstil, umgebende Gesellschaft)

Ideologisch-weltanschauliche Situation
(geistige und politische Wertung und Handhabung von Autorität)

Person-Umwelt-Beziehung: Grad der Integration von Persönlichkeitseigenart und Umweltanforderungen i.w.S. (z. B. Berufseignung, Korrespondenz oder Diskrepanz zwischen Persönlichkeit u. Formalkompetenz, Anpassungskonflikte)

Autoritätsverhältnis als soziale Interaktion

P₁
P₂

Persönlichkeitsdimensionen (bei P₁ u. P₂) und Variablen der Person-Umweltbeziehung

Sozialpsychologische Variablen:
Soziales Bezugsfeld (Familie, Jugendgruppe, Schulkasse, Kollegium) und rollenbedingtes Verhalten;
Intra- und Interrollenkonflikt; Formalkompetenz, Positionsmacht

Pädagogische Situation
(Methode, Lehrstil, Didaktik, Unterrichtsorganisation)

Aufgabensituation
(Eigengesetzlichkeit des Faches, Leistungsanforderungen nach Art u. Grad, Zeitfaktor – Terminplanung)

Persönlichkeitspsychologische Variablen:
Begabung, Motivation, psychische Belastbarkeit (Stress-Toleranz), Sozialverhalten, personbedingter Erziehungsstil, Entwicklungsphase (altersbedingtes Verhalten u.a.), Wissen und Informationsvorsprung

69

3. Dimensionsgefüge der pädagogischen Einstellungen und der davon abhängigen erzieherischen Verhaltensweisen

Im Zusammenhang mit der besonders bekannt gewordenen Studie über Führungsstile von *Lewin, Lipitt, White*[59] war es einige Zeit üblich, Führungsstile in einem eindimensionalen Kontinuum von polarer Struktur einzuordnen:

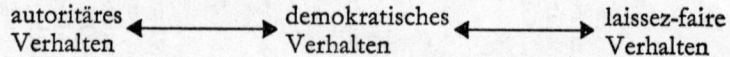

| autoritäres Verhalten | ←→ | demokratisches Verhalten | ←→ | laissez-faire Verhalten |

Es zeigte sich indes rasch, daß eine derartig eindimensionale Schematisierung zu logischen und inhaltlichen Schwierigkeiten führt:
- die beiden Grenzpositionen (autoritäres Verhalten und laissez-faire) werden beide zunächst total negativ klassifiziert,
- demokratisches Verhalten dagegen soll als ein Kompositum von Lenkung und Gewährenlassen betrachtet werden, so daß jetzt als positive Größe qualifiziert wird, was eben noch unter rein negativem Aspekt erschien.

Das Problem, daß eine eindimensionale Gruppierung von Führungsstilen zu sachunangemessenen Pauschalurteilen verführt, wird auch an dem von *Anderson* eingeführten Integrations-Dominationsquotienten deutlich[60]. Dieser Quotient, von *Anderson* nach der Formel $IDQ = \dfrac{Si \times 100}{Sd}$ dargestellt (Summe der integrativen Verhaltensweisen mal 100 durch Summe der dominanten Verhaltensweisen), bedeutet:

Bleibt die Summe der integrativen Verhaltensweisen der Summe der dominativen gleich, so heben sich beide Werte auf, der Quotient zeigt den Wert 100 an. Steigt die Summe der dominativen Verhaltensweisen, sinkt der Quotient unter 100, steigt die Summe der integrativen Verhaltensweisen, steigt der Wert über 100.

Nun ist interessant, daß *Anderson*, trotz einer deutlichen Bevorzugung integrativer Verhaltensweisen, keineswegs eine Schrumpfung der Summe dominanter Verhaltensweisen gegen Null befürwortet, sondern vielmehr als optimalen Grenzwert einen Quotienten von 190 berechnet hat. Steigt der Quotient über 190, beginnt die pädagogische Situation bereits wieder negative Färbung anzunehmen. Eine bestimmte Summe dominanter Verhaltensweisen ist folglich notwendig, wenn der Gesamtwert des pädagogischen Feldes positiv gehalten werden soll. Das heißt aber nun wiederum nichts anderes, als daß es auch qualifizierte Lenkungsformen geben muß, wenn anders diese Festlegung eines optimalen Quotientwertes sinnvoll bleiben soll.

Eben hier zeigt sich indes in der vorliegenden pädagogischen Literatur über Führungsstile eine interessante Lücke. Neben einer durchgehend negativen Klassifikation dominativer Verhaltensweisen steht ziemlich unvermittelt die Festsetzung jenes Quotienten auf 190, ohne daß genügend deutlich würde,

wo die positive Bedeutung genau beginnt. Der durch die eindimensionale Reihung erzeugte falsche Eindruck, die Grenzpositionen wären nur negative Größen, führt dazu, daß sich Lehrer und Erzieher in der Praxis entweder bei jeder Steuerung oder Gegenwirkung mit einem schlechten Gewissen belasten müssen oder aber – und diese Gefahr scheint mir noch schwerer zu wiegen – die Kritik am dominanten Stil nicht mehr ernst nehmen und ihn einfach weiter praktizieren. Genauere Analysen sind deshalb notwendig, damit
- zwischen den unterschiedlichen Qualitäten verschiedener Lenkungsformen sauber getrennt und
- durch eine ausgewogene Artikulation zwischen Freilassen und Lenken, Unterstützen und Führen ein Verhältnis hergestellt wird, in dem objektive Forderungen, subjektive Empfindungen und die Ziellage zunehmender Verselbständigung in ein ausgewogenes Verhältnis zueinander kommen.

Besser ist es deshalb, die verschiedenen Faktoren in ihrer Abhängigkeit zueinander in einem mehrdimensionalen Bezugssystem wiederzugeben, wie es beispielsweise von *Becker* und *Schaefer*[61] entwickelt worden ist und hier in einer etwas modifizierten Weise Verwendung findet:
(Siehe Abbildung Seite 72)

2.2.4 Angemessene Führungsstile

Bei der Auswertung dieses sogenannten *Circumplex-Modells* muß beachtet werden, daß zwischen situationsorientierten Verhaltensweisen und habitualisierten Persönlichkeitsmerkmalen unterschieden werden muß.

1. Denken wir situationsspezifisch, ist keine der im Circumplex-Modell enthaltenen Dimensionen von vornherein negativ oder positiv besetzt. Es muß dann vielmehr davon ausgegangen werden, daß auch Kontrolle eine pädagogisch legitime Situation sein kann. Die Durchführung der in Kurt-*Hahn*-Schulen üblichen »reinlichen Abenteuer« im Hochgebirge, im Lawinenrettungsdienst und im Seenotrettungsdienst beispielsweise schafft gänzlich andere Bedingungen als die Durchführung eines fakultativen Projekts wie etwa »Wir gründen eine Schülerzeitung«. Während in diesem Falle die Verhaltensdimension »Kontrolle« fehl am Platz wäre, ist sie bei Vorübungen zum Lawinensondieren pädagogisch unabdingbar. Ähnlich verhält es sich auch mit der Dimension Ablehnung-Zuneigung. Sofern man nicht in den Laizismus eines totalen Laissez-faire abgleitet, sind Situationen der Ablehnung und des Tadels nicht grundsätzlich zu umgehen. Umgekehrt können Zuneigungen, am falschen Platz oder in der falschen Form geäußert, zu bedenklichen Verzärtelungen führen.

2. Gänzlich anders zu bewerten sind hingegen *zum Stil fixierte*, das heißt favorisierte, mit einer bestimmten Regelmäßigkeit auftretende Verhaltensweisen. In diesem Bezugsrahmen ist es gerechtfertigt, von einem uniformierenden,

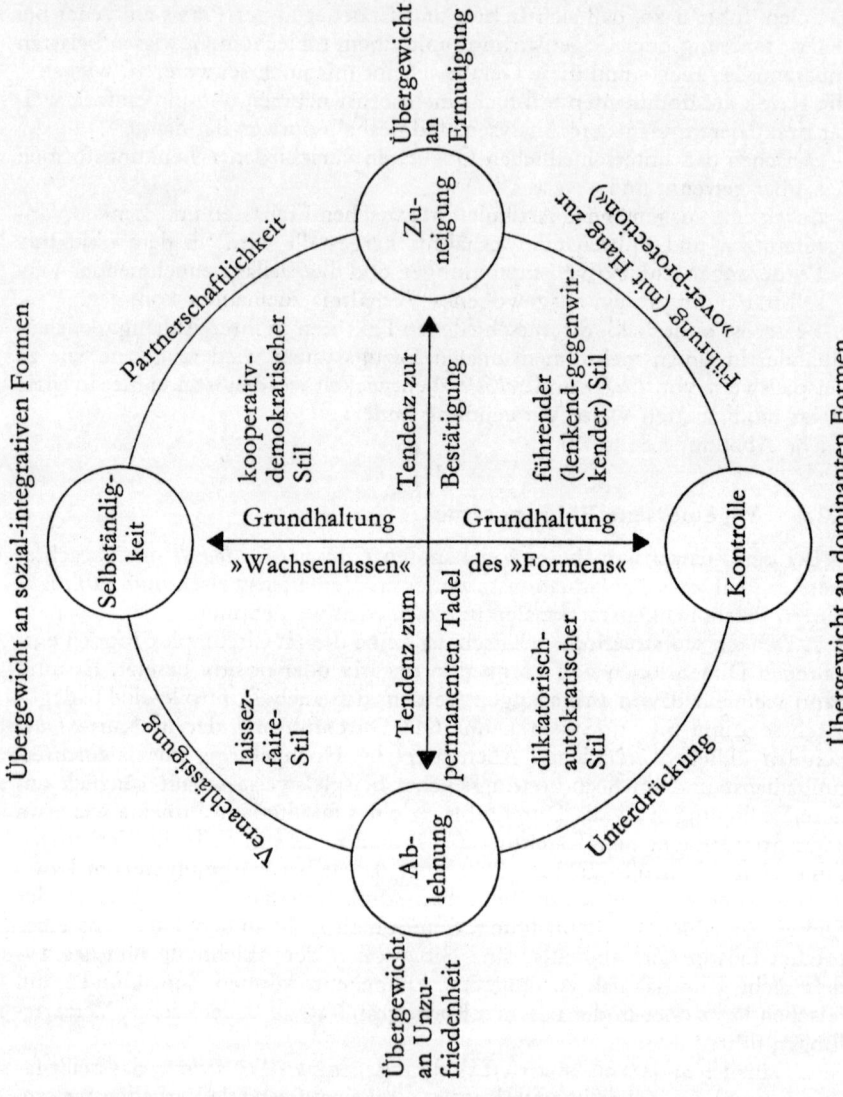

Übergewicht an Ermutigung

Zuneigung

Partnerschaftlichkeit

Übergewicht an sozial-integrativen Formen

kooperativ-demokratischer Stil

Tendenz zur Bestätigung

Führung (mit Hang zur »over-protection«)

führender (lenkend-gegenwirkender) Stil

Selbständigkeit

Grundhaltung »Wachsenlassen«

Grundhaltung des »Formens«

Kontrolle

Übergewicht an dominanten Formen

laissez-faire-Stil

Tendenz zum permanenten Tadel

diktatorisch-autokratischer Stil

Vernachlässigung

Ablehnung

Unterdrückung

Übergewicht an Unzufriedenheit

dominativen, integrativen, demokratischen Stil zu sprechen. Es zeigt sich indes rasch, daß auch für eine Charakterisierung der Stilformen das Circumplex-Modell nicht befriedigen kann, weil auf seinen beiden Dimensionen keineswegs gleiche Verhältnisse aufgetragen sind:

- Zwischen Ablehnung und Zuneigung besteht das Verhältnis einer Kontradiktion mit gleichzeitiger eindeutiger Qualifikation der einen Seite, der Zuneigung. Eine Stilform ist in der Tat desto bedenklicher, je mehr sich in ihr Züge von Ablehnung manifestieren.
- Zwischen Gewährenlassen und Kontrolle hingegen besteht ein anderes Verhältnis: nicht das der Elimination, sondern der Polarität. Reines Gewährenlassen ist so wenig Erziehung wie absolute Kontrolle. Hier ist vielmehr ein ausgewogenes Verhältnis, etwa im Sinne des Integrations-Dominations-Quotienten notwendig.

Da dieser Unterschied in der logischen Struktur der beiden Dimensionen m.W. nirgends erwähnt wird, verführt das Modell leicht zu falschen Folgerungen, denn man vermutet durch Analogie zur Ablehnungs-Zuneigungsdimension auch auf der orthogonalen Dimension Gewährenlassen-Kontrolle gleich eindeutige Valenzverteilung, was, wie erwähnt, in dieser Grobschlächtigkeit nicht richtig sein kann.

3. In der Literatur werden zahlreiche Untersuchungen genannt, in denen bestimmte Stilformen mit Bedürfnisstrukturen des Heranwachsenden einerseits und besonderen Lern- und Erziehungsergebnissen andererseits zusammengebracht werden[62]. Das geschieht etwa in der Weise, daß bestimmte Attitüden mit bestimmten Stilformen gekoppelt werden. Die Ergebnisse dieser Untersuchungen sind keineswegs eindeutig und ihre Interpretation ist in vielen Punkten anfechtbar. Es scheint mir deshalb sinnvoll, die Auswirkungen verschiedener Stile dadurch zu analysieren, daß man sie vice versa an Fehlformen von Erziehung prüft und nachsieht, ob und in welchem Umfang die eine oder andere Stilvariable die eine oder andere Fehlform begünstigt.

Erzieherische Fehlformen[63] zeigen sich als

- Vernachlässigung,
- Verwöhnung,
- Überforderung,
- Inkonsequenz.

Alle Formen eines Fehlverhaltens wie Aggressivität, Resignation, Regression, Staralüren, Negativismus bis zum Bettnässer lassen sich als Folgezustände aus diesen vier Grundfehlformen ableiten. Diese vier Grundfehlformen sind wiederum als *Komplementärverhalten* anzusehen, in dem das Kind sich den Rollenvorgaben anpaßt, die im favorisierten Stil des Erziehenden enthalten sind. Es ist deshalb jetzt nachzusehen, welche Fehlform komplementär zu welcher Stilform paßt, um durch Ausschaltung negativ wirkender zu einer Abgrenzung möglicher positiver Formen zu kommen. Mit der notwendigen Einschränkung, die bei derartigen Generalisierungen immer geboten ist, lassen sich folgende Zusammenhänge feststellen:

- Totales Gewährenlassen überfordert ein Kind, das zum Aufbau stabiler Umweltbezüge Entscheidungshilfen braucht, und treibt es in Formen von Vernachlässigung.
- Vernachlässigung kann Formen von Negativismus annehmen, wenn mit dem laissez-faire emotionale Neutralität oder direkte Ablehnung verbunden ist.
- Verwöhnung entsteht, wenn Zuneigung und Kontrolle in der Form eines »Verhätschelns« zusammen auftreten (sog. »Affenliebe«).
- Überforderung entsteht aus einer Kombination von Kontrolle und Strenge. Diese Strenge muß sich zwar nicht als direkte Ablehnung äußern. Auf jeden Fall wird aber der jetzige Zustand des Kindes kritisiert und abgelehnt. Die Zuneigung ist an Bedingungen geknüpft: »Ich hätte dich lieb, wenn du so wärest wie ich möchte!«
- Inkonsequenz kann sowohl aus plötzlichen Umbrüchen in der Dimension Gewährenlassen–Kontrolle, wie auch in der Dimension Zuneigung–Ablehnung hervorgehen. Da Inkonsequenz verunsichert, bedeutet sie für das auf verhaltensstabilisierende Außenfaktoren angewiesene Kind Überforderung, sowohl im Bereich des Kognitiven wie auch des Emotionalen.

Ein Katalog positiver Verhaltensmerkmale in der Form einer oft gewünschten Kasuistik von der Art, daß genau anzugeben wäre, welches gewünschte Ergebnis mit welcher bedingenden Verhaltensweise zusammenkommt, wie das in neueren »Erziehungstechnologien« verdächtig durchschimmert, ist nach den eingangs getroffenen kritischen Abgrenzungen gegenüber einem instrumental-mechanistischen Denken in der Pädagogik und nach den wiederholten Hinweisen auf die situationsabhängige Konstruktion des pädagogischen Feldes nicht möglich. Hier ist vielmehr der Lehrer und Erzieher in die zweifellos belastende und verantwortungsreiche Freiheit entlassen, verantwortlich die je situationsangemessene Verhaltensweise selbst zu finden und auch zu rechtfertigen.

2.2.5 Antiautoritäre Erziehung

1. Geht man davon aus, daß das autoritäre Verhaltenssyndrom eine *Fehlform* im Gebrauch pädagogischer Autorität darstellt, kann gegengerichtete antiautoritäre Einstellung notwendige kritische Revision pädagogischer Fehlhaltungen bedeuten. Soll unter antiautoritärer Erziehung dagegen Verzicht auf jede pädagogische Lenkung verstanden werden, muß man auf die spekulative Basis der zugrundeliegenden anthropologischen Annahmen verweisen. Die Analysen der Persönlichkeitsforschung[65] der letzten Jahre zeigen deutlich, daß man Interessenreichtum, Sprachvermögen, Sozialverhalten keineswegs als

74

reine Entfaltungsprodukte ansehen kann, sondern als Lernergebnisse begreifen muß. Auch die Vertreter antiautoritärer Erziehung gestehen dies ohne weiteres zu. Nur im Bereich der Triebe und des Begehrens hält man, unter Zuhilfenahme bestimmter psychoanalytischer Theoreme, an einem Derivat von Entfaltung »natürlicher Bedürfnisse« fest, das dann auch mit entsprechender Vehemenz verteidigt wird[66].

Man muß allerdings sehen, daß diese Veränderung in der monadologischen Position, wonach Lernen heute als unabdingbares Phänomen anerkannt wird, zwar eine Modifikation der Grundannahme, indes *keine generelle Revision* darstellt. Denn die neuerdings erfolgreich publizierte Auffassung, daß Lernen sich auf ein freies Bildungsangebot beschränken müßte und der Heranwachsende nur zu lernen brauche, was er seinem Begehren und seinen Interessen nach lernen wolle[67], ist ja nur eine in der Abstufung differenzierte Entfaltungstheorie. Entscheidend ist jetzt die Frage: Woher kommen denn die jeweiligen Motive zum Lernen? Sind sie als endogene Faktoren anzusehen oder gibt es eine von externen Faktoren abhängende Interessenbildung?

Gilt das zweite – und es besteht gar kein Zweifel, daß es eine Interesse- und Motivationsbildung gibt; wobei wir die Frage ausklammern können, ob alle Motivbereiche und -faktoren exogenen Ursprungs sind –, dann kann man es nicht mehr dem Zufall überlassen, was wann in welchem Umfang und mit welchen Ergebnissen gelernt wird; dann hat das freie Bildungsangebot seine Grenzen und das vorgeplante Curriculum eine nicht aufhebbare pädagogische Bedeutung. Lenkende Vermittlung und damit unabdingbar zusammenhängende pädagogische Autorität sind dann Größen, ohne die es nicht geht.

2. Eine ganz andere Frage ist indes, wie diese lenkende Vermittlung methodisch aussieht und gehandhabt wird, ob sie sich einer erzieherisch unreflektierten Lehrmethode bedient oder ob wirklich Interessenbildung betrieben wird. Denn mit Interessen und ihrer Bildung verhält es sich wie mit der von uns im positiven Sinne beschriebenen Autorität: sie kommen beide nicht gegen den Willen des Betroffenen zustande. Motive lassen sich nicht kommandieren. Gespannte Felder wirken hemmend, nicht fördernd. Interessen können nur innerhalb eines geschickt arrangierten pädagogischen Feldes auf indirekte Weise entwickelt werden[68]:
– durch Problemdemonstrationen,
– durch geschickte Veranschaulichungen,
– durch experimentell probierenden Umgang,
– durch Selbstplanungen,
– durch Gruppenaktivitäten,
– durch dosierte Verantwortungen
und andere ähnliche pädagogische Situationen.

Derartige Arrangements wiederum kann man nicht dem Zufall überlassen, man muß sie vielmehr vorbereiten. Sie zeichnen sich außerdem meist dadurch aus, daß sie in sich immanente Führungsstrukturen besitzen, also vorbereitete, in das Lehrmaterial aufgenommene, in Arbeitsaufträge eingekleidete oder in das Arrangement der Situation eingebaute Lenkungen enthalten. Was das heißt, kann man sich vielleicht am besten am Beispiel eines Arbeitsganges mit *Montessori*-Material[69] deutlich machen. Hier findet sich nämlich, im Gegensatz zu anderen zur Zeit im pädagogischen Journalismus bevorzugten Beispielen, ein besonders gelungenes Paradigma qualifizierter antiautoritärer Erziehung:

– Der Erzieher kommandiert nicht, was die Heranwachsenden zu tun haben. Er teilt auch nicht einfach Aufgaben zu, sondern läßt freie Wahl; allerdings mit einer wichtigen Einschränkung[68]: Den Kindern wird ein gewähltes Material dann entzogen, wenn sich zeigt, daß sie mit ihm noch nicht sachgerecht umgehen können.

– Alles selbstinstruierende Material enthält starke immanente Führungselemente, die dem Kind eine ganz bestimmte geregelte Tätigkeit, damit zusammenhängend eine entsprechende Leistung abverlangen.

– Wissen und Fertigkeiten werden also nicht beiläufig vermittelt, sondern nach strenger Vorausplanung und an Hand genau angebbarer Lernziele.

– Die Kinder arbeiten frei und werden doch zugleich in einer indirekten Weise gelenkt, so daß man durchaus von einem lehrgangsmäßigen Lernen sprechen kann.

Das Beispiel läßt sich ohne weiteres auf viele andere Lehrbereiche übertragen:

– Projektarbeit in Gruppen verbindet freie Wahlmöglichkeiten, Planungsaufgaben und eine sachorientierte Lenkung;

– Arbeitsgemeinschaften können ebenfalls Wahlfreiheit und Sachforderung zusammenbringen;

– Einzelarbeiten mit fakultativem Charakter haben eine ähnlich indirekt lenkende Wirkung.

Die Beispiele lassen sich aber auch auf spezifisch erzieherische Situationen übertragen. Auch dazu hat bereits Maria *Montessori* wichtige Hinweise gegeben:

– Kinder nicht zu lange behüten und bewahren, sondern ihnen Verantwortung zuteilen;

– Kinder durch vielfältigen Umgang mit Materialien zu Erfahrungen über Arbeitsprozesse bringen (Erfahrungen über die Bedeutung von Ausdauer, von Sorgfalt, von genauer Planung usw.);

– Kinder über Gruppenerfahrungen für angemessene wie unangemessene Verhaltensweisen sensibilisieren (Rücksichtnahme, Hilfsbereitschaft, störendes Verhalten usw.)[70].

3. Will man aus antiautoritären pädagogischen Konzepten übertragbare Verhaltensregeln gewinnen, muß man vor allem die seit *Rousseau, Pestalozzi, Fröbel* bekannten, bei *Key, Gurlitt*, den *Hamburger Lehrern* wiederkehrenden Grundsätze herausheben[71]:

76

- Das Spiel des Kindes ist für das Kind selber Ernsthandlung, keine Spielerei. Problemstellung, Arbeitsverläufe und Arbeitsergebnisse dürfen deshalb nicht vom Zweckmäßigkeitsstandpunkt des Erwachsenen aus beurteilt, sondern müssen von der Sicht des Kindes her ernst genommen werden.
- Kindliche Spontaneität (wie sie sich etwa in der Neugierhaltung zeigt) muß als eine unersetzliche menschliche Grundkraft bewertet und entsprechend bewahrt werden. Man darf sie deshalb nicht drosseln. Lenkungen müssen transformativen Charakter haben. Gegenwirkungen dürfen sich nur auf eine bestimmte Fixierung, nicht auf die Grundsubstanz der Spontaneität selber richten. Weil eine verkehrte Pädagogik sich lange Zeit auf pure Drosselung der Antriebe beschränkte, schlug in der Gegenwirkung antiautoritärer Erziehung das Pendel nach der anderen Seite aus, so daß häufig der Mut zu angemessenen pädagogischen Aktionen überhaupt verlorengegangen ist.
- Forderungen müssen soweit wie möglich einsichtig gemacht werden. Hüten muß man sich dabei allerdings vor zwei falschen Annahmen:

Weder stellt sich die erhoffte Einsicht bei Heranwachsenden so rasch ein, wie Erzieher das in der Regel gerne hätten. Auch mit Appellen, daß Lernende doch endlich etwas Bestimmtes einsehen sollten, ist es nicht getan. Nicht selten kommen Einsichten erst zustande, nachdem Kinder, Heranwachsende, ja sogar Erwachsene eine Zeitlang unter externer Lenkung in einer bestimmten Weise gehandelt haben, so daß sich erst über den Vollzug einer Handlung Verständnis für sie einstellt.

Auch wo Einsicht vorhanden sein sollte, muß das folgende Handeln ihr keineswegs entsprechen. Denn Begreifen und Tun sind beim Menschen nicht so unmittelbar harmonisch gekoppelt, wie eine optimistische Anthropologie das gerne hätte. Es gibt das Faktum der Willensschwäche, außerdem Trägheit und Faulheit als Tatsachen[72]. Deshalb sind nicht selten zusätzliche pädagogische Mittel notwendig, die trotz Verständnis und Einsicht in eine Notwendigkeit ein Handeln in Gang setzen und auch in Gang halten können. In einer alten Pädagogik waren das regelmäßig Drucksituationen. Wir wissen, daß »Zugsituationen« aus psycho-hygienischen und motivationalen Gründen qualifizierter sind[73]. Auf jeden Fall gilt aber, daß man nicht immer geduldig warten kann, bis sich einsichtgesteuerte Handlungen von selbst einstellen werden. Wichtige Frage ist nur, mit welchen Methoden Lenkungen und zusätzliche Antriebe vermittelt werden.
- Wo Forderungen unaufhebbar, unmittelbares Interesse an der Sache dagegen unwahrscheinlich, Einsichten für Selbststeuerungen schwer oder erst nach einiger Zeit erreichbar sind (wie etwa bei kontinuierlichen Übungen in Sprachlehrgängen oder bei Geläufigkeitsübungen im Instrumentalunterricht oder bei sozialen Verhaltensweisen, die ursprünglichen Begehrungen zuwiderlaufen, wie Ruhe-halten-Können oder Warten-Können), sollte der

mögliche destruktive Nebeneffekt der Reglementierung entweder durch den direkten pädagogischen Bezug zwischen Erziehendem und Kind oder durch das »Klima« der pädagogischen Situation aufgefangen werden können. Außerdem können zusätzliche sekundäre (extrinsische) Motive vermittelnd helfen. So ist beispielsweise das Gruppenlernen eine pädagogische Situation, in der durch die stimulierende Wirkung verstärkten Sozialkontaktes mangelndes Sachinteresse oder Monotonieeffekte bei Übungen wenigstens zeitweilig überdeckt werden können. Lernen in Paar-Arbeit kann in ähnlicher Weise zusätzliche Motivationen bereitstellen. Im pädagogischen Bezug können es bestimmte Sympathierelationen sein, durch die ein Lerngegenstand in einen größeren Interessehorizont gerückt wird. Bis in die Mittelstufe der weiterführenden Schule hinein läßt sich beobachten, wie einzelne Unterrichtsgegenstände in eine völlig andere Interessenlage geraten können, wenn mit einem Lehrerwechsel eine veränderte Sympathierelation auftritt. Ermutigung und Ermunterung, Lob und Bestätigung sind ähnliche Faktoren des pädagogischen Bezuges, durch die eine insgesamt positive pädagogische Atmosphäre hergestellt und eine gewisse emotionale Einlenkung von Sachinteressen erreicht werden kann.

4. Zusammenfassend zeigt sich:

a) Aus der antiautoritären Erziehungsbewegung kann eine Reihe positiver Impulse hervorgehen:
– Rücksicht auf die Individuallage des Kindes,
– Abbau von Drucksituationen, Aufbau von Ermunterungen und Einlenkungen durch sogenannte »Zugsituationen«,
– indirekte Lenkungen über das Arrangement pädagogischer Situationen,
– Bereitstellung von vielen Möglichkeiten für Direkterfahrungen,
– sorgfältige kritische Analyse aller lenkenden und gegenwirkenden Maßnahmen auf ihre Nebenwirkungen.

b) Das Konzept antiautoritärer Erziehung ist dagegen nicht zu halten, wo es sich auf Annahmen entelechisch-monadologischer Entfaltungstheorien stützt. Dies gilt dann auch für alle davon abzuleitenden Folgetheorien:
– über das Verhältnis von Selbstmächtigkeit und sozialer Abhängigkeit im Individuum und
– über die Rolle der Gesellschaft: Reduktion auf subsidiäre Dienstleistungen oder Ausstattung mit Regulationspflichten und damit zusammenhängenden Lenkungsbefugnissen.

c) Pädagogische Lenkungen des Verhaltens bleiben notwendig. Von außen gesteuerte Interessenbildung ist unabdingbar. Auch auf Gegenwirkungen kann man nicht schlechthin verzichten. Entscheidend ist dabei aber immer, daß solche Maßnahmen kritisch auf ihre Nebenwirkungen hin analysiert werden und für eine insgesamt positive pädagogische Atmosphäre gesorgt wird.

2.2.6 Über die Grenze der Autorität

Die pädagogische Funktion der Autorität kann man allerdings nur dann richtig einschätzen, wenn man sie ständig am Gegenbild individueller Freiheit mißt:

Der Geltungsbereich jeder Autorität ist begrenzt und unterliegt darüber hinaus einer ständigen Veränderung: Das Kind entwächst der elterlichen Autorität, das Verhältnis von Lehrer und Schüler hat eine durch die Lehre bestimmte Grenze, jedes Amt gibt seinem Träger nur einen begrenzten Verfügungsbereich.

Vor allem jede pädagogische Autorität wandelt sich in sich ständig, weil sich der Heranwachsende durch die ihm vermittelte Lehre und Erziehung ständig verändert. Denn da gerade pädagogische Autorität keine Frage eines Amtes, sondern eine Form mittelbarer Erkenntnis ist, ändert sich auch das Verhältnis zwischen Autoritätsanerkennendem und Autoritätsträger ständig durch die Vermittlung selbst. Führung, Förderung, Vermittlung weisen ja schließlich auf vorhandene Erziehungsbedürftigkeit hin, die durch die Förderung überwunden werden soll. Deshalb ist Führung nur dort notwendig, wo jemand eine Aufgabe noch nicht (oder nicht mehr) selbständig bewältigen kann. Pädagogische Autorität ist folglich eine soziale Hilfe, in der ein Vater seinem Sohn, ein Lehrer seinem Schüler Schwierigkeiten bewältigen hilft, denen die Heranwachsenden allein noch nicht gewachsen wären[74].

Das zeigt die Grenzen der Autorität. Sie ist Sozialkontakt in der Form sorgender Führung und vertrauenden Gehorsams und ist zugleich Distanz, weil es in ihr weder um eine emotionale Bindung (Eros, Liebe), noch um eine permanente Abhängigkeit (Unterordnung), sondern allein um eine zeitweilige anleitende Führung eines noch Unselbständigen geht. Ein pädagogischer Autoritätsträger darf deshalb weder blinden Gehorsam noch einfach Unterwerfung fordern, weil dadurch die Unselbständigkeit des Heranwachsenden fixiert würde. So wie jeder Lehrer seinen Schüler zu einem gleichwertigen Partner bilden will, so muß jede pädagogische Autorität darauf aus sein, sich selbst überflüssig zu machen, indem sie zu einsichtigem Handeln anleitet und überhaupt die Voraussetzungen für »feldunabhängiges Verhalten« bildet.

Weil aber wie alle menschlichen Verhältnisse so auch Erziehungssituationen nicht eindeutig und klar, sondern komplex und zumeist voller Widersprüche sind, bleibt jetzt, nachdem die Grenze der Autorität von ihrer Struktur her gezeigt worden ist, noch übrig, von den Grenzen zu sprechen, die durch menschliche Unzulänglichkeiten entstehen, nämlich den Konflikten im Autoritätsverhältnis.

Konflikte können ungewollt und unbewußt entstehen, dann weisen sie auf Mangel der Fähigkeit hin, Autorität zu sein oder sich unter Autorität zu stellen:

- Eltern benutzen Kinder als Substitute ihrer eigenen ungelösten Probleme;
- Lehrer finden in der »kleinen Herrschaft« über ihre Klasse ein Surrogat für unerfüllt gebliebene größere Lebenswünsche;
- Cliquenführer bestätigen sich selber in der Erfahrung der Abhängigkeit der anderen.

Konflikte können aber auch aus mangelnder Bereitschaft hervorgehen, Autorität zu übernehmen oder Autorität anzuerkennen:

- Erziehern fehlt es an Fähigkeit zu situationsangemessenem Handeln; Verhaltensstereotype und koartierte Stilformen unterbinden den Kontakt;
- Eltern und Lehrer finden unter dem Druck populärer Meinungen nicht mehr den Mut zu Lenkungen und Gegenwirkungen, obwohl sie diese für notwendig halten: sie gewähren wider Willen oder resignieren ganz;
- Jugendliche lehnen, wiederum meist unter dem Einfluß des vorherrschenden Zeitgeistes, alle Lenkungsversuche bedingungslos ab.

Solche Konflikte haben tausenderlei Gestalt. Sie werden zum schwerwiegenden Entscheid für einen Autoritätsträger, wenn dieser erkennen muß, daß er seine Aufgaben im Interesse der Angesprochenen selbst gegen deren Willen durchsetzen muß. Hier ist die Grenze der Autorität ihrer Bedeutung nach erreicht. Denn keine gesellschaftlichen Einrichtungen, keine Lehrinstitutionen, auch keine Familien können sich auf Autorität allein stützen, sondern brauchen darüberhinaus noch andere Machtmittel, um einen notwendigen Anspruch auch dort durchsetzen zu können, wo sich kein freiwilliges Gehorchen einstellen will. Gegenlenkende Maßnahmen kommen mit Autorität allein nicht aus. Festzuhalten bleibt indes: Jeder pädagogische Autoritätsträger hat im Hinblick auf die Heranwachsenden wie im Hinblick auf die von ihm vertretenen Sachverhalte, deren Beständigkeit und Gültigkeit im Bewußtsein der Heranwachsenden niemals auf Zwang allein gegründet sein können, die Aufgabe, ein Autoritätsverhältnis auf der Basis von Freiwilligkeit herzustellen. Weil das nicht immer möglich ist und weil gewisse Ordnungen des menschlichen Lebens nicht einfach aufgegeben werden können, sind, gleichsam als ultima ratio, auch Zwänge notwendig. Diese können aber immer nur an der Grenze der Erziehung stehen. Sie bereiten allenfalls den Raum für Erziehung vor, ersetzen sie indes nirgends.

2.3 Gehorsam – Bedeutung, Grenzen und Gefahren

2.3.1 Gehorsam in der Erziehung

1. Während im Autoritätsstreit seit längerer Zeit deutliche Differenzierungen bemerkbar sind und man die Diskussion immer mehr von der prinzipiellen Frage, ob Autoritätsverhältnisse überhaupt legitimiert sein können, auf methodische Fragen: Auswirkungen und Genese des autoritären Verhaltens-

syndroms zu verlagern beginnt, wird Gehorsam heute noch sehr viel bestimmter als eine reine Minusgröße angesehen. »Schülerbefreiung«, »Emanzipation«, »Selbstbestimmung«, und »Erziehung zum Ungehorsam« stehen eindeutig programmatisch gegen eine ältere Erziehung zum Gehorsam[76].

Aber auch hier ist es wie im Autoritätsstreit: Man kann das kritische Prinzip, das heißt eine absichtliche Erziehung zum Ungehorsam, nur unter zwei keineswegs immer genügend deutlich genug explizierten Intentionen durchhalten:

– Einmal unter der Intention einer politisch absichtlich arrangierten Dysfunktionalisierung: Durch immer größere Gruppen von »Verweigerern« sollen die Mechanismen und Strukturen der gegenwärtigen Gesellschaft »aufgebrochen« werden. »Erziehung zum Ungehorsam« hat dabei eine »systemüberwindende« Funktion und folglich nur begrenzte, temporäre Geltung. Denn nach der begehrten »Veränderung« hätte sie ihre Bedeutung verloren und müßte einer neuen Solidarität und einer ihr notwendig verbundenen Disziplin weichen. In dieser Funktion ist »Erziehung zum Ungehorsam« ein politisch-agitatorisches Mittel im »Klassenkampf«.

– In einer weiter gefaßten Intention ist Erziehung zum Ungehorsam nur eine etwas propagandistisch gefaßte Wiederholung der pädagogischen These von der individuellen Selbständigkeit. Denn da sich Selbständigkeit tatsächlich zu einem guten Teil in der Fähigkeit zum Nein-Sagen äußert, scheint eine Erziehung zum Ungehorsam als gewollte Erziehung zum Nein-Sagen adäquater Ausdruck für jene Selbständigkeit. In diesem interpretatorischen Bezugsrahmen betrachtet, verkürzt die Formulierung »Erziehung zum Ungehorsam« allerdings die zugrundeliegende Problematik in einer schlechterdings nicht zu rechtfertigenden Weise, weil einerseits das Verhältnis von Ausgang und Ziel, Voraussetzung und Folgen, andererseits die Dialektik von »Befreien und Binden« gänzlich unreflektiert bleibt.

2. Daß diese Formel von der »Erziehung zum Ungehorsam« aufkommen konnte, zeigt allerdings, daß tatsächlich sowohl in der Familie wie in der Schule ein reiches Konfliktpotential vorliegt[77]:

a) Kinder übernehmen in der Familie (als dem ersten »Sozialisationsagenten«) zunächst Verhaltensmuster und identifizieren sich mit vorherrschenden Normen, die für sie zugleich Vorinterpretation von Welt überhaupt bedeuten[78]. Durch andere Kindergruppen, in der Schule und durch die Ausweitung ihres Weltbildes im Fortgang ihrer Entwicklung erleben sie alsbald andere Verhaltens- und Wertkonfigurationen und werden gezwungen, sich mit unterschiedlichen Rollenerwartungen auseinanderzusetzen, Rollendifferenzierungen und Rollendistanzierungen zu lernen und sich dabei zugleich auch von frühen Kindheitsidentifikationen zu lösen. Dadurch entstehen Verunsicherungen, die Verlust der familialen Geborgenheit und damit zugleich Verlust des im frühen Sozialkontakt erworbenen Urvertrauens nach sich ziehen können und wieder-

81

um Suchbewegungen nach neuen, Stabilität garantierenden Positionen, Personen und Werten auslösen[79].

b) In der Regel sind die Erwartungen der neuen Bezugspersonen nicht mit denen der bisherigen Identifikationsobjekte identisch. Aus mehreren Gründen:
- Andere Personen oder Gruppen stellen häufig weniger Forderungen an Kinder als Eltern oder Lehrer und gewähren ihnen deshalb ein scheinbar größeres Maß an Freiheit.
- Eltern und auch Lehrer reagieren meist auf erste Rollendistanzierungen der Kinder empfindlich. Ihre sichtbare Enttäuschung führt zu entsprechenden Gegenreaktionen zunehmender Entfremdung.
- Eltern und Lehrer verlieren mit der sich ausbreitenden sozialen Erfahrung des Kindes ihre ursprüngliche Vorbildhaftigkeit, und der Jugendliche ist dann ohne pädagogische Korrektur durch dritte Personen in der Regel nicht in der Lage, die Auflösung des zunächst dominanten Vorbildes in realitätsgerechten Grenzen zu halten. Nach dem Gesetz des Pendelschlages folgt vielmehr nach der Verherrlichung die Verdammung: der Jugendliche sieht jetzt nur noch die Schwächen der Eltern und des Lehrers.

c) Die vorherrschenden ideologischen Trends im Zeitgeist stilisieren soziale und technische Veränderungen permanent als »Fortschritt«. Vice versa wird dadurch zugleich aus dem »Altern« ein »Veralten«: Die Eltern werden den Jugendlichen von außen her als »die Alten« und damit zugleich als »die Veralteten« vorinterpretiert. Der Zeitgeist der permanenten Zukunftsorientiertheit und der prinzipiellen Traditionsfeindlichkeit hat die Distanz zwischen den Generationen eindeutig vergrößert und damit zugleich Gehorsam zum Unwert umstilisiert[80].

d) Hinzu kommt, daß mit diesem zukunftsorientierten Zeitgeist eine politisch aktive Emanzipationstendenz einhergeht, die auf der Suche nach Herrschaftsstrukturen die Sozialisationsmechanismen der Familie und Schulen einer besonders ausgedehnten Kritik unterziehen mußte. Das geschah zweifellos mit guter Absicht und auch sachlich zu Recht, denn viele dieser Anpassungsmechanismen hatten und haben die eindeutige Tendenz unreflektierter Unterordnung; nicht selten von den partizipierenden Eltern und Lehrern selber nicht gewollt, für das Kind jedoch von schicksalhafter Faktizität. Die Kritik solcher Verhältnisse führte indes ihrerseits zu bedenklichen Wirkungen:
- Eltern, Familie, Lehrer, Schule verloren infolge ihrer Klassifikation als »Sozialisationsagenten« und »Herrschaftsstrukturen« ihr positives Ansehen und erschienen mehr und mehr als Instanzen, die nur noch Zwang, Unfreiheit, Unterdrückung, Entfremdung perpetuieren. Aus dieser Ansicht erwuchs die Annahme, daß eine prinzipielle Auflehnung gegen Eltern, Familie, Lehrer, Schule notwendig sei[81]. Verloren ging dabei wiederum die fundamentale Gewichtung: daß man eine Sache nicht nach ihrer Verzerrung beurteilen darf und daß man bei Ambivalenzen, wie sie bei durchweg allen Erziehungs-

prozessen auftreten, zwar Deformationen auflösen muß, dabei aber nicht die Substanz zerstören darf, die Erziehung für die Menschwerdung des Menschen nun einmal darstellt.

– Bei vielen Jugendlichen habitualisierte sich im zunehmenden Maße eine Protesthaltung derart, daß der Protest gegen und der Konflikt mit den genannten Größen Familie und Schule zu einer selber wiederum indentitätsstabilisierenden Größe wurde. Die fortgesetzte Kritik an den früheren Identifikationsobjekten, deren zunehmender Rückzug in ein resignatives laissez-faire, ließen ein Vakuum an Erziehung entstehen, weithin nur durch vage, inkonsequente Disziplinierungen notdürftig kaschiert. Da in einem derartigen Vakuum aber keine Ich-Stabilität entstehen kann, traten für diese Jugendlichen die alten Identifikationsobjekte Eltern und Lehrer erneut in Funktion; jetzt allerdings unter der gegengelagerten Einstellung als »Feindbild«. Man brauchte den Gegner, denn nach der Zerstörung der positiven Beziehung zwischen Erziehungsträgern und zu Erziehenden konnten viele Jugendliche eine ich-stabile Selbständigkeit überhaupt nur noch in dem Maße entwickeln, in dem sie sich in permanenten, ausdrücklich plakativen, also resonanzkräftigen Protestaktionen »bewähren« konnten. Eltern und Lehrer waren erneut zum notwendigen Identifikationsobjekt geworden, nur eben in der konfliktperpetuierenden Weise des Widerspruchs. An die Stelle von Sympathie waren Haßbeziehungen getreten[82].

– Außerdem sind seit geraumer Zeit in einer verbreiteten Presse mit bemerkenswertem Eifer Fleiß, Ausdauer, Ordnung, Rücksichtnahme, Höflichkeit als »Wertschemata einer bürgerlichen Gesellschaft« denunziert worden. Dadurch wurden den Jugendlichen, damit diese in der fortgesetzten Polarisierung von »fortschrittlich« und »reaktionär« die begehrte Aura des Fortschritts behalten konnten, entsprechende Rollen insinuiert: *Ungehorsam wurde zum Statussymbol von Fortschrittlichkeit* und damit zum Attribut einer »zwanghaften Männlichkeit«: Wer sich nicht als ungehorsam-auflehnend erweist, gilt als »brav« und das kommt im Moralkodex der entsprechenden Subkulturen einem vernichtenden Urteil gleich. Der Corpsgeist vieler jugendlicher peer-groups lebte und lebt noch von diesem »Fetisch der maximalen Differenzierung«[83].

3. Der Generationskonflikt verschärft sich schließlich noch durch ein außerordentlich diffiziles dialektisches Verhältnis, das in bisherigen Diskussionen und Problemanalysen entweder ganz übersehen oder viel zu beiläufig behandelt worden ist. In gesellschafts- und erziehungskritischen Abhandlungen wird überwiegend die Auffassung vertreten, daß die Widerstände der älteren Generation abzubauen seien, damit Kinder, Jugendliche, Schüler ihre eigenen »echten Bedürfnisse« emanzipieren könnten. Daß dies ein – vieler Orten unvermerkter – Rückfall in Entfaltungsanalogien darstellt, wurde bereits gesagt. Dieser Rückfall verstellt indes zugleich den Blick dafür, welche positive Bedeutung

Lenkungen und auch Widerständen für die Stabilisierung eines autonomen Ichs zukommt. Die vorherrschende ungenügend differenzierte Kritik an Erziehungsformen hat Eltern und Lehrer zum guten Teil bereits in eine so totale wie fatale Erziehungsunsicherheit getrieben, daß viele es überhaupt nicht mehr wagen nein zu sagen und an ihrer Position dann auch mit entsprechender Energie und Ausdauer festzuhalten. Viele Erziehende lenken allenfalls noch durch den Zufall der Laune oder, wie viele Lehrer, indem sie (möglicherweise noch mit einem Ausdruck des Bedauerns) Lehrpläne und Prüfungsordnungen als »Sachzwänge« vorschieben, deren Sinn sie nicht erklären und verteidigen, sondern hinter denen sie sich selbst verbergen, oder, wie mancher Orten Eltern, in der Weise materieller Bestechungen. Die Jugendlichen hören keine Argumente und erfahren keine sachbezogenen Widerstände. Ihre Kritik, die primär ein entwicklungsbedingtes Verlangen nach argumentativer Sicherheit ist[84], stößt entweder ins Leere oder trifft auf Irrationalismen, wie die nicht erklärten institutionellen Zwänge. Da aber eine Stabilität des Ich – Wissen, wie es sich mit der Welt verhält, seiner selbst sicher sein und entsprechend handeln können – nur durch Beantwortung der Fragen und durch einsichtige Überwindung der Zweifel gewonnen werden kann, bedeutet die im regierenden laissezfaire sich äußernde Erziehungsunwilligkeit und -unfähigkeit der Eltern und Lehrer für die Heranwachsenden zugleich den Verlust jener Positionen, an denen sie sich selber erfahren, Welt- und Wertorientierung und damit Sicherheit gewinnen und ihre individuelle Substantialität definieren können[85].

4. Positiv zu bewerten ist »Erziehung zum Ungehorsam«, wenn damit gemeint ist:

– fortgesetzte Anleitung zum eigenen Denken,
– kritisches Prüfen, ehe man etwas annimmt,
– Kritik an ungeprüften Abhängigkeiten,
– allgemein: Ausbildung individueller Entscheidungsfähigkeiten in Realerfahrungen[86].

Da diese Formel von der Erziehung zum Ungehorsam für notwendige Begriffsdifferenzierungen aber viel zu unpräzise ist, sollte man sie nicht verwenden; denn eindeutig falsch wäre sie, wenn sie in folgender Weise verstanden würde:

– daß es keine soziale Gebundenheit und keine soziale Verpflichtung (Hören auf andere) gäbe,
– daß die natürlich immer wieder zu kontrollierenden Organisationsformen der Gesellschaft kein Recht auf Regulationen und entsprechenden Gehorsam besäßen,
– daß individuelle Willkür die einzig legitime Verhaltensnormierung darstelle.

Daß gesellschaftliche Institutionen von den Bürgern, daß Eltern und Lehrer von Heranwachsenden Gehorsam fordern dürfen, ist auch keineswegs nur notwendiges Übel, gleichsam nur eine Art von realpolitischer Notwendigkeit, die man mit einem Seufzer von Resignation akzeptieren müßte, von der Meinung begleitet, daß es so eigentlich nicht sein sollte. Wer so denkt – und diese Art eines liberalistischen Individualismus ist in der Tat weithin tonangebend –, übersieht, daß nicht die abstrakte Kategorie Individuum zum ausschließlichen Maßstab von Moralität gemacht werden darf, sondern daß auch die soziale Verfassung des Menschen die Basis seiner Moral zu sein hat. Sowenig wie einerseits Individualität nur als Funktion und Reflex des größeren Organismus Gesellschaft angesehen werden darf, sondern in der Form von Jemeinigkeit die unabdingbare Basis von Humanität darstellt, sowenig ist andererseits Individualität autonom. Nur von der dialektischen Vermittlung zwischen dem Einzelnen und den in der Gesellschaft zusammengefaßten Vielen her ist jene Basis zu gewinnen, von der her Recht und Grenze sei es von Individualität, sei es von Gesellschaft richtig zu sehen sind und damit auch Recht und Grenze von Gehorsam richtig abgewogen werden können[87].

2.3.2 Funktionen des Gehorsams

1. Gehorsam ist (ähnlich der Treue) gegenwärtig infolge unabweisbarer geschichtlicher Erfahrungen zu einer Art dämonischem Begriff geworden. In gigantischen Ausmaßen geplantes, technisch perfektioniertes politisches Verbrechen mußte als Folge einer gängigen Erziehung erscheinen, deren wichtigstes Ziel Sicheinfügen und Gehorsam um seiner selbst willen gewesen sei. Konsequenz mußte sein, dieses Erziehungsziel und alle dazugehörenden Maßnahmen unerbittlich anzuprangern. Notwendig erschien es vor allem, die »Omnipotenz der Autoritätsfiguren« aufzulösen, damit nicht die Kinder »als Erwachsene der erworbenen Gewohnheit, letzten Endes doch zu gehorchen . . . treu bleiben«[88].

Man spürt das starke moralische Pathos solcher Sätze, zugleich aber auch das Ungenügende der Argumentationsbasis. Man kann sie deshalb, unbewiesener Behauptungen und starker Formalisierungen wegen, nicht ohne Gegenkritik lassen;

– Diese Behauptungen generalisieren zu stark, weil sie einen Aspekt herausheben und ihn hypertrophieren. Die angeprangerte »Erziehung zum Gehorsam« in der Art faschistischer Pädagogik war zugleich durch Führergläubigkeit, durch Gefolgschaft, durch Rassenideologie und durch soziale Ressentiments derartig überlagert worden, daß man aus diesem ideologischen Konvolut nicht Gehorsam schlechthin als den alleinig verantwortlichen Faktor herausheben kann. Gerade die gegen den blinden Gehorsam auftretenden Männer des Widerstandes waren selber auch in einem höchsten Maße gehorsam; nur innerhalb eines gänzlich anderen Wertsystems und mit entsprechend veränderten Intentionen.

- Unbewiesene Behauptung ist, daß ein »letzten Endes nicht Gehorchen« ohne weiteres als positiver Begriff angesehen werden kann. Das ist zumindest so lange unmöglich, solange die inhaltliche Unbestimmtheit andauert. Denn erst, wenn Bestimmungsmerkmale individueller Selbständigkeit – im weitesten Sinne die Fähigkeit zu selbständiger Informationsaufnahme, -kritik und -verarbeitung – hinzugenommen werden, die klassischen Voraussetzungsmerkmale individueller Gewissensfreiheit also, erhält eine solche Formel wie die vom Ungehorsam eine akzeptable Bedeutung.

- Eben der in der individuellen Selbständigkeit sich aufhebende Fremd-Gehorsam setzt indes eine Erziehung voraus, in der auch Lenkungen als unabdingbare positive Größe bestehen bleiben; – bei aller Ambivalenz und bei allen in der Tat außerordentlich weitreichenden Konsequenzen, die mit dieser Ambivalenz gegeben sind. Wer indes von dieser Ambivalenz her Gehorsam nur in seiner negativen Auswirkung sieht, verkürzt das Gesamtproblem der Erziehung um eine entscheidende Dimension. Denn geht man von der Erziehungsbedürftigkeit des Menschen aus und begreift man Lernen als ubiquitäres Phänomen, wird man als unabweisbare Konsequenz geschichtlicher Erfahrungen zwar die Ambivalenzen verschiedener Abhängigkeitsformen analysieren und diese entsprechend dem allgemeinen Ziele der Erziehung rektifizieren müssen, kann indes nicht pädagogische Vermittlungsverhältnisse grundsätzlich in Frage stellen, wenn man sich nicht in unaufhebbare Widersprüche verwickelt sehen will.

2. Häufig ist die Behauptung zu hören, Gehorsam rechtfertige sich nur, wo Einsicht vorliege[89]. So einleuchtend der Satz sein mag, so falsch ist er, zumindest in pädagogischen Verhältnissen: Einsicht begründet nämlich Gehorsam nicht, sondern hebt ihn auf. Ist, als ein allgemeineres Beispiel, eingesehen worden, daß ein gesellschaftlicher Konsens über Verkehrsregulationen notwendig wird, um ein Chaos zu verhindern, ist die Einhaltung von Verkehrsregeln kein Akt des Gehorsams, sondern von Einsicht. »Auf einen anderen hören« ist nur dort sinnvoll,
- wo der Gehorchende selber etwas noch nicht weiß oder kann
- oder trotz Wissens in einer Entscheidungssituation ist und den Rat eines anderen braucht,
- oder einerseits ein Dissens an Auffassungen vorliegt, andererseits ein Konsens für Handeln notwendig ist und ein durch Auftragsautorität in ein Amt Eingesetzter durch seine Entscheidungen andere bindet, unabhängig von deren individueller Auffassung.

Im Bereich der Erziehung sind alle drei Formen anzutreffen:
a) Handlungsanweisungen als Lenkungen treten in jeder Unterrichtsform und jedem Erziehungsvorgang auf. Diese Lenkungen sind nicht als Herrschaft anzusehen, der auftretende Gehorsam nicht als Unterwerfung, sondern vielmehr als »Hilfe zur Selbsthilfe«. Entsprechend ist eine pädagogische Erziehung

zum Gehorsam keine Erziehung zur Untertänigkeit, sondern Voraussetzung eines nach Möglichkeit reibungslosen und schnellen Lernens. Denn Konflikte zeigen sich in aller Regel erst dort, wo wegen einer falschen oder ungenügenden oder ganz ausgebliebenen Erziehung zum Gehorsam permanente Reibungsflächen in der Form von Disziplinkonflikten auftreten. In solchen Situationen wird Erziehung entweder nur noch reduziert auftreten oder ganz ausbleiben oder zum reinen Machtkampf entarten.

b) Alle Lernprozesse in Gruppen brauchen immer wieder gruppenverbindliche Handlungsanweisungen, die nicht immer von einem gemeinsamen Konsensus abhängig gemacht werden können. Dies gilt für Familienstrukturen wie für Kindergartengruppen wie für Schulklassen oder freie Jugendverbände.

c) Der auf Beratung gegründete freie Gehorsam scheint in unseren pädagogischen Verhältnissen bislang am geringsten vertreten zu sein[90]. Auch in der Familienerziehung tritt Beratung verhältnismäßig spät auf; in aller Regel erst dann, wenn durch vorausgegangene Autoritätskonflikte die Basis bereits beschädigt ist, auf der ein Rat eine vorurteilsfreie Annahme finden könnte. In der Schule scheint eine Beratungsfunktion bislang bis auf wenige Ausnahmen (Schullaufbahnberatung) ungebräuchlich zu sein[91]. Dies hängt wahrscheinlich von der noch immer geringen Erfahrung mit Wahldifferenzierungen und selbständig zusammengestellten Studiengängen zusammen. Der vorgegebene starre Lehrplan läßt für Entscheidungen der Schüler und dafür wiederum notwendige Beratungen durch Lehrer noch immer verhältnismäßig wenig Raum.

3. Interessant scheint, daß das im Verhältnis von Individuum und Gruppe, Ko- und Subordination liegende Bedingungsfeld von Gehorsam bislang noch nicht ausreichend analysiert worden ist; zumal die gegenwärtige pädagogische Diskussion gerade in dieser Hinsicht von einer eigenartigen Widersprüchlichkeit nicht frei zu sein scheint. Denn den stark individualistischen Konzeptionen liberaler Pädagogik steht die starke Betonung von Solidaritätsbeziehungen in Gruppen gegenüber, ohne daß das durch den zumindest partiellen Gegensatz der beiden Konzepte gegebene Konfliktfeld genügend klar gesehen würde.Die im Spannungsfeld von Individuum und Gesellschaft liegenden generellen Probleme, über die bereits gesprochen worden ist, kehren nämlich im Verhältnis von Individuum und Gruppe getreulich wieder, sobald man Gruppe[92] als einen Zusammenschluß betrachtet, der
– über emotionale Bindungen hinausgeht und
– vor allem nicht willkürlich von einzelnen revozierbar sein soll.

Zwar führen Sympathierelationen in Gruppen zu außerordentlichen Kohärenzen. Solche Bindungen sind aber weder planbar noch von einer überschaubaren Konsistenz. Man kann sich das an einzelnen Beispielen verdeutlichen:

a) Die Geschwisterreihe, die Familie, die Kindergartengruppe, die Schulklasse sind alles Gruppen, die weder von affektiven Bindungen konstituiert, noch, was ihre Dauer anbetrifft, allein von einem emotionalen Konsensus getragen werden können. Gleichwohl brauchen sie alle ein Minimum an Handlungsübereinstimmung.

b) Schulklassen, Kindergarten- oder auch Freizeitgruppen kommen selbst bei starken Individualisierungen nicht ohne ein Mindestmaß an Disziplin aus, das sowohl rasches wie reibungsloses gemeinsames Handeln ermöglichen soll. Da diese Disziplin, vor allem in der Schule, wiederum infolge berechtigter Kritik an vorausgegangener und zum Teil auch noch bestehender Schultradition, systematisch negativiert worden ist, leben viele Klassen heute in einem Zustand derartiger Disziplinlosigkeit, daß die meiste pädagogische Arbeit auf Herstellung und Erhaltung minimaler äußerlicher Ordnungsformen gerichtet bleibt[93]. In diesem Zustand wird mitunter bereits der Besuch einer öffentlichen Badeanstalt zu einem disziplinarischen Problem allererstem Ranges, so daß viele Lehrer das Risiko scheuen und ihm möglichst auszuweichen suchen. Hier haben wir einen der äußerlich gegebenen Gründe, weshalb sich immer mehr Lehrer in ihrer Not auf Verordnungen und Bestimmungen zurückziehen (Prüfungsordnung, Lehrplananweisung). Kein Wunder, daß unter solchen Bedingungen positive Erziehung weithin völlig ausfällt.

c) Bei der Familie als Gruppe scheint das Maß eines notwendigen Konsensus noch weitreichender zu sein. Eine einfache Abgrenzung individueller Interessphären, das viel beschworene gegenseitige Tolerieren, genügt hier nicht, wenn die Familie solidaritätsgetragene Lebenseinheit sein und mehr als ein Zweckverband gemeinsamer Lebensfristung darstellen soll. Damit eine derartige Solidarität möglich wird, muß ein Minimalkonsens an Einstellungen vorliegen. Das fängt beim Akzeptieren einzelner Interessengebiete an. Gegenseitige Toleranz allein ist dazu, wie gesagt, zu wenig. Denn Interessen brauchen, wenn sie sich engagiert artikulieren und dadurch potenzieren sollen, Anerkennungen und Zuneigungen durch andere, Reaktionen also, die weit mehr beinhalten als reines Gewährenlassen. Natürlich kann die Interessendifferenzierung in Familien/Gruppen einen einander ergänzenden Charakter haben. Je mehr indes unausgleichbare Widersprüche zwischen verschiedenen Interessenhorizonten auftreten, desto mehr wird eine Familie/Gruppe in ihrem Bestand gefährdet sein.

d) In der politisch-weltanschaulichen Zone verstärkt sich diese Tendenz: Je mehr sich innerhalb einer Gruppe gegensätzliche Werthaltungen ausbilden, desto stärkerer Belastung werden die Mitglieder der Gruppe ausgesetzt sein: Söhne können so wenig wie Väter in einer Atmosphäre leben, in der der eine ständig die Werthaltungen des anderen bewußt ironisiert oder auch nur durch sein anders orientiertes Verhalten desavouiert. In diesem Zusammenhang ist es in der letzten Zeit üblich geworden, die Ursachen der Konflikte hauptsächlich bei der älteren Generation und deren Mangel an Toleranz zu suchen. So sicher es ist, daß in der Tat viele Probleme durch unnötig rigide Einstellungen der

Erwachsenen verursacht werden, so einseitig ist indes die Auffassung, daß Eltern kein Recht hätten, an einer gewissen Konstanz ihres kulturellen Habitus und Werthorizontes festzuhalten. Nur wer die (nicht über die Qualität einer Behauptung hinauskommende) Annahme vertritt: Veränderung sei immer dominanter Wert, Beharrung müsse schon um der Tatsache der Beharrung willen der Kritik verfallen, Jugend repräsentiere folglich das »Eigentliche«[94], kann die Meinung ernsthaft verfechten, die ältere Generation habe kein Recht, Respekt vor ihrem Lebensstil zu verlangen. Einer bestimmten Fortschrittskonzeption folgend, gewinnt man allerdings nicht selten den Eindruck, Eltern hätten die alleinige Pflicht, sich dauernd selber zu verleugnen und besäßen keinerlei Recht auf Bewahrung ihrer eigenen Kulturform. Dem ist entgegenzuhalten: Es kann zwar keinerlei allgemeines Recht der Älteren auf unbedingten, absoluten Gehorsam der nächsten Generation geben, alles so zu übernehmen, wie es in der Tradition vermittelt worden ist. Es gibt aber sehr wohl die Pflicht zu einer Art von bedingtem Gehorsam, daß die nachrückende Generation die Lebensformen der älteren weder unbegründet ironisiert noch leichtfertig zerstört, sondern als den stabilisierenden Bezugsrahmen respektiert und auch miterhält, ohne den keine menschliche Gruppe jene Urerfahrung von Geborgenheit vermitteln kann, ohne die wiederum alsbald Orientierungslosigkeit und Resignation einsetzen muß (die über Fluchttendenz und Ersatzhandlung bis zur Verzweiflung des Suizid führen kann). Denn die verbreitete Belastung durch Einsamkeit und die ihr folgende Verzweiflung ist nichts anderes als Verlust vertrauter Beziehung und Geborgenheit und folglich Flucht aus einer fremd gewordenen Welt, – für Eltern wie für Kinder.

e) Eines kommt noch hinzu: Da sich im Weltverständnis der älteren Generation zugleich bisherige Welterfahrung ausspricht, darf der Wunsch, diesen geschichtlichen Erfahrungsreichtum durch Belehrung weiterzugeben und für ihn den notwendigen Respekt zu fordern, nicht einfach als eine Art von erzwungener Verfremdung beiseitegeschoben werden. Deshalb muß man das vieldiskutierte Recht der Jugend auf ihren eigenen Lebensstil keineswegs übersehen. Man muß es allerdings auf das Maß reduzieren, das ihm in der Polarität des Generationengefälles allein zukommen kann. Prinzipiell gesehen ist der jugendliche Lebensstil meist ein Produkt von Zufälligkeiten und keineswegs »reine Äußerung eines Weltgeistes«. Die Lebensformen der Wandervögel, der Bünde, der skeptischen Generation, der »Blumenkinder«, der engagierten Revolutionäre unterscheiden sich wie Tag und Nacht und dennoch nehmen alle für sich in Anspruch, in besonders typischer Weise »jugendlich« zu sein. Dem »Anders-sein-Wollen« des Jugendlichen kommt folglich zweifellos eine hohe psychologische, indes keineswegs eine vergleichsweise gleichwertige ontologische Bedeutung zu. So wichtig also ein tolerierter Freiraum für jugendliche Verhaltensweisen ist, so wenig kann man die Inhalte dieser Lebensformen als verbindliche Leitbilder für gesellschaftliche Gesamtentwicklungen ansehen.

Qualifizierte Bewertungen leiten sich aus anderen Dimensionen als der von »jung« und »alt« ab[95].

f) Selbst dort, wo das Generationengefälle unterlaufen werden und Jugend unter sich bleiben soll, wie dies in Wohngemeinschaften, Kollektiven, in früheren und gegenwärtigen politischen Jugendverbänden der Fall ist, bleiben weder Disziplin und Gehorsam noch Autorität ausgeschlossen, auch dann nicht, wenn sich die Gruppe selbst betont antiautoritär versteht. Wenngleich die geforderte Disziplin meist von der Basis demokratischer Entscheidungsprozesse her abgeleitet wird (ausgenommen bei Cliquenbildungen), so ist jedem, der derartige Gruppenprozesse über einige Zeit verfolgt, deutlich, daß die getroffenen Entscheidungen in der Regel stark manipulatives Ergebnis krypto-autoritärer Konstellationen sind, wie etwa eines geschickten Argumentierens, vorheriger Absprachen zur Stimmenkumulation, bestehender Sympathien und ähnlicher Beziehungen. Bindungen verlaufen dabei zwar verwickelter und auch entsprechend undurchsichtiger als in traditionellen Gehorsamsformen, sie fehlen indes keineswegs.

4. Aus diesen Überlegungen resultiert für den Funktionsbereich pädagogischen Gehorsams:

a) Im gleichen Maße, in dem die ältere Generation die Verantwortung für pädagogische Lenkungen trägt, muß sie auch das Recht erhalten, Gehorsam zu fordern und Disziplin herzustellen. Die pädagogisch entscheidende Frage wird allerdings sein, welche Intention damit verfolgt wird, wie diese Erziehung zum Gehorsam aussieht und ob die ungewollten Nebeneffekte so rechtzeitig und so sorgfältig analysiert worden sind, daß ihre Wirkungen aufgefangen werden können.

b) Da auch die ältere Generation ein Recht auf einen eigenen Lebensstil hat und da sie außerdem Informationsträger des bisher gesammelten historischen Erfahrungsschatzes ist, hat sie zugleich auch das Recht, Respekt vor ihrem Lebensstil zu verlangen. Natürlich gilt auch hierbei, daß zwischen Respektierung (d. h. zugleich immer auch Erklärung, Verdeutlichung, Überzeugung) und einfacher Unterwerfung der Nachkommenden durch Drucksituationen unüberbrückbare Gegensätze bestehen.

c) Die vieldiskutierte eigene Lebensform der Jugend ist zweifellos von hoher Bedeutung und die Herstellung und Bewahrung eines Freiraumes für jugendliches Weltverhalten auch eine besondere pädagogische Aufgabe[96]. Unbewiesene Behauptung bleibt indes, daß jugendliche Verhaltensweisen per se besonders qualifizierte Weltdeutungen und Kulturinterpretationen wären. Zwar ist ihre Respektierung sicherlich mehr als nur eine psychologisch-pädagogische Notwendigkeit. Die moralischen Bedingungen der Gesellschaft sind indes weitaus verwickelter, als daß sie durch die lebensphilosophische Irrationalität gelöst werden könnten, die sich in der Dimension von »alt« und »jung« ausweist.

d) Gruppen brauchen ein Mindestmaß an Konformität. Dies beginnt im einfachsten Fall bei Verhaltensangleichungen und kann bis zum notwendigen Konsensus bei Einstellungen reichen. Nun kann man solche Übereinstimmungen weder einfach voraussetzen, noch kann man sie sofort von Einsichten abhängig machen, weil ja der allgemeine Deutungs- und Bewertungspluralismus nirgends so einfach durch Einsicht zu überspielen ist, sondern vielmehr oft Entscheidungen notwendig macht, als deren Konsequenz erst Übereinstimmungen zustandekommen können[97].

2.3.3 Grenzen und Verantwortung

1. So entschieden eine undifferenzierte »Erziehung zum Ungehorsam« zurückgewiesen worden ist, weil bei ihren Vertretern entweder manipulative Züge deutlich werden, die Heranwachsenden als politisches Konfliktmaterial zu mißbrauchen (absichtliche Dysfunktionalisierung der Gesellschaft) oder aber bei anderen das Verhältnis von Lernen und Lenkung nicht deutlich genug analysiert worden ist, so energisch muß jetzt die Verantwortung der Erziehenden betont werden, das stark ambivalente Mittel des Gehorsams stets sorgfältig auf seine diffusen Nebeneffekte hin zu kontrollieren und vor allem von allen repressiven Wirkungen freizuhalten. *Das Führungsrecht der Erziehenden hat immer den Charakter eines Dienstes.* Die paradoxale Struktur des Erzieherischen zeigt sich ja gerade darin, daß der Lenkende um dessentwillen da ist, den er lenkt[98]. Diesem Bedingungsverhältnis entsprechend kann *pädagogisch kein Gehorsam gefordert werden, der Abhängigkeiten perpetuiert.* Die pädagogische Qualität des Gehorsams mißt sich vielmehr immer am Maß des Zuwachses an Selbständigkeit. Zwar ist die Art des Gehorsams etwas anders gelagert, die Erwachsene als Respekt vor ihrer Lebensauffassung, ihrem Weltverständnis und ihrem kulturellen Lebensraum fordern dürfen. Auch hier gilt indes, daß dieser respektierende Gehorsam pädagogischen Prinzipien nicht zuwiderlaufen, konkret: daß er die Verselbständigung des Heranwachsenden nicht durch einfach erzwungene Assimilation hindern darf.

2. Die entwickelten Gesichtspunkte laufen insgesamt in der Hauptsache auf *pädagogische Lenkungsverhältnisse nicht-repressiver Art* hinaus, auch dort, wo in diesen Verhältnissen deutlich Gehorsam auftritt. Das ist kein Widerspruch. Einseitig ist vielmehr die verbreitete Annahme, daß Gehorsam prinzipiell als eine repressive Maßnahme anzusehen sei. In Parallele zum Autoritätsproblem ist auch beim Gehorsam zwischen Formen zu unterscheiden, die Reaktion auf Druck und Zwang sind, und anderen, in denen das »Hören-auf« nicht gegen den Willen des Gehorchenden geht. Man muß zunächst nur die zeitgenössische fehlerhafte Meinung bereinigen, daß Abhängigkeiten etwas prinzipiell Negativ-Repressives seien und daß man alle unter Abhängigkeiten auftretende Ungleichheiten allenfalls aus realpolitischen Gründen tolerieren könne, sie insge-

samt indes als einen moralisch defizienten Zustand betrachten müsse. Ein solches Gleichheitskonzept bleibt schon deshalb abstrakt, weil es die historische Faktizität des sich permanent neu reproduzierenden Generationengefälles mißachtet. Innerhalb eines derartigen abstrakten Denkansatzes über Gleichheit ist in der Tat kein Ansatz jenes pädagogisch-dialektischen Denkens zu gewinnen, das Gehorsam als Voraussetzung für Freiheit ansieht[99].

Gehorsam wird allerdings nur dann auch vom Gehorchenden als eine positive Größe empfunden werden können, wenn er

a) im Sinne von Psychohygiene von negativen Anmutungen freigehalten wird und das Aggressionspotential nicht verstärkt

b) und durch ihn das positive individuelle Streben: »Selber jemand sein zu wollen, der Anerkennung findet«, beachtet und bestätigt und gefördert wird.

ad a) Die psychischen Prozesse, die durch repressive Gehorsamsforderungen ausgelöst werden, kann man sich am besten an der Entwicklung und Auswirkung jenes Einstellungsgevierts verdeutlichen, das Tamara *Dembo* bei ihren bekannten Ärgerexperimenten beschrieben hat[100]. Belastende Situationen, zu denen vor allem Drucksituationen gehören, lassen im Betroffenen affektive Spannungen entstehen, die eine doppelte Konfliktlage erzeugen:
– einer Wut über die Zumutung steht ein Wunsch entgegen, in Ruhe gelassen zu werden;
– einer Angst vor einem Versagen steht die Hoffnung auf erfolgreiche Lösung der Situation gegenüber.

Innerhalb dieses Konfliktfeldes, das durch die diametrale Richtung der Tendenzen eine affektive Sprengkraft erzeugt, entwickelt sich eine von *Dembo* »Bodenaffektivität« genannte Spannung, die als ein vorgängiges Einstellungsmuster alle hinzukommenden Erfahrungen, Eindrücke, Lerninhalte, Begriffe vorinterpretierend »tönt« und dadurch in einer realitätsfremden Weise präformiert:

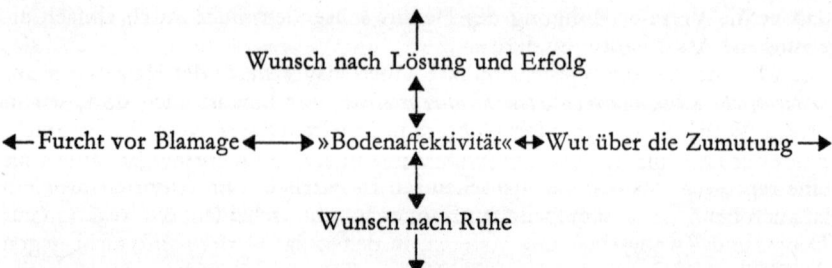

Da in einer langen Geschichte vorwiegend repressiver Erziehung Drucksituationen einseitig im Vordergrund pädagogischer Handlungen standen, wenn man von den meist anderen Bedingungen der Hauslehrererziehung einmal absieht, ist es verständlich, wenn heute mit Vehemenz gegen solche in der Tat destruierenden Verhältnisse agiert wird. Bedauerlich indes ist, wie schon mehrmals gesagt, lediglich die ebenfalls realitätsfremde Auffassung, die die Sache des pädagogisch legitimen Gehorsams von den Verzerrungen willkürartiger Drucksituation her beurteilt. Bedenklich ist dies, weil durch einen wenig differenzierenden pädagogischen Journalismus heute Vorurteile gegen alle Formen von Gehorsam in einer derartigen Weise gezüchtet werden, daß auch allen nicht-repressiven Lenkungsverhältnissen weithin der Boden entzogen wird und der in eine mitunter geradezu an Existenznot grenzende Notlage gebrachte Lehrer schon aus Gründen der Selbstverteidigung wieder in eben jene repressiven Formen zurückfallen muß, die endgültig zu überwinden doch gerade Ziel sein sollte.

ad b) Bei der Beschreibung eines pädagogisch positiven Gehorsams muß man, in Analogie zum Autoritätsverhältnis, unterscheiden zwischen
– der psychologischen Komponente der Anmutung: Wie können Heranwachsende Gehorsamkeitshandlungen als eine Form von Selbstbestätigung erfahren? und
– der inhaltlichen Seite: Wie legitimieren sich die Forderungen nach ihren Inhalten?
Zur psychologischen Komponente: Angefangen von der konstitutiven Bedeutung des frühen Sozialkontaktes für Stabilisierungen in der Dimension Vertrauen, Sicherheit, Offenheit versus Mißtrauen, Unsicherheit, Existenzangst über die positive Wirkung von Arbeits-, Erfolgs- und Werkerlebnissen auf die Motivationsstruktur des Leistenden bis zu dem immer mehr zum besonderen gesellschaftlichen Problem gewordenen »Pensionstod«, der sicher mit dem Stabilisierungsverlust zusammenhängt, der wiederum durch den Wegfall der Ich-Stabilität vermittelnden Arbeitsprozesse eintritt, zeigt sich ein offensichtlich durchgängiges anthropologisches Gesetz:
Die Stabilität des Ich, seine Ausgewogenheit, Sicherheit, aber auch Zufriedenheit, Offenheit, damit zusammenhängend wiederum seine positiven sozialen Verhaltensweisen hängen alle von einer auf das Ich und seine Selbsterfahrung rückwirkenden werkorientierten Leistungserfahrung ab. Sinnvolle Leistungen stabilisieren das Ich. In gleichem Maße, in dem die Erfahrungen solcher sinnvollen Leistungsmöglichkeit und -fähigkeit zurückgehen, beginnen dagegen gefährliche Prozesse:
– entweder die Suche nach surrogativer Befriedigung
– oder die Bestätigung durch Antihaltungen: der Negativismus als reziprok wirkendes Mittel einer Ichstabilisierung (in diesem Zusammenhang gesehen ist das hochstilisierte Revolutionsgerede bei einem großen Teil der Moderne weiter nichts als ein Ausdruck von nicht aufgearbeiteten individuellen Konflikten, die freilich selber wiederum auf auslösende gesellschaftliche Verhält-

nisse zurückweisen können, andererseits allerdings auch einen deutlichen Mangel an Selbstregulationsvermögen verraten, der in vielen Fällen durchaus als persönliches Versagen, also als moralischer Defekt anzusehen ist),
– oder ein Zerfall der Persönlichkeit: Regressionen auf niedere Kulturstufen als eine Flucht in die Stupidität des »Nicht-mehr-nachdenken-Müssens«.

3. Eine werkorientierte Leistung als ein besonders rückverstärkendes ich-stabilisierendes Element, wie es eben herausgestellt wurde, ist wiederum von verschiedenen Voraussetzungen abhängig: Wissen, Fertigkeiten, Konzentrationsfähigkeit, Ausdauer und dergleichen mehr. Da alle diese Momente selber Lernprodukte sind, darf man eine pädagogische Vermittlung solcher Leistungsmerkmale nicht nur in der heute üblich gewordenen eindimensionalen Kritik sehen: sie wären samt und sonders nichts anderes als Manipulationstechniken einer profitorientierten Gesellschaft für ihren Nachwuchsbedarf. Man muß diese Positionen und ihre pädagogische Vermittlung vielmehr in ihrer je ich-bezogenen Funktion bewerten: Bildung von Leistungsfähigkeit ist keineswegs nur Abrichtung eines Nachwuchses für selbstentfremdende Arbeitsverhältnisse. Das kann zwar zweifellos der Fall sein und ist es sicherlich auch in vielen Fällen. Indes: auch hier handelt es sich um Verzerrungen, die man als Verzerrungen bewerten sollte und nicht als Ausdruck der Sache selber nehmen darf.

Wird diese unentbehrliche Unterscheidung zwischen Erscheinung und Wesen übersehen und die Sache selber: die ich-stabilisierende Ausbildung von Leistungsfähigkeit und Ausdauer nur von den Verzerrungen eines möglichen Mißbrauches her bewertet und folglich eliminiert, wird mit unabwendbarer Notwendigkeit nicht die erhoffte Emanzipation eintreten, sondern sich vielmehr eine neue, sehr wahrscheinlich radikalere Form von Selbstentfremdung bilden, nämlich *Identitätsverlust*. Es braucht hier nicht weiter ausgeführt zu werden, daß in diesem Falle feldunabhängiges Verhalten unmöglich, divergentes Denken ohne Grundlage bleibt, dafür einer total manipulatorischen Außensteuerung Tür und Tor geöffnet sind. Die unter falschen Voraussetzungen begonnene Emanzipation hat dann ihr Ziel nicht nur nicht erreicht, sondern das mancipium zementiert. Anweisungen, Lenkungen, selbst Kommandos, Gegenwirkungen, Appelle, die alle insgesamt Elemente von Gehorsam in sich enthalten oder auf Gehorsam tendieren, können also einerseits sehr wohl Maßnahmen repressiver Beeinflussung darstellen. Sie können andererseits objekt- und leistungsorientierte Selbsterfahrung vorbereiten helfen und erlangen dann eine ich-stabilisierende und damit positive Funktion.

Die scheinbare Freiheit des Laissez-faire dagegen kann, auf dem Hintergrund der analysierten Zusammenhänge und der auftretenden Konsequenzen betrachtet, in Wahrheit ein sehr viel repressiveres Element sein, weil durch ein Laissez-faire-Verhalten das Ich des heranwachsenden Individuums nur zufällig zu sich selber kommen kann, in der Regel in der Vorläufigkeit momentaner Begehrungen und dadurch mit einer gewissen Notwendigkeit auf den Weg problematischer Scheinlösungen und Scheinbefriedigungen gedrängt wird, die durchweg einen stark destruktiven Charakter zeitigen[101].

4. Pädagogischer Gehorsam ist allerdings immer kritisch an folgenden Bedingungen zu prüfen:
– Gehorsam, der Außenlenkungen perpetuiert, ist nicht gerechtfertigt;
– Gehorsam, der einen »freien Lebensraum« (des Jugendlichen, aber auch schon des Kindes) ungebührlich einengt, ist pädagogisch nicht qualifiziert,
– Gehorsam, der sich ständig auf Forderungen beschränkt, ohne Begründung zu liefern, ist unpädagogisch;
– Gehorsam, der ständig mit den Wirkmechanismen von Druck und Zwang arbeitet, aktiviert ungewollte Nebenwirkungen und zerstört dadurch die Basis der eigenen Wirksamkeit.

2.3.4 Erziehung zum Gehorsam

1. Auf Argumente eines anderen zu hören, auch dann, wenn die Argumente nicht unmittelbar einsichtig sind, zugleich aber auch kritisch genug sein, um zu prüfen, ob der Argumentierende das Vertrauen verdient, daß seine Argumente übernommen werden können, das ist eine Fähigkeit, die weder von Natur aus vorhanden ist, noch sich ohne weiteres einstellt, noch überhaupt zu den unproblematischen pädagogischen Verhältnissen zählte. Es handelt sich vielmehr um eine der schwierigsten Problemlagen, weil hier auch die Entscheidung über
– Abhängigkeit oder Selbständigkeit genauso wie über
– Negativismus oder Weltoffenheit fällt.

In der Tat dürfte eine Erziehung zum richtigen Gehorsam eine besonders konfliktreiche pädagogische Aufgabe sein. Weil es mit der notwendigen Erziehung zum Gehorsam nicht klappt und Lehrer wie Schüler sich in permanenten Disziplinschwierigkeiten aufreiben, gelingt dann auch die gewünschte Ablösung von der Anleitung zur Selbständigkeit nur in bedrückend wenigen Fällen. Disziplinfixierungen einerseits, Folge einer falschen Erziehung zum Gehorsam, wie Disziplinlosigkeit andererseits, Folgen einer fehlenden Erziehung zum Gehorsam, erscheinen dann nur als zwei Seiten ein und derselben Medaille: einer ungenügend reflektierten und einer unzulänglich organisierten Erziehung zum Gehorsam.

2. An dieser Stelle trifft man oft eine gewisse pädagogische petitio principii an. Denn oft wird übersehen, daß gerade vom pädagogischen Entwicklungsdenken her betrachtet, logische und psychologische Reihenfolgen streng zu unterscheiden sind, *weil das logisch Erste zeitlich gesehen in der Erziehung meist erst an späterer, wenn nicht an letzter Stelle stehen kann*[102]. Was logisch betrachtet als Grundlage einer Erziehung zum Gehorsam erscheint – daß der Heranwachsende den Erziehenden nicht wegen dessen »überlegenen Fähigkeiten oder

liebenswerten Eigenschaften« gehorchen sollte, sondern letztlich aus Einsicht in die sachlichen Fundierungen einer Forderung, daß also persönliche Qualitäten Gehorsam nicht begründen, sondern allenfalls erleichtern – das kann man im faktischen Erziehungsablauf allemal nur als ein *Ziel* ansehen, auf das hin zwar der Erziehungsprozeß orientiert sein sollte, man kann es indes nicht als methodische Voraussetzung gebrauchen. Deshalb bedeutet ein Appell an die Einsicht des Kindes am Anfang eines Erziehungsabschnittes pädagogisch Voraussetzung eines nicht Voraussetzbaren. In diesem Stadium erhalten vielmehr gerade jene personengebundenen Mittlerfunktionen der Erziehenden ihre zusätzliche pädagogische Bedeutung, die in manchen streng sachlogisch orientierten Deduktionen etwas ungebührlich an den Rand gerückt werden.

Zunächst gehorcht ein Kind immer nur Personen. Persönliche Qualitäten des Erziehenden sind es, die es gehorsam oder widerspenstig machen und in ihm einen widerstrebenden oder willigen Gehorsam erzeugen. Langsam wechselt der Heranwachsende von solchen personorientierten Bindungen (die man mitunter als »Folgsamkeit« bezeichnet und von einem eigentlichen »Gehorsam« unterschieden wissen möchte) zu einem objektiv-sachbezogenen Gehorsam hinüber, der unvermittelt ist (Befolgen von Regeln, Normen, Geboten).

Diese Entwicklungsreihe ist objektiv vorgegeben. Wer auf die pädagogische Bedeutung eines in seinen Anfängen persongebundenen Gehorsams verweist, relativiert deswegen weder den sachbezogenen Gehorsam, noch jene als leitendes Erziehungsziel postulierte Selbständigkeit und individuelle Entscheidungsfähigkeit, sondern weist lediglich den Weg, über den jene Ziele erreichbar sind.

Personorientierte Vermittlung hat weder etwas mit jener anthropologischen Lyrik zu tun, in deren Formen sie allerdings eine Zeitlang gern dargestellt wurde (»Du«, »Mitmensch«, »Meister-Jünger«, »pädagogischer Eros«), noch erschöpft sie sich in dem, was man das »Dialogische« oder die »Begegnung« genannt hat. Personale Vermittlung hat vielmehr eine eindeutige Stützfunktion in einem pädagogischen Verhältnis, das von einer gewissen dramatischen Problematik nicht ganz frei ist: Das Kind soll lernen etwas gerne zu tun, was ihm keine unmittelbaren Lustempfindungen bereitet, sondern dem momentane affektive Stimmungen, eventuell sogar längerwährende Konstellationen von Antipathie entgegenstehen können. Es soll aber nicht nur überhaupt kontinuierlich arbeiten, sondern einen angemessenen, das heißt im wesentlichen affektunabhängigen Realitätsbezug gewinnen, seine Emotionen also kontrollieren lernen. Dazu müssen jene Haltungen aktiviert werden können, ohne die sachangemessene Problemlösungen zufällig bleiben: Konzentration, Phantasie, Ausdauer im Lösungsverhalten, Genauigkeit im Arbeitsvollzug, Fähigkeiten zur Selbstprüfung. Dazu gehören dann auch noch soziale Fähigkeiten: Kooperationsfähigkeit, Sensibilität und die Fähigkeit, Konflikte durch Rationalisierung zu lösen.

Das pädagogisch besondere Problem ist, daß diese Reihe von Habits weder als naturgegebene Anlage zu betrachten, noch als intrinsisch eingelenkte Folgeerscheinung eines unmittelbaren Sachinteresses zu interpretieren ist. Hier tut sich vielmehr ein deutlicher Gegensatz auf und man beschönigt nichts, wenn man diesen Konflikt durch irgendwelche Harmonisierungsmodelle verbirgt: *Was durch Erziehung erreicht werden soll, streitet in einem hohen Maße wider elementare Begehrungsintentionen des Heranwachsenden.* Eine vorgängige natürliche Harmonie zwischen Lernziel und Lernverlauf einerseits und unmittelbarer Lernwilligkeit andererseits wird in aller Regel eine Ausnahme sein. Es geht also um nichts anderes, als darum, etwas angenehm zu machen, was von unangenehmen Anmutungen nicht gänzlich frei sein kann; etwas »zur zweiten Natur zu machen, was wider meine Natur streitet«[103]. Wir haben hier also, bei der Entwicklung elementarer Gehorsamsfähigkeit zugleich jene pädagogische Ursituation vor uns, daß mit Hilfe äußerlich extrinsisch-motivierender Konstellationen schließlich individuell intrinsische Motivstrukturen erreicht werden sollen.

Das Problem ist nicht neu. Es ist im Grunde seit *Pestalozzi* bekannt; und Pestalozzi hat dazu auch eine Theorie entwickelt, die, sobald man sie in moderne Begriffssprache überträgt, eine erstaunliche Modernität verrät. Denn im Grunde ist die Motivationsforschung nicht über das hinaus gekommen, was Pestalozzi bereits in den letzten Briefen seiner »Gertrud« entwickelt hat:

Bei der Erziehung zum Gehorsam gehen es nicht nur darum, temporär, vormundschaftlich eine fehlende Einsicht zu ersetzen, wie das beim Autoritätsproblem beschrieben worden ist. Hier geht es, das Problem verschärfend, vielmehr darum, »etwas in meine Natur hineinzubringen«, was eigentlich »wider meine Natur streitet«. Denn »der Gehorsam ist in seinem Ursprung eine Fertigkeit, deren Triebräder den ersten Neigungen der sinnlichen Natur entgegenstehen. Seine Bildung beruht auf Kunst[104]«.

Derartige Ansichten bilden natürlich geradezu ein Musterziel antiautoritärer Kritik: Etwas in die Natur des Menschen hineinzubringen, was »wider seine Natur streitet«, wird ja gerade als jener Sündenfall angesehen, durch den die sich immer weiter perpetuierende Selbstentfremdung des Menschen anhub. So einfach ist indes die Argumentation *Pestalozzis* nicht zu widerlegen; deshalb nicht, weil, wie bereits wiederholt ausgeführt wurde, zwischen den historisch-gesellschaftlichen Lebensbedingungen des Menschen und seinen Begehrensstrebungen *keine prästabilierte Harmonie besteht*, wie sie vorhanden sein müßte, wenn zwischen objektiver Forderung und subjektivem Wunsch, gegebener Notwendigkeit und begleitender Empfindung permanent Übereinstimmung existieren sollte. Auch wenn die technische Entwicklung und vor allem die Überflußsituation unserer gegenwärtigen Gesellschaft alte Grunderfahrungen permanenter Existenzgefährdung überdeckt, gilt dennoch als anthropologische Prämisse, *daß die Kultur des Menschen seine Natur ist* und diese Kultur nur als Produkt von Arbeit verstanden werden kann. Arbeit wiederum zeigt sich, im Gegensatz zum Spiel, nicht als Ausfluß eines rein freiwilligen, angenehmen Treibens, sondern ist immer auch ein schweißtreibendes Geschäft, Folge von Not und deshalb durch ein Konglomerat von Verhaltensweisen, Einstellungen und Empfindungen besetzt, in dem zwar positive Stimmungslagen dominieren sollten, indes nur selten längere Zeit unverändert andauern.

3. Auch dies: daß ein Mensch sich entgegen momentanen Stimmungen zu korrekt realitätsorientierten Handlungsprozessen bringen kann, setzt eine Erziehung zum Gehorsam voraus. Denn daß ein Kind die in allen Arbeitsvorgängen enthaltenen subjektiven wie objektiven Widerstände zu überwinden lernt, ist wiederum nicht Folge einer einfachen Naturanlage, sondern ebenfalls als Produkt einer längeren vorausgegangenen Erziehung zu begreifen. Diese Erziehung muß sich, scharf formuliert, eines gewissen Tricks bedienen: sie bindet, indem sie befriedigt; sie lenkt, indem sie gewährt. Was heißt das? Gehorsam, das »Hören auf etwas anderes oder einen anderen«, ist nur in der Form der Nachahmung Folge einfacher Instinkthandlungen, sonst aber eine Haltung, die in das Kind erst hineingebracht werden muß. Damit der dabei auftretende unvermeidliche Gegensatz von Mögen und Sollen nicht auf repressive Weise gelöst werden muß und nicht alle jene ungewollten Nebenwirkungen auslöst, durch die positive Erziehungsintentionen zu negativen Einstellungen führen, müssen in einer pädagogisch reflektierten Erziehung zum Gehorsam die vornehmlich über *persönlichen Kontakt vermittelten Momente von Ermutigung, Vertrauen, Bestätigung und Sicherung die affektiven Belastungen aufzufangen suchen, die durch Monotonie, Ermüdung, emotionale Distanz entstehen können.*

In der Regel stellt sich dieser Vermittlungsvorgang in der pädagogischen Praxis einfacher dar, als er sich theoretisch ausdrücken läßt. Die frühen Pflegeverhältnisse der Mutter zum Kleinkind bestätigen und sichern es und gewöhnen es zugleich an bestimmte soziale Regulationen: Warten-Können, Geduldhaben-Können. Die durch Pflege vermittelte Geborgenheit erweist sich dabei als wichtige transformierende Größe. Denn was das Kind einerseits als Regulation erfährt, erfährt es andererseits zugleich als bestätigende, sichernde Pflege[105]. Die Belastung (auf die Mutter warten müssen) wird durch die Bestätigung (durch die Mutter angenommen und gepflegt werden) aufgefangen, dadurch wiederum die nicht ohne weiteres angenehme Ordnung mehr und mehr als willkommene Sicherung empfunden. Pflegevorgänge erweisen sich folglich von der frühen Kindheit an von bedeutsamer pädagogischer Wirkung. Sie pflegen nicht nur im biologischen Sinn, sie sichern das Kind und vermitteln jenen Vorschuß an Urvertrauen, der notwendig wird, damit auch lustwidrige Handlungen mit jener unkomplizierten Willigkeit begonnen werden, ohne die nicht nur Erziehung, sondern alle Arbeit nicht mehr wäre als eine Ansammlung antriebshemmender Regulationen[106].

4. Zu fragen bleibt, warum es dieses komplizierten Umwegs bedarf. Nun:

Erziehung hat es eigentlich immer mit einem gewissen immanenten Widerspruch zu tun. Sie soll den Heranwachsenden dazu bringen, daß er etwas, was er noch nicht versteht, nicht von sich aus und deshalb in der Regel auch nicht gern tut, auf Anweisung eines Erziehenden hin willig und nach Möglichkeit auch freudig vollbringt. Wir können schließlich nicht warten, bis ein Kind von sich aus Spaß an der Beachtung der Verkehrsregeln hat, und wir können es auch nicht einfach so lange seinem Schicksal überlassen, bis es von sich aus Vorsicht entwickelt haben wird, um Gefahren zu vermeiden oder um jetzt für später Vorsorge zu treffen. Erziehung soll folglich etwas leisten, was sich logisch betrachtet eigentlich ausschließt. Sie kann den hier drohenden Zirkel nur dadurch auflösen, daß sie einen konfliktfreien willigen Gehorsam längere Zeit ersatzweise durch ein drittes Moment stützt, das weder in der triebregulierten Natur des Kindes noch in seiner erst durch Bildung und Erziehung zu gewinnenden Einsichtsfähigkeit liegen kann. Dieses dritte Moment »*sinnlicher Einlenkung*« ist in der Frühphase des Erziehungsprozesses die Person des Erziehenden und dessen Sympathierelation zum Heranwachsenden. Warten können, aufpassen auf etwas, Rücksicht nehmen, später Ruhe halten können, – das sind, um nur einige Beispiele zu nennen, Ordnungsformen, die ein Kind zunächst unnatürlich anmuten, deren Sinn es deshalb auch nicht ohne weiteres einsehen wird, die man schließlich aber auch nicht einfach erzwingen kann, weil dann, um noch einmal *Pestalozzi* zu zitieren, »die an sich enge Pforte seiner Sittlichkeit gleichsam verrammelt« würde. Das heißt: Durch unkontrollierte Nebeneffekte gezüchtete Vorurteile würden dann zu Einstellungskonfigurationen und Handlungsmaximen führen, deren deutliche egozentrische Tendenz die Entwicklung »neigungs«-widriger Pflichten erschwerte, wenn nicht gänzlich verhinderte.

Diese Haltung: die mit der »Neigung« schikanierende »Pflicht« schließlich zu lieben, etwas gern zu tun, was man ursprünglich gar nicht so sehr mag – wie etwa Konzentration auf einen Arbeitsprozeß, dessen Ergebnis man zwar wünscht, dessen Auswirkungen insgesamt betrachtet indes belasten –, braucht also das, was *Pestalozzi* »sinnliche Erleichterungsmittel« genannt hat[107].

Die Untersuchungen von René *Spitz*[108] über Hospitalismus und die sogenannte anaklitische Depression haben *Pestalozzis* Beschreibungen empirisch erhärtet und ebenfalls gezeigt, daß die hygienische Versorgung allein für einen gesunden Entwicklungsprozeß des Kindes keineswegs ausreicht. Ohne das über Pflege erfahrene Urvertrauen zur Welt kommt jene depressive Abkapselung zustande, die René *Spitz* zu Recht als erste Stufe kontinuierlicher Selbstzerstörung bezeichnet hat. Wenden wir diese Beobachtung ins Positive, dann heißt das: Das Kind wird Verhaltensformen übernehmen, die ihm die begehrte existentielle Bestätigung einbringen, und es wird auch, nach und nach, in den allgemeinen Regulationen seine eigene Sicherheit fundiert finden. Erst nachdem auf diese selber »sinnlich einlenkende« Weise der geschlossene Funktionskreis von Begehren und Vollzug unterbrochen worden und Verstand als triebunabhängiger Handlungsregulator stabilisiert worden ist, kann überhaupt von einer sittlichen Handlungsqualifikation gesprochen werden. Ohne eine solche entsprechende fundierende Erziehung wäre jede spätere moralische Forderung eo ipso Überforderung.

5. Natürlich eröffnet ein solcher anthropologisch-pädagogischer Sachverhalt auch Manipulationen der verschiedensten Art Tür und Tor. Man kann durch entsprechende raffinierte Methoden dosierter Gratifikationen Heranwachsende und selbst noch Erwachsene in entsprechender Weise »konditionieren« und »programmieren«. Was zur langsamen Bildung von Selbständigkeit dient, kann zur noch schneller wirkenden Fremdbeeinflussung mißbraucht werden. Auch hier gilt: Anthropologische Beziehungen sind immer von starker Ambivalenz. Was im einen Fall zur positiven Entwicklung benutzt werden kann, wird in einem anderen Zusammenhang einen manipulatorischen Effekt zeitigen. Auch hier darf indes der mögliche Mißbrauch nicht den Blick dafür verstellen, daß die »sinnliche Erleichterung« ein unabdingbares Fundament für pädagogische Regulationen überhaupt darstellt: Person- oder situationsvermittelte extrinsische Motivation öffnet Blickkreis, Bereitschaft, Offenheit, Lernwilligkeit, Gedächtniskapazität für Lernprozesse, die ohne »sinnliche Einlenkung« schwerlich anheben würden.

6. Man muß allerdings auch die Grenzen dieser über Sympathierelationen und Reizstimulationen verlaufenden »sinnlichen Einlenkung« des Gehorsams sehen. Besonders deutlich wird dies an jenem Thema, das durch die aktuell gewordenen Publikationen des polnischen Pädagogen Janusz *Korczak*[109] erneut an Interesse gewonnen hat: der sogenannten »pädagogischen Liebe«.

Zweifellos wird desto unmittelbarer und williger gehorcht, je stärker *Sympathierelationen* Menschen aneinander binden. Die Folgerung scheint also nahezuliegen, daß ein auf Sympathie des Kindes gestützter Gehorsam der erzieherisch wirksamste sei. Faktisch ist das zweifellos auch richtig. Pädagogisch indes ist das eine Annahme, die hoch-problematisch sein kann, solange sie undifferenziert bleibt. Sprechen wir von »erzieherischer Liebe«, jenem so blumenreichen wie randlosen Begriff, der seit *Pestalozzis* klassischer Apotheose unzählige Gemüter bewegt hat, dann muß unterschieden werden zwischen einer Sympathierelation des Erziehers zum Kind und einer entgegenlaufenden Sympathierelation des Kindes zum Erzieher. Wir analysieren zuerst das erste Verhältnis, die Sympathierelation des Erziehers zum Kind, ein Verhältnis, das lange Zeit unter der Benennung »pädagogischer Eros« besonders aktuell gewesen ist[110], dort allerdings in eine Form gebracht, die mit der »Agape« *Pestalozzis* kaum noch etwas gemeinsam hatte[111].

Sympathien bringen es mit sich, daß man aus einer Gruppe einzelne heraushebt (Lieblingssöhne, Lieblingsschüler, Lieblingsjünger). Diese eine Feststellung genügt bereits, um deutlich zu machen, daß Sympathierelationen in der Erziehung ihre Gefahren haben, denn es gehört ja gerade zur Besonderheit (*Buber*[112] spricht zu Recht von Askese) des pädagogischen Auftrags, daß Erziehende unter den ihnen anvertrauten Kindern und Schülern nicht auswählen und ihre pädagogischen Maßnahmen nicht nach Sympathiegraden verteilen dürfen. Pädagogische Bezüge brauchen in der Tat eine Art strenger Askese; dies, weil gerade die Kinder des Erziehers am meisten bedürfen, die am wenigsten unmittelbare Sympathie finden. Deshalb wäre ein durch einseitig bevorzugende Sympathiezuwendungen erkaufter Gehorsam ein offenkundiges Mißverhältnis und pädagogisch nicht zu rechtfertigen.

Aber auch im entgegengesetzten Fall, bei einer emotionalen Bindung des Kindes an den Erzieher, muß man, trotz aller bisher beschriebenen Bedeutung »sinnlicher Einlenkung« vorsichtig sein und darf auch diese Art von Bindung nicht ohne kritische Klärung lassen. Natürlich ist ein durch Sympathierelationen gestärkter Gehorsam außerordentlich stabil. Ein Kind, das in einer solchen Bindung steht, wird alles tun, was der Erzieher von ihm verlangt. Hier zeigt sich indes, daß es gerade dieser Umstand starker Personbindung ist, der pädagogische Gefahren in sich trägt. Denn solche Bindungen können derartig in Abhängigkeitsverhältnissen fixieren, daß Unselbständigkeiten entstehen, wie sie in Führer-Gefolgschafts-, Meister-Jüngerbeziehungen immer zu finden waren; man denke nur an die fast übermächtigen Konflikte der *George*-Jünger, sich aus den Fesseln ihrer Meisterverehrung zu lösen. Es läßt sich in der Tat beobachten, daß gerade jene Kinder, die starke emotionale Bindungen an bestimmte Erwachsene haben, für diesen oder jenen Lehrer »schwärmen«, zwar leicht gehorchen, ja im Gehorchen-Können geradezu eine Bevorzugung sehen, daß sie sich indes gleichzeitig gegen eigene Überlegungen und gegen selbständige begriffliche Arbeit abschließen. Was sachlich gesehen auch durchaus folgerichtig ist: Denn Selbständigkeit ist Emanzipation aus der Bindung, die ein Liebender gerade nicht verlassen möchte. Da aber Erziehung unter das Leitbild der Verselbständigung gestellt worden ist, muß mit allen jenen Faktoren und Verhältnissen vorsichtig umgegangen werden, die der geforderten Verselbständigung hinderlich sein können. Zwar treten die Gefahren emotionaler Fixierungen heute bei Jugendlichen höchst selten auf, im deutlichen Gegensatz etwa zu Vorgängen bei der »Bündischen Jugend«. Die fortwährenden Autoritätskrisen führen eher zu deutlichen emotionalen Distanzierungen. In den Frühphasen der Kleinkindererziehung indes kann überstarke emotionale Bindung des Kindes Auslöser einer erziehungshindernden Gängelei werden.

2.3.5 Praktische Auswirkungen

1. Viele Erziehungsverantwortliche haben, offensichtlich noch in der Form kasuistischen Denkens verfangen, den Wunsch, möglichst konkrete Handlungsanweisungen zu erhalten, wie in diesen oder jenen Situationen zu verfahren

sei. Zumal seitdem die Diskussionen um die Legitimität von Lenkungen pädagogisches Handeln generell verunsichert haben, erwarten viele von der pädagogischen Theorie verantwortungsentlastende Regieanweisungen. Was ehedem allgemein pädagogische Gewohnheiten an Handlungssicherung gewährten, soll jetzt eine von der Erziehungswissenschaft entwickelte und sanktionierte Kasuistik leisten. Gerade dies ist aber prinzipiell unmöglich. Denn es kommt immer auf die Analyse der jeweiligen Situation an, die deutliche Züge von Individualität zeigt: sie ist, auf die Biographie der Beteiligten bezogen, einmalig und unwiederholbar. Für eine solche Analyse kann man deshalb keine Klischees verwenden. Kontrolle oder Selbständigkeit, Zuwendung oder Ablehnung haben je unterschiedliche Bedeutungen, die sich von der Situation her bestimmen, in der sie Anwendung finden. Genauso verhält es sich mit Gehorsam. Seine Arten, Bedingungen, seine Notwendigkeit oder Entbehrlichkeit ist keine alleinige Frage einer einmaligen Deduktion – die als Analyse der gleichbleibenden Rahmenbedingungen natürlich wichtig bleibt –, sondern immer auch von situationsspezifischen Subsumtionen abhängig. Ob ein Kind in einem Falle zum Folgen angehalten werden soll oder in einem anderen Fall getadelt werden muß, weil es in unüberlegter Weise folgsam gewesen ist, darüber entscheidet keine Regel, sondern die Situation, die allerdings immer unter dem obersten Maßstab zunehmender Verselbständigung des Heranwachsenden zu bewerten und zu analysieren bleibt.

2. Trotz dieser Einschränkung gibt es doch einige wichtige situationsübergreifende Erfahrungsgrundsätze:

a) Gehorsam hat auf jeder Altersstufe andere Voraussetzungen

Bis gegen das Ende der Grundschulstufe kann man, eine insgesamt geordnete Erziehung vorausgesetzt, kaum von Gehorsamskonflikten reden. Was den Erziehenden Sorge bereitet und in der Regel fälschlicherweise für Ungehorsam gehalten wird, sind noch ungenügend regulierte Verhaltensformen bei Kindern oder aber Reaktionen auf unnatürliche Disziplinierungen (langes Stillsitzen beispielsweise, zuwenig Freiraum für Abenteuereien u.ä.). In der Regel besitzen die Erwachsenen fraglose Vorbildhaftigkeit. In dieser Phase ist mehr die Frage wichtig, wie man den natürlichen Gehorsam nicht durch falsche Disziplinforderungen unterläuft. Wichtig ist in dieser Phase außerdem, daß bei keinen Lenkungsmaßnahmen, auch nicht bei denen gegenwirkender Art, ein zugrunde liegendes Wohlwollen fehlen darf, das der Heranwachsende auch noch im Tadel oder der Zurechtweisung als Zeichen der Anteilnahme und Hilfe erkennen soll[113].

In der Mittelstufe, bis gegen das vierzehnte Lebensjahr, treten dagegen bald deutliche Differenzierungen auf. Die Anerkennung des Lehrenden, auch des Vaters, bleibt in der Regel als die eines überlegenen Fachmannes erhalten, soweit den sich verzweigenden Sachinteressen genügend Wissenstoff geboten werden kann. An Erziehungsmaßnahmen, besonders an der Konsequenz von

Ordnungsregeln, fängt aber alsbald ein intensives, mitunter geradezu experimentelles Probieren an, wieweit die aufgestellten Richtlinien wirklich Geltung haben. Dieser probierende Ungehorsam besitzt zwar noch nicht die Radikalität, die in der Autoritätskrise der Pubertätszeit zu beobachten ist. Meist wird weniger die Person des Erziehenden abgewertet, vielmehr werden dessen Anordnungen auf ihre Stringenz getestet. Weil indes bei dieser Altersstufe nur wenig Verhaltenskorrekturen aus bereits ausgebildeter eigener Einsicht zu erwarten sind, kann der Ungehorsam mitunter extreme Formen annehmen, ja zu einer Art von altersgruppenspezifischem Gesellschaftsspiel werden (Flegeljahre, Rüpel)[114]. Dies ist das Alter, in dem sich Gehorsam, der nicht ängstlich-eng gehalten werden und vor allem nichts statutarisch Prinzipielles an sich haben darf, geradezu mit der Konsequenz eines erfahrenen Widerstandes verbindet. In keinem anderen Alter kann Inkonsequenz Gehorsam so schnell zerstören. Die Gehorsamskonflikte lassen sich allerdings beträchtlich mildern, wenn die Erziehenden es verstehen, genügend »Freiräume« zu schaffen, in denen der Heranwachsende »reinliche Abenteuer« suchen und bestehen kann[115]. Sobald es der Ältere (Vater, Lehrer) außerdem versteht, selber in diesen »Freiräumen« in einer veränderten Rolle aufzutreten: nicht als der »Pädagoge«, sondern als ein nicht-privilegierter Spielgefährte, behält er in der Regel auch bei unvermeidlichen Gegenwirkungen jenen Sympathiebezug, der die Gehorsamsfähigkeit der Heranwachsenden abstützt.

Die meisten und schwerwiegenden Gehorsamskonflikte treten im Verhältnis: junger Mensch und Erzieher auf. Die Pubertätskrise mit ihren Problemen der sogenannten Ichfindung: einem widersprüchlichen Suchen und Fliehen, Anlehnen und Sich-Verschließen, Nachstreben und Ablehnen zugleich, verändert das Sensorium des jungen Menschen, entwickelt vor allem ein Bündel an Ressentiments, durch die bestehende Sozialkontakte in Mitleidenschaft gezogen und beständige Autoritäts- und Gehorsamskonflikte provoziert werden. Die Probleme nehmen vor allem deshalb zu, weil die auftretende Distanzierung in diesem Alter nicht nur sachlicher, sondern zumeist auch emotionaler Art ist. Die Ablösung vom ehemaligen Identifikationsobjekt ist mit deutlicher emotionaler Abkühlung verbunden, nicht selten von Affektdurchbrüchen begleitet (». . . dem Alten endlich mal die Wahrheit stoßen . . .«)[116]. Eltern und Lehrer verlieren das Ansehen von Helfenden und werden für die Jugendlichen mehr und mehr zu Repräsentanten einer »repressiven Gesellschaft«. Pädagogische Hilfen müssen folglich jetzt das zur Voraussetzung nehmen, was den Konflikten zugrunde liegt: die mangelnde Stabilität des jugendlichen Ich, die gerade durch die demonstrative Anti-Haltung überdeckt werden soll. Einflüsse, Einstellungs- und Verhaltenskorrekturen lassen sich deshalb am besten durch gezielte Belastungen erreichen, durch die etwas von einer ebenbürtigen Verantwortlichkeit deutlich wird:

– Offenlegung der familialen Sorgen, Diskussion der gemeinsamen Finanzprobleme, Darlegung der Tagesläufe der Eltern und der darin enthaltenen Belastungsgrade (die Anonymität des mütterlichen oder väterlichen Berufslebens ist nicht selten der erste Grund wachsender Entfremdung).

- Wenn möglich Übertragung von Verantwortungsbereichen (worunter nicht nur »Putzhilfen« zu verstehen sind).
- »Freiräume« mit entsprechenden Artikulationsmöglichkeiten für spezifische Interessen sind wichtig, außerdem
- Interessenkombinationen mit Möglichkeiten für Diskussionen: Gespräche über Musik, Theater, Filmkunst, über Modetendenzen und dergleichen.

Es scheint, als wäre auch der beobachtbare durchgängige Kulturverlust in den Familien (»Kulturkonsum«) ein wichtiger Grund für das Ausbrechen vieler Jugendlicher. Da Familien als möglicher Ort für Diskussionen über Literatur, Musik, Politik meist ausfallen, müssen diskussionsinteressierte Jugendliche sich andere Begegnungsstätten suchen und werden dabei mit einer gewissen inneren Notwendigkeit Ressentiments gegen die in der Tat kritikwürdige Kulturarmut ihrer Familien entwickeln.

b) Gehorsam zerfällt in der Uniformität

Man kann als Lehrender ständig erfahren, daß Schüler einzeln oder im kleineren Kreise interessiert, arbeitswillig und im großen und ganzen leicht lenkbar sind, daß sie dagegen im Klassenverband oft nur widerwillig arbeiten und Ausbruchversuche häufig auftreten. In Zusammenhang mit dieser Beobachtung scheint eines wichtig: Gehorsam ist vor allem ein interpersonales Verhältnis zwischen einem Erziehenden und einem Heranwachsenden, das, wenn man von Grenzfällen der Drucksituationen einmal absieht, ein besonderes Gütemaß besitzen muß, denn sonst bliebe jede nichterzwungene Folgsamkeit grundlos. Es handelt sich dabei um ein Akzeptieren des Heranwachsenden vor jeder pädagogischen Beeinflussung[117]. Dieser Sozialkontakt muß aber desto schwächer werden, je mehr Kinder gleichzeitig auf eine Bezugsperson angewiesen sind. Im gleichen Maß, in dem dann beim Erziehenden Kapazitätsstörungen auftreten (damit ist die Überforderung gemeint, die bei Lehrenden durch zu große Gruppen bedingt sind), werden seine Lenkungsanweisungen mehr und mehr die Formen von Disziplinierungen annehmen. Daß die Heranwachsenden dann ihrerseits darauf mit Distanzierung reagieren, ist nicht verwunderlich.

Dies führt zu folgender, zunächst vielleicht absurd klingender Feststellung: Entgegen mancher landläufigen Meinung scheint diese Art von Ungehorsam keine Auflehnung gegen Autorität zu sein, sondern eher gegen einen Mangel an Autorität. Die Bezugsperson fehlt, die man zur persönlichen Bestätigung, die ja auch in Form von Lenkung und Korrektur erfolgen kann, brauchte, und die unpersönliche Disziplin belastet die Kinder, statt ihnen zu helfen. Der Ungehorsam, der auf diese Weise entsteht, ist Reaktion auf eine vorausgegangene Vernachlässigung, also auf einen Zustand von Autoritätslosigkeit[118].

In diesem Zusammenhang muß erwähnt werden, daß auch verschiedene *Lehrmethoden* gehorsamsbelastende Nebeneffekte zeitigen. Je mehr ein Lehrer seine Klasse frontal anspricht (egalitäres Prinzip) und je weniger er seinen Unterricht individualisiert, desto mehr wird der einzelne Schüler sich als Person übergangen fühlen und auf die erfahrene Vernachlässigung auflehnend reagieren. Permanenter Frontalunterricht ist deshalb ein methodisches Verfahren, das Ungehorsam bald merklich zunehmen läßt. Der Lehrer wiederum wird gezwungen, den Unterrichtsverlauf durch Disziplinarstrafen abzusichern und wird in der Regel den verstärkten Ungehorsam der Schüler als Mißachtung seines Amtes oder als allgemeine Lernunwilligkeit deuten. Tatsächlich richtet sich dieser spürbare Ungehorsam aber nicht gegen die Person des Lehrenden und dessen persönliche Autorität (die es ja in diesem Falle überhaupt nicht gibt), sondern gegen den in solchen Klassen vorherrschenden Zustand autoritätsloser Disziplinierung.

c) »Freilassen« ist eine Voraussetzung für beständigen Gehorsam

Es gehört zur pädagogischen Alltagserfahrung, daß jenen Kindern williger Gehorsam zu fehlen pflegt, die streng an äußerliche Reglementierungen gebunden sind. Der »freie Raum im Jugendleben«, der auch von daher seine pädagogische Begründung erhält, ist indes nicht nur als eine Art von psycho-hygienischer Einrichtung zu betrachten, obwohl er in dieser Bedeutung nicht hoch genug eingeschätzt werden kann. Da Erziehung zur Selbständigkeit bereitgestellte Möglichkeiten zum lenkungsfreien Experimentieren in Versuch und Irrtum, Erfolg und Mißerfolg braucht, sind aggressive Wendungen gegen strenge Überwachung nicht nur als direkte Flucht aus dem Druck zu verstehen. Hinter der Auflehnung kann auch die durchaus berechtigte Sorge des Jugendlichen stehen, daß ihnen durch over-protection jenes Experimentierfeld genommen wird, das der Verselbständigung als Voraussetzung erhalten bleiben muß.

3. Bestätigungen und Ermutigungen

3.1 *Das Prinzip Ermutigung*

3.1.1 Das Barrieremodell

Lernen ist – gleich, ob es sich dabei um das Aufnehmen und Verstehen von Fakten, Daten, Verhältnissen und Problemen handelt (Lernen im engeren Sinne) oder um die Übernahme von Verhaltensweisen und Einstellungen (Erziehen) ein Prozeß, bei dem ein Lernender einem Lernziel vorgelagerte Schwierigkeiten (Barrieren) überwinden muß. Es kann sich dabei um mehr sachlogisch-objektive Schwierigkeiten handeln, wie Umfang oder Abstraktionsgrad des Gegenstandes, oder um mehr psychologisch-subjektive Schwierigkeiten, etwa bei der Gedächtnisspeicherung, der Geläufigkeit bei Fertigkeiten und dergleichen. Erfahrungsgemäß wachsen diese Schwierigkeiten, je schneller ein Lernprozeß abläuft und je abstrakter die Vermittlung geschieht (Größe der einzelnen Lernschritte und Schnelligkeit der Lernschrittfolge).

Die Art, wie diese Schwierigkeiten überwunden werden, hat auf den Verlauf des jetzigen Lernprozesses wie auf die folgenden charakteristische Auswirkungen. Man kann sich diese anhand eines Modells deutlich machen[1]:

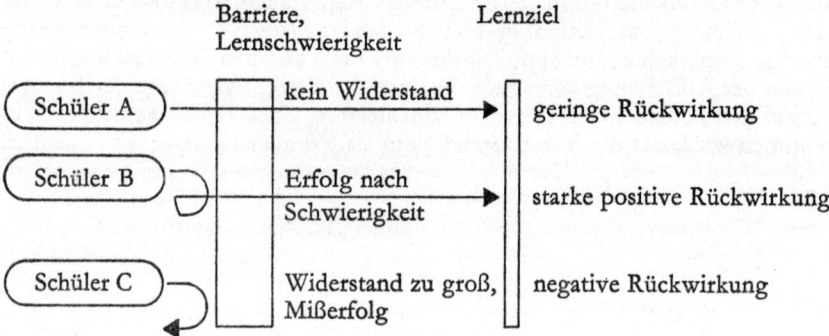

Wichtig ist, daß von jeder dieser drei Lernverlaufsformen eine *spezifische Rückwirkung auf den Lernenden ausgeht*; wobei weniger der einmalige Fall als vielmehr häufig wiederkehrende gleiche Situationen von Bedeutung sind, weil durch sie die Einstellung des Lernenden jeweils in typischer Weise verändert wird[2]:

– Fall 1: Mißerfolgserlebnisse lassen die Erwartungen in die eigene Leistungsfähigkeit sinken und erzeugen je länger je mehr eine resignative Einstellung: »Anstrengungen haben keinen Sinn.« Die formalen Bedingungen der jetzigen

Lernsituation destruieren dabei die motivationalen Voraussetzungen für die folgenden Situationen.

– Fall 2: In gleichem Maße, in dem die Größe des Lernwiderstandes gegen Null geht, wächst der subjektive Eindruck, daß Anstrengungen (Solidität, Genauigkeit, Ausdauer, Konzentration usw.) überflüssig sind. Es entwickelt sich ein motivational ebenfalls bedenklicher »Lorbeereffekt«, der vor allem deshalb problematisch ist, weil bei sicher nicht ausbleibenden Enttäuschungen (Folge von Schul- oder Lehrerwechsel, Auftreten neuer Forderungen) ein resignativer Rückfall (»Entthronungseffekt«) in dem Maße größer wird, je sicherer sich der Lernende zuvor seines Erfolges gewesen ist.

– Fall 3: Ein »mittleres Anspruchsniveau« in der Aufgabenstellung macht den Erfolg von bestimmten Anstrengungen abhängig. Man kann die dazu nötigen Fähigkeiten als formale Kriterien sachadäquater Arbeitshaltung bezeichnen:
– sachliche Analyse der Situation, ihrer Bedingungen und Schwierigkeiten;
– Planung des Arbeitsverlaufs mit detaillierter Schrittfolge;
– Bereitstellung angemessener Hilfen;
– Vollzug der Arbeit und kritische Kontrolle der Einzelergebnisse;
– Zusammenfassung der einzelnen Teilschritte zu einem »Werk«;
– dessen Außenkontrolle: ob es den gegebenen Erwartungen entspricht;
– Kontrolle der subjektiven Bedingungen:
Was am Lern-, Arbeitsverhalten war für Fehler oder Leistungen maßgeblich, was muß folglich verändert, was kann erhalten und verstärkt werden.

3.1.2 Lernhilfen und Sicherungen

Die Schwierigkeit bei allen Lernabläufen[3], den funktionalen wie den absichtlich organisierten, besteht darin, daß weder der Lernende selber noch ein Lehrender alle bei einem Lernprozeß auftretenden Schwierigkeiten antizipieren kann. Zwar ist, im Zusammenhang mit der Entwicklung des programmierten Unterrichts und der dort notwendigen Analyse des Lernprozesses in kleine Schritte bei gleichzeitiger Verminderung der Fehlermöglichkeiten, die Analyse von sachlogischen Schwierigkeiten in bestimmten Lernbereichen ziemlich weit vorangetrieben worden. Es zeigt sich indes bald, daß offensichtlich nicht alle sachlogischen Bereiche in gleicher Weise programmierbar sind, das heißt mit anderen Worten: daß vor allem bestimmte Verstehensprozesse und Bewertungsvorgänge von subjektiven Variablen bestimmt werden, also derartig von individuellen Bedingungen abhängen, daß man sie nicht präzise in vorgegebenen Schrittfolgen objektivieren kann, ohne nicht zugleich den Zugang zu einem sachadäquaten Verständnis zu verbauen. Dieser Umstand führt zu einem sehr komplizierten Bedingungsverhältnis:

In vielen Lernvorgängen, vor allem bei Bewertungs- und Einstellungsbildungen, hängt die Sachangemessenheit des Lernergebnisses an der Möglichkeit eines individuellen Lernverlaufs; umgekehrt: je mehr ein Lernprozeß objektiv vorprogrammiert ist, je weniger er also individuelle Akzentuierungen gestattet, desto geringer wird zugleich die Chance für das gewünschte einstellungs- oder wertorientierte Lernergebnis.

Es kommt hinzu, daß weder Eltern noch die in den großen Klassen stark auf einen uniformierenden Unterrichtsstil festgelegten Lehrer die Möglichkeit haben, die jeweilige Individuallage der Lernenden präzise zu antizipieren: ob ein Lerninhalt jetzt Interesse finden kann, welche Art von Konzentration und welche Ausdauer sich zeigen wird, welche subjektiven Bedingungen in die jetzige Lernsituation eingehen, das sind Faktoren, die auch der reflektierende, psychologisch geschulte Lehrer nur durch Vermutungen antizipieren kann.

Das heißt wiederum, daß man bei keinem Lernprozeß, weder bei einem einzelnen Schüler, erst recht nicht in einer Klasse, in der individuelle Bedingungen von einem Schüler zum anderen streuen, präzise voraussagen kann, ob die sachlogischen und psychologischen Lernbarrieren zu groß, zu klein oder gerade angemessen sein werden. Auch der gut vorbereitete Lehrer und der geschulte Erzieher *können folglich Möglichkeiten von Überforderungen nicht von vornherein ausschließen.* Sie brauchen deshalb Mittel, um durch Lernhilfen einen sich anbahnenden Mißerfolg rechtzeitig aufzufangen[4]. Sofern derartige Lernhilfen aus sachlogischen Stützen bestehen (zusätzliche Erklärungen, Veranschaulichungen, vergleichende Hinweise, Analogien), sind sie kein Gegenstand unserer jetzigen Überlegungen, sondern gehören in eine Unterrichtslehre. Sofern es sich indes um psychologisch orientierte ermutigende Hilfen handelt, gehören sie zum Thema Erziehungsmittel[5].

Von ermutigenden und sichernden Hilfen kann man in zwei Bereichen sprechen
– einmal bei dem die Person bestätigenden und sichernden Lob
– und bei den zu erhöhten Anstrengungen stimulierenden Belohnungen.

Nach dem einleitend entwickelten Konzept werden die folgenden Analysen allerdings nicht nur auf die Frage begrenzt, wie Lob Lernbarrieren überwinden hilft. Zu untersuchen ist vielmehr die gesamte Wirkungsbreite des Lobes, sowohl auf den Gelobten wie schließlich auch auf den Lobenden selbst.

3.2   Formen des Lobes

Wer lobt, bejaht[6]. Die Bejahung ist aber kein nur innerlicher, sondern ein ausdrücklich wahrnehmbarer Vorgang. Dabei braucht ein Lob keineswegs immer nur in Worten geäußert zu werden. Es kann sich auch eines Blicks, einer Geste, eines Lächelns, schließlich auch einer Auszeichnung oder eines Geschenkes bedienen. Das in Worte gefaßte Lob ist nur eine, wenngleich sicherlich die verbreitetste Form[7].

3.2.1 Das vertrauliche Lob

Das Lob kann drei verschiedenen Adressaten vernehmbar werden: dem Gelobten selber, einer zuhörenden Gruppe und schließlich einem Dritten, der eine Auskunft erwartet. In der Regel hört der Gelobte sein Lob selber. Das dürfte der häufigste Fall sein und stellt die Hauptart des Lobes dar. Sind Lobender und Gelobter allein, dann beziehen sich alle Auswirkungen des Lobes zunächst auf dessen Person. Daß der Lobende durch seine Lobäußerung ein Werk, eine Handlung, eine Charaktereigenschaft für lobwürdig bezeichnet und sich damit solidarisch erklärt, gibt dem Gelobten Vertrauen in seine Leistungsfähigkeit, steigert das Selbstvertrauen und gibt zugleich auch Sicherheit bei Auseinandersetzungen mit anderen oder Meinungen oder Kritikern[8]. Natürlich wird das Lob auch auf das Verhältnis des Gelobten zum Lobenden zurückwirken. Dies geschieht in einer zweifachen Weise. Zunächst bindet sich der Lobende selber an das von ihm Gelobte und damit zugleich auch in einer gewissen Weise an die Person, der Tat oder Werk zugehören. Diese Bindung ist notwendig oder das Lob wäre in sich unwahr und nur ein Scheinlob. Weniger zwangsläufig ist dagegen eine rückläufige Bindung des Gelobten an den Lobenden. Wer bejaht, dadurch Vertrauen einflößt und Sicherheit gibt, wer also einem anderen wohlwill, von dem können auch weiterhin Unterstützungen und Hilfen erhofft werden. Vertrauen wiederum zieht in der Regel Sympathie nach sich, so daß sich über Bestätigungen leicht gefühlsmäßige Bindungen des Gelobten an den Lobenden entwickeln.

Hier zeigt sich indes gleich, weshalb solche rückläufigen Bindungen des Gelobten an den Lobenden nur wahrscheinlich und nicht selbstverständlich sein können. Sie hängen immer von der subjektiven Empfindung des Gelobten ab, ob die ihm im Lob angebotene Sicherung und Anerkennung überhaupt angemessen ist. Diese subjektive Empfindung ist ausschlaggebend für die emotionale Rückbindung, nicht die objektive Notwendigkeit einer Bestätigung und Anerkennung. Selbst Versager, wie beispielsweise »schlechte Schüler«, können bei aller objektiven Notwendigkeit von Hilfen dennoch ein Lob dann scharf zurückweisen, wenn sie es subjektiv nicht als Hilfe, sondern als Zumutung empfinden.

Die Art, wie der Gelobte reagieren wird, hängt einerseits weitgehend mit dessen Biographie zusammen, also mit dem Ausmaß mehr optimistischer oder pessimistischer, resignativer, aggressiver oder der Realität zugewandten Einstellungen, wird indes immer auch stark von der Person des Lobenden beeinflußt. Denn nicht jeder kann jeden loben. Eine Lobäußerung wird vielmehr nur dort als wirkliches Lob empfunden und angenommen, wo der Lobende für den Gelobten im positiven Sinne Autorität besitzt: nur wer mir etwas bedeutet, kann mir auch Sicherheit einflößen; nur einer, dessen Urteil mir auch kompetent erscheint, wird mich durch sein Lob bestätigen können. Deshalb bindet ein Lob auch immer nur dort den Gelobten an den Lobenden, wo der Gelobte das Lob wirklich annimmt, weil er die im Lobenden repräsentierte Autorität anerkennt.

3.2.2 Das öffentliche Lob

Lob kann auch vor Zeugen, einem oder mehreren anderen, ausgesprochen werden. Diese können entweder nur zufällig anwesend sein, so daß sie untereinander und zum Gelobten wenig Kontakt besitzen oder mit dem Gelobten zusammen eine Gruppe bilden. Ein öffentliches Lob verändert und erweitert die Wirkweise des Lobes, verglichen mit dem eben analysierten vertraulichen Lob, unter Umständen erheblich. Veränderungen sind vor allem in dem Maße zu erwarten, in dem die Zuhörenden bereits als Gruppe strukturiert sind.

Betrachten wir zunächst jene Situation, in der das Lob auf den Gelobten selber zielt und die anwesende Zuhörerschaft gleichsam nur eine lobverstärkende Resonanz bildet. Dann tritt wohl wiederum eine bestätigende und sichernde Wirkung ein. Diese bleibt aber nicht nur im Bewußtsein und Gefühlsbereich des Gelobten, sondern wird zugleich auch nach außen hin dokumentiert, denn der Gelobte wird jetzt vor einer Gruppe bestätigt. Damit wird auch seine Position innerhalb der Gruppe zumindest unterstrichen, häufig verändert. Aber auch die doppelseitige Bindung zwischen Lobenden und Gelobten modifiziert sich in dem Augenblick, in dem ein Lob vor einem zuhörenden Kreis ausgesprochen wird. Der Lobende ist jetzt nicht nur in den Augen des Gelobten gebunden, er hat sich zugleich vor anderen festgelegt, weil er das, was er als lobenswert hervorhob, vor einer Gruppe auszeichnete und damit zum Beispiel setzenden Maß für andere erhob. Deshalb dürfen auch alle jene ein gleiches Lob erwarten, die so handeln werden, wie der Gelobte gehandelt hat.

Die rückläufige Bindung des Gelobten an den Lobenden ist im Falle eines öffentlichen Lobes nicht so leicht einer klärenden Analyse zugänglich, denn die Bindungen und Folgen des öffentlichen Lobes werden danach verschieden sein, wie einerseits der Gelobte, wie andererseits der Lobende zur Gruppe und wie schließlich der Gelobte zum Lobenden steht. Ist der Gelobte Exponent der Gruppe und der Lobende für alle Autorität, dann partizipiert die gesamte Gruppe am Lob und die Bindungen der Gruppe werden in sich und zugleich auch zum Lobenden stabiler werden. Steht dagegen der Lobende der Gruppe fern, nimmt ihr Exponent aber das Lob an, dann wird der Lobende auch von der Gruppe mehr Anerkennung als bisher erfahren. Genießt der Lobende weder bei der Gruppe noch bei dem gelobten Gruppenfavoriten Ansehen, dann distanziert ihn sein Lob noch mehr, von der anwesenden Gruppe so gut wie vom Gelobten.

Wenn dagegen der Gelobte von der Gruppe weniger beachtet wird, vielleicht eine Außenseiterrolle spielt oder ein von Aversionen betroffenes Gruppenmitglied (»Sündenbock«) ist, dann werden die Reaktionen etwas anders laufen. Ist der Lobende ein von der Gruppe anerkannter Autoritätsträger, kann sein Lob die Position des Gelobten innerhalb der Gruppe entscheidend verändern, denn dann überträgt der Lobende einen Teil der Anerkennung, die er genießt, auf den Gelobten. Das kann natürlich ein in sich abermals ambivalenter Vorgang sein. Denn der bislang wenig beachtete Außenseiter kann wohl, muß aber keineswegs notwendig im Ansehen der Gruppe steigen. Das Lob kann genauso gut Neid hervorrufen und eventuelle Aversionen noch zusätzlich verstärken. Hier ist in der Regel die Form des Lobes ausschlaggebend und der Gelobte muß rechtzeitig die Nebenwirkungen bedenken, die von seinem Lobe ausgehen können. Ausgemacht destruktiv wirkt es, wenn jemand, der selber keine persönliche Autorität innerhalb einer Gruppe besitzt, jedoch fleißig gebrauchter Machtmittel wegen gefürchtet wird, einen Gruppenaußenseiter lobt; ein Vorgang, der in Schulklassen keineswegs selten zu finden ist. Jetzt übertragen sich die durch Furcht provozierten, unterschwellig wuchernden Aversionen der Gruppe durch das öffentliche Lob auch noch auf den ohnehin schon Belasteten und können ihn vollständig isolieren.

Als Sonderfall des öffentlichen Lobes ist die kollektive Form anzusehen: die Gruppe lobt auf Anregung eines Erziehers eines ihrer Mitglieder; ein Vorgang, der unmittelbar mit einer bedeutenden Rangplatzverbesserung des Gelobten innerhalb der Gruppe verbunden ist und für den Gelobten eine besonders stabilisierende Wirkung zeigt. Die pädagogischen Voraussetzungen für diese Form sind allerdings nicht ganz einfach, weil der jetzt indirekt zum Lob animierende Erzieher mit der Gruppe zuvor vertraulich über die Person des zu Lobenden sprechen muß. Daß dies ein heikler Vorgang ist, dürfte deutlich sein. Sicher kann ein solches Gespräch die sich anschließend im Gruppenlob äußernde soziale Verantwortung der einzelnen Gruppenmitglieder verstärken. Offenlegungen persönlicher Verhältnisse vor einer Gruppe können aber vom Betroffenen auch als nicht willkommene Einmischung angesehen, eventuell sogar als Vertrauensbruch betrachtet werden.

3.2.3 Das symbolisierende Lob

Ein Lob muß keineswegs immer nur um des Gelobten willen ausgesprochen werden. Gerade beim öffentlichen Lob wird der Gelobte häufig nur scheinbares Ziel des Lobes sein, tatsächlich aber nur als Mittel dienen. Zwar wendet sich der Lobende dabei zuerst an ihn, in Wahrheit will er aber mit seinem Lob die zuhörende Gruppe ansprechen. Diese Form des Lobes stellt dann nicht nur als sekundäre Nebenwirkung, sondern mit deutlicher Absicht den Gelobten, sein Werk, seine Tat, seine Eigenschaften der Gruppe als Vorbild vor Augen. Derartige Formen öffentlichen Lobes, die häufig in entsprechende Formen gekleidet werden (Feier, Dekoration, Medaillen, Prämien) sollen entweder Wetteifer entfachen und die Zuhörer auf gleiche und ähnliche Ziele hin stimulieren, oder sollen einen in der gelobten Tat repräsentierten Wert vorstellen und verbindlich machen (Beispiel Friedensnobelpreis).

Weil ein symbolisierendes Lob den Gelobten meist nicht direkt meint, sondern ihn für andere zum anschaulichen Ideal erhebt und dazu als Mittel benutzt, verläßt ein solches Lob leicht seinen realen Bezug, denn oft wird, um der Zuhörer willen, mehr gelobt als tatsächlich zu loben ist, die Tat und mit ihr der Gelobte idealisiert. Deshalb verstärkt sich ohne Zweifel gerade bei dieser Form die allem Lob innewohnende Gefahr ganz besonders, daß es nicht nur Selbstvertrauen stärkt, sondern auch ein falsches Streben nach Ehre begünstigt, das bis zu Überheblichkeit und Hochmut führen kann.

Schließlich muß beim symbolisierenden Lob noch bedacht werden, daß der Gelobte durch die ihm zugedachte Vorbildrolle isoliert werden kann. Selbst wenn sich die Gruppe nicht aus aufbrechendem Neid heraus distanzieren sollte, hat es ein Gruppenvorbild doch immer sehr schwer, weil es jetzt selber immer am Maß seiner öffentlich erklärten Vorbildhaftigkeit gemessen wird. Vorbilder geraten deshalb leicht in eine permanente Überforderung oder werden in verderbliche Ausweichmanöver gedrängt, wenn sie nach außen hin den Schein zu wahren suchen. Es erscheint deshalb zu Recht fraglich, ob eine solche Vorbildrolle ohne bedenkliche Rückwirkungen auf Persönlichkeitsstrukturen ertragen werden kann. Außerdem wird der Gelobte erleben müssen, wie seine Vorbildrolle seitherige persönliche Bindungen belastet, nicht selten zerbrechen läßt. Weil ein symbolisierendes Lob heraushebt, macht es zugleich auch einsam.

Dieser beiden Gründe wegen sollte man symbolisierendes Lob bei Kindern nach Möglichkeit überhaupt nicht benutzen. Es mag zwar hingehen, daß ein allgemeines öffentliches Lob den Gelobten gleichsam als Nebenwirkung auch der Gruppe zum Vorbild setzt. Die Gefahr destruierender Rückwirkungen mag auch dann etwas schwächer sein, wenn der Gelobte sein Lob nicht hört, weil es der Lobende in seiner Abwesenheit vor der Gruppe ausspricht und ihr dadurch Leistungsziele setzt. Erzieherisch nicht zu verantworten ist es dagegen, wenn Lehrer einzelne Schüler öfters und mit Absicht der Klasse als Vorbild hinstellen.

3.3   Der Gegenstand des Lobes

3.3.1   Lob und Leistung

Summarisch sind bis jetzt Werk, Tat, Handlung, Charaktereigenschaften und Person des Gelobten in eins gesetzt worden, ohne daß unterschieden worden wäre, auf was ein Lob vornehmlich gerichtet sein sollte. Allerdings haben die bei einer Symbolisierung des Gelobten auftauchenden Gefahren schon einen gewissen Hinweis gegeben, der bei der jetzigen Frage weiterhelfen kann, was das Lobenswerte sei. Es ist allemal nicht nur für die Person des Gelobten gefährlich, sondern auch in sich unwahr, wenn die Person als solche zum Gegenstand eines Lobes gemacht wird, denn es kann sich bei allen lobenswerten Inhalten eigentlich immer nur um zeitlich begrenzte Erscheinungsweisen einer Person handeln; sei es, daß Verhaltensweisen wie Selbstlosigkeit oder Reaktionsvermögen oder Übersicht oder Tapferkeit und Mut, sei es daß Objektivationen in Leistungen und Werken ein Lob verdienen.

Aber selbst nach einer solchen Einschränkung ist noch einmal sorgfältig zu unterscheiden: schließlich ist jede Leistung von einer Vielzahl von Komponenten bestimmt, die einem größeren Bereich als der Person des Ausführenden zugehören. Richtige Anleitungen, momentane Hilfen, günstige Situationen, Voraussetzungen, wie Gesundheit, Stimmung und viele andere Momente gehen als Bedingungsvariablen in Leistungen ein, ohne daß man sie der lobenswerten Tat zuzählen könnte. Ebensowenig wie es aber möglich ist, alle jene der situativen Konstellation angehörenden Momente von rein persönlichen Faktoren zu trennen, ebensowenig kann man eine Person direkt und ausschließlich zum Gegenstand eines Lobes machen.

Es ist keineswegs nur Folge eines allzu vorsichtigen Gerechtigkeitssinns, wenn das Lob zuerst und in der Hauptsache der einzelnen lobenswerten Leistung – dieser Tat, jener Verhaltensweise, einem bestimmten Werk – zugeordnet werden soll. Man könnte auf diese Vorsicht leichter verzichten, wenn nicht das unnuanciert auf die Person übertragene Lob für den Gelobten selber zu bedenklichen Konsequenzen führte: Das global personorientierte Lob setzt Maßstäbe, denen der Gelobte selber auf die Dauer nicht genügen kann. Es überfordert ihn deshalb, ja provoziert mitunter Situationen des Scheiterns, die gerade nach der vorausgegangenen Erhöhung mitunter außerordentlich blamabel sein können[10]. Da sich kein Mensch gern in solchen Situationen befindet, wird der durch Lob Überforderte aus einer ihrer Intention nach positiven Scham heraus nicht selten in Heuchelei ausbrechen. Er will verbergen, daß er seinem eigenen Maßstab auf die Dauer nicht entsprechen kann.

3.3.2 Der unterstützungsbedürftige gute Wille

Daß eine Leistung ein Kompositum aus subjektiven und objektiven Komponenten darstellt, wurde schon gesagt. Diese subjektiven, allgemein als Leistungsfähigkeit bezeichneten Komponenten sind jetzt noch näher zu untersuchen, um die personstabilisierende Wirkung eines pädagogisch benutzten Lobes genauer herauszuheben. Genau in dem Maße, in dem Leistungsfähigkeit entwicklungsbedingt oder allgemein konstitutioneller Art ist, ohne besondere Anstrengung zu fordern, dürfte sie eigentlich nur dann zum Inhalt eines besonderen Lobes werden, wenn damit eine symbolisierende Wirkung erzeugt werden soll. Leistungen ohne zusätzliche Anstrengungen verdienen aber kein personorientiertes Lob.

Nun hängt die Leistungsfähigkeit eines Menschen aber nicht nur von Anlagebedingungen ab. Der Eifer, mit dem Fähigkeiten eingesetzt, der Fleiß, mit dem gearbeitet, das Engagement, mit dem bei einer Aufgabe verweilt, die Ausdauer, mit der Arbeitsprozesse ausgeführt werden, hängen alle vom Persönlichkeitsmerkmal des Willens, genauer: des guten Willens ab. Dieser gute Wille bestimmt das Leistungsbild eines Menschen in entscheidender Weise; zwar weniger nach der objektiv meßbaren Leistungshöhe, so doch nach dem subjektiv bedeutsamen Engagement.

So sehr dieser gute Wille einerseits Bedingung für Leistung ist, so ist er andererseits selber offensichtlich auch Leistung[11], die noch lobwürdiger erscheint, als ein von vielen äußeren Determinanten abhängendes Werk. Deshalb sollte ein Lob, so weit es eine Person angeht, allein den lobenswerten guten Willen zum Inhalt haben.

Doch selbst diese Unterscheidung ist letztlich noch zu grob. Um die pädagogische Bedeutung einer noch feineren Differenzierung hervorzuheben, braucht man nur an die negativen Folgen zu denken, die ein Lob für den Gelobten haben kann. Unangebrachtes Lob kann selbstsicher machen, wo etwas mehr Unruhe und Zweifel weitaus angebrachter wären; es kann den Leistungswillen erlahmen lassen; es kann zu Überheblichkeit führen oder ein falsches Ehrgefühl stärken, kurzum bedenkliche Tendenzen zeitigen[12]. Derartige Folgen werden sich vor allem dann einstellen, wenn der Lobende nicht gründlich genug zwischen Konstitutionsbedingungen und dem lobenswerten guten Willen unterscheidet und das Lob folglich, statt zu Ermutigung und Sicherung, zu einem »Lorbeereffekt« führt. Deshalb sollte Lob nur dort pädagogisch gebraucht werden, wo es notwendig ist, das heißt, wo Lernhilfen, Ermutigung, Sicherung benötigt werden. Lob ist kein Zuckerwerk, das nach Lust und Laune ausgeteilt werden dürfte (Lobhudelei). Pädagogisch gerechtfertigt ist es nur dort, wo es wirklich notwendig ist, mit anderen Worten, wo es sich um einen *unterstützungsbedürftigen guten Willen handelt, dem durch die sichernde Kraft des Lobes geholfen werden kann.*

3.3.3 Das Verhältnis von Lob und Ordnung

Wie das Lob subjektiv ein Verhältnis pädagogischer Autorität zwischen dem Lobenden und dem Gelobten voraussetzt, um überhaupt wirken zu können, so objektiv eine verbindliche, Lobenden und Gelobten umgreifende Ordnung. Schließlich spricht sich in jedem Lob die Bestätigung aus, daß der Gelobte die gleiche Ordnung anerkennt, der sich auch der Lobende verpflichtet weiß. Zerfällt dieser verbindende Rahmen, so ist ein Lob nicht mehr möglich oder es verkehrt sich in sein Gegenteil: lobt beispielsweise ein Anarchist den politischen Vertreter einer bekämpften Staatsordnung, dann ist das Lob Beweis, daß der Gelobte außerhalb der Ordnung gesehen wird, die er eigentlich vertreten sollte. Aus diesem Grunde muß man die Forderung, wonach Lob immer einen sachlichen Grund haben soll, wieder unter zwei verschiedenen Aspekten werten. Über den einen, daß man immer nur eine wirkliche Leistung loben soll, haben wir bereits gesprochen. Der andere wichtige Aspekt trifft den Lobenden: Es zeigt sich, daß sich im Lob immer eine übergreifende Ordnung ausspricht, die der Lobende als verpflichtend anerkennt und der er sich selber entsprechend unterordnen muß. Jedes Lob, dem dieser doppelte Bezug fehlt, entartet entweder zur Schmeichelei oder zur Ironie.

3.4   Die pädagogische Wirkung des Lobes

Was im vorangestellten Überblick bereits entwickelt wurde, ist jetzt näher zu analysieren. Dabei muß beachtet werden, daß noch nicht das Lob selbst, sondern erst die von ihm ausgehende Rückwirkung auf die psychische Verfassung des Gelobten oder der anwesenden Gruppe einen verändernden Einfluß ausübt. Von der Art dieser Rückwirkung her wird deshalb die folgende Untersuchung nach drei verschiedenen Aspekten gegliedert:
der Rückwirkung des Lobes auf die Verfassung des Gelobten oder der Gruppe,
– der Rückwirkung des Lobes auf das Verhältnis des Gelobten zum Lobenden,
– der Rückwirkung des Lobes auf die Stellung des Gelobten innerhalb einer Gruppe.

3.4.1   Der Einfluß des Lobes auf den Gelobten

Alle Leistungen und damit auch alle Werke tragen, so lange sie nicht fertig sind, Entwurfcharakter, der nichts Endgültiges über ihr Gelingen aussagt. Aber selbst nach der Fertigstellung eines Werkes sind Leistungen noch nichts Abgeschlossenes. Erst jetzt setzt ja in der Regel die Auseinandersetzung um Ansehen und Wert ein. Dies gilt für jede Leistung von Erwachsenen wie auch für jede Schülerarbeit. Diese doppelte Unsicherheit: zuerst die Ungewißheit, ob das Werk überhaupt gelingen, dann die andere, wie es aufgenommen wird, kann sehr belasten. Ihre negativen Folgen können inhaltlich in der Form und Qualität der Objektivation sichtbar werden. Sie beeinflussen in der Regel noch mehr die formal-subjektiven Bedingungen der Leistung, wie Engagement, Interessen und damit Gestaltungsfreude, vor allem auch Konzentration und

Ausdauer. Beobachtungen an Kindern und Erwachsenen zeigen, daß wohl der größere Teil begonnener Arbeiten vorzeitig abgebrochen werden dürfte, wenn nicht durch besondere äußere Drucksituationen (Arbeits-, Schulverhältnisse) abgeschlossene Leistungen gefordert würden. Arbeiten werden aber zum guten Teil deshalb abgebrochen, weil jene doppelte Unsicherheit unbewältigt bleibt, Hemmungen auftreten und dadurch die faktische Leistungsfähigkeit weit hinter der Leistungsmöglichkeit zurückbleibt[13]. Gewisse von außen her wirkende Stimulantien scheinen deshalb so lange notwendig zu sein, bis die Vollendungstendenz der begonnenen Arbeit von sich aus zu führen beginnt. Ein solches Stimulans ist das Lob[14].

Arbeitshemmende Unsicherheit, wie wir sie jederzeit bei Erwachsenen beobachten können, tritt noch stärker bei Heranwachsenden auf, wenngleich sie dort, einer nicht angemessenen pädagogischen Einstellung vieler Erwachsener wegen, oft weniger beachtet wird. Heranwachsende sind weitaus mehr in dauernder Veränderung begriffen, als das bei Erwachsenen der Fall ist, die die Breite ihrer Leistungsfähigkeit aus Erfahrung kennen. Kinder und Jugendliche dagegen entwickeln sich ständig. Innerhalb kurzer Zeit können umfangreiche Veränderungen auftreten. Dazu ist die objektive Situation der Heranwachsenden derartig, daß sie von ihrer Erziehungs- und Lernlage her ständig über das hinausgetrieben werden, was sie gerade erreicht haben. Diese doppelte Veränderung, einerseits der Leistungsforderungen, andererseits der Leistungsfähigkeiten, führt die Heranwachsenden dauernd in noch unbekannte Situationen, in denen sie sich neu erfahren müssen. Bis weit über die Pubertät hinaus sind Heranwachsende von ihrer anthropologischen wie gesellschaftlichen Situation permanenter Entwicklung her dauernd auf der Suche nach stabilisierenden Maßstäben und folglich weitaus ungesicherter und auch labiler als Erwachsene[14]. Deshalb fehlen gerade bei Kindern und jungen Menschen jene Voraussetzungen von Selbsterfahrung und Stabilität, ohne die eine von Ausdauer und Engagement abhängige Leistung nur geringe Wahrscheinlichkeit besitzt, auch realisiert zu werden.

Eine ältere Erziehungspraxis hat hier zu schnell moralisierende Maßstäbe angelegt und ist nach der falschen Meinung verfahren, man könne den Kindern unmittelbar zur Pflicht machen, was man von ihnen an Arbeitsqualitäten verlangt. Nun sind aber Engagement, Konzentration und Ausdauer selber Bildungs- und Erziehungsprodukte, deren Fehlen erst gerügt werden darf, nachdem für ihre Bildung gesorgt worden ist. Das so verbreitete wie falsche pädagogische Verfahren, daß Ergebnisse eingeklagt werden, ehe deren Voraussetzungen geschaffen wurden, gleicht deshalb ganz jenem, das bereits von Pestalozzi angeprangert worden ist: »Die Gesetzgebungen setzen alle vom Menschen voraus, daß er ohne alles Verhältnis mehr und besser sei, als er ist und als er, ohne daß sie ihn in den Stand stellen, es zu werden, seiner Natur nach sein kann.«[15]

Die in diesem Zitat verwendeten Begriffe »mehr« und »besser« dürfen dabei nicht per argumentationem e contrario zur falschen Annahme verleiten, als sei die Grundsubstanz des Menschen damit als moralisch schlecht ausgewiesen. Das diesem »mehr« entgegenstehende »weniger« bezeichnet kein moralisches Defizit, sondern ein Unvermögen, das auf noch fehlende Bildung und Erziehung zurückverweist. Wird dieses Unvermögen zur Grundlage eines Urteils genommen (wie dies noch weithin in der schulischen Notengebung geschieht), dann wäre es genau besehen nicht dem Kinde, sondern entgegengesetzt dem Erziehungsträger anzulasten, weil man den Menschen erst in den Stand setzen muß, so zu werden, wie er sein soll, ehe man ihn zur Rechenschaft ziehen kann, falls er dieser Forderung nicht entspricht.

Die kritisierten Verfahrensweisen der erwähnten älteren, wenngleich noch verbreiteten Erziehungspraxis zeitigen weitreichende Konsequenzen, weil man das Fehlen dessen, was man für einklagbar hält, gewöhnlich mit Strafen belegt. Und so ist bis in die Gegenwart hinein eine wichtige Erziehungsaufgabe: die Bildung formal-subjektiver Lernvoraussetzungen, meist unter Pressionen vor sich gegangen, während von der Sache her ein andersgearteter Bildungsvorgang notwendig gewesen wäre. Wenn im Kinde »mehr« angenommen wird, als es ohne pädagogische Vorleistungen geben kann, dann stellt man es zu früh unter Leistungsanforderungen, in denen es dann zwangsläufig scheitern muß. Wenn dagegen die geforderte Leistungsfähigkeit selber als ein Lernprodukt betrachtet wird, dann weist eine mangelhafte Leistung nicht sofort auf einen individuellen Defekt, sondern vielmehr auf eine noch nicht ausreichende Bildung und Erziehung zurück.

An dieser Stelle ist auf die wichtige pädagogische Bedeutung des Lobes hinzuweisen. Es hat die Eigenschaft, in einer vom Schüler selber als angenehm empfundenen Weise zu gewünschten Verhaltensweisen anzuregen und nimmt dem Erziehungsprozeß den ihm oft anhaftenden, freudlosen Charakter eines permanenten Getriebenwerdens. Leistungen, noch mehr die subjektiven Voraussetzungen der Leistungsfähigkeit, sollten aber, das war unsere Überlegung, nicht einfach nur in Drucksituationen zustande kommen, sondern unter Bedingungen gebildet werden, die dem Individuum selber insgesamt als angenehm erscheinen, damit sich nicht aus falschen situativen Anmutungen heraus falsche Einstellungen bilden und habitualisieren.

Zwar ist ein von einem methodisch gut aufbereiteten Thema angeregtes »natürliches« Interesse der Kinder für Lerninhalte von besonderer didaktischer Bedeutung, weil dadurch Situationen geschaffen werden, die denen eines »natürlichen Lernens« stark ähneln. Aber die unterrichtlich wie allgemein erzieherisch wichtigen »natürlichen Interessen« sind wie die schon mehrfach genannten anderen Verhaltensweisen auch nicht gleich am Anfang von Lernprozessen da, sondern stellen sich erst im Laufe von Sachbegegnungen ein, da Interessen eine gewisse Mindestkenntnis des Stoffes voraussetzen. Deshalb kann der Anfang von Lernprozessen schwerlich von jenen Kräften angeregt und eingelenkt werden, die sich im Verlauf des Lernprozesses einstellen. Dies ist für ein qualifiziertes Erziehungsverhalten vor allem wichtig: natürliche Interessen der Schüler an Unterrichtsinhalten darf man nicht zu früh erwarten, schon gar nicht voraussetzen[16].

Die in der älteren Literatur häufig benutzte Bezeichnung »unmittelbares Interesse«, das von einem »mittelbaren« abgehoben wird[17] – dieselbe Unterscheidung kehrt in den heute bevorzugt benutzten Benennungen »intrinsisch« und »extrinsisch« wieder – darf deshalb nicht zur falschen Meinung verleiten, als stelle sich intrinsische Motivation unmittelbar, von selber ein. Sie ist ihren Voraussetzungen nach durchaus vermittelt, also Bildungsprodukt. Die angesprochene Unmittelbarkeit bezieht sich nur auf das allerdings als unmittelbar zu denkende Engagement, mit dem der intrinsisch Motivierte lernt und arbeitet. Die Bezeichnung »unmittelbar« darf dagegen nicht verdecken, daß derartiges Engagement selber erst vermittelt und gebildet werden muß. Es ist folglich eine pädagogische Zielangabe und keine didaktische Voraussetzung. Dies gilt für jeden begrenzten Lernablauf wie für das gesamte »Erlernen des Lernens« und den Bildungs- und Erziehungsprozeß überhaupt.

In der Phase extrinsischer Motivation, in der durch Stimulantien unmittelbare Interessen angeregt werden sollen, haben bestätigende und ermutigende Lernhilfen besondere Bedeutung. Sie lenken und stimulieren, ohne daß besondere Nebeneffekte befürchtet werden müßten, denn sie provozieren, obwohl sie von außen her wirken, keine Abwehrhaltung beim Heranwachsenden[18].

Es lassen sich zwei verschiedene Einflußarten des Lobes auf den Gelobten unterscheiden: einmal eine mehr *sichernde*, das andere Mal eine mehr *anspornende* Wirkung. Der *sichernde Einfluß eines Lobes* geht von der Bestätigung aus, die jedes Lob ausspricht. Der Gelobte erfährt im Lob, daß seine bisherige Leistung von anderen positiv beurteilt wird. Diese Erfahrung sichert ihn vor eigenen Zweifeln. Er überwindet Hemmungen und Minderwertigkeitsgefühle und gewinnt Selbstvertrauen und Sicherheit.

Zwar bedeutet jede Sicherung indirekt auch einen gewissen Ansporn, weil nach dem Wegfall von Hemmungen Leistungssteigerungen erwartet werden können. Die *anspornende Wirkung des Lobes* kann aber noch weitaus größer sein als sie sich unter diesem Aspekt zeigt. Lob setzt Maßstäbe, die von der retrospektiven Betrachtung bereits vorliegender Leistung aus prospektiv auf zukünftige Leistungen übergreifen: die Erfahrung wird zur Erwartung; beim Lobenden wie meist beim Gelobten selber auch. Deshalb bindet ein Lob den Gelobten immer in einer gewissen Weise, denn Erwartungen, die eigenen wie die fremden, zu enttäuschen, ist nicht nur im Verhältnis zu anderen unangenehm, sondern verletzt vor allem das Selbstwertgefühl. Deshalb wird sich der Gelobte selber an dem Maß zu orientieren suchen, das ihm durch das Lob gesetzt worden ist[19].

Dieser Zusammenhang läßt allerdings auch bereits deutlich werden, daß Lob pädagogisch vorsichtig abwägend gebraucht werden muß. Die Bindung an ein Leistungsmaß muß vorausbedacht und vor allem die damit gesetzte Höhe abgewogen werden, denn wenn die anspornende Wirkung des Lobes erhalten bleiben soll, darf es nicht zu Überforderungen führen. Werden einmalige Sonderleistungen verallgemeinert, gerät das Kind zwangsläufig in Situationen, in denen es versagen muß. Dadurch kann mehr zerstört werden als vorher aufzubauen gelungen ist.

3.4.2 Das Verhältnis zwischen Lobenden und Gelobten

Ob ein Lob überhaupt angenommen wird, hängt, so zeigte sich schon, von einem gewissen Mindestmaß an persönlicher Autorität ab, das der Lobende für den Gelobten haben muß. Ohne diese persönliche Autorität bleibt Lob ohne jeden Einfluß. Gleichzeitig wirkt Lob aber verstärkend auf die Autorität des Lobenden zurück. Deshalb hat es auch sichernde und bestätigende Bedeutung für den Erziehenden. Das hängt mit einer gewissen aufschließenden Kraft des Lobes zusammen: es »öffnet« den Gelobten dem Lobenden gegenüber, weckt Sympathie und kann freiwilligen Gehorsam entstehen lassen oder verstärken. Man kann diese aufschließende Wirkung am besten an dem Fall analysieren, der Verschlossenheit in extremer Form zeigt, das ist der sogenannte Trotzriegel und dessen Lösung durch die *aufschließende Kraft eines pädagogisch eingesetzten Lobes.*

Bei der Analyse dieses Beispiels können weder die Unterscheidungen einzelner Trotzperioden noch die Ursachen von Trotzhaltungen besprochen werden[20]. Eine grundsätzliche Überlegung muß allerdings vorausgehen: Der Trotz des Kindes ist der »Entwicklung seiner Fähigkeit zu wollen« *(Lersch)*[21] nicht, wie das fälschlicherweise oft gedacht wird, direkt kausal, sondern allenfalls indirekt konditional zugeordnet. Das ist eine pädagogisch sehr wichtige Unterscheidung, wie es gerade die Erscheinung des Trotzriegels beweist. Eine kausale Verknüpfung würde nämlich bedeuten, daß dem Kinde sein eigener Wille in der Trotzphase zum Bewußtsein kommt: »Ich kann wollen, daß ich will!«, und daß es dieses bewußte Wollen-Können jetzt über alle Grenzen auskostet. Wer ein trotzendes Kind beobachtet, sieht, daß es sich so nicht verhält, daß ein »Trotzkopf« vielmehr gleichsam gegen seinen eigenen Willen weiter trotzen muß. Ein Kind kann den einmal gefallenen Trotzriegel nicht von sich aus lösen. Dazu ist es nicht entscheidungsfrei, sondern unterliegt selber Zwängen. Deshalb dürfte es eigentlich nicht heißen: »Das Kind trotzt!«, sondern genauer unterscheidend: »Es trotzt im Kind!«[22]

Der Trotz der beiden Trotzalter, der jetzt von anderen Trotzformen abgehoben wird, ist gleichsam eine aus den tieferen Schichten der Individualität aufbrechende Demonstration begehrter Selbständigkeit. Der Wille ist nicht deren Initial, sondern nachgeordnetes Äußerungsmittel, zumal, wenn man, der Schichttheorie folgend, Willentlichkeit als Spezifikum der Personschicht betrachtet. Im es-haften Trotz haben wir einen extremen Fall aggressiv erstrebter Vereinzelung vor uns. Der dabei auftretende Negativismus geht manchmal so weit, daß ein trotzendes Kind nicht nur aus jeder Ordnung auszubrechen sucht und jeden Sozialkontakt löst, die aggressive Isolation kann bis zur Verweigerung der Nahrungsaufnahme, zur Zerstörung von Geschenken und – falls sich die Aggression nur introvertiert äußern kann – zum Wüten gegen sich selbst steigern. Deshalb ist Trotz ein Extremfall nicht von erlittener, sondern von erstrebter Kontaktlosigkeit[23].

Bekanntlich reizt in diesen Situationen jeder Kontaktversuch zu verlängertem und meist noch verstärktem Trotz; mit anscheinend einer einzigen Ausnahme: das ist die unter derartigen Umständen immer besonders deutlich erkennbare aufschließende Kraft eines Lobes. Gelobt werden kann natürlich nicht das jetzige Verhalten, sondern nur eine von der jetzigen Situation deutlich unterschiedene Leistung. Wenn, das muß allerdings vorausgesetzt werden, die im ersten Teil des Trotzablaufs meist besonders wild wuchernden Antipathien nicht mehr allzu stark sind (man kann nicht gleich im Augenblick des Trotzausbruchs dessen Abflauen erwarten), kann diese aufschließende Kraft den Trotzriegel momentan lösen. Das eben noch trotzverzerrte Gesicht kann dann im Augenblick wieder gelöst lachen. Wodurch wird eine solche meist sehr abrupte Veränderung ausgelöst? Nun, Lob gibt, was Trotz begehrt: Bestätigung, Anerkennung, Ansehen. Jedes Lob stützt die Person in ihrem Verhältnis zu sich selber, es erhöht nicht nur deren Ansehen bei anderen, sondern verstärkt zugleich auch ihr Wissen darum, daß sie anerkannt wird und Ansehen besitzt. Damit werden aber alle jene Strebungen gegenstandslos, die dieses Ziel mit anderen Mitteln, eben denen der aggressiven Distanzierung im Trotz verfolgt haben. Begehrte Anerkennung braucht nicht ertrotzt zu werden, wenn sie einem im Lob zuteil wird.

Damit fällt aber nicht nur die Barriere aggressiver Asozialität. Die zwischenmenschlichen Bindungen, die im Trotz, der begehrten individuellen Anerkennung wegen, zerrissen worden sind, werden, der gleichen Anerkennung wegen, jetzt verstärkt. Dies geschieht wiederum mit einer fast zwangsläufigen Konsequenz und ist keine Frage von Willensentscheidungen. Während im ersten Falle, beim Trotz, die radikale Abschließung als ein Mittel erschien, Selbst- und Eigenständigkeit durchzusetzen, hängt jetzt, beim Lob, die begehrte Anerkennung gerade von einer verstärkten Bindung an den Lobenden ab. Wir geraten damit in eigenartig widersprüchliche Verhältnisse, wie sie aber öfters bei der Analyse psychischer Vorgänge anzutreffen sind. Die aufschließende Kraft des Lobes beruht letztlich darauf, daß sich der Gelobte um eines vermehrten Ansehens willen stärker als bisher bindet. Die Selbständigkeitsdemonstration der Es-Schicht geht dabei verschlungene Wege. Das Bedürfnis nach Selbständigkeit stillt sie durch vermehrtes Ansehen, das im Lob erfahren wird. Damit dieses Ansehen nicht wieder verloren geht, treibt sie die Person an, sich um eine Anerkennung und damit Sicherheit stabilisierendes Wohlwollen anderer zu bemühen. Vermehrung der Selbständigkeit über Ansehen und Lob durch größeren Gehorsam; Anerkannt-Werden und damit in einem gewissen Sinne auch Herrschen durch Gehorchen ist das Prinzip dieses durch die ausschließende Kraft des Lobes sichtbar werdenden Funktionszirkels[24].

Jeder Schmeichler macht sich dieses Gesetz zunutze. Er stellt es allerdings auf den Kopf. Er weiß, daß sich der Gelobte in der Regel durch größere Gefügigkeit das Wohlwollen des Lobenden erhalten möchte. Deshalb kann der Schmeichler über den Gelobten herrschen, weil er ihn durch eine scheinbare Anerkennung bindet und für seine Forderungen offen macht. In der klassischen Rhetorik war die Redefigur der *captatio benevolentiae* die zur Kunst stilisierte Anwendung dieser psychischen Regel.

Damit sind wir aber auch bereits bei den negativen Seiten und der Grenze des Lobes. Pädagogisches Lob darf nicht zur Schmeichelei werden, die keinen sachlichen, lobenswerten Grund kennt. Die captatio benevolentiae muß an eine aufweisbare Leistung gebunden bleiben. Selbst dann darf sich das Lob nicht einfach plump an die Eitelkeit des Gelobten wenden, weil dann auftretende Nebenwirkungen destruierend wirken würden.

An derartige verbildende Nebeneffekte denken jene Pädagogen, die gegen das Erziehungsmittel Lob Bedenken anmelden. Sie rügen mit Recht, daß sich der Gelobte mit der Zeit nur noch im Spiegel des Lobenden sieht und ihm schließlich das alles recht sein wird, was ihm das Wohlwollen des Lobenden einbringt[25]. Lob würde damit zu einem manipulativen Mittel »sanfter Lenkung«. Das ist ohne Zweifel ein wichtiger Gesichtspunkt, den man nicht übersehen darf, der vor allem für die Konditionierungstheorie von großer Bedeutung ist und auf den deshalb anschließend noch einmal eingegangen werden soll. Es ist aber sicher falsch, wenn man Lob unmittelbar mit Eitelkeiten in Zusammenhang bringt oder nur als Mittel sanfter Manipulation verdächtigt. Dies zeigte die Analyse des Trotzes. Denn was Trotz hervorrief, war ja keineswegs ein eitles Anerkanntsein-Wollen, sondern ein positives ursprüngliches, keineswegs beliebiges, sondern notwendiges Bestätigungs- und Anerkennungsbedürfnis, das mit dem ebenso ursprünglichen Liebesbedürfnis des Menschen zusammenhängen mag, ohne mit ihm deckungsgleich zu sein. Dieses, wenn man so will: existentielle Geltungsbedürfnis weist offensichtlich dem Mitmenschen, dem Du, eine besondere Funktion zu. Es zeigt, daß diese Anerkennung durch andere für unser Bewußtsein der eigenen Individualität, das sich im »Ich« ausspricht, eine konstitutive Bedeutung hat. Individualität, soweit darunter mehr als die Erscheinung der biologischen Vereinzelung des Leibes verstanden werden soll, kann sich überhaupt nur in dem Maße im Sinne von Jemeinigkeit manifestieren, als ihr im Sozialkontakt stabilisierende Erfahrungen von Vertrauen, Selbständigkeit, Initiative, Leistung, Identität vermittelt worden sind[26]. Ohne diese Erfahrungen wird sie in Ersatzhandlungen aggressiver oder resignativer Art getrieben, durch die Surrogate für die ausgebliebene Anerkennung gesucht werden. Diesem existentiellen Geltungsbedürfnis der Individualität, das die mitmenschliche Anerkennung durch ein Du braucht, ist das Lob zugeordnet. Hier hat es seine, wenn man so will: unentbehrliche anthropologische Funktion[27]. Eitelkeit ist dann bereits die Perversion dieses ursprünglichen Geltungsbedürfnisses und als Perversion natürlich ein moralischer Defekt. Ganz sicher kann ein unangebrachtes, falsches Lob mit an einer derartigen Verkehrung Schuld sein. Man darf jedoch dieser möglichen Auswirkungen wegen nicht die sichernde und ermutigende Funktion des Lobes unterschlagen.

3.4.3   Der Gelobte und die Gruppe

Ich klammere jetzt jenen schon beschriebenen indirekten Einfluß aus, der durch individuelle Sicherung und durch ein verstärktes Vertrauensverhältnis zum Lobenden natürlich auch die Beziehung des Gelobten zur Gruppe verändert, und analysiere gleich die Auswirkungen auf die zuhörende Gruppe. Daß es sich dabei immer um Formen öffentlichen Lobes handeln wird, ist natürlich selbstverständlich, weil dem vertraulichen Lob ja die Resonanz einer Zuhörerschaft fehlt.

Der von der auszeichnenden Wirkung des Lobes ausgehende Einfluß auf die Position des Gelobten wird durch die jeweilige Gruppenreaktion modifiziert. Diese Reaktion kann verschiedenartig sein. Es ist möglich, daß eine *Identifikation* der Gruppe mit dem Gelobten eintritt. In diesem Falle versteht die Gruppe den Gelobten als ihren Repräsentanten und absorbiert einen Teil des Lobes für sich. In der Folge kann sie ihn als ihr hervorragendes Mitglied ansehen und wird ihn dann in der Regel mit Repräsentations- und Führungskompetenzen ausstatten, die sie ihm manchmal geradezu aufdrängt. Dabei mag dann auch der diplomatische Hintergedanke eine Rolle spielen, das im Lobe erworbene Wohlwollen des Lobenden werde auf diese Weise der gesamten Gruppe zugute kommen.

Lob kann aber auch zur *Gruppenseperation* führen. Vielleicht liegt diese zweite, mehr negative Folge sogar näher, weil Lob bereits von sich aus separiert, denn der Gelobte wird aus dem bestehenden Gruppengefüge herausgehoben. Von der Qualität der gelobten Leistung und der Art, wie das Lob die Leistung mit der Person des Gelobten verknüpft, wird es dann abhängen, ob das Lob von der Gruppe als gerechtfertigt oder als Bevorzugung empfunden wird, ob sie sich mit dem Gelobten identifiziert, ob sie die Hervorhebung als anspornendes Moment begreift und von sich aus den aufgetretenen Unterschied durch verstärkten Eifer ausgleichen möchte, oder ob sie die Seperation auf eine negative Weise, nämlich durch Ausschluß des Gelobten, bestätigt.

Eine Distanzierung der Gruppe vom Gelobten droht oft dann, wenn das Lob unsachlich oder erschlichen scheint. Allerdings dürfte die gruppenzersetzende Wirkung des Neides häufigere Ursache von Ausschlüssen und Distanzierungen sein, denn die Heraushebung eines einzelnen kann von den anderen Gruppenmitgliedern als Zurücksetzung empfunden werden. Verärgerung und Mißgunst bleiben dann nicht aus. Beides wird der Gelobte zu spüren bekommen.

Von einer integrativen Funktion des öffentlichen Lobes kann dann gesprochen werden, wenn ein Erziehender einen Gruppenneuling von der Randposition des unbeachteten Mitläufers wegbringen möchte. In der Regel dauert es seine Zeit, bis die Gruppe einen Neuen als ebenbürtig anerkennt. Stillen oder passiven Naturen kann die Überwindung dieser Sperre mitunter überhaupt nicht gelingen. Für solche Personen verkehrt sich das Gruppenerlebnis ins Gegenteil dessen, was es erzieherisch bedeuten könnte. Denn gerade scheue Charaktere oder Einzelgänger brauchen den therapeutischen Einfluß einer Gruppe mit ihrer Wechselwirkung von Koordination und Subordination. Sie werden eine solche stimulierende Wirkung aber erst dann erfahren, wenn sie es zur aktiven Teilnahme am Gruppenleben und damit zu einer gewissen Gruppenanerkennung gebracht haben. Das vollzieht sich jedoch keineswegs immer von selber. Deshalb können gerade jene, die für ihre Persönlichkeitsbildung positive Gruppenbestätigung dringend nötig hätten, durch eintretende negative Gruppenerfahrungen noch weiter in Isolation und damit zugleich auch in Resignation gedrängt werden, aus denen man sie doch gerade durch die Gruppentherapie lösen wollte. Es kann deshalb pädagogisch nicht richtig sein, Gruppendynamik – sofern man sie pädagogisch nutzen will – einfach ihren eigenen Gesetzen zu überlassen, weil man dann ihre erzieherische Wirkung dem Zufall ausliefert. Resignative Typen, die durch Gruppeneinfluß in ihrem Verhalten verändert werden sollen, brauchen deshalb Starthilfe, bis sie von der Gruppe akzeptiert worden sind und die Gruppentherapie überhaupt erst einsetzen kann[28].

Anerkennung eines Neuen ist, besonders bei einer Kindergruppe, weitaus mehr von Stimmungen und Sympathien als von rationalen Erwägungen abhängig. Deshalb reagieren Kinder auf etwaige direkte Vorhaltungen, sie sollten sich gegenüber neuen Gruppenmitgliedern nicht sperren, weitaus weniger als auf ein öffentliches Lob, das den Neuen ins Blickfeld der Gruppe rückt und zum Gegenstand unmittelbaren Interesses macht. Die Forderung nach Sachlichkeit und Ehrlichkeit eines solchen integrativen Lobes wird auch dann nicht verletzt, wenn der Erzieher vorher absichtlich eine entsprechend lobenswerte Leistung des Neuen initiiert und beratend beaufsichtigt hat. Seine Zuwendung zum Neuen darf nur nicht allzu demonstrativ erfolgen, wenn die Gruppe nicht negativ reagieren soll.

Etwas komplizierter liegt der Fall, wenn der Erzieher die *bewahrende Funktion* des öffentlichen Lobes pädagogisch benutzen möchte. Es handelt sich dann in der Regel um Situationen, in denen sich eine Gruppe gegen ein ihr schon zugehöriges Mitglied wendet und es auszuschließen droht[29]. Lobt der Erzieher diesen vom Ausschluß Bedrohten, dann identifiziert er sich öffentlich mit ihm. Er zeigt damit der Gruppe, daß er die Maßnahmen und die Wertmaßstäbe, von denen aus der Ausschluß betrieben wird, nicht sanktionieren kann, und hält der Gruppe einen, ins Lob eingehüllten, anderen Wertmaßstab entgegen. Die Wirkungen dieser im Lob ausgesprochenen Wertkorrektur und der Identifikation des Lobenden mit dem »Sündenbock« hängen allerdings vom Verhältnis des Gruppenleiters oder Erziehers zur Gruppe ab. Ist seine Führung mehr auf Zwang als auf freie Anerkennung gestützt, dann werden die virulenten Antipathien der Gruppe zu ihrem Leiter den ohnehin schon Isolierten noch mehr belasten. Besitzt der Lobende dagegen persönliche Autorität, dann bedeutet die im Lob ausgedrückte Identifikation einen Schutz für den vom Ausschluß Bedrohten. Denn wer jetzt noch, nach dem schützenden Lob, auf dessen Ausschluß sinnt, wendet sich zugleich auch gegen den Lobenden. Das bewahrende und schützende Lob stabilisiert deshalb das Gemeinschaftsverhältnis der Gruppe.

3.4.4 Das Lob einer Gruppe

Es bleibt zuletzt noch von der pädagogischen Bedeutung des Lobes zu sprechen, das die Gruppe als Ganze trifft. Ein Gruppenlob weist immer Zusammenhalt und Zusammenarbeit in einer Gemeinschaft als sinnvoll aus. Es bestätigt diesen Zusammenhalt und sichert ihn dadurch zugleich auch. Deshalb verstärkt das Gruppenlob die Kohärenz der Gruppe; im Gegensatz zum Gruppentadel, der meist virulente Spannungen ausbrechen läßt und oft zur Gruppenumbildung oder -auflösung führt. Was die gefürchteten Nebenwirkungen des Strebens nach Ehre und des Neides anbetrifft, so scheint ein Gruppenlob (dem vertraulichen Lob ähnlich) ungefährlich zu sein, denn keiner wird aus einer Gruppe herausgehoben und niemand wird anderen als Vorbild vorgestellt. Also kann es auch keine Mißgunst als direkte Folge dieser Lobform geben.

3.5 Die Perversion des Lobes: die Ironie

3.5.1 Die Intention der Ironie

Streng vom Lob zu unterscheiden ist die Ironie[30], die sich zwar der Form eines Lobes bedient, es aber zugleich absichtlich durch Ausdrucksweise oder Mimik pervertiert und damit widerruft. Ziel der Ironie ist, nach *Schlegels* klassischer Definition, die »Vernichtung ihres Gegenstandes«. Sie vernichtet, indem sie verspottet. Das kann geschehen, wenn jemand durch Ironie lächerlich gemacht wird. Ironie kann aber genauso bitterer Hohn sein, wie es Marc Antons berühmte Leichenrede zeigt.

Wir gehen von dieser Definition aus: Ironie wolle durch äußerlich in Lobformen gekleideten Spott und Hohn ihr Gegenüber lächerlich machen und es dadurch im Bewußtsein und der Wertschätzung anderer vernichten. Ist dieses Gegenüber die Person des Kindes, dann dürfte Ironie niemals Erziehungsmittel werden. Hier sündigen allerdings viele Erzieher immer wieder; in höheren Klassen am häufigsten, weil Ironie ein gewisses Maß an geistiger Beweglichkeit der Zuhörenden voraussetzt, um den in Lobform verkleideten Angriff verstehen zu können; denn eine nichtverstandene Ironie wäre schließlich keine Ironie. Mancher Lehrer herrscht, indem er Klassengelächter auf Kosten einzelner erzeugt. Was hier vorliegt, ist mitunter bereits als Vorgang einer gewissen Kompensation anzusehen, weil ironisierende Lehrer durch affektierte Geistigkeit nicht selten eigene Unsicherheit überdecken wollen.

Weil gerade hier ein häufiger Erziehungsfehler vorliegt, soll die Genese solcher Haltungen etwas näher analysiert werden. Viele Lehrer wie Erziehende überhaupt haben Kontaktschwierigkeiten zu ihren Kindern, Schülern, Gruppen. Ihre Vorträge packen nicht, ihre Gespräche kommen nicht an, die Sympathien der Schüler bleiben spärlich, die Achtung läßt zu wünschen übrig. Oft fehlt selbst ein elementarer Gehorsam. Derartige Erfahrungen führen nicht selten anstatt zur verstärkten methodischen und didaktischen Schulung zu erzieherisch bedenklichen Reaktionen in den Verhaltensweisen dieser Lehrer.

Einige werden tyrannisch. Es handelt sich dann um aggressive Tendenzen – diesmal auf der Seite des Lehrers –, die so selten nicht sind und eine Kontaktschwäche kompensieren sollen, etwa nach der Art: »Sie mögen mich fürchten, wenn sie mich nur achten!« Das ist eine Einstellung, wie sie vor allem beim Typ des stark autokratischen Lehrers vorherrscht. Andere wiederum resignieren nach Erfahrungen, wie sie vorhin geschildert worden sind. Diese Lehrer beschränken sich dann in der Regel auf Stoffvermittlung und die disziplinierende Zucht des Notensystems und der Prüfungen. Dies mag eine der Motivationen zum bürokratischen Verhalten mancher Lehrer einerseits, zum laissez-faire-Stil andererseits sein. Ein dritter Teil der kontaktarmen Lehrer kompensiert den ausgebliebenen pädagogischen Bezug und die vermißte Achtung der Schüler durch Ironie. Diese Lehrer vernichten durch ihren Spott gern das Ansehen der wirklichen oder auch nur vermeintlichen und befürchteten Opponenten unter den Schülern und finden einen Ersatz für die begehrte aber ausgebliebene Achtung im schadenfrohen Gelächter der Klasse auf Kosten eines Dritten[31].

3.5.2 Die sokratische Ironie

Von dieser pädagogisch negativ zu bewertenden Ironie hebt sich eine andere ab, die von einem positiven pädagogischen Effekt sein kann. Wir können sie »sokratische Ironie« nennen, weil sie vor allem von Sokrates meisterhaft gehandhabt wurde. Das ist eine Form von Ironie, die von vornherein nicht auf den Schüler als Person, sondern lediglich auf einzelne problematische Charakterseiten geht, wie Selbstgefälligkeit, Überheblichkeit, Hochmut, Eitelkeit, die von einem bestimmten Alter ab bei Heranwachsenden häufig zu beobachten sind. Wenn es gelingt, die vernichtende Wirkung der Ironie auf solche Untugenden zu konzentrieren, ohne dabei die Person als solche lächerlich zu machen, könnte man zu Recht von einem Erziehungsmittel der Ironie sprechen. Entscheidend für einen positiven Erfolg wird aber sein, ob die dabei notwendige »Unterscheidung im Zögling« (Herbart) gelingt.

Alle repressiven Maßnahmen können sich – nach den einleitenden Überlegungen zum Problem der Transformation – erst dann als Erziehungsmittel ausweisen, wenn sie mehr als reine Disziplinierung bewirken. Wohl kann mitunter Unterwerfung unter einen äußeren Zwang als eine zwar problematische aber gelegentlich unentbehrliche Voraussetzung nachfolgender Erziehung notwendig sein. Dies hat aber so lange nichts mit Erziehung zu tun, als nicht auch die Motivation des Schülers so gebildet wird, daß er in der Folge von sich aus, das heißt also intrinsisch motiviert handelt. Gegenwirkungen weisen sich deshalb alle erst dann und in dem Maße als Erziehungsmittel aus, in dem sie einerseits zwar hemmen, zugleich aber den unterstützungsbedürftigen guten Willen fördern und stärken. Sie sind dagegen so lange erzieherisch betrachtet im besten Falle neutral, als sie die emotional-voluntative Reaktion dem Zufall überlassen. Disziplinierungsmittel sind folglich nicht auch schon Erziehungsmittel.

Eine derartige Doppelfunktion: hemmen und zugleich auch stärken[32], kann man aber immer nur durch geschickte »Unterscheidung im Zögling« erreichen. Eine solche ist allerdings bei Ironie noch viel schwerer als vergleichsweise bei Strafen, bei denen wir später eine ähnliche Problemlage wiederfinden werden. Der Strafende kann meistens trotz der Strafmaßnahme seine gleichgebliebene menschliche Verbundenheit mit dem Gestraften zum Ausdruck bringen. Er kann ihn menschlich ernst nehmen, kann zumindest zeigen, daß ihm die Strafe und deren Ursache selber leid tut. Der Ironisierende kann sich dagegen so nicht verhalten. In der Ironie spricht der ganze Mensch. Sie trifft deshalb auch in aller Regel den ganzen Menschen. Der Bestrafte kann mitunter noch der Zuneigung des Strafenden sicher sein. Der Ironisierte erfährt den gegen ihn gerichteten Spott immer contra amorem.

3.5.3 Nebenwirkungen

Destruktive Nebenwirkungen der Ironie zeigen sich in jenen Bereichen besonders, in denen das Lob aufbauend gewirkt hat. Trifft Ironie ein Gruppenmitglied, dann beschädigt sie meist dessen Gruppenposition, denn der vor den Ohren anderer Verspottete ist der Blamierte. Ihn trifft das Gruppengelächter. Deshalb isoliert Ironie und schließt aus.

126

Sie schädigt aber auch das Vertrauensverhältnis zwischen dem Erziehenden und dem Kind. Denn dem Ironisierten muß der ihm zugefügte Spott gleichsam als Verrat am bestehenden Vertrauensverhältnis erscheinen. Die Folge wird sein, daß er sich zurückzieht und vom ironisierenden Erwachsenen abschließt. Überhaupt verletzt Ironie meist beträchtlich schärfer als Tadel, der deutlich sachlich ausgerichtet sein kann, während Ironie immer von einer gewissen persönlichen Schärfe geprägt wird, die eine geheime Freude am Wehtun zumindest vermuten läßt.

Folgeerscheinungen unkontrollierter Ironie können außerdem sein: gesteigerte Unsicherheit und reduziertes Selbstvertrauen, Konzentrationsschwächen und Interessenschwund, insgesamt: Schädigung der Lernhaltung und der Leistungsfähigkeit.

Von diesen insgesamt mehr negativ orientierten Formen von Ironie sind jene Formen des Humors und der Heiterkeit zu unterscheiden, die sich zwar mitunter des ironisierenden Tones bedienen, dies aber nur in der Weise eines gutmütigen Spottes tun. Während alle Formen von Ironie pädagogisch gefährlich bleiben, gehören die heiteren Ironisierungen, die eigentlich nur in lockerer Analogie zur Ironie gezählt werden dürfen, mit zu jenem stimmungsmäßigen, atmosphärischen Untergrund von Leichtigkeit, Freundlichkeit, Zuneigung, Heiterkeit, den man die »Sonne des Unterrichts« genannt hat. Man sollte sich dabei vom lyrischen Ton in der Formulierung nicht täuschen lassen, denn eine stimmungsmäßige einlenkende Atmosphäre bildet eine der wichtigsten pädagogischen Voraussetzungen für ein leichtes, erfolgreiches und zugleich sachadäquates Lernen.

3.6   Belohnungen

3.6.1   Abgrenzungen von Lohn und Strafe (Lob und Tadel)

In der pädagogischen Literatur erscheint Lob verschiedentlich als eine Unterform des Lohnes und dann wiederum zumeist in der Gegenüberstellung von Lohn und Strafe[33]. Oft findet man auch die Verbindung von Lob und Tadel[34]. Ich halte beide Zusammenstellungen für nicht sehr glücklich. Deshalb wird zuerst die enge Verknüpfung von Lohn und Strafe aufgelöst und zugleich nachgesehen, mit welchem Recht Lob dem Lohne subsumiert werden darf.

Wir betrachten zuerst die Entgegensetzung von Lohn und Strafe. Erziehungsmittel könnte man dann ohne weiteres durch eine Entgegensetzung miteinander verknüpfen, wenn sie konträrer Art sind. Denn dann setzt und fordert die eine Seite die andere. So setze ich mit Notwendigkeit auch »kalt«, wenn ich »warm« sage, ebenso »lang«, wenn ich »kurz« bestimmen will, weil sich beide Seiten nur vom Gegensatz her definieren lassen. Wenn Lohn und Strafe oder Lob und Tadel derart miteinander verschränkt wären, dann müßten sie allerdings als konträre Verhältnisse analysiert werden, eben weil die Bestimmungen beider Seiten immer nur am Gegensatz der anderen erfolgen könnten.

Anders verhält es sich dagegen, wenn es sich bei beiden nicht um Konträres, sondern vielmehr um etwas Kontradiktorisches handelt, bei dem die Bestimmung der einen Seite gerade nicht aus einem Verhältnis zur anderen hervorgehen kann. In diesem Falle wäre eine Verknüpfung bedenklich, weil sich in ihr eine Art von erschlichener Notwendigkeit des Gegensatzes aussprächen, die es realiter gar nicht gibt. Wären Lohn und Strafe konträre Positionen, dann würde die Existenz des Lohnes die Existenz des Gegensatzes Strafe notwendig machen. Eine derartige Polarität besteht nun aber weder bei Lohn und Strafe noch bei Lob und Tadel. Lob definiert sich nicht am Tadel, Lohn nicht an der Strafe. Alle aufgezählten Maßnahmen sind vielmehr eigenständige Phänomene, allerdings mit kontradiktorischer Zuordnung: Lob ist Negation des Tadels. Genau so verhält es sich mit Lohn und Strafe. Strafe wird nicht vom Lohn her definiert; das wäre ein konträres Verhältnis. Strafe ist vielmehr Negation des Lohnes, das heißt, dessen kontradiktorische Entgegensetzung. Deshalb scheint es mir falsch zu sein, wenn Begriffe miteinander verknüpft werden – und sei es auch nur in Art einer begrifflichen Entgegensetzung –, die effektiv nicht miteinander verknüpft werden dürfen; weder in ihren Zielen, noch in ihrem Aufbau und ihrer Wirkweise, schließlich auch nicht in ihrer pädagogischen Bewertung.

Wir sehen nun nach, mit welcher Begründung Lohn zum Oberbegriff des Lobes gemacht wird, wie es häufig geschieht; wobei zugleich auch die pädagogische Bedeutung eines Erziehungsmittels Belohnung analysiert werden kann. Zweifellos gibt es eine berechtigte Betrachtungsweise, die Lob dem Lohne subsumiert. Denn wenn wir Lohn als ein Entgelt für geleistete Arbeit verstehen, dann kann neben Geld, Ware oder Vergünstigung auch das Lob eine Form des Lohnes sein. Indes, so berechtigt eine solche Zuordnung sein mag, so spricht sich in ihr doch kein pädagogisches Verhältnis aus, da in diesem Falle das Lob wie der Lohn den Charakter eines Entgeltes annimmt. Entgelt ist eine rechtlich gesicherte, einklagbare Forderung. Erziehungsmittel sind das nun aber gerade nicht. Deshalb dreht sich, pädagogisch betrachtet, das Subsumtionsverhältnis der beiden um. Pädagogisches Lob ist eine freie Anerkennung und kein Entgelt. Genauso kann auch Belohnung nur in dem Maß Erziehungsmittel sein, als sich in ihm eine Anerkennung ausspricht und keine Bezahlung für geleistete Dienste. So wie im Bereich des einklagbaren Entgeltes Lohn völlig zu Recht Oberbegriff ist, so ist er im pädagogischen Raum eine Unterform des Erziehungsmittels Lob, dessen Anerkennung sich neben Blicken, Gesten, Worten, schließlich auch in Prämien und Belohnungen aussprechen kann. Um diesen Unterschied zwischen Entgelt und Anerkennung herauszuheben, unterscheidet man in der Literatur manchmal zwischen dem Entgeltcharakter des Lohnes und dem Anerkennungscharakter der Belohnung, ohne daß freilich diese terminologische Setzung allein den Unterschied schon deutlich genug hervorheben könnte.

Nachdem das Erziehungsmittel Belohnung (oder Lohn) als eine Unterform des pädagogischen Lobes bestimmt worden ist, muß jetzt noch nachgesehen werden, ob alle analysierten Grundsätze des Lobes ohne weiteres auf diese neue Form der Anerkennung übertragbar sind. Dabei zeigt sich rasch, daß Lob und Belohnung, unbeschadet der eben vollzogenen Zuordnung, doch offensichtlich pädagogisch nicht deckungsgleich sind. Zwar muß sich auch Belohnung an den Kriterien messen, die für Lob gelten. Dennoch tendiert Belohnung immer noch auf etwas anderes, deshalb, weil der Belohnende außer der Anerkennung auch einen gewissen Vorteil und Gewinn erhält. Beide, Vorteile und Gewinne, kann man aber *in Aussicht stellen*, noch bevor eine Arbeit begonnen worden ist. Das kann man beim Lob offensichtlich nicht. Lohn ist deshalb nicht nur eine nachträgliche Bejahung geleisteter Arbeit, sondern kann die Aktivitätsformen und die Leistungsfähigkeit von Anfang an stimulieren.

Überall, wo Sachinteressen noch mangelhaft ausgebildet sind und auch persönliche Bindungen des Heranwachsenden an einen Erzieher verhältnismäßig schwach bleiben, wo eine gewisse Lethargie beim Lernenden zu beobachten ist, die erst durch eine längere kontinuierliche Sachbegegnung und sich langsam entwickelndes unmittelbares Interesse abgebaut werden kann, kann eine in Aussicht gestellte Belohnung eine große Hilfe für Lenkungen bei Unterrichts- und Erziehungsvorgängen sein. Außerdem kann auch dort ein pädagogischer Grund für eine Belohnung vorliegen, wo einem Lob ein zusätzlicher besonderer Nachdruck verliehen werden soll.

Wer eine Belohnung in Aussicht stellt und dadurch die Aktivität des Lernenden stimulieren möchte, sollte die geforderte Leistung genau begrenzen. Außerdem muß der Zeitpunkt der Belohnung stets in eine für das Zeitempfinden des Kindes faßbare Nähe gerückt werden. Im Herbst für das Osterzeugnis eine Belohnung für den Fall in Aussicht zu stellen, daß sich die Schulleistungen bessern, würde noch einen Erwachsenen überfordern. Um wieviel mehr ein Kind, das seine Kräfte meist nur für begrenzte Zeitspannen zu konzentrieren in der Lage ist. Dagegen kann eine Tagesaufgabe, die Lektüre eines Buches, später dann das Arbeitspensum einer Woche sehr wohl mit einer in Aussicht gestellten Belohnung in Verbindung gebracht werden, denn das sind Leistungsanforderungen, die vom Inhalt und der Zeitdauer her von Kindern ohne weiteres überschaubar sind.

3.6.2 Formen pädagogischer Belohnung

Belohnungen können verschiedene Formen haben. In allen Gesellschaftsformen haben Belohnungen in der Form symbolhaltiger Auszeichnungen immer eine große Rolle gespielt, wie die Zahl der Orden, Medaillen, Titulationen und

Diplome beweist. Obwohl sie meist im Gewande des Lobes auftreten, sind diese Formen doch kein reines Lob mehr. Das nicht nur, weil die Auszeichnung oft mit einer Dotation verbunden ist. Die Unterscheidung zum Lobe liegt darin, daß Auszeichnungen wettbewerbsauslösend wirken, weil sie wie jede andere Belohnung in Aussicht gestellt und von einer entsprechenden Leistung abhängig gemacht werden können. Deshalb ist die Verleihung dann aber auch in einer Weise festgelegt, wie dies beim Lobe nicht der Fall sein kann: Die beste Leistung einer Klassenarbeit muß durchaus nicht gelobt werden. Die Goldmedaille dagegen kann nur der Beste erhalten. Dieser Vergleich zeigt, daß symbolisierende Auszeichnungen eigenen Gesetzen unterliegen, die sich durchaus nicht mit denen des pädagogischen Lobes decken. Manches wird bei der Belohnung unberücksichtigt bleiben müssen, was wir beim Lob nachdrücklich gefordert haben. Während etwa Konstitution und altersmäßige Leistungshöhe nichts Lobenswertes sein können, lassen sich beide Faktoren bei Auszeichnungen entweder gar nicht oder nur sehr schwer ausschließen. Man erkennt dies bereits sehr deutlich, wenn man die Prämierungsformen bei Sportfesten, Wettbewerben und ähnlichen Veranstaltungen näher analysiert. Deshalb sollten Auszeichnungen pädagogisch nur in unbedenklichen Wettbewerbssituationen verteilt werden. (Ich verweise dazu auf das Kapitel über das Erziehungsmittel Wettkampf und Wetteifer).

Andere Belohnungen bestehen in der Form von materiellen Gewinnen, wie dies beispielsweise bei Arbeits- und Fleißprämien der Fall ist. Auch besondere Vergünstigungen können gewährt werden, wie etwa zusätzliche Freizeit, Aufgabenerlaß u.ä. Dabei soll meist durch die Gabe ein mehr ideeller Wert unterstrichen werden (Ausdauer, Leistung, Fleiß). Man sollte hier nicht voreilig sein und gegen dieses Verfahren zu früh Bedenken anmelden. Unangenehme Nebenwirkungen eines solchen mit Lohn durchsetzten Lobes können mitunter sogar geringer als die eines reinen Lobes sein; so eigenartig das zunächst auch klingen mag. Denn Lob löst, so sagten wir, öfters bedenkliches Erstreben aus und kann dann zu Überheblichkeit und Hochmut führen. Bei Belohnungen scheint diese Gefahr etwas geringer zu sein. Die im Vergleich zur Untugend der superbia bedeutend harmlosere Freude an einem kleinen Gewinn kann den Blick in heilsamer Weise von der eigenen Person ablenken, auf die das Lob gerade mit Absicht konzentriert.

Dennoch: Belohnungen bringen natürlich immer Motivverschiebungen mit sich, die wohl beim Kinde etwas vordergründiger und deshalb auch harmlos sind, aber insgesamt stärker als beim Lob auftreten. Motivverschiebung wird dadurch eingeleitet, daß eine Belohnung in Aussicht gestellt werden kann und der gesamte Lern- und Arbeitsprozeß dann allein noch unter dem Zwecke des begehrten Lohnes abläuft. In diesem Falle ist das Verhältnis von Arbeit und Entgelt wieder erreicht. Deshalb liegt die Grenze des Erziehungsmittels Belohnung an eben dieser Motivverschiebung, daß etwas allein noch des erhofften

Gewinnes wegen getan wird und das pädagogisch abgelehnte Entgeltprinzip sich nun doch wieder in den pädagogischen Bereich einschleicht. Auch hier sollte man allerdings einen falschen Rigorismus vermeiden und vielmehr von den Voraussetzungen ausgehen, die in den bisherigen Überlegungen schon verschiedentlich analysiert worden sind: Gerade in der Erziehung und Bildung muß man zwischen Mittel und Ziel streng unterscheiden und darf nicht voraussetzen, was immer erst Ergebnis sein kann. Daß Leistungen aus sachlichen Gründen motiviert sein sollten, wird niemand bestreiten. Daß dieses Prinzip aber selbst in der Erwachsenenwelt mehr richtungsweisende Norm als Faktizität ist, bleibt allerdings auch gewiß. Und was für die Leistungen Erwachsener recht ist, sollte für die geforderten Leistungen der Kinder nur billig sein. Es ist also allemal weitaus unbedenklicher, über Belohnungen und davon angeregter Konzentration – bei der wir die gute Hoffnung haben dürfen, daß sich bei anhaltender Sachbegegnung die Motivverschiebung von selber korrigiert – als über Abneigung und Widerstand auslösende Depression zur Leistung zu führen. Schließlich liegen in beiden Fällen Motivverschiebungen vor. Die von einer Hoffnung auf einen Gewinn ausgelöste Aktivität wird aber viel leichter und in der Regel auch rascher zu Sachbegegnungen und Interessenbildungen führen als dies eine unter Pressionen wuchernde Abneigung vermöchte, die sich meist gegen Person und Sache zugleich richtet.

Die pädagogisch beste Belohnung und zugleich auch ein erzieherisch besonders qualifiziertes Lob ist der *Vertrauensbeweis*. Er kann sich in einfacher Form in einem vertraulichen Gespräch äußern und kann durch ein Teilnehmenlassen am privaten Leben erhöht werden. Er steigert sich, wenn der Autoritätsträger um den Rat des anderen bittet und nimmt seine höchste Form an, wenn der Lobende Kompetenzen und vor allem Verantwortung auf den Gelobten delegiert. Weil sich bei einem solchen Vertrauensbeweis das Verhältnis zwischen dem Lobenden und dem Gelobten in eben dem Maße ändert, in dem der Gelobte mehr Verantwortung und damit zugleich mehr Mündigkeit zugesprochen erhält und der Heranwachsende somit aus dem Vormundschaftsverhältnis zum Erziehenden immer mehr herausgelöst und in ein Partnerschaftsverhältnis hineingebracht wird, gleicht diese Lob- und Lohnform dem Formalmodell des Erziehungsprozesses selber, bei dem ja auch die Autorität des Erziehenden immer mehr der Selbständigkeit des Heranwachsenden weichen muß. Deshalb ist der Vertrauensbeweis, der geschickt gestuft immer mehr Selbständigkeit gibt und Verantwortung überträgt, als höchste Form der Erziehungsmittel Lob und Belohnung anzusehen.

4.   Erinnerung, Ermahnung, Tadel

4.1   *Erinnerung und Ermahnung*

4.1.1   Begriffsbestimmungen

Wie sich Lob und auch Belohnung auf eine bereits vorliegende gute Leistung oder Einstellung beziehen, so eine Gruppe anderer Erziehungsmittel auf noch fehlende Leistungen oder Einstellungen. Dazu gehört die *Erinnerung*. Sie ist eine einfache Form, etwas ins Gedächtnis zurückzurufen und bleibt, da sie den Gedächtnisschwund nicht weiter beurteilt, neutral. Ein deutlich verstärktes, nicht mehr wertfreies Erinnern ist dagegen die *Ermahnung*. Sie macht Vergessen bereits zum Vorwurf. Eine nochmalige Verstärkung bringt der *Tadel*. Seinem Wortursprung nach bedeutet er »Mangel am Notwendigen«. Tadel ist also Feststellung, daß etwas fehlt, was nicht fehlen dürfte. Während der ähnliche Begriff *Makel* mehr »körperliches und geistiges Gebrechen«[1] meint, so Tadel wohl im Prinzip dasselbe, aber umfangmäßig ausgeweitet, ohne diese Eingrenzung und schließlich noch mit einem bemerkenswerten Zusatz: der Tadelnde stellt nicht nur einen Mangel fest, sondern weist in seinem Tadel auch auf schuldhafte Versäumnisse einer anderen Person hin. Tadel ist deshalb für unser Sprachempfinden ein Urteil, das nicht nur einen objektiven Tatbestand feststellt, sondern immer auch einen subjektiv bezogenen Vorwurf enthält. Der »Mangel am Notwendigen« erscheint im Tadel nicht als Schicksal, sondern als Folge eines persönlichen Versagens. Eine nochmalige Steigerung dieser von Erinnerung zur Ermahnung und schließlich zum Tadel eskalierenden Gegenwirkung bringt die *Strafe*. Wir klammern sie aber jetzt aus und betrachten sie gesondert im folgenden Kapitel.

4.1.2   Pädagogische Konsequenzen

Bereits aus den einleitenden Definitionen ergeben sich einige interessante und wichtige pädagogische Konsequenzen. Denn »wieder ins Gedächtnis zurückrufen« – und in dieser Aufgabe kommen ja Erinnerung, Ermahnung und Tadel überein – kann man nur, was bereits einmal im Gedächtnis gewesen ist, was also vorher gelernt werden konnte. Besonders die verstärkten Formen der Erinnerung: Ermahnung und Tadel setzen folglich immer ausreichende Lehre voraus. Wer bei Heranwachsenden Verhaltensweisen oder Leistungen als selbstverständlich ansieht und ihr Fehlen kritisiert, ohne daß der Kritisierte vorher hinreichend belehrt worden ist, verkennt den Bedingungszusammenhang zwischen pädagogischen Voraussetzungen und Konsequenzen. Leider sind in der Erziehungspraxis die Fälle nicht selten, daß Lernende in Ermahnungen oder im Tadel das von ihnen Geforderte überhaupt zum ersten Mal erfahren. Daß eine solche negative »Lehrform« ruinöse Folgen für Sympathierelationen, für Einstellungsbildung, für Lernverhalten überhaupt haben muß, liegt auf der Hand. Ja es findet sich häufig noch eine Steigerung dieses bedenklichen Zustandes dort, wo die vom falschen Verhalten des Erziehenden ausgelösten Reaktionen der Kinder diesen auch noch zur Last gelegt werden und zum erneuten Vorwurf dienen. Viele Strafarbeiten, ja Notenverschlechterungen sind Folgezustand dieses Zirkels. Das negativ beeinflußte Kind wird dann auch noch dafür zur Rechenschaft gezogen, daß es negativ beeinflußt worden ist[2].

Aber auch in den Fällen, in denen wirklich Vergessen[3] vorliegt, können die Gründe dafür verschieden sein. Es kann sich im einen Fall um tatsächlichen Leichtsinn und Flatterhaftigkeit handeln. Bei anderen Kindern wird dagegen ein mangelhaftes Verständnis des Sachverhaltes der Grund des schnellen Vergessens sein: der Inhalt ist nicht deutlich erfaßt, die Bedeutung des Gelernten nicht ausreichend klar geworden. Dafür gibt es wiederum eine Reihe von Gründen: subjektiv kann eine Kapazitätsstörung in der Aufnahmefähigkeit vorliegen, die einerseits temporär begrenzt (situative Belastung) andererseits habituell sein kann (Intelligenzhöhe). Objektiv kann die Lehrweise Grund der Lernstörung sein: zu schnelle und zu abstrakte Lehre oder nicht ausreichende Übung; ein ebenfalls häufiger Anlaß für geringen Lernerfolg[4].

Ungenügende Übung scheint besonders häufig Anlaß für nicht gerechtfertigte Ermahnungen zu sein. Es genügt nicht, einem Kind eine Verhaltensregel einfach nur bekannt zu machen. Es muß vielmehr auch in die Lage versetzt werden, daß es das wirklich leisten kann, was von ihm erwartet wird. Das heißt, daß immer auch die entsprechende Leistungsfähigkeit gebildet und die notwendige Fertigkeit trainiert werden muß. Dies kann aber nur in längeren Übungsphasen geschehen, die außerdem in verschiedenen Zeitabständen wiederholt werden müssen[5].

Falls ein Kind eine einmal eingeübte Fertigkeit nach einiger Zeit wieder vergißt, dann muß das kein schuldhaftes Versäumnis, sondern kann ein natürlicher Prozeß des Vergessens[6] sein. Deshalb ist in solchen Fällen kein kritisierender Tadel, sondern vielmehr eine Erinnerung am Platz, die mit wiederholenden Übungsformen verbunden sein sollte. Daß derartige Wiederholungen bei den Kindern nicht den Eindruck von Strafen erwecken dürfen, sollte dabei selbstverständlich sein.

Allein in jenen Bereichen, in denen der Heranwachsende bereits ein ausreichendes Maß an Selbständigkeit erlangt hat, kann sofort und unmittelbar ermahnt und getadelt werden. Wobei aber auch da nicht übersehen werden sollte, daß Vergessen eine Eigenschaft ist, die nicht gleich mit Schuld zusammengebracht werden darf. Sonst würde selbst die Leistungsfähigkeit von Erwachsenen, erst recht die von Kindern sehr überschätzt.

Im unterschiedlichen Maß der Leistungsfähigkeit kann die dritte Ursache für Aufnahme- oder Behaltensstörungen liegen. Hier handelt es sich um ein scheinbares Vergessen. Im Grunde liegt Überforderung vor[7]: Aufnahme- und Leistungsfähigkeit sind überschritten worden. Daß sich in solchen Fällen alle Tadelsformen verbieten, liegt wiederum auf der Hand, wenngleich auch hier eine große Zahl pädagogisch fehlerhafter Verhaltensweisen festzustellen ist. Tadel ist kein pädagogisch qualifiziertes Mittel, um die Leistungsgrenze eines Heranwachsenden festzustellen und erst recht keine geeignete Maßnahme, dessen Entwicklung voranzutreiben.

Gegen diesen so einfachen wie wichtigen Grundsatz verstoßen aber nicht nur einzelne Erzieher immer wieder. Ihn verletzt vor allem ein Strukturmerkmal unserer traditionellen Schulorganisation. Das ist die Jahrgangsklasse mit ihrem fragwürdigen Prinzip synchroner Leistungsgleichheit[8], das einen großen Teil der Klasse objektiv in die Situation eines permanenten Tadels stellt. Ich komme auf dieses wichtige Problem zurück, wenn im Abschnitt »Fehlformen des Tadels« über den permanenten Tadel gesprochen werden wird. Hier ist, diese Analyse abschließend, festzuhalten: Je nach dem Grund des Vergessens wird die Erinnerung mehr die Form einer zusätzlichen Lehre, einer Einübung, einer Wiederholung oder eventuell einer Ermahnung und eines Tadels haben müssen. Auf jeden Fall sollten die Formen der Erinnerung so variabel und zahlreich sein, wie die Vergessensgründe verschieden sein können. Pädagogisch nützlich wäre es, wenn derartige Varianten und Steigerungsformen von den Erziehenden rechtzeitig überlegt und angemessene Verhaltensformen richtiggehend eingeübt wurden. Oft ist die im Erziehungsablauf des Alltags zur Verfügung stehende Variationsbreite der Mittel zu schmal, das für die Bagatellen des Erziehungsalltags benutzte Instrumentarium zu grob und zu scharf, so daß die ungewollten Nebeneffekte der gebrauchten Maßnahmen mehr Schaden anrichten als an positiven Effekten erreicht werden konnte.

4.1.3 Beschämung oder Stütze?

Mahnung und Tadel können beide verschieden auf den Heranwachsenden einwirken. Weil aber beide ein schuldhaftes Versäumnis herausstellen und dazu eine Mißbilligung aussprechen, sind sie in der Regel immer mit einer Beschämung als subjektiver Folge der Zurechtweisung verbunden[9]. Deren Grad kann natürlich außerordentlich differieren, je nachdem, ob sich Mahnung und Tadel eines Blicks, einer Geste, eines reservierten Schweigens, eines Wortes oder sachlichen Einwandes bedienen, ob sie in ein Gespräch, einen dringlichen Appell oder eine verletzende Invektive gekleidet sind, schließlich ob sie der Erziehende vertraulich, unbemerkt von anderen, oder öffentlich ausspricht. In jedem Falle ist aber zu bedenken, ob die Beschämung das eigentliche Ziel oder nur ein Nebeneffekt ist, ob sie als Nebeneffekt toleriert oder nach Möglichkeit in ihrer Wirkung aufgefangen werden sollte. Drei Momente sind dabei zu bedenken:

- Je mehr der Grad der Beschämung zunimmt, desto mehr wird Ermahnung oder Tadel bereits zur Strafe.
- Scham ist eine jener an sich positiven emotionalen Regungen, die besonders gern und oft zu Fluchtbewegungen und Ersatzhandlungen treibt. Ausflüchte, Verstellungen, Aufschneidereien, Lügen sind nicht selten von Scham ausgelöste Tarnungsmanöver, so daß gerade von unkontrollierten Beschämungen ein Netz ungewollter Nebeneffekte ausgehen kann.
- Von dem Prinzip her, daß sich die Qualität eines Erziehungsmittels am Grad transformierender Wirkung mißt, kann Scham nicht Ziel von Ermahnung und Tadel, sondern allenfalls ein Übergangsstadium sein.

Alle drei Momente weisen darauf hin, daß die pädagogische Wirkung von Ermahnung und Tadel nicht in der Beschämung liegen kann, daß also weiterreichende, die Erinnerung stützende Wirkungen nicht fehlen dürfen.

4.1.4 Die Erinnerung verstärkende Bitte

Zu diesen zahlreichen Variationsmöglichkeiten gehört auch eine Form, die ich etwas hervorheben möchte, weil sie eine, wie mir scheint bedeutsame Sonderstellung einnimmt. Das ist die Ermahnung in der Form einer Bitte. Es gibt einen gewissen Rigorismus, den man heutzutage zwar weniger in der Erziehungstheorie, so doch noch stark in ihrer Praxis findet. In ihm wird der Standpunkt vertreten, daß Regeln und Normen das Recht hätten zu fordern. Für sie brauche man Folgsamkeit nicht zu erbitten. Ganz im Gegenteil. Im gleichen Moment, in dem etwas erbeten wird, ist es – so wird innerhalb dieser Auffassung argumentiert – in die Sphäre des Subjektiven, Privaten und damit Willkürlichen gezerrt worden, denn falls einer Bitte entsprochen werde, so geschehe das geforderte Verhalten nicht mehr um der allgemeinen Regel willen, wie es eigentlich sein sollte, sondern als persönliche Gefälligkeit und das bedeutet zugleich: in einer sachlichen Unverbindlichkeit. Trotz der äußerlichen Übereinstimmung besteht dann zwischen Verhalten und Norm keine Entsprechung. Davon wird wiederum abgeleitet, daß die klare Ausdrucksweise eines Gesetzes und einer Norm *Befehl und Verbot* seien. So hätten Schüler zu gehorchen, nicht weil sie ihr Lehrer darum bittet – das stelle das Abhängigkeitsverhältnis geradezu auf den Kopf und werde dem objektiven Anspruch der Norm nicht gerecht –, sondern weil es Regeln und Gesetze gibt, die der Lehrende durch sein Amt vermitteln und realisieren müsse. Deshalb habe für einen Amtsträger eine Bitte fast schon etwas Beschämendes. Sie entspräche nicht der Würde seines Amtes. Eine Autorität setzt Gebote und fordert Gehorsam; sie bittet aber nicht darum[10].

Solche Überlegungen sind deshalb unpädagogisch, weil in ihnen wiederum das genetische Verhältnis von Voraussetzung und Folgen unbeachtet bleibt und gerade deshalb die verteidigte Objektivität der Normen und Regeln gefährdet wird. Regeln existieren nicht schon dadurch, daß sie gefordert werden, sondern daß sie sich im tatsächlichen Verhalten realisieren. Die Qualität eines Erziehungsvorgangs kann deshalb nicht darin liegen, daß widerspruchsloser Gehorsam besteht, sondern allein darin, daß durch ihn Lernende verselbständigt werden. Um das zu erreichen, sind mitunter große Umwege nötig. Zwar mag ein Befehl vom abstrakten Begriff einer Amtsautorität aus gesehen als kürzester Weg der Vermittlung erscheinen; von der Sache eines einsichtigen Gehorsams her betrachtet, dürfte er dagegen ein langer Umweg sein. Es ist ja bereits ausführlich analysiert worden, daß die sogenannte »autoritäre« Methode eine denkbar schlechte Verfahrensweise sei, um reale Geltung von Regeln und Normen zu erreichen und zu erhalten[11].

Auch der Einwand, eine Bitte subjektiviere die Forderung und verstelle damit den objektiven Anspruch einer Sache, ist keineswegs stichhaltig. Eine solche Gefahr mag sich zwar bei ungeschicktem Verhalten des Erziehenden gelegentlich zeigen. Es hängt jedoch allemal vom Erziehenden ab, ob er in einer Bitte die bestehenden sachlichen Notwendigkeiten klar ausdrückt und eindeutig auf gegebene Konsequenzen hinweist, dann aber den Willen des anderen zusätzlich durch die ansprechendere Formulierung in eine Bitte einzulenken und anzureizen sucht. Während bei jeder Pression, so auch bei der Ermahnung, Aktivität und Wille eines Kindes immer erst über ein kompliziertes psychisches Reaktionsnetz erreicht werden, in dem zahlreiche unkontrollierbare Nebenwirkungen auftreten können, verpflichtet und verbindet eine Bitte – die immer Appell an den eigenen Willen ist und außerdem gleichzeitig als zusätzlicher Vertrauensbeweis empfunden werden kann – gerade weil sie auf jede Nötigung verzichtet. Eine Bitte hat deshalb eine stark verinnerlichende Kraft[12].

Zwar ist sie tatsächlich vermittelnder Art und deshalb nur vorläufig. Das ist aber jedes andere Erziehungsmittel auch. Deshalb sollte auch in diesem Falle im Blicke behalten werden, daß die Objektivität einer Forderung, die in jenem erwähnten Rigorismus besonders in den Vordergrund gerückt wird, allemal ein Erziehungsziel ist und deshalb kein methodisches Mittel für den Vermittlungsvorgang sein kann.

Allerdings: Weit mehr noch als Lob und Tadel ist die erziehliche Wirkung einer ermahnenden Bitte von der persönlichen Autorität des Erziehers abhängig. Besteht nur Amtsautorität und kein persönlicher Konnex, dann muß eine Bitte als Zeichen von Schwäche erscheinen und kommt einer Abdankung gleich. Die Folgen sind dann auch bedenklicher als bei Lob und Tadel. Zwar bleiben auch diese beiden wirkungslos, solange persönliche Autorität fehlt. Eine ermahnende Bitte dagegen schädigt zusätzlich, wo falsche Autorität herrscht oder persönliche Autorität fehlt. Denn was auf der Grundlage eines persönlichen Kontaktes Vertrauensbeweis ist und verpflichtet, führt bei bestehenden Antipathierelationen zur Lächerlichkeit, die Person und Sache gleichermaßen trifft. Also nicht nur, daß der Erziehungsbeauftragte noch mehr an tatsächlicher Geltung verliert, auch der von ihm zu repräsentierende und zu vermittelnde Sachverhalt verliert für die Angesprochenen effektiv an Bedeutung.

Beim Hantieren mit diesem Mittel sollten einige wichtige Erfahrungen beachtet werden: Das Erbetene sollte so eng begrenzt sein, daß es das Kind mit Sicherheit bewältigen kann. Wenn viele Erziehende (Eltern so gut wie Lehrer) immer wieder resignierend zu berichten wissen, sie hätten Kinder oder Schüler oft und wiederholt gebeten, ohne daß dies etwas genutzt hätte, erst durch tüchtige Strafen wäre etwas erreicht worden, dann liegt dem in aller Regel eine falsche Erwartung beim Erziehenden zugrunde. Wer ein Kind zum Schulhalbjahr um ein besseres Klassenabschlußzeugnis bittet oder seine Ermahnung allgemein auf bessere Leistung, größere Ordnung u. ä. richtet, wird mit Notwendigkeit enttäuscht werden müssen, weil selbst Erwachsene allgemein gehaltene Vorsätze wenn überhaupt, dann nur eine Zeitlang durchzuhalten pflegen und ein Kind erst recht zeitlich und inhaltlich eng begrenzte Ziele braucht, wenn es nicht überfordert werden soll. Also nicht:»Du solltest jeden Tag lesen!«, sondern:»Bitte lies jetzt mit mir eine Viertelstunde!« nicht: »Halte bitte deine Mappe in Ordnung!«, sondern:»Ich sehe mir die Mappe jede Woche einmal an und bitte, daß sie dann in Ordnung ist!« nicht:»Schreib schöner!«, sondern:»Wir schreiben jetzt dieses Stück ab. Denkt bitte an die Ober- und Unterlänge bei eurer Schrift, an Schreiblage und Sauberkeit!«.

4.2   Der Tadel

4.2.1   Voraussetzungen des Tadels

Es ist, das wurde bisher schon deutlich, pädagogisch offensichtlich nicht einfach mit einem Tadel getan, der nur mißbilligt und beschämt. Denn Erziehung heißt nicht nur, einen Mangel feststellen, sie setzt überhaupt erst ein, wo der Mangel selber angegangen, ausgeglichen und aufgehoben wird. Deshalb kann der pädagogische Sinn eines Tadels nicht nur in der Feststellung einer Unzulänglichkeit liegen, sondern muß auf die Überwindung der Unzulänglichkeit zielen. Pädagogisch ist deshalb ein Tadel erst dort qualifiziert, wo durch ihn die Veränderung eingelenkt und mitverursacht wird. Deshalb kann auch Beschämung nicht pädagogisches Ziel einer Mahnung und eines Tadels sein. Dagegen werden vielmehr die gleichen Bedenken erhoben werden müssen, die schon bei der beschämenden Wirkung der Ironie diskutiert worden sind. Alle Formen des Tadels brauchen deshalb eine transformierende Wirkung, wenn sie als Erziehungsmittel gerechtfertigt sein sollen[13].

4.2.2 Fehlformen

4.2.2.1 Der totale Tadel

Durch diese genannte Bedingung einer transformierenden Wirkung sind alle jene Tadelsformen aus dem Erziehungsbereich ausgeschlossen, die dieser Forderung nicht genügen. Zu ihnen gehört vor allem jeder Tadel, der mißbilligend die gesamte Person trifft. Wir können ihn den totalen Tadel nennen. Weil er gänzlich verwirft, läßt er keine Möglichkeit zur bessernden Veränderung. Tadelsäußerungen wie: »Du bist ein schlechter Mensch!« oder: »Du taugst nichts!« sind nicht nur in sich unwahr, weil in ihnen immer der Teil für das Ganze genommen wird, sie kommen auch einer Bankrotterklärung des Erziehenden gleich. Sie verneinen jede Möglichkeit positiver Beeinflussung und fixieren dadurch den Getadelten im Negativen.

Pädagogisch qualifizierter Tadel soll dagegen zuerst die Mängel in der sachlichen Leistung angehen und deshalb immer streng im Getadelten zu unterscheiden suchen. Denn bei mangelhaften Leistungen bedarf der gute Wille ja noch mehr der Unterstützung als das etwa bei den Voraussetzungen des Lobes der Fall ist. Den guten Willen wird man aber bestimmt dann nicht fördern, wenn im Tadel der ganze Mensch verworfen und nicht zwischen einzelnen tadelnswerten Verhältnissen und dem unterstützungsbedürftigen guten Willen unterschieden wird.

4.2.2.2 Der permanente Tadel

Gleiche destruktive Wirkung wie der totale hat auch der permanente Tadel. Dieser richtet sich zwar nicht auf den ganzen Menschen, sondern bleibt auf einzelne Leistungen beschränkt. Seine Permanenz läßt aber ebensowenig Veränderung zu und fixiert ebenfalls im Mangelhaften. Wie der totale so verhindert auch der permanente Tadel gerade das, was durch ihn erreicht werden soll.

Wie sich Formen permanenten Tadels im Verhalten eines Erziehenden habitualisieren und es schließlich überlagern können, wird im nächsten Abschnitt untersucht, der über den Tadel aus enttäuschter Erwartung spricht. Jetzt ist erst der eigenartige Umstand zu analysieren, daß der größere Teil permanenten Tadels in unserer Erziehungswirklichkeit nicht von Personen, sondern vielmehr von einer Einrichtung der Schulorganisation ausgeht. Das ist die *Jahrgangsklasse* und das mit ihr gekoppelte egalitäre Prinzip einer *synchronen Leistungsgleichheit*[14]. Dieses Prinzip fordert von jedem Schüler gleiches Lerntempo, gleiche Leistungsfähigkeit und eine gleiche Interessenlage. Annäherungen an oder Abweichungen von dieser geforderten Gleichheit werden von der Schule im Maßstab ihres Notensystems ausgedrückt. Deshalb gehören langsamer denkende und arbeitende Schüler kaum je zu den sogenannten

»guten Schülern«. Auch Sprachbarrieren und andere sozialschichtvermittelte Vorleistungen wie Aspirationsniveau und Motivationshorizont gehören zu den negativ selektierenden Momenten, die einen institutionalisierten permanenten Tadel nach sich ziehen.

Zu bedenken ist, daß weder gedankliche Schnelligkeit noch sprachliche Gewandtheit etwas über Gründlichkeit und Tiefe des Denkens aussagen[15]. Ein langsamer Lernender aber ist, als Folge des bestehenden Organisationsprinzips, einem permanenten Tadel ausgesetzt. Für ihn kommen die Leistungsanforderungen in der Regel zu früh, die Darstellungen geschehen zu schnell, die Übungen sind zu kurz. Seine Leistungen können deshalb gar nicht auf dem Stand sein, den sie bei einem mehr individualisierenden Lehrverfahren haben könnten. Daß vom permanenten Tadel dann Nebeneffekte ausgehen, die zusätzlich hindern, braucht jetzt nicht noch einmal ausführlich dargestellt zu werden.

Durch das egalitäre Prinzip der synchronen Leistungsgleichheit werden ebenso die Eigenarten bestehender Begabungsrichtungen mißachtet[16]. Die geforderte gleiche Interessenlage zwingt den Schüler einer Jahrgangsklasse, sich in der Regel auf seine schwachen Seiten zu konzentrieren und seine eigentlichen Interessen zu vernachlässigen, denn nur auf diese Weise gewinnt er eine Chance, dem permanenten Tadel zu entgehen, der ihn sonst unweigerlich Tag für Tag begleiten wird.

Besonders gravierend wirkt der mit dem Prinzip der synchronen Leistungsgleichheit notwendig gesetzte permanente Tadel bei Begabungsunterschieden. Hier fällt ja schließlich von vornherein jenes Moment aus, das den Tadel überhaupt erst berechtigt machte, eine entsprechende, vorauszusetzende Leistungsfähigkeit des Schülers nämlich. Nach dem Modell der in ihrer pädagogischen Anwendung außerordentlich fragwürdigen, wie ich meine sogar unbrauchbaren Gaus'schen Kurve[17] – die ich jetzt nur ihrer verbreiteten Benutzung und gerade nicht ihrer Richtigkeit wegen heranziehe – zeigt in der Regel mindestens ein Viertel jeder Jahrgangsklasse Leistungen, die über ein schwaches »Ausreichend« nicht hinauskommen. Das bedeutet aber: Die Jahrgangsklasse stellt zahlenmäßig ausgedrückt mindestens jeden vierten Schüler in eine Situation, die permanenten Tadel bedeutet. Und das ist keineswegs nur bei unbedachten Lehrern der Fall, die die Fragwürdigkeiten der Jahrgangsklasse noch nicht durchschaut haben. Auch reflektierende Lehrer können nicht alle aus dem vorherrschenden Organisationsprinzip folgenden pädagogisch bedenklichen Konsequenzen auffangen, die die Schüler als permanenten Tadel treffen müssen[18].

4.2.2.3 Der Tadel aus enttäuschter Erwartung

Permanenter Tadel entsteht aber nicht nur aus organisationsbedingten Konflikten. Er hat auch subjektive Ursachen und entsteht dann meist aus einer enttäuschten Erwartung des Erziehenden. Wir haben es hier also mit einer realitätsfremden Einstellung zu tun, bei der subjektive Erwartungshaltungen den Blick für objektive Möglichkeiten verstellt haben. Verdecken aber überspannte, unreflektierte Erwartungen der Erziehenden die tatsächliche Leistungsfähigkeit der Kinder – wird beispielsweise Sachinteresse erwartet, wo es noch gar nicht vorliegen kann; wird Ausdauer vorausgesetzt, wo man sie erst erstellen muß; wird ein Mangel an Konzentration und Engagement gerügt, wo beide erst gebildet werden müßten – dann müssen als Reaktion auf die nicht ausbleibende Desillusionierung sich Enttäuschung und Verärgerung einstellen, die sich wiederum in einem objektiv ungerechtfertigten permanenten Tadel am Kinde äußern werden; es sei denn, die Desillusionierung führte zur heilsamen Selbstkritik und damit zur Korrektur der falschen Grundeinstellung dieses Lehrenden.

Da anhaltender, unsachlicher Tadel mit Notwendigkeit distanziert, außerdem die affektiven Komponenten kognitiver Prozesse negativ beeinflußt, scheint eine der versteckten, wenig sichtbaren, aber bedeutsamsten Gründe dafür, daß viele Erziehende das ursprüngliche Vertrauens- und Sympathiepotential der Heranwachsenden mit der Zeit ruinieren und sich dadurch selber in immer größere Disziplinschwierigkeiten bringen, in einer ungenügenden Analyse der eigenen Erwartungshaltungen zu liegen. Ich halte deshalb die Kenntnis dieses Ablaufs psychischer Aktionen und Reaktionen, der sich im Falle unkontrollierter Erwartungen wechselseitig bei Erziehenden und Kindern vollzieht, für so wichtig, daß ich ausführlich auf die Entstehung dieser Erwartungshaltungen und der ihnen verbundenen fehlerhaften Tadelsformen eingehe.

4.2.2.4 Die Verbitterung und ihre Genese[19]

Jeder Plan und damit auch jede sinnvolle Arbeit ist notwendig mit Erwartungen verbunden, denn ein Plan ist im Grunde weiter nichts als eine objektivierte Form einer Erwartung. Erwartungen zu haben ist deshalb ein notwendiger und legitimer Zustand, sobald man überhaupt zukunftorientiertes Handeln als sinnvoll ansieht. Auch der Erziehende und Lehrende kann keine einzige Handlung beginnen, ohne daß er nicht irgendeinen Erfolg seiner Arbeit erwartete. Es liegt indes ein fundamentaler Unterschied darin, ob derartige Erwartungen realitätsbezogen oder aber als Projektionen unkontrollierter Wünsche illusionär überspannt sind, wie das vorhin schon an einigen Beispielen aus der Erziehungspraxis gezeigt worden ist. Tatsächlich scheinen die meisten überspannten Erwartungen bei Erziehern aus einer wahrhaft als pädagogische Todsünde zu bezeichnenden petitio principii[20] zu stammen:
– daß zu früh und zu schnell vorausgesetzt wird, was selber immer erst
  Produkt eines langwierigen Erziehungs- und Bildungsprozesses sein kann,

– daß dort gefordert wird, wo noch nichts zu fordern, und getadelt wird, wo noch nichts zu tadeln ist. Überspannte Erwartungen antizipieren das Ziel und überspringen damit das, was Erziehung und Lehre ihrer Bestimmung nach sind: Wege und Vermittlungsformen zu diesem Ziel. Pädagogik ist, in der Form der Lehre wie der Erziehung, per definitionem Vermittlung. Jede irreale Antizipation verführt deshalb von vornherein zu unpädagogischen Handlungen. Eine beständige kritische Kontrolle der eigenen Erwartungen muß deshalb fortgesetzt Grundlage einer jeden reflektierten Erziehungsmaßnahme wie jeder Unterrichtsvorbereitung sein.

Natürlich gibt es auch sachlich gerechtfertigte Enttäuschungen. Von ihnen sprechen wir jetzt aber nicht, sondern haben vielmehr jene Tatsache im Auge, daß viele Erziehende *nicht durch ein tatsächliches, sondern nur durch ein scheinbares Versagen der Kinder in dauernde Enttäuschungen getrieben werden*, die den Kontakt zu den Heranwachsenden belasten und schließlich unterbrechen werden[21]. Denn je länger Erziehende in solchen Illusionen verharren, desto mehr muß ihre Enttäuschung sich zu einer Haltung habitualisieren, die im gleichen Maße, in dem sie sich verfestigt, auch die gesamte Einstellung zum Kinde in einer gefährlichen Weise beeinflussen wird. Zu Haltungen gewordene Enttäuschung hat nämlich einen prospektiven Charakter. Aus der Summe der vermeintlichen Erfahrungen zieht der Erzieher den Schluß: So wie er bisher von seinen Kindern/Schülern enttäuscht worden ist, so wird er es auch in Zukunft werden. Das heißt, daß er jetzt von vornherein neue Enttäuschung erwartet. Und da Enttäuschungen wiederum Ärger hervorrufen, der sich ebenfalls im Laufe der Zeit zur Haltung der Verärgerung verfestigen wird, erwartet der in einer Illusion verstrickte Erzieher von den Kindern stets neuen Ärger. Er wird sich folglich von vornherein darauf einstellen und dem vermeintlichen Angriff zuvorzukommen suchen[22]. In welcher destruktiven Weise solche Einstellungen Unterrichtsstil und Unterrichtsatmosphäre prägen können, darüber braucht eigentlich nicht weiter gesprochen zu werden. Wer mit dem Schulalltag vertraut ist, weiß, in welchen Redewendungen sich eine solche fehlerhafte Einstellung der Lehrenden zu äußern pflegt. Derartige Äußerungsformen enthalten dann meist noch einen personbezogenen totalen Tadel.

Verärgerung und die mit ihr verbundene Verbitterung als habitualisierte pessimistische Erwartungshaltung bilden einen Teufelskreis, in dem sich der Ärger gleichsam immer neu selber produziert und außerdem auch noch verstärkt. Ruinös ist diese Situation nicht nur deshalb, weil die Erwartungen immer wieder unerfüllt bleiben werden, sondern weil der Verärgerte die Kinder durch sein Verhalten tatsächlich nach und nach in den Zustand treibt, den er ihnen bislang zu unrecht vorwarf. Der Verärgerte verschiebt ja den objektiven Grund, daß Kinder dieses und das noch nicht leisten können, zu einem subjektiven: Sie könnten, wenn sie nur wollten! Die bei den Kindern dadurch provozierte Reaktion bringt als Folge dann eben das hervor, was die Beschuldigung nur aussprach.

4.2.2.5 Rückwirkung der Verbitterung auf das Verhalten der Kinder

Um diesen Bedingungszusammenhang zwischen Erwartungshaltungen der Erziehenden und Verhaltensformen der Heranwachsenden[23] richtig einschätzen zu können, muß noch einmal auf den weiter oben schon diskutierten Sachverhalt hingewiesen werden: Damit ein Heranwachsender ein für sein Sozial- wie für sein Leistungsverhalten gleichermaßen wichtiges Selbstvertrauen stabilisieren kann, braucht er Sozialkontakt. In dem Maße, in dem dieser Sozialkontakt als stabilisierend empfunden wird, reagiert der Heranwachsende darauf mit Vertrauen. Pädagogisch ist deshalb die Frage wichtig, wann vertraut ein Kind und was bewirkt dieses kindliche Vertrauen. Dieses Vertrauen entsteht, so sagten wir schon, in einem anthropologischen Bezug, der der auf Verhaltensveränderung zielenden pädagogischen Relation immer schon vorausliegt und auf dessen Grundlage überhaupt erst erzogen werden kann[24]. Vertrauen erschien dabei als gefühlsbedingte Antwort des Kindes auf erfahrene Sorgebereitschaft eines anderen, der die Person im Kinde bestätigte, ehe er sie mit pädagogischen Forderungen konfrontierte (»acceptance«[25]). »Vertrauen bedeutet Sicherung dem Zukünftigen gegenüber« heißt es bei *Lersch*[26]; ähnlich bei *Lichtenstein:* »Vertrauen bedeutet einen Wechsel für die Zukunft[27].« Deshalb entsteht eine noch nicht von sachorientierter Einsicht getragene Anhänglichkeit eines Kindes eben mit der im Vertrauen sich äußernden Sympathierelation. Sie ist emotionale Basis einer jeden persönlichen Einflußnahme.

Diese Basis eines »Offen sein für« und eines »Hören auf« wird zerfallen und durch erzieherisch unfruchtbaren Zwang ersetzt werden müssen, sobald diese Sympathierelation brüchig wird, in Gleichgültigkeit und schließlich Antipathie umschlägt. Sehen wir uns dazu die von einem verärgerten und verbitterten Erzieher ausgehenden Wirkungen an. Schon die Enttäuschung distanziert. Jede Verärgerung nimmt darüber hinaus die Form eines permanenten Tadels an. Dadurch wird wiederum die Erwartung des Kindes auf Wohlwollen und Vertrauen enttäuscht werden. Aus dieser wechselseitigen Distanzierung geht schließlich Entfremdung hervor. In ihr werden nach und nach negative Einstellungen an die Stelle der sympathetischen Kräfte des Vertrauens treten. Folge wird sein, daß sich ein ursprünglich williger Gehorsam zu Widerwillen, Widerspruch, Trotz, Ungehorsam verformt. Genauso wie der Gehorsam eines Kindes offensichtlich vielfältig durch Umwelt und Erziehung vermittelt wurde, so ist auch der Ungehorsam nichts, was allein vom Kinde aus entstünde und wofür man es direkt verantwortlich machen dürfte. Wie sein Gehorsam so ist auch sein Ungehorsam, sein Lerneifer ebenso wie seine Faulheit, unter Konstellationen entstanden, über die das Kind nicht direkt verfügen konnte, sondern in die es zum Teil schicksalhaft hineingestellt worden ist.

Die Konsequenz dieser Analyse ist von der Art, daß sie den reflektierenden Erzieher eigentlich gar nicht mehr zur Ruhe kommen lassen dürfte. Sie zeigt ja nicht nur, wie grob vielfach Erziehungsformen noch sind, sondern außerdem, daß in einer verbreiteten Erziehungspraxis Kinder regelmäßig für Zustände getadelt und gestraft werden, die sie nicht verantworten können, ja noch schlimmer: in die sie zum guten Teil durch eben die hineingebracht werden, die sie dafür verurteilen.

4.2.3 Der unterscheidende Tadel

Man muß im Blicke behalten, daß Tadel nur dort fruchtbar wirken kann, wo zwischen dem Tadelnden und dem Getadelten bereits ein Vertrauens- und Autoritätsverhältnis besteht. Genauso wie das Lob so wird ja auch der Tadel desto nichtssagender und unbedeutender, je weniger von dieser Voraussetzung vorhanden ist. Jeder Tadel hat aber zugleich auch eine Tendenz, eben diese Grundlage zu schwächen, auf der er überhaupt erst wirken kann. Er hat, als Erziehungsmittel gebraucht, den fatalen Nebeneffekt, *den pädagogischen Bezug aufzulösen, auf dem seine eigene Wirkung beruht.* Vor allem trifft das für jene Fehlformen zu, die besprochen worden sind, gilt indes für jede Tadelsform. Soll deshalb das Erziehungsmittel Tadel transformierend wirken, muß die Gefahr der Distanzierung vermieden werden. Dies gelingt am besten, wenn man Tadelsformen findet, die im Lernenden »unterscheiden«, das heißt an eine gute Leistung der gleichen Person anknüpfen und sie zum Vergleiche wählen[28]. Kritisierte und dagegengehaltene bessere Leistungen gehören also ein- und derselben Person an. Das hat zur Folge, daß Lob und Tadel zusammenkommen: Bestätigung der Leistung, Kritik des Mangels.

Positive Ansätze, die einen solchen in Lob gekleideten Tadel gestatten, sind in der Regel immer da. Man muß sie nur zu finden wissen. Wenn sie tatsächlich einmal fehlen sollten, dann sind kommentarlose Lernhilfen angezeigt, durch die geeignete Vergleichspunkte vorbereitet werden. Diese bereits von Herbart geforderte unterscheidende Art des Tadels ist dreier Gründe wegen die pädagogisch beste Form:
– Einmal hat ein solcher Tadel nichts Willkürliches an sich, denn die Sache selber spricht deutlich vor den Augen des Kindes. Deshalb wird die mit einem Tadel immer verbundene Beschämung in diesem Falle gleichsam introjiziert. Die Gefahr, daß der Getadelte den Tadelnden als Ursache der Beschämung ansieht und sich gegen ihn durch aufbrechende Antipathie wehrt und entlastet, ist dann weniger groß. Dagegen wächst die Chance,

daß der vorgelegte Leistungsvergleich den Getadelten zu einer sachorientierten Selbstbesinnung führt.

– Eine solche Tadelsform spielt also den Getadelten gleichsam gegen sich selber aus. Der hinter guten Arbeiten und Leistungen stehende gute Wille wird gestärkt, weil sich das Selbstwertgefühl des Kindes auf seine Seite verlagert. Das geschieht in der vom unterscheidenden Tadel provozierten Erkenntnis, daß durch verbesserte Leistungen noch mehr Anerkennung und Zuwendung gefunden werden kann als bisher. Damit ist dann auch jenen besseren Leistungen entgegenstehenden Hemmnissen, wie Flatterhaftigkeit, Leichtsinn oder Faulheit nachdrücklicher der Boden entzogen, als das ein direkter brutaler Tadel vermöchte.

– Dieser Umstand weist auf den dritten wichtigen Aspekt hin: Der unterscheidende Tadel entschärft die drohenden Nebenwirkungen der Beschämung durch die sichernde, bestätigende und ermunternde Wirkung des Lobes, denn im unterscheidenden Tadel ist von vornherein das enthalten, was einen Tadel überhaupt erst zum Erziehungsmittel macht, daß er nämlich nicht nur einen Mangel feststellt, sondern sofort auch Wege zeigt, wie man es besser machen kann.

4.2.4 Sympathierelation und Sachvermittlung. Die affektive Komponente kognitiver Prozesse[29]

Wie wichtig es ist, die Nebenwirkungen des Tadels unter Kontrolle zu halten, zeigt eine weitere Beobachtung. Fehlformen des Tadels zerstören nicht nur persönlichen Kontakt und damit den freien Gehorsam, sie schädigen außerdem die Voraussetzungen der Sachvermittlung, der Sachinteressen und der Einsichtsfähigkeit. Die gleichen Gründe, die ein Kind emotional-affektiv distanzieren, werden in der Regel auch die Entwicklung neuer Sachinteressen verhindern, deren Bildung ja über Sympathierelationen angeregt und gefördert wird. Schulerfahrungen zeigen, daß ein bislang kaum interessierendes Stoffgebiet schnell zum Lieblingsfach für einzelne Schüler werden kann, sobald ein neuer Lehrer über eine Sympathierelation des Kindes auch die Sache selber in eine größere Interessennähe zu bringen vermag. Gewiß kann ein solches im personalen Bezug vermitteltes (extrinsisches) Interesse nur methodischer Ansatz und nicht Bildungs- und Erziehungsziel sein. Aber hier ist noch einmal hervorzuheben, daß das Kriterium des Zieles nicht zugleich das des methodischen Ansatzes sein kann. Wer ein bestimmtes Ziel erreichen will, muß auch die Bedingungen des Weges in Kauf nehmen. Deshalb wird unterrichtsmethodisch immer die Tatsache berücksichtigt werden müssen, daß methodische Aufbereitung des Stoffes (etwa nach kleinsten Schritten) allein meist noch nicht ausreicht, um sachunmittelbares Interesse zu wecken, daß es dazu vielmehr häufig noch der vermittelnden, aufschließenden Wirkung eines persönlichen Kontaktes bedarf, der in der ersten Lernphase als eine wichtige extrinsisch motivierende Lernhilfe auftritt.

Was diese immer wieder zu nennende Sympathierelation zwischen Erziehenden und Kindern auch für die Entwicklung von Sachinteressen bewirkt, wird auf der anderen Seite durch Entfremdungen und natürlich erst recht durch Antipathien verhindert. Deshalb sollte sich jeder Erziehende darüber im klaren sein, daß eine Distanzierung zu seiner Person schnell auch auf die Lehrgegenstände übertragen wird, weil diese nicht außerhalb des persönlichen Kontaktes stehen. Was ihnen ein Bildungsinhalt wert ist, hängt bei Schülern oft bis in die Gymnasial-Oberstufe davon ab, *was ihnen der Lehrer wert ist, der den Gegenstand vermittelt*[30]. Deshalb muß nicht nur im engeren Bereich der Erziehung, sondern ebenso im Bereich der Lehre dieser Funktionszusammenhang zwischen Sympathierelation und Sachvermittlung beachtet werden. Aus unkontrollierten Erwartungen entstehende Enttäuschungen und Verärgerungen und die davon wiederum ausgelösten Fehlformen des Tadels werden mit dem emotionalen Bezug der Kinder zugleich auch deren Sachinteressen zerstören.

5. Die Strafe

5.1 Grundlegung

5.1.1 Straftheorien und pädagogische Praxis

Wer die über das Verhältnis von Strafe und Erziehung vorliegende Literatur[1] mit dem vergleicht, was in der Erziehungspraxis der Familien und Schulen geschieht, stößt rasch auf einen eigenartigen Umstand. Es gibt wahrscheinlich nichts anderes im Bereich der Erziehung, *bei dem sich pädagogische Theorie und ihre Praxis so eindeutig zu widersprechen scheinen,* als dies bei der Frage der Fall ist, ob Strafe ein Erziehungsmittel sei. Es gibt kaum eine nennenswerte theoretische Erörterung über das Strafproblem, die nicht zumindest gegen eine allzu unmittelbare Anwendung der Strafe Bedenken anmeldete. Nur bei wenigen, ausgewählten Strafformen wird überhaupt von Erziehungsmaßnahmen gesprochen.

In der Erziehungspraxis dagegen, sei es der des Elternhauses sei es der der Schule, wird immer wieder gestraft, und die Strafenden erhoffen von ihren Maßnahmen natürlich auch erzieherische Wirkungen. Folgt aus diesem Widerspruch, daß jene Theorien nur blasse Abstraktionen sind, die sich zu weit von der Erziehungswirklichkeit entfernt haben und der Praxis deshalb keine Hilfe mehr bieten können, oder hinkt unsere Erziehungspraxis noch hinter den inzwischen vorliegenden pädagogischen Analysen zurück oder, auch dieser Fall wäre denkbar, kennen die Erziehenden jene Theorien und Reflexionen, halten sie im Prinzip auch für richtig, können ihnen aber nicht entsprechen, weil ideale Konstruktionen so erstrebenswert wie unrealisierbar zugleich sind?

Wer über Strafe spricht, muß zunächst von den Fakten gegenwärtiger Strafpraxis ausgehen, genauer: von dem, was als Strafpraxis angesehen wird. Das ist in der Tat eine »Bilanz des Schreckens«[2]:

– »Jedes Jahr werden bis zu 600 Kinder in Westdeutschland von ihren Eltern erschlagen. Nicht weniger als 60000 Kinder werden schwer mißhandelt und etwa 3 Millionen Kinder werden durch Prügel erzogen. In diesem Land, in dem 66 Prozent aller Bundesbürger bei einer Meinungsumfrage angaben, ›Kinderliebe sei ihre beste Eigenart‹, gelten Kinder immer noch nicht viel. Während die Tierschutzverbände in Westdeutschland über 500000 Mitglieder zählen, bringt es der Deutsche Kinderschutzbund (DSKB) nur auf rund 8000. Pro Tag werden durchschnittlich neun Tiermißhandlungen gemeldet, dagegen dem Deutschen Kinderschutzbund nur etwa drei Kindesmißhandlungen pro Monat.«

– »Eine Untersuchung ergab, daß 85 von 100 Eltern ihre Kinder nach wie vor schlagen. Kinder haben zu erwarten: Boxhiebe gegen den Kopf, Schläge in den Magen, Prügel mit Stock und Peitsche usw. Eine in Hamburg durchgeführte Untersuchung deckte von 381 Kindesmißhandlungen unter anderem folgende Torturen auf: So wurden zum Beispiel in 41 Fällen Kinder in Bauch und Gesäß getreten, in 24 Fällen schleuderte man sie gegen den Ofen, die Wand, zu Boden, aufs Bett und in Brennesseln. In 116 Fällen wurden Kinder mit Teppichklopfer, Kochlöffel, Kleiderbügel, Waschholz, Handfeger, Kohlenschaufel, Rute, Gummischlauch, Schürhaken, Holzscheiten, Latten und Dauben geschlagen. In 10 Fällen wurden Kinder gewürgt und stranguliert, in 8 Fällen an den Haaren gerissen, in 5 Fällen gezwungen, den eigenen Kot zu essen.«

Nach solchen Zahlen liegt es nahe, sich jeder Diskussion über eine eventuelle positive Funktion der Strafe grundsätzlich zu versagen. Schon der Versuch zu einem solchen Gespräch muß dann im besten Fall als Naivität, eher als Zynismus erscheinen. Trotz dieser verständlichen Erregung muß man indes – gerade gewünschter Verbesserungen willen – den vorliegenden Sachverhalt nüchtern analysieren und darf nicht in den Fehler verfallen, ihn nur von seiner Perversion her bewerten zu wollen. Zumal sich vor allem in der Schulpraxis immer wieder die Erfahrung machen läßt, daß in der Theorie zunächst engagiert Antiautoritäre in den Schwierigkeiten der Praxis nicht selten auf Strafformen zurückfielen, deren Existenz man nicht einmal mehr vermutet hätte.

Für eine solche Analyse sind zunächst zwei Abgrenzungen notwendig:
– Was in dem referierten Untersuchungsergebnis genannt worden ist, dürfte nur im geringen Maße wirklich Strafe gewesen sein, sondern war das dominierende Steuerungsmittel der dort vorherrschenden Erziehungspraxis, wenn man von einer wahrscheinlich ebenfalls häufigen Affektdurchbrüchigkeit einmal absieht. Das in guten Erziehungsverhältnissen über Gespräch, Lob, Tadel, Vorbild, Anregung, Hilfe und vieles andere mehr reichende mögliche Lenkungsinstrumentarium war in diesem Falle auf gewalttätige Herrschaftsformen zusammengeschrumpft. Es nutzt deshalb in allen diesen Fällen nichts, nur gegen diese sogenannte Strafpraxis zu argumentieren. Notwendig ist vielmehr, nicht nur Sensibilität für das Kind allgemein, sondern auch für ein feineres, gerechtes Instrumentarium des Kontaktes überhaupt erst zu entwickeln. Wer das anstehende Problem nur auf »Strafe« reduziert, übersieht, daß die genannten Formen Auswüchse einer gewalttätigen Herrschaft sind, während es Strafe mit dem Verhältnis von Recht, Schuld und Gerechtigkeit zu tun hat. Hier sollte man also genauer sein und brutale Herrschaftsformen nicht als Strafe bezeichnen.
– Aber auch wo diese Unterscheidung gemacht wird, entsteht, unter dem Eindruck der genannten Zahlen, doch häufig die Annahme, Strafe sei zumindest in der Hauptsache gleich Prügelstrafe. Die landläufigen Diskus-

sionen erschöpfen sich dann gewöhnlich sehr rasch an der einzigen Frage, ob die berühmte eine Ohrfeige denn wirklich schade. Auch das ist eine unstatthafte Verkürzung des Problems. So wenig wie Autorität ihrer positiven pädagogischen Bedeutung nach etwas mit Herrschaft zu tun hat, so wenig eine Analyse des Phänomens Strafe mit einer leichtfertigen Für-Recht-Erklärung brutaler physischer Unterdrückung. Deshalb wird im weiteren Verlauf dieser Analyse auf dieses Thema Prügelstrafe überhaupt nicht weiter eingegangen; nicht, weil es nicht gesehen würde, sondern weil es nicht der Sinn dieser Untersuchung sein kann, eine Fehlform schon dadurch aufzuwerten, daß man sie in den Mittelpunkt der Betrachtung stellt. Bei unserer Frage, ob Strafe ein Erziehungsmittel sein könne, geht es also an keiner Stelle um Rechtfertigung verbreiteter Herrschaftsformen und Gewalttätigkeiten, sondern gerade um das sehr viel andere Problem, Lehrende und Erziehende zu jener notwendigen Sensibilisierung ihrem eigenen Verhalten gegenüber anzuregen, ohne die kein qualifizierter pädagogischer Kontakt zustande kommen kann.

Im grundlegenden Abschnitt über Zielprobleme ist als Gesamtziel des Erziehungsvorganges die Verselbständigung des Individuums genannt worden. Erziehung müsse bewirken

– daß der Heranwachsende immer mehr von externen Lenkungen unabhängig und sich selber zu steuern fähig werde,
– daß er sich selbständig Informationen beschaffen, sie kritisch prüfen und in seinem Verhalten verwerten könne,
– daß er sensibilisiert wird, die sozialen Auswirkungen seines Verhaltens zu prüfen.

In grundsätzlichen Überlegungen wurde auch bereits erläutert, daß dazu neben Evolutions- und Progressionshilfen auch gegenwirkende Maßnahmen notwendig sein werden, Gegenwirkung aber erst dann pädagogisch qualifiziert erscheint, wenn sie transformatorisch wirkt und nicht einfach nur drosselt. An diesen formalen Kriterien ist auch die pädagogische Funktion der Strafe zu messen. Falls sich zeigen sollte, daß Strafen diesen genannten Bedingungen nicht genügen können, wären sie pädagogisch nicht zu rechtfertigen, allenfalls, um mit *Schleiermacher* zu reden, zu »entschuldigen«.

5.1.2 Straftheorien und ihre pädagogische Relevanz

Was ist Strafe? Wobei diese Frage jetzt nicht auf eine sogenannte Wesensbeschreibung zielt, sondern auf eine Analyse der Rahmenbedingungen, unter denen Strafe mitsamt ihren Voraussetzungen und Folgen auftritt. Eine solche vorausgehende Analyse ist notwendig, weil Strafe keineswegs ein eindeutig festliegender Begriff ist, sondern als Bezeichnung für Sachverhalte dient, die in sich deutlich unterschieden werden müssen:

– Einmal ist Strafe ein moralischer Begriff und steht dann im Zusammenhang mit Gewissen, Schuld und Sühne.
– Das andere Mal ist Strafe ein Lenkungsmittel nach Art des Stimulus im bedingten Reflex. In dieser Form kann sie sowohl absichtlich auftreten (Disziplinarmittel) wie auch natürliche Folge einer Handlung sein.

Das eine Mal ist Strafe einsichts- das andere Mal anpassungsorientiert. Beide Positionen werden im folgenden noch näher beschrieben, wobei allerdings keine ausführliche Explikation der gesamten Straftheorien möglich ist, sondern die Strukturanalyse in der Form thesenhafter Formulierungen erfolgen muß.

5.1.2.1 *Strafe als moralischer Begriff*

Diese Form von Strafe ist immer Folge eines *Unrechts*. Indes: nicht jedes geschehene Unrecht, als objektiven Tatbestand betrachtet, kann Strafe zur Folge haben. Sie setzt einen Täter und dessen Schuld voraus. Moralisch verstanden ist Strafe Folge eines durch subjektive Schuld entstandenen Unrechtes und bedeutet dann für den Täter einen fühlbaren Nachteil (Ehren-, Freiheits-, Eigentumsstrafen oder zugefügten körperlichen Schmerz). Dieser Nachteil ist zugleich Strafleid auslösendes Moment.

Schuld wiederum ist, wenn man nicht juristisch, sondern anthropologisch denkt, ein Verhältnis, das nicht unwidersprochen gilt. Vorausgesetzt werden muß vielmehr, daß der Mensch schuldig werden kann. Innerhalb eines anthropologischen Gesamtkonzepts, in dem Persönlichkeit als ein im weitesten Sinne verstandenes Konditionierungsprodukt erscheint, ist Schuld nicht möglich. Schuld setzt also voraus

– daß sich der Mensch entscheiden kann, also Freiheit besitzt und nicht nur von Gewöhnungen getrieben wird;
– daß der Mensch seine Handlungen auf Realitätsangemessenheit prüfen kann, also Einsicht besitzt und nicht nur Assoziationen;
– daß der Mensch seine Erfahrungen und Einsichten nach Bedeutungsgrad und Wertabstufungen ordnet, das heißt zugleich: daß er verantwortlich handeln kann[3].

Aber auch innerhalb eines liberalistischen Konzepts gibt es keinen Begriff von Schuld. Erscheint Gesellschaft mit ihrem Reglement nur als ein notwendiges Übel, eventuell sogar nur einer bestimmten geschichtlichen Epoche zugehörig, etwa *Fichtes* Zeitalter der »vollendeten Sündhaftigkeit« vergleichbar und mit der Entwicklung des Menschengeschlechtes zur Freiheit überwindbar, dann weisen Vokabeln wie Schuld und Sühne

– entweder auf eine allgemeine Verlegenheit hin: man kann sie realpolitisch nicht entbehren, obwohl man sie moralisch nicht rechtfertigen kann,
– oder auf einen temporären Zustand,
– oder auf Rudimente eines falschen noch nicht emanzipierten Bewußtseins[4].

Es müssen also zwei Bedingungen, ein positives und ein negatives Moment zusammenkommen, wenn Schuld und damit Strafe anthropologisch möglich sein sollen. *Positiv* sind das die Momente von *Freiheit, Einsichtsfähigkeit* und *Verantwortlichkeit*. *Negative* Bedingung ist, daß diese Freiheit *endlich* bleibt, das heißt einen Zustand des Scheitern-Könnens einschließt, sich also als eine sicher mit der Kontingenz menschlicher Existenz zusammenhängende Labilität im Verhältnis von Einsicht, Wollen und Handlung zeigt. Da diese Kontingenz selber ein konstitutives und das heißt schicksalhaftes Merkmal darstellt, stößt die Analyse der Bedingungen von Schuld in eine paradoxale Situation vor, die hier nur angedeutet werden kann: Daß der Mensch überhaupt schuldig werden kann, ist nicht seine Schuld, sondern sein Schicksal; daß er im konkreten Fall schuldig wird, ist seine Schuld. An diesem Gegensatz reiben sich bislang alle Straftheorien. Wahrscheinlich kann man diesen Gegensatz auch nicht in einer widerspruchsfreien Strukturanalyse auflösen, zumindest nicht mit dem bislang empirisch gesicherten Wissen vom Menschen, sondern muß dabei im kantischen Sinne postulatorisch ex eventu denken: *Welche Konsequenz hätte es für die Personentwicklung und die sozialen Bezugssysteme der Gesellschaft, wenn verantwortliches Handeln nicht mehr möglich und folglich auch Schuldig-werden nicht mehr denkbar ist?* Wir fordern Freiheit, weil wir sie als Prinzip unserer Weltauffassung brauchen, und wir setzen damit zugleich Moralität und Schuld, obwohl wir im konkreten Fall niemals präzise bestimmen können, wo Schicksal aufhört und Schuld anfängt.

Straffähigkeit ist folglich immer an einen *Zustand relativer Mündigkeit* gebunden. Die Instanz dieser Mündigkeit wird *Gewissen*[5] genannt. Innerhalb dieses anthropologischen Konzeptes, in dem Freiheit, Moral, Gewissen nicht eliminiert werden, ist Strafe also nicht, wie das an anderen Stellen zu lesen ist, ein inhumaner Zustand schlechthin, sondern verweist vielmehr auf anthropologische Rahmenbedingungen, von denen her der Person eine *hohe Qualität* zuerkannt wird[6]: Einsichtsfähigkeit, Verantwortungsfähigkeit, Moralität, Freiheit. Da sich indes beim Gebrauch des Wortes Strafe immer sofort historisches Wissen um praktizierte in der Tat inhumane Strafformen assoziiert (Prügelstrafe), erscheint uns Strafe durchweg als etwas Erniedrigendes, und für die sokratische Meinung, daß man Strafe nicht fliehen, sondern selber suchen müsse, sobald man schuldig geworden sei[7], fehlt heute jedes Verständnis.

5.1.2.2 Strafe als gewohnheitsbildendes Lenkungsmittel

Der vorherrschende Eindruck der Erniedrigung wird durch einen Antagonismus noch verstärkt, der in der Strafpraxis immer wieder auftritt. Moralisch betrachtet setzt Straffähigkeit zwar Mündigkeit (die Fähigkeit zum feldunabhängigen einsichtsgesteuerten Verhalten) voraus. Die verschiedenen, für die soziale Verfassung des Menschen unentbehrlichen gesellschaftlichen Institutionen können es sich aber nicht leisten, individuelles Verhalten in jeder Form zu tolerieren. Ihre Aufgabe ist es vielmehr, individuelle Interessenbereiche gegenseitig abzugrenzen. Dazu bedarf es eines sanktionierten Regelsystems einer gesellschaftlichen Ordnung und eines nach diesem System geordneten Verhaltens der Individuen, das wir gewöhnlich *Disziplin* nennen[8].

Um diese Disziplin herzustellen und zu sichern, gibt es neben anderen bereits erwähnten verhaltensordnenden Maßnahmen auch die repressive Form des fühlbaren Nachteils. Strafe tritt hier aber weniger im Verhältnis von Schuld und Sühne auf. Wo diese Begriffe noch Verwendung finden, wie etwa in der Rechtsprechung, sind sie mehr als sprachliche Rudimente anzusehen. Ihre Wirkweise ist die eines *unlustauslösenden außensteuernden Stimulus*[9].

Ähnlich sind die sogenannten »*natürlichen Strafen*« zu sehen und zu bewerten. Als natürliche Strafen versteht man seit *Rousseau*[10] sachbezogene Konsequenzen einer Tat: Konsequenzen von Unvorsichtigkeit, Leichtfertigkeit, ungenügender Planung, ungenügender Kontrolle und ähnlichem. Streng dem Wortsinn nach gedacht, handelt es sich bei solchen Situationen allerdings *überhaupt nicht um Straffälle*, sondern um direkte Handlungsfolgen. Da aber einerseits diese Konsequenzen gefühlsmäßig gleiche Reaktionen auslösen können wie absichtlich herbeigeführtes Strafleid, andererseits Erziehende in solchen Situationen die von ihnen erwarteten Folgen absichtlich nicht auffangen, sondern zulassen, kann man auch in solchen Fällen, wenngleich nur in einer lockeren Analogie, von Strafen sprechen.

»Strafe« kann also dreierlei meinen:
– fühlbarer Nachteil als Folge einer moralischen Verschuldung (Strafe als Sühne),
– über Unlust wirkendes Lenkungsmittel (Strafe als Reglement),
– mit einer Handlung verbundene unangenehme Erfahrungen (»natürliche Strafe«).

5.1.2.3 Zur Unterscheidung von tat- und täterbezogenen Strafen

In der Regel wird unterschieden zwischen Strafen, die verhängt werden, weil ein Rechtsverhältnis verletzt worden ist *(punitur, quia peccatum est)* und jenen, die bewirken sollen, daß zukünftig kein Recht mehr verletzt wird *(punitur, ne peccetur)*. Jene Strafen sind *tat-*, diese dagegen *täter-* oder gemeinschaftsbezogen. Sie unterscheiden sich danach, ob die Strafe auf den Täter selber einen bessernden Einfluß ausüben soll oder mehr aus einer Schutztheorie abgeleitet worden ist, die die Gemeinschaft durch Abschreckung der einen und Bewahrung der anderen vor ähnlichen Rechtsbrüchen schützen will.

Den *tatbezogenen Strafen* liegt die Vorstellung eines Rechtsverhältnisses zugrunde, das durch die Straftat verletzt worden ist und jetzt durch die Strafe wieder hergestellt werden soll. Das beginnt bei der Forderung Geschädigter nach Wiedergutmachung und geht bis zur Vorstellung einer in sich ruhenden metaphysischen Gerechtigkeit, deren Verletzung durch Strafe gesühnt werden müsse, weshalb dann allegorisch der personifizierten Gerechtigkeit eine Waage in die Hand gegeben wird. Das gerechte Urteil soll, diesem Bilde nach, zwischen Tat und Sühne wägen und einen objektiven Ausgleich wiederherstellen. Für dieses sogenannte formale Strafprinzip gilt der Grundsatz: »Nicht auf das Verschulden, die subjektive Seite, kommt es an, sondern darauf, daß der objektive Ausgleich wiederhergestellt wird[11]!«

Zweifellos kann ein solcher Zwang zur Wiederherstellung auch auf den Täter eine bedeutsame Wirkung ausüben. So beruhten die Erfolge des bekannten Darmstädter Jugendrichters *Holzschuh*[12] vor allem darauf, daß er in seinen Urteilen den Sühnegedanken nicht preisgab, wie das bei Milieutheoretikern der Fall ist, die Sühne aber den jugendlichen Tätern immer als Wiedergutmachung eines von ihnen angerichteten Schadens verständlich zu machen suchte und dadurch von sonst gebräuchlichen formal orientierten Strafarten abhob, bei denen für gewöhnlich zwischen Tat und Strafe kein erkennbarer Sinnbezug besteht und im Gestraften in der Regel statt einer heilsamen Reue nur das dumpfe Gefühl eines in diesem Fall Schwächeren hervorgerufen wird[13].

Dennoch: bei jeder Tatstrafe ist ein bessernder Einfluß auf den Täter nur sekundärer Effekt. Denn da tatbezogene Strafen nicht unter dem Aspekt eines möglichen bessernden Einflusses auf den Täter ausgewählt werden, kann eine Besserung allenfalls funktional und das bedeutet zufällig zustande kommen.

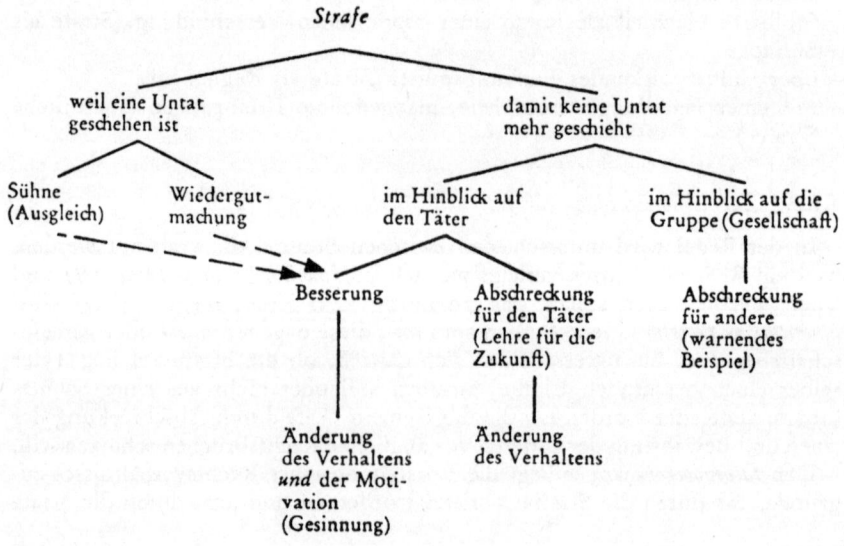

Deshalb kann man Erziehungsstrafen nicht am formalen Strafprinzip messen. Alle tatorientierten Strafen lassen sich also per definitionem nicht als Erziehungsmaßnahmen in Betracht ziehen. Allerdings sind auch nicht alle nach dem Grundsatz: punitur, ne peccetur (es wird gestraft, damit nicht mehr gesündigt werde) ausgewählten Strafen pädagogisch qualifiziert. Denn Abschreckungs- und Verhütungsstrafen, durch die weitere Untaten verhindert werden sollen, haben eine gruppenorientierte Schutzfunktion. Ein bessernder Einfluß auf den Täter ist auch hier sekundär und funktional. Wenn Strafen wirklich erzieherisch wirken sollen, dann müssen sie den Täter so ändern, daß er selber später kein Recht mehr verletzen will und zwar nicht nur aus Furcht (im Sinne der Abschreckungstheorie), sondern aus gewonnener Einsicht[14].

5.1.3 Das Strafleid

5.1.3.1 Nebenwirkungen des Strafleides

Schon diese ersten Analysen zeigen, daß Strafen offensichtlich nur in bestimmten ausgewählten Fällen von erzieherischer Bedeutung sein werden. Ehe sich diese Fälle näher bestimmen lassen, muß aber noch die Wirkweise der Strafen näher untersucht werden. Alle Strafen, gleich ob es sich dabei um Ehren-, Freiheits-, Eigentumsstrafen oder um körperlichen Schmerz handelt, gleich auch, ob es sich um Strafen handelt, die moralisch, disziplinarisch oder als Handlungskonsequenz erfahren werden, fügen dem Gestraften Leid zu. Mit diesem Leid, das den Täter trifft, soll entweder ein anderes Leid vergolten werden, das jener durch seine Tat verursacht hat, oder es soll den Gestraften wie auch andere warnen und von neuen Regelverletzungen abhalten oder, drittens, den Täter zur Besinnung bringen und bessern. In der Strafe soll also Leid durch Leid getilgt, das heißt durch eine Vermehrung des Leides Leid vermindert werden[15].

Wenngleich die Gesellschaft auf dieses Verfahren, Leid durch Leid zu tilgen, nicht so einfach wird verzichten können, wie das mitunter geglaubt und erhofft wird, so darf man doch auch den Blick nicht davor verschließen, daß das Verfahren in sich außerordentlich problematisch ist. Denn einem Menschen und schon gar einem Kinde absichtlich Leid zuzufügen oder auch nur leidvolle Erfahrungen einfach zuzulassen, wie dies bei den sogenannten »natürlichen Strafen« geschieht, ist keine ohne weiteres selbstverständliche und auch keine gute Sache, auch dann nicht, wenn man damit einen guten Zweck erreichen will. Daß es ohnedies schon Leid in dieser Welt gibt, mit dem man zurechtkommen und das man ertragen lernen müsse, gibt keinen ausreichenden Rechtsgrund dafür her, dieses schon vorhandene Leid noch zusätzlich zu vermehren; wie es auch nur ausgemachte Gedankenlosigkeit ist, mit dem Argument: Strafen wären schließlich bisher auch in der Erziehung verwendet worden, beweisen zu wollen, daß dieses Mittel sanktioniert sei[16].

Leid kann wirklich nur dort als Mittel zu einem höheren Zwecke gebraucht werden, wo es unvermeidbar ist, das heißt, wo kein anderes Mittel den gleichen Zweck erreichen kann. Selbst dann kann es nur dort als gerechtfertigt angesehen werden, wo es, in der Sprache der Morallehre ausgedrückt, nicht mehr als Unbequemlichkeit *(incommodum)* bereitet und nicht selber zum zerstörenden Übel *(malum)* wird. Das gilt für körperliche Schmerzen, für Eigentums- und Freiheitsentzug; das gilt erst recht für jedes Leid, das absichtlich einem Kinde zugefügt wird.

Das Strafleid ist aber nicht nur ein humanitäres Problem. Mit ihm sind zugleich weitreichende psychologische und damit auch pädagogische Konsequenzen verbunden. Mehr noch als Ironie und unkontrollierter Tadel kann Strafleid Aversionen (Frustrationen) hervorrufen, die schließlich die Substanz dessen angreifen müssen, was durch die Strafe pädagogisch eigentlich gestützt und gestärkt werden soll. Eine derartige rückläufig zerstörende Wirkung kann in allen drei pädagogisch relevanten Bereichen beobachtet werden:

Das ist einmal das persönliche Verhältnis des Gestraften zum Strafenden. Niemand wird sich dort bestätigt und geborgen fühlen, wo ständig Strafen zu erwarten sind. Ein Kind ist offensichtlich überfordert und in keiner seiner Individuallage angemessenen Lernsituation, wenn Strafe keine Ausnahme bleibt, sondern zur Regel wird[17].

Vom Strafleid ausgelöste Reaktionen können sodann auf die Erziehungs- und Bildungsinhalte zurückwirken. Es ist ja schon wiederholt davon gesprochen worden, daß für Heranwachsende diese Inhalte meist in dem Maße interessant und so viel wert sind, wie ihnen der diese Sachbereiche lehrende und vermittelnde Lehrer angenehm und wert ist. Der Personwert wird auf die Sache übertragen. Im persönlichen Verhältnis gründende Wertschätzungen prägen die Werthaltungen der Heranwachsenden. Das gilt bis in den Bereich der Weltanschauungen und des Glaubens hinein. Daß die junge Generation ihre Ideale denen der Väter genau entgegensetzt, dem väterlichen Idealismus mit Nihilismus begegnet, der väterlichen Bürgerlichkeit dagegen den Idealismus einer Jugendbewegung entgegenhält, mag darin seinen Grund haben. Offenbar verleiden viele Erziehende durch unkontrollierte Nebeneffekte den Lernenden gerade das, was sie als Wert ausdrücklich bewahrt wissen möchten. Dies geschieht, weil nicht genügend bedacht wird, daß die Art und Weise, wie man etwas erfährt, viel unmittelbarer und direkter als der Lehrinhalt selber Zuneigung oder Abneigung weckt und damit zugleich Werteinstellungen bildet. Deshalb sind Erziehungs- und genauso auch Unterrichtsmethoden keineswegs nur als der Weg anzusehen, auf dem etwas vermittelt wird, sondern bestimmen den Vermittlungsinhalt, denn die Atmosphäre der Vermittlung entscheidet mit, ob tatsächlich als Wert erscheint, was als Wert erscheinen soll.

In der dritten Steigerungsstufe destruktiver Auswirkungen werden schließlich formale Qualitäten in Mitleidenschaft gezogen. Das können entweder

allgemeine Einstellungen sein (Weltoffenheit verformt sich zu negativisti-
schem Pessimismus, das allgemeine Neugierverhalten verflacht zur Apathie),
das kann sich auch direkt um intellektuelle Fähigkeiten handeln, die destruiert
werden (Verlust schöpferischer, kreativer Verhaltensformen) oder um Regressionen im Bereich der für soziales Verhalten unentbehrlichen Sensibilität[18].

5.1.3.2 *Strafleid, Furcht und Angst*

Ein derartig ambivalentes Mittel wie das Strafleid muß deshalb noch genauer analysiert werden, ehe man es pädagogisch sanktionieren kann. Dabei
ist von zwei Forderungen auszugehen, wie sie beispielsweise *Langeveld* an das
Strafleid stellt. Sie heißen[19]: »Soll Strafe gerechtfertigt sein, so darf Leid nicht
nur unvermeidlich sein, so daß man sich damit abfinden könnte, vielmehr muß
man darin einen positiven Wert aufzeigen können.« Und weiter: »Soll das
Strafleid einen erzieherischen Sinn haben, so muß es also dazu beitragen, den
Zögling sittlich mündig zu machen.«
Der ersten Forderung zu genügen ist nicht schwer, weil es sich dabei um
eine Art von formaler Rechtfertigung handelt. Und die gibt uns schließlich
jede Straftheorie. Sowohl das Talionsprinzip wie auch die Abschreckungs-
strafe, um zwei Extremfälle zu nennen, wollen mit dem Strafleid allemal
»positive Werte« stützen.
Schwierig wird es dagegen bei der zweiten Forderung, die nichts anderes
besagt, als daß das Strafleid eine auf Verselbständigung des Heranwachsenden
gerichtete transformatorische Wirkung zeitigen muß, wenn ihm erzieherische
Relevanz zuerkannt werden soll. Ist das aber möglich? Gibt es für eine solche
Transformation einen Anhaltspunkt?
Um dies prüfen zu können, muß von dem Umstand ausgegangen werden,
daß Strafleid eine furchtauslösende Wirkung hat, daß die reaktive Furcht ein
unabdingbarer Bestandteil im Wirkmechanismus der Strafe ist. Die »Wenn-
Dann«-Konsequenz soll dabei entweder vor subjektiv begehrten, objektiv aber
unerwünschten Handlungen zurückhalten oder zu subjektiv unlustvollen, objektiv für notwendig erachteten Handlungen antreiben. Die direkten wie indirekten Folgen dieser Furcht sind folgende:
1. Abschreckende Wirkung besteht offensichtlich immer nur so lange, als
strafandrohende und -vollziehende Gewalt wirklich präsent ist. Verschwindet
sie, löst sich die disziplinierende Wirkung der Drohung auf. Deshalb bindet
die mit Furcht operierende Strafe die Existenz der von ihr gestützten Ordnung
an die reale Existenz der Strafgewalt. Damit setzt sie aber zugleich den Angesprochenen in einen Zustand permanenter Unmündigkeit. Dieses Abhängigkeitsverhältnis der allgemeinen Ordnung wie der subjektiven Verhaltensweisen von einer beaufsichtigenden Gewalt entspricht indes gerade nicht dem
Bilde einer verselbständigenden Erziehung, durch die die Geltung der Nor-

men in der Freiheit eigener Mündigkeit aufgehoben werden soll. Die Frage ist also, ob überhaupt mit Strafen die pädagogische Intention verbunden sein kann, den eigenen guten Willen des Heranwachsenden zu stärken, damit dieser schließlich selber Handlungen unternimmt, die sich im allgemeinen Normenkonsensus nicht rechtfertigen lassen. Erziehung ist immer erst dort am Ziel, wo Lenkungen nicht mehr extern, sondern durch den eigenen Willen geschehen. Bei Straftaten wäre dieses Ziel dort erreicht, wo der Täter selber seine Tat als Unwert erkennt und verurteilt, mit anderen Worten: *wo er sein Tun bereut. Reue*[20] weist darauf hin, daß aus eigenem Willen und eigener Einsicht eine Verhaltensänderung angestrebt wird.

2. Gibt es aber eine solche ursächliche Verbindung zwischen Furcht und Reue? Max *Scheler* hat dieses Verhältnis näher untersucht. In seinem Aufsatz »Über Reue und Wiedergeburt«[21] bestreitet er nicht nur eine solche Möglichkeit; er meint sogar, daß Furcht und Reue einander geradezu ausschlössen, weil die Furcht »uns gar nicht in jene Gemütslage der Sammlung kommen läßt, worin die Reue eigentlich erst möglich wird«, und »Furcht die Reue mehr hemmt als entwickelt«[22]. Tatsächlich könnte Furcht nur nützlich sein, wenn sie vor der Straftat auftritt (Fürchten als Vorsehen), damit entweder die gebotene Tat zustandekommt oder aber die verbotene Handlung unterlassen wird. Tritt Furcht dagegen erst auf, wenn die strafbare Tat bereits verübt worden ist, dann schlägt ihre Wirkung, pädagogisch gesehen, ins Gegenteil um. Jetzt schadet sie mehr, als daß sie nützte, weil sie den Täter in *Fluchtbewegungen* drängt, um den angedrohten, furchterweckenden Konsequenzen zu entgehen. Ausweichbewegungen wie Entschuldigungen und Bitten, in verstärkten Formen Verstellungen, Leugnungen und *Lügen* zeigen an, daß Furcht von einer pädagogisch erstrebenswerten Selbstbesinnung gerade wegführt, deshalb nichts mit Reue zu tun hat, sondern diese vielmehr zu verhindern imstande ist. Reue ist selbstkritisches Offenlegen der Person. Furcht und die von ihr angezettelte Flucht in die Lüge will das gerade aber nicht zulassen[23].

3. Es kommt hinzu, daß die durch die Furcht eingeleitete zielgerichtete Fluchtreaktion, um angedrohten Konsequenzen zu entgehen, mit der Zeit zur allgemeinen Lebenshaltung der *Angst* führen kann, durch die zunächst Verlust der sozialen Vertrauensbasis, danach Verlust eines stabilisierten Selbstvertrauens, dadurch wiederum pessimistische oder resignative Grundstimmungen entstehen können[24]. Angst ist eine Existenzform, in der kein Mensch längere Zeit unbeschädigt leben kann. Er wird, wenn sich die situativen Bedingungen nicht verändern lassen, durch charakterverformende Abwehrmechanismen neue Stabilität zu gewinnen suchen und außerdem aus »*Angst vor der Angst*« häufig in die *Präventivreaktion der Aggressivität* verfallen, in der Angriff als beste Verteidigung erscheint. Daß es sich in allen genannten Fällen, sobald sie im Bereich der Erziehung auftreten, nur um eindeutige Fehlformen handeln kann, braucht nicht weiter hervorgehoben zu werden.

5.1.4 Verschiebungen in der Bewertung verschiedener Erziehungsmittel

Sicher werden kritischen Lesern bei der Lektüre der bisherigen Überlegungen zum Problem der Strafe Bedenken gekommen sein, weil diese Analysen von deutlichen Wertverschiebungen nicht frei zu sein scheinen. Denn während in den Abschnitten über Lob und Lohn immer auch dann noch großzügig von Erziehungsmitteln gesprochen worden ist, wenn bereits starke Motivverschiebungen vorlagen und dort immer ausdrücklich die Methode des Anfangs von den Prinzipien des Zieles unterschieden wurde, ist offensichtlich in den bisherigen Überlegungen zum Strafproblem ganz anders verfahren und rigoros alles ausgesondert worden, was sich nicht allein vom Ziel der Verselbständigung und Mündigkeit her legitimieren konnte. Das scheinen aber unerlaubte Maßstabsverschiebungen zu sein, wenn man der einen Seite gewährt, was man der anderen vorenthält.

Eine solche Maßstabsverschiebung liegt in der Tat vor. Sie ist aber weder unbemerkt in die Feder gerutscht, noch soll sie verdeckt werden, denn sie hat objektive Gründe. Was rein formal gesehen allerdings als Maßstabsverschiebung erscheint, zeigt sich in einem anderen Lichte, wenn wir auf die materiale Seite hinüberwechseln und nachsehen, was an den Intentionen oder Nebenwirkungen der verschiedenen Erziehungsmittel je und je als pädagogisch nützlich oder als unbedenklich oder als schädlich betrachtet werden muß. Da wir es mit Mitteln der Erziehung zu tun haben, müssen auch stets vom Ziel der Erziehung her die jeweiligen Nebenwirkungen mitbedacht werden. Deshalb kann eine harmlose Motivverschiebung viel leichter in Kauf genommen werden als Nebenwirkungen mit destruktiven Impulsen. Deshalb können dann auch zwei formal besehen gleiche Verschiebungen vom jeweiligen Inhalt her betrachtet erheblich differieren, wie sich das in unserem Falle beim Vergleich der harmlosen Freude über eine materielle Vergünstigung mit den durch Strafleid gezüchteten Folgen der Furcht zeigt.

5.1.5 Die kulturgeschichtliche Komponente des Strafproblems: Konformität und Mündigkeit

Zu diesem einen Aspekt kommt noch ein kulturgeschichtliches Moment hinzu. Auf der Grundlage eines, wie viele heute zu Recht glauben: einseitigen Autoritätsverständnisses haben sowohl die offizielle Schulpädagogik wie die unreflektierten familialen Erziehungspraktiken bis in die Zeit der Reformer die Indizien der *Reife* wesentlich an den Grad des Gehorsams geknüpft, mit dem von der heranwachsenden Generation äußerliche Konformität bewahrt und Disziplin gegenüber den herrschenden Ordnungsvorstellungen übernommen wurde. Zwar war schon längst, vor allem seit *Kant*, erklärt worden, daß Moralität nicht ihrem Inhalt, aber ihrem Charakter nach vom Willen abhänge und *daher mit Notwendigkeit ein verantwortungsfähiges Subjekt fordere.* Das mußte natürlich Konsequenzen auch für pädagogische Zielsetzungen haben, weil man ja jetzt, unter solchen moralphilosophisch-anthropologischen Voraussetzungen, Reife nicht mehr am Grad äußerer Konformität ablesen konnte. Von daher war dann auch eine heftige Autoritätskritik in Gang gekommen, die aber nur sehr langsam und verhältnismäßig spät von der Pädagogik rezipiert worden ist. Erst die Reformbewegung im beginnenden zwanzigsten Jahrhundert ist von dieser autoritätskritischen Veränderung des Reifebegriffes mitgetragen gewesen[25].

Diese von *Kants* Morallehre eingeleitete Autoritätskritik, durch die die Bestimmungen der Reife ganz entscheidend auf die Seite des *Subjekts* und seiner (relativen) *Autonomie* verlagert wurden, wirkt auch bis in die Charakterisierung und Bewertung verschiedener Erziehungsmittel hinein. Denn unter den Vorzeichen eines Erziehungszieles, bei dem individuelle Selbständigkeit und eigene Urteilsfähigkeit eine ganz andere Bedeutung als ehedem haben, können nicht mehr jene Erziehungsmittel im Vordergrund erzieherischen Interesses stehen, die vorab der äußerlichen Konformität dienen. Dagegen erhalten jetzt jene anderen einen größeren Wert, die die Eigenart der Individualität ausformen und der individuellen Selbständigkeit vormundschaftlich helfen können[26]. Nur: was in der Philosophie als philosophisches Problem schon längst Geschichte geworden ist, vollzieht sich als Realisation gesellschaftlicher Wirklichkeit Stück für Stück erst in unserer Gegenwart. So auch in der Schule und der Erziehung überhaupt. So aber auch in der Erziehungswissenschaft selber, die durch ihre geschichtlich bedingte stark retrospektive Orientierung hier oft noch hinter der gesellschaftlichen Entwicklung nachhinkt[27].

Den Verschiebungen im Bewertungsmaßstab, mit dem die einzelnen Erziehungsmittel charakterisiert worden sind, liegen folglich auch Verschiebungen im Reifebegriff zugrunde; – was wiederum verschieden, einmal systematisch ein andermal historisch betrachtet werden muß. Sehen wir uns zuerst das Verhältnis von der systematischen Fragestellung aus an. Mittel müssen sich, sagten wir einleitend, an dem Zwecke orientieren, dem sie zugeordnet sind. Deshalb werden auch die einzelnen Erziehungsmittel eine je unterschiedliche Bewertung erfahren, je nachdem sich Erziehung an einem individualitätsfreundlichen oder einem mehr individualitätsfeindlichen Reifebegriff orientiert. Nehmen wir nur das Erziehungsmittel, dessentwegen diese weitverzweigte Überlegung angestellt wird: die Strafe. Unter den pädagogischen Zielsetzungen eines Reifebegriffs, der *das Individuelle fast gänzlich in den Bereich des Beliebigen verschob* und die vorab äußerliche Subsumtion unter ein Allgemeines (des Staates, der Gesellschaft, aber auch verschiedener Weltanschauungen) als Reife begriff, muß eine durch Strafe erzwungene äußere Konformität offensichtlich in einem durchaus anderen, positiven Lichte erscheinen[28], als dies unter veränderten Vorzeichen der Fall ist, für die Reife nicht mehr die weitgehende Negation, sondern geradezu *die Bejahung des Subjektiv-Individuellen bedeutet.*

Nun zu den Konsequenzen, die sich aus der historisch bedingten Erziehungslage für die Bewertung der einzelnen Erziehungsmittel ergeben. Die beiden von je verschiedenen Reifebegriffen abgeleiteten pädagogischen Zielsetzungen, von denen aus Erziehungsmittel eine sehr unterschiedliche Bewertung erfahren, gehen in der gegenwärtigen Erziehungspraxis trotz der vielen Autoritätskritik mitunter noch recht wirr durcheinander. Und das keineswegs nur deshalb, weil sich der eine Erzieher mehr an diesem, der andere dagegen mehr an jenem Ziele orientierte; auch nicht aus dem anderen Grunde, weil schließlich jede Erziehung irgendwie beide Seiten, das Individuelle wie auch das Allgemeine, berücksichtigen muß und die Differenzen sich folglich mehr als *Nuancierungen der Antwort ausweisen werden, in welchem Verhältnis Konformität und Freiheit zueinander stehen.* Ein Wirrwarr entsteht vielmehr vielerorts durch eine *unerkannte Inadäquanz* zwischen Methode, Mittel und Ziel; deshalb, weil öfters überkomme Disziplinierungstechniken unreflektiert weitergetragen und mit allgemeinen erzieherischen Zielvorstellungen verknüpft werden, zu denen sie, von ihren eigenen Tendenzen her, im Widerspruch stehen. Praktisch sieht das so aus, daß man noch am ersten Reifebegriff der Konformität ausgerichtete Erziehungsmaßnahmen einsetzt, damit aber im Sinne mehr individuell geprägter Reife erziehen möchte. Um der Deutlichkeit willen polemisch formuliert: Mit Mitteln, die vorzüglich geeignet sind, einen unkritischen, äußerlich gehorsamen »Untertan« zu erziehen, soll der freie, verantwortungsbewußte und -bereite Staatsbürger gebildet werden. Man sucht in der Schule und der Erziehung oft noch selbständige, kritikfähige, orientierungsfähige Menschen mit Maßnahmen zu bilden, die diese Tugenden wahrscheinlich mehr behindern als fördern werden[29].

Deshalb ist es vor allem bei allen Drucksituationen notwendig, eine gewisse *traditionelle Überbewertung abzubauen,* im Gegensatz dazu bei Zug- und Sogsituationen auf die historische Bedingtheit einer in der Erziehungspraxis noch oft spürbaren Unterbewertung hinzuweisen, denn auch bei anscheinend zeitlosen Phänomenbeschreibungen, wie sie in der pädagogischen Literatur häufig zu finden sind, bleiben Fragestellung und Bewertungsmaßstab geschichtlich bedingt.

An dieser Stelle muß dann noch ergänzend auf eine mehr negative Auswirkung der kantischen Morallehre für unser pädagogisches Problem hingewiesen werden. Hat *Kants* Begriff von Moralität auf der einen Seite mit entscheidend in die bezeichnete Veränderung des Reifebegriffs hineingewirkt, so hat sein Verdikt gegen die »*Neigung*« pädagogisches Denken nicht sehr glücklich beeinflußt. Durch die scharfe Trennung von Moral und Neigung, die übrigens in einem deutlichen Gegensatz zu Anthropologien seiner Zeit (wie etwa der *Pestalozzis*) und natürlich erst recht der Gegenwart steht, ist eine Reihe pädagogisch wichtiger Triebkräfte in die Sphäre des Beliebigen verwiesen und Faktoren wie Sympathie und Anhänglichkeit, Ehrstreben, Freude am materiellen Gewinn – alles Momente, in denen Neigungen eine große Rolle spielen – für erzieherisch irrelevant, wenn nicht sogar für erzieherisch bedenklich erklärt worden. In Wahrheit sind affektive Komponenten jedoch als »Einlenkungshilfen« kognitiver Prozesse unentbehrlich[30]. Auch dieser Umstand mußte sich in der Bewertung verschiedener Erziehungsmittel niederschlagen.

Dies alles: zwei unterschiedliche Reifebegriffe, ein zum Teil unerkannter Widerspruch zwischen den an alten Zielen orientierten Mitteln und den neuen veränderten Zwecken, dann ein gewisser Rigorismus, der die Funktion der Emotionen (Gefühle, Affekte, Stimmungen[31]) für Erziehung verkennt, wirkt auch heute noch vielfach in die Diskussionen über Erziehungsmittel hinein. Wir können deshalb nicht einfach einen historischen Nullpunkt annehmen, an dem gleichsam die Sache selber, befreit von allem historischen Ballast, in ihrer unverstellten Wesenhaftigkeit sprechen könnte, wie das manchmal bei phänomenologisch orientierten Problemanalysen gesagt wird, eben weil es eine von ideen- und zeitgeschichtlichen Determinanten unabhängige Wesensbeschreibung nicht geben kann.

Gerade beim Erziehungsmittel Strafe muß auf solche vielfachen, historischen Komponenten sorgfältig geachtet werden. Einmal, weil es in der Erziehungspraxis eines der am meisten benutzten Mittel zu sein scheint, was weder unbedingt notwendig noch richtig sein muß. Zum anderen wegen der immer noch weitverbreiteten Meinung, daß man mit Strafen unmittelbar erziehen könne, während mit ihnen *meist nur eine zeitweilige, äußerlich verursachte Disziplinierung erreicht wird.*

5.1.6 Zur Unterscheidung einer Disziplinar- und Erziehungsstrafe

Damit ist auf eine wichtige Unterscheidung hingewiesen, die in der Problemliteratur viel zu wenig hervorgehoben wird. Das ist der Unterschied zwischen einer Disziplinar- und einer Erziehungsstrafe. Beide berühren sich zwar in verschiedenen Punkten eng, müssen aber andererseits wiederum streng voneinander getrennt werden, weil sie nur in dem Maße zusammengehören, in dem Disziplinierung als *Voraussetzung und Vorstufe* von Erziehung angesehen werden muß. Beide sind dagegen in gleichem Maße zu unterscheiden, in dem Erziehung über Disziplinierung hinausgeht.

Langeveld hat für derartige Fälle, wie sie bei Disziplinarstrafen vorliegen, die Bezeichnung »vorbereitende Erziehungsmittel« vorgeschlagen[32]. Dagegen wäre nichts einzuwenden, wenn Disziplinierung als Prozeß und als Zustand immer der Erziehung vorbereitend helfen würde. Das ist aber offensichtlich keineswegs der Fall. Was einer Disziplinierung nützt, muß nicht gleichzeitig der Erziehung zuträglich sein. Ja es scheint, als bestünde zwischen beiden ein *deutlicher Gegensatz*. Deshalb muß den Intentionen und Nebenwirkungen der beiden verschiedenen Strafformen näher nachgegangen werden.

5.2   Die Disziplinarstrafe

5.2.1   Die pädagogische Funktion der Disziplinarstrafe

Natürlich hat auch die Disziplinarstrafe eine pädagogische Funktion. Sie bereitet den Raum vor, in dem überhaupt erst erzogen werden kann. Ohne ein gewisses Minimum an vorgeordnetem Verhalten könnte es schließlich weder im Elternhaus noch in der Schulklasse zu planbaren und damit geregelten Lern- und Erziehungsprozessen kommen. Deshalb kann man durchaus von einer erzieherischen Bedeutung der elementare Ordnungen sichernden Disziplinarstrafe sprechen, muß dann aber im Blicke behalten, daß ihre Intention nicht auf Erziehung im engeren Sinne, sondern auf die *Voraussetzung* geht, jene elementare Ordnung zu sichern, ohne die keine Erziehung zustande kommen kann. Man kann sich das in Form einer Skizze vergegenwärtigen:

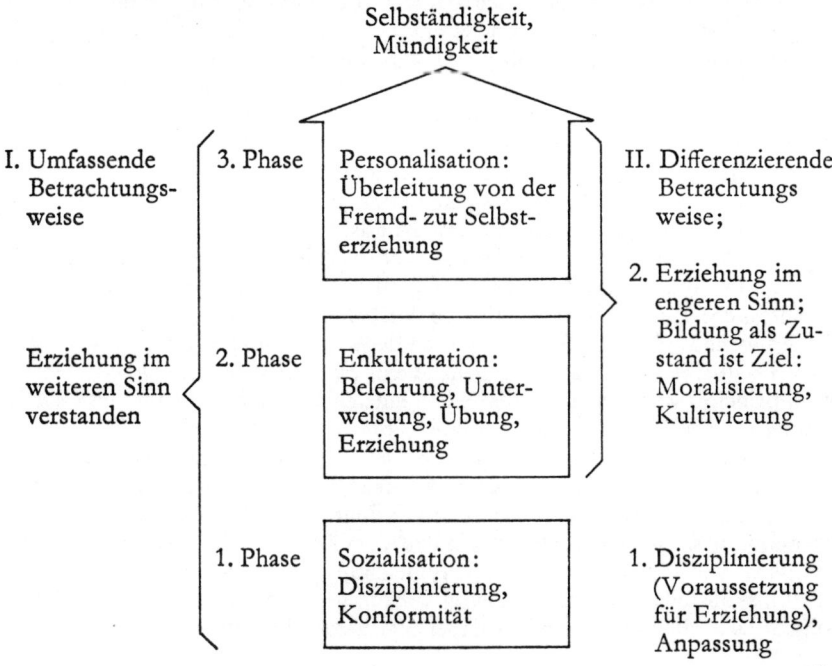

Selbständigkeit,
Mündigkeit

I. Umfassende Betrachtungs- weise

3. Phase — Personalisation: Überleitung von der Fremd- zur Selbst- erziehung

II. Differenzierende Betrachtungs weise;

2. Erziehung im engeren Sinn; Bildung als Zu- stand ist Ziel: Moralisierung, Kultivierung

Erziehung im weiteren Sinn verstanden

2. Phase — Enkulturation: Belehrung, Unter- weisung, Übung, Erziehung

1. Phase — Sozialisation: Disziplinierung, Konformität

1. Disziplinierung (Voraussetzung für Erziehung), Anpassung

Beide Sichtweisen haben ihre Vor- und Nachteile. Wird der Erziehungsbereich eingegrenzt, dann fallen Momente wie Disziplinierung und Gewöhnung aus dem eigentlichen Erziehungsvorgang heraus. Dagegen läßt sich manches Kritische sagen. Wird dagegen der Erziehungsbegriff ausgeweitet, dann verliert er beträchtlich an Schärfe, weil dann einige sachimmanente Gegensätze zwischen der Stufe der Voraussetzung und der eigentlichen Erziehung verdeckt werden. Das kann sich auf den Erziehungsvorgang selber nachteilig auswirken. Hören wir dazu verschiedene Einwände.

a) Erster Einwand: Wenn Disziplinierung und Erziehung trotz ihrer konditionalen Zusammengehörigkeit nicht sorgfältig voneinander getrennt werden, dann erscheint der Disziplinierte bereits als erzogen. Daß dies eine bedenkliche Veräußerlichung ist, wurde schon verschiedentlich erwähnt.

b) Der zweite Einwand greift wesentlich weiter. Während eben noch beim ersten Einwand Disziplinierung als eine, wenngleich unzureichende, Vorform der Erziehung Geltung behielt, widerspricht der zweite Einwand einer solchen Bewertung ganz entschieden und betrachtet Disziplinierung nicht etwa nur als Vorform, sondern als genaues *Gegenbild* der Erziehung, das heißt als ihre Perversion. Ihre Veräußerlichung zeige, daß sie nicht mehr als Dressur sei und deshalb nicht als Vor-, sondern als Unform der Erziehung bezeichnet werden müsse. Unter dem Zwange rein dressurhafter Disziplinierung verliere der Mensch seinen Personcharakter und werde zur gesichtslosen Funktion[34]. Menschen dürften daher nur auf eine typisch menschliche Weise in ihrem Verhalten geformt werden. Das geschehe nicht, indem man einfach äußere Konformität erzwinge, sondern indem im Funktionskreis menschlichen Handelns das Verhaltensregulativ der Einsicht und des Verstandes derartig ausgebildet werde, daß von ihm die objekt-, subjekt- und situationsangemessenen Handlungsimpulse ausgehen können.

c) Eine dritte Überlegung baut im Grundsätzlichen auf der eben referierten Kritik auf, nimmt aber einen beträchtlichen Teil von deren Schärfe zurück, weil in Rechnung gestellt wird, was auch bei der Behandlung des Strafproblems nicht gänzlich ausgeschlossen bleiben kann: daß die Prinzipien des Zieles nicht zugleich auch die Kriterien des methodischen Anfanges sein können. Das heißt: der Erziehung geht, wenn man nicht in eine didaktische petitio principii verfallen will, tatsächlich eine eigenen Gesetzen folgende Disziplinierung als Phase externer Lenkung voraus. Über deren Unentbehrlichkeit wurde schon verschiedentlich gesprochen. Nachdem dies zugestanden ist, wird jetzt aber auch auf den Hauptgedanken des zweiten Einwandes verwiesen. Denn die einerseits notwendige Disziplinierung kann durchaus der Erziehung im Wege stehen, der sie helfend vorausgehen soll. Wenn nicht beachtet wird, wie sehr rein äußerliche Angleichung der Verhaltensweisen auf die Gefühlskonstellation und die davon abhängigen Wertschätzungen des Disziplinierten zurückwirken und sie dabei entscheidend verändern kann, wird jede spätere, der nachfolgenden Erziehung übertragene intrinsische Motivierung des Verhaltens außerordentlich erschwert, wenn nicht überhaupt unmöglich werden. Falsche Disziplinierung kann das Kind nicht nur erziehungsunwillig, sondern regelrecht *erziehungsunfähig* machen. Der Erziehende hat dann durch unkontrollierte Lenkungsmechanismen gerade das verhindert, was er erreichen wollte[35].

5.2.2 Die Ambivalenz der Disziplin

Wenn einerseits Erziehung auf eine elementare Vor-Ordnung des Verhaltens angewiesen bleibt, andererseits durch gegenwirkende Lenkungen Hemmnisse auftreten können, die den Erziehungsablauf außerordentlich belasten, eine deutliche Ambivalenz der Disziplin also überall in den Erziehungsvorgang hineinwirkt, was bleibt dann zu tun? Diese Ambivalenz mit ihren Nebenwirkungen läßt sich offensichtlich nur durch jene Vermittlungsfaktoren mildern, auf deren Bedeutung für den Gesamterziehungsprozeß schon verschiedentlich hingewiesen worden ist: An die Stelle der noch fehlenden eigenen Einsicht treten vermittelnde, stützende, einlenkende und dabei Aversionen auffangende Faktoren, deren Aufgabe es ist, die Atmosphäre, in der Lenkung erfolgt, insgesamt in einer positiven Valenz zu halten, bis die eigene Einsicht des Heranwachsenden schließlich so weit gebildet wurde, daß er von sich aus den Sinn bestehender Regeln, Normen, Forderungen, Leistungen begreift und annimmt. Zu diesen in gutem Sinne bewahrenden Faktoren gehören vor allem auch der Vertrauensbezug, eine Sympathierelation, kontinuierliche Bestätigungen, eine stabilisierende Gruppenposition, die alle zusammen negative Anmutungen kompensierende Wirkungen zeitigen.

Das in der pädagogischen Literatur lange Zeit gern beschriebene Verhältnis *»pädagogischer Liebe«*[36] sollte deshalb nicht zu schnell als lyrischer Ausdruck unpräziser pädagogischer Formulierungen angesehen werden, wie das innerhalb einer streng wissenschaftsorientierten Pädagogik leicht der Fall ist. »Atmosphäre«, »Stimmung«, »Anmutung«, »affektives Gespanntsein«, alles bedeutsame Faktoren des pädagogischen Feldes, sind durchweg in starkem Maße von bestehenden Sympathierelationen abhängig. Die Bedeutung der emotionalen Komponenten im pädagogischen Bezug kann deshalb nicht leicht überschätzt werden.

Diese allgemeine Betrachtung war zweier Gründe wegen wichtig. Einmal ist durch sie das Verhältnis der Disziplin zur Erziehung verdeutlicht und dabei noch einmal gezeigt worden, weshalb Erziehungsstrafe entschieden von Disziplinarstrafe abgehoben worden ist. Zugleich wurde damit bereits angedeutet, welche Bedingungen vorhanden sein müssen, wenn Disziplinarstrafen angewendet werden sollen.

5.2.3 Regeln der Handhabung

Genau wie bei Ermahnungen und Tadelsformen muß auch bei Strafen ausreichende Lehre und Übung des betroffenen Inhalts vorausgesetzt werden. Durch Strafen kann man nichts vermitteln, sondern nur etwas durchsetzen und allenfalls befestigen. Schon hier geschehen bedauerliche Verstöße, weil nicht selten gestraft wird, noch ehe ausreichende Lehre vorhanden war. Erst nach der Unterweisung kann man aber Konsequenzen für den Fall des Ungehorsams ankündigen.

1. Damit sind wir bei der ersten Regel für Disziplinarstrafen: Die Konsequenzen müssen klar angekündigt werden, damit sie das Kind auch verstanden hat: »Du kannst erst spielen, wenn du deine Arbeiten erledigt hast!« »Du kannst morgen nicht auf den Spielplatz gehen, wenn du heute nicht pünktlich heimkommst!« Mißachtet das Kind die gebotene Regel, dann muß die Konsequenz aber auch tatsächlich auftreten. Konsequentes Verhalten der Erziehenden, das heißt Übereinstimmung zwischen Wort und Verhalten, ist deshalb zweite Regel[37].

2. Beide Regeln fußen auf zwei wichtigen Voraussetzungen. Die erste heißt: Disziplinarstrafen sollen dem Heranwachsenden nach Möglichkeit als sachliche Konsequenz erscheinen. So wie man sich die Finger verbrennt, wenn man in die Flamme greift, so sollten auch sachorientierte Konsequenzen erfahren werden. Dieser Eindruck sachlicher Konsequenz entsteht am leichtesten dort, wo Lehrende ihre Maßnahmen mit deutlichen Hinweisen auf sachgebotene Notwendigkeit anordnen, damit sie den Heranwachsenden nicht als Willkürakte erscheinen. Falls der Lehrende diesen Eindruck von Willkürlichkeit nicht zu verhindern weiß, wird eine emotionale Distanzierung, die gegebenenfalls bis zur Rebellion führen kann, nicht lange auf sich warten lassen. Deshalb sollen Disziplinarstrafen nach Möglichkeit dem Prinzip der »natürlichen Strafe« entsprechen. Natürlich wird der Eindruck sachlicher Konsequenz sich nur dann bilden können, wenn die verlangte Ordnung tatsächlich auch im sozialen Bezugsraum besteht und auch für den Erzieher selber gilt. Wenn die Schüler pünktlich kommen sollen, muß auch der Lehrer pünktlich da sein. Wenn Hausaufgaben ordentlich angefertigt werden sollen, muß der Lehrende dafür gebührende Zeit übrig haben. Wenn Stillarbeit nicht durch lautes Reden gestört werden soll, muß sich auch der Lehrer diesem Gebot der Ruhe unterordnen. Wenn sich die Schüler für ihren Lehrstoff interessieren sollen, muß auch der Lehrer entsprechend vorbereitet sein. Fehlt diese Anerkennung der verbindlich gesetzten Ordnung durch den Lehrenden, muß von den Kindern eine Anordnung als Willkürakt verstanden werden. An dieser Stelle zeigt sich die pädagogische Bedeutung des *Beispiels*, durch das eine einzelne richtige Verhaltensweise anschaulich repräsentiert wird, wie auch die des mehr das Gesamtverhalten einer Person umgreifenden *Vorbilds*. Durch beide Formen werden geforderte Ordnungen veranschaulicht. Zugleich wird auch zur Nachahmung der angemessenen Verhaltensweisen angeregt[38].

3. Der zweite Grundsatz, von dem die Wirkungen gegenlenkender Maßnahmen abhängen, ist, wie erwähnt, Konsequenz in der Ausführung des Angekündigten. Auch in diesem Punkt sollte sich eine Disziplinarstrafe weitgehend am Prinzip der natürlichen Strafe orientieren. Weil das Feuer immer brennt, genügt ein Minimum an Erfahrung. Inkonsequente Erziehung dagegen, in der Anordnungen das eine Mal leger genommen, das andere Mal dagegen mit Gewalt durchgesetzt werden, sind unverantwortliche Handlungsweisen am Kinde; denn Inkonsequenz unterbindet nicht nur Gewöhnungsprozesse, sondern zerstört auch die Basis für ein an Sacherfahrung orientiertes Handeln. Dem Kinde werden vielmehr von Zufälligkeit, Brüchigkeit und Willkür durchsetzte Vorstellungen von Ordnung vermittelt, die zu erzeugen nicht im Sinne pädagogischer Handlungen sein kann. Deshalb muß man sich vor jeder Ankündigung disziplinierender Maßnahmen gut überlegen, ob die angekündigten Konsequenzen auch tatsächlich wahr gemacht werden können.

4. Diese Überlegung führt zur dritten Regel für Disziplinarmaßnahmen. Man muß bei der Herstellung einer Grundordnung in einer Gruppe oder Klasse und entsprechend natürlich auch bei allen anderen pädagogischen Disziplinierungen langsam und stufenweise vorgehen, sonst erstickt der Heranwachsende womöglich unter der Fülle von Regeln und Geboten, deren Vielzahl leicht unübersehbar wird und deren Menge ein Kind glatt überfordern kann. Aber auch der Lehrende selber könnte die für ihn auftretenden, meist erhebliche Mühe und Zeit beanspruchenden Konsequenzen einer schnellen Disziplinierung nicht bewältigen. Nehmen wir als Beispiel eine undisziplinierte Klasse[39]: Hausaufgaben werden nicht gemacht, die Ordnung in den Schulsachen ist miserabel, die Verhaltensweisen in der Klasse sind mangelhaft. Wollte ein neuer Lehrer das alles auf einmal verändern, würde er nach wenigen Tagen kapitulieren müssen[40]. Deshalb empfiehlt es sich – wenn wir bei diesem Beispiel einer gewissen Extremsituation bleiben – Hausarbeiten und Schulsachen zunächst überhaupt nicht zu beachten. Vielleicht überlegt sich der Lehrer, daß er eine Zeitlang nur Anerkennung für geleistete Arbeiten oder bestimmte Formen der Mit- und Zusammenarbeit ausspricht. Dafür konzentriert er sich auf Verhaltensformen im Schulhaus. Auch hier sollte wiederum Schritt für Schritt vorgegangen werden:

– Erläuterung einer Ordnung, wenn möglich unter Hinzuziehung der Schüler selber in Diskussionen, Vorschlägen und in Kritik, kurz: Erarbeitung von gemeinsamen Ordnungsregeln;
– danach, wenn nötig, Training bestimmter Verhaltensweisen (etwa schnelles, lautloses Aufstellen und Umstellen von Möbeln);
– Gespräche über bestimmte fehlerhafte Verhaltensweisen; Suche nach Gründen und nach Möglichkeiten der Abstellung,
– Diskussion und Erläuterung disziplinierender Konsequenzen.

Erst wenn die Verhaltensform in diesen Bereichen einigermaßen gefestigt ist, sollte sich der Lehrende anderen Ordnungsbereichen zuwenden. Dann übernehmen die Heranwachsenden die gewünschte, nach Möglichkeit von ihnen selbst mitgetragene und entwickelte Ordnung Schritt für Schritt[41]. Sie werden nicht überfordert und auch der Lehrende behält genügend Kraft und Freude an seinem Beruf.

5. Die vierte Regel ist eine negative Abgrenzung und weist auf die Gefährlichkeit von Kollektivstrafen hin. Viele Pädagogen lehnen sie gänzlich ab. Die Gründe, die dafür angeführt werden, sind nicht zu widerlegen, denn eine Kollektivstrafe bleibt immer eine ungerechte Sache, weil sie Schuldige und Nicht-Schuldige in gleicher Weise trifft und damit den wichtigen Grundsatz verletzt, daß nur der Täter bestraft werden darf. Deshalb wird durch Kollektivstrafen leicht ein negativer Gruppen- und Klassengeist gezüchtet, so daß sich eine Gruppe schließlich geschlossen gegen einen unbedacht kollektiv strafenden Erzieher stellen kann. Dennoch wird man realistisch genug sein und sehen müssen, daß sich Kollektivstrafen vor allem dort nicht immer vermeiden lassen, wo gesellschaftliche Institutionen an einen Auftrag gebunden bleiben, der erreicht und nachgewiesen werden muß. Es kann auch sein, daß um elementarer Ordnungen willen tatsächlich einmal eine ganze Klasse auf etwas verzichten muß, daß eine Filmvorführung ausfällt oder ein Unterrichtsgang vorzeitig abgebrochen wird, weil einzelne stören, ohne daß sie der Lehrende genügend isolieren könnte. In diesen Situationen sollte der Lehrer aber doch die Ruhe und Übersicht behalten und der Gruppe sofort sagen, warum er so handeln muß, damit auch hier die herausgestellte sachliche Notwendigkeit der Maßnahme deutlich wird. Auf jeden Fall müssen Kollektivstrafen Ausnahmen bleiben.

6. Sie durchkreuzen, soweit sie unvermeidlich sind, deshalb auch nicht die fünfte Regel, daß eine Gruppe nur dann eine ausgewogene Binnenstruktur besitzen kann, wenn man möglichst rasch besondere Unruheherde erkennt, diese entweder direkt anspricht oder, falls das nicht möglich sein sollte, sie isoliert. Beobachtungen an Schulklassen zeigen beispielsweise immer wieder übereinstimmend, daß die Zahl wirklicher »Störenfriede« auch in einer sogenannten undisziplinierten Klasse verhältnismäßig klein ist. Meist kommt zu den tatsächlichen Störern noch eine mehr oder minder große Zahl von Mitläufern. Diese kehren indes in der Regel schnell zu geordneten Verhaltensformen zurück, falls sie mit konsequentem Verhalten der Lehrenden konfrontiert werden. Man sollte sich bei solchen, besonders bei der ersten Kontaktaufnahme außerordentlich wichtigen Beobachtungen über die Zusammensetzung einer Gruppe oder Klasse nicht so sehr auf sein Gedächtnis verlassen, sondern Beobachtungsnotizen anlegen und eventuell soziometrische Methoden anwenden. Derartige Notizen dienen zur nüchternen Analyse der Interaktionsabläufe, hier: wer Anstifter und wer harmloser Mitläufer ist. Die analysierten Unruhestifter muß man sich genauer ansehen. Man muß unter-

scheiden, ob es sich bei ihnen um einfachen Antriebsüberschuß oder bereits um Aggressivität, also um den Typ des eigentlich schon krankhaften Störenfrieds handelt. Für solche kann heilpädagogische Behandlung notwendig sein. Gespräche mit den Eltern sind nützlich; nicht, um diese zu besonderen Strafmaßnahmen zu animieren, sondern um die Verhaltensweisen des Kindes von der familialen Konstellation her besser verstehen zu können[42].

7. Von pathologischer Aggressivität geprägte typische Störenfriede werden allerdings durch solche einfachen Maßnahmen noch nicht geheilt. Im Gegenteil. Meist treibt sie eine ungeschickte Kontaktaufnahme noch weiter in Aggressivität hinein. Für solche Kinder ist deshalb besondere heilpädagogische Behandlung dringend geboten. Zwar äußern öfters engagierte Erzieher große Bedenken gegen eine Isolation einzelner Unruhestifter, wie dies etwa durch Ausschluß von Wanderungen, durch Klassen- oder Schulwechsel geschieht. Sie benutzen für ihre ernst zu nehmenden Einwände übrigens Argumente, wie sie eben schon verwendet worden sind: Aggressivität sei selber bereits Folge einseitiger Isolation. Deshalb könne erneute Isolation keine Hilfe sein, sondern müsse zum genauen Gegenteil, also zur Fixierung des Fehlverhaltens führen. Störenfriede dürfe man nicht isolieren, weil sie zu ihrer Heilung Bestätigungen durch eine Gruppe notwendig brauchen. Man kann diesen Einwand nicht widerlegen, denn er ist sachlich richtig, muß jedoch entgegenhalten, daß er, trotz seiner Richtigkeit, einseitig bleibt, weil die Bedeutung einer intakten Klassenordnung übersehen wird und aus einer an sich auch notwendigen heilpädagogischen Absicht heraus die ganz anders gelagerten Aufbaugesetze einer Gruppenstruktur verkannt werden. Die Möglichkeit zu ruhiger, ungestörter, selbständiger Tätigkeit in einer Gruppe, eine von Ermahnungen, Strafen und anderen Sanktionen freie Atmosphäre zwischen Lehrenden und Schülern, die Erfahrung einer sichernden Ordnung muß pädagogisch auch als ein Gut bewertet und erstrebt werden, auf das jeder Lernende und Heranwachsende einen legitimen Anspruch hat. Man mißachtet aber diesen Anspruch der Schüler auf sanktionsfreie Lernabläufe, wenn man sie nicht auch vor Störungen durch einzelne andere Schüler hinreichend schützt. Zwar bringt Isolation in der Tat noch keine Hilfe für den Störenfried. Sie bleibt aber oft unvermeidlich, weil der Erziehende auch das Recht der Gruppe oder Klasse auf eine geordnete ruhige Arbeits- und Lernatmosphäre berücksichtigen muß.

5.2.4 Analyse verschiedener Strafarten

Wer in der Ausbildung pädagogischer Berufe zu tun hat und deren Theorie und Praxis kennt, kann nicht selten von Erfahrungen berichten, daß engagiert antiautoritär Eingestellte zunächst noch nicht einmal bereit sind, über das Kapitel »Disziplin und Strafe« zu sprechen, danach, in ihrer Praxis, dagegen

Strafformen verwenden, deren Existenz man nicht einmal mehr vermuten sollte. Dieser beobachtbare Umschlag ist sicherlich auch Folge einer irrealen Einschätzung der Erziehungswirklichkeit, damit auch Folge einer ungenügenden Vorbereitung mit nachfolgender Überforderung, die dann zu einem erziehungsunangemessenen Verhalten führt. So wie die Gesellschaft insgesamt es sich nicht leisten kann, die mehr auf ihrer Schattenseite liegenden Verhältnisse wie Rechtsdelikte und deren Behandlung einfach zu negieren oder sie dem Zufall zu überlassen, sondern das Für und Wider der Maßnahmen rechtzeitig berücksichtigt werden muß, genauso wenig kann eine gesellschaftliche Institution wie die Schule in ihrer Theorie das Kapitel »Disziplin und Strafe« einfach überschlagen, auch wenn viele meinen, daß nicht sein kann, was nicht sein soll. Derartige realitätsferne Annahmen führen zu keinen Erleichterungen für die Heranwachsenden. Den Bereich unentbehrlicher Disziplin festzulegen und Voraussetzungen wie Konsequenzen möglicher Sanktionen nüchtern zu erörtern, darf deshalb nicht als Folgezustand eines typisch repressiven Bewußtseins angesehen werden, sondern ist ein Stück rationaler Reflexion in einem Bereich, in dem durch emphatische Übersteigerungen einerseits und betretenes Schweigen andererseits bislang wenig wirklich reformiert worden ist[43].

In der Schule und auch in Familien noch immer gebräuchlich ist die *Strafarbeit*. Wer glaubt, auf sie nicht verzichten zu können, sollte doch wenigstens im Blicke behalten, daß dieses Mittel sehr problematische Nebeneffekte hat. Es ist ein erklärtes Ziel der gesamten Erziehung, Lernende zu einem engagierten und lustbetonten Arbeiten zu bringen. Nun lehren wir ihnen auf der anderen Seite gerade durch Strafarbeiten, daß Arbeit auch Last sein und als Strafe empfunden werden kann und unterlaufen damit selber das formale Ziel einer Arbeitserziehung. Wir haben folglich wiederum einen Fall, daß ein Stück Unterrichtsverhalten und Erziehungsmethode dem Erziehungsziel zuwiderläuft und das hervorzurufen droht, was durch Erziehung gerade verhindert werden soll. Man kann nicht vom Kinde erwarten, daß es zuerst interessiert seine Hausarbeiten schreibt und danach den zweiten als Strafarbeit aufgetragenen Teil mit einer entsprechend veränderten Gemütslage ausführt[44]. Der Charakter der Strafe wird sich vielmehr auf die gesamte Hausarbeit und schließlich bei Wiederholungen auf die Schularbeit überhaupt übertragen und auch diese im Empfinden der Schüler zur ausgesprochenen Last werden lassen. Deshalb sollte eine Strafarbeit einen möglichst engen Bezug zur Tat haben. Werden Schwätzereien mit verdoppelter Rechenaufgabe bestraft, dann fehlt der geforderte Sinnbezug völlig und die unqualifizierte Strafe wird am Sachinteresse und der Lernhaltung des Kindes mehr zerstören als an seiner Disziplin verbessert werden kann. Sinnvolle Strafarbeiten müssen deshalb eng an das jeweilige Vergehen angeschlossen werden. Liederliche Ausführungen haben etwa zusätzliche Übungen zur Folge. Grobe Leichtsinnsfehler bei Rechenarbeiten bedingen eine zusätzliche Aufgabe. Verletzende Betragensweisen sollten dagegen immer mit Maßnahmen geahndet werden, die auch direkt auf das Verhalten des Betroffenen bezogen sind. Das könnte beispielsweise Ausschluß von einer Vergünstigung sein. Pädagogisch unverantwortlich sind aber Strafarbeiten, durch die ein bestimmtes Kultur- und Bildungsgut diskriminiert wird. Zur Strafe ein Gedicht abschreiben oder auswendig lernen lassen ist folglich schlechterdings nicht zu verantworten.

Es empfiehlt sich bei gegenlenkenden Maßnahmen immer, nicht viel auf einmal, sondern lieber mehrmals kleinere zusätzliche Aufgaben aufzutragen. Also nicht: »Dein Aufsatz ist fürchterlich geschmiert! Zwei Seiten zusätzlich!«, sondern eher: »Bring mir in den nächsten Tagen je zwei nach einer Schreibvorlage geschriebene Zeilen!« Das ist vom Zweck her weitaus sinnvoller. Das kleine Aufgabenstück überfordert nicht und treibt auch den Schüler nicht so leicht in Unmut. Da sich aber die geforderte Arbeit über einen längeren Zeitraum erstreckt, ist der Effekt viel nachhaltiger als dort, wo das gleiche Pensum auf einmal erledigt werden soll.

Eine andere in Schulen noch oft benutzte Strafform ist das *Nachsitzen*. Die Schulverwaltungen haben dazu Richtlinien erlassen, die im einzelnen zu beachten sind. Bei rüpelhaftem Benehmen oder direktem aggressiven Verhalten ist diese Form angebracht und in der Regel einer Strafarbeit vorzuziehen. Man sollte allerdings mit sehr kleinen Zeitspannen anfangen. Sofort eine ganze Stunde zu verhängen, ist ein Verfahren, bei dem sich der Lehrer selber mit bestraft und sich außerdem jeder Steigerungsmöglichkeit beraubt. In der Regel ist die Wirkung weitaus größer, wenn man kurze Zeitspannen ansetzt, diese aber mit einer zusätzlichen Aufgabe ausfüllt, wie etwa mögliche Formen eines bestimmten Verhaltenstrainings. Der auf diese Weise erzielte Disziplinierungserfolg ist meist viel deutlicher und auch nachhaltiger als bei einem nur rein zum Zeitabsitzen verhängten Arrest.

Verbreitete Gewohnheit ist es auch, über die *Notengebung* zu drohen und zu strafen. Dies geschieht sowohl bei mangelhaftem Sozialverhalten wie auch bei ungenügenden Fachleistungen. Die Reduzierung bzw. gänzliche Abschaffung der Betragenszensuren hat da, wenn einzelne Beobachtungen nicht trügen, keineswegs mildernd gewirkt, sondern eher zu bedenklichen Konsequenzen in der Fachzensierung geführt. Sicher wird eine schlechte Note immer auch die Funktion einer Art »natürlicher Strafe« annehmen. Ob das absichtliches pädagogisches Ziel sein kann oder nur bedauerlicher Nebeneffekt ist, muß allerdings von Fall zu Fall geprüft werden. Wenn man von der Bestimmung ausgeht, daß bei Schuleinrichtungen der Förderauftrag der Auslesefunktion vorangehen soll, dann zeigen die Notendifferenzen immer auch an, in welchem Ausmaß der postulierte Förderauftrag nicht erreicht werden konnte und nicht erfüllt worden ist, und sie klassifizieren folglich nicht nur die Lernenden, sondern vielmehr die Lehrenden selber auch. Disziplinierungen über die Notengebung verstärken aber die an sich schon problematische selektive

Tendenz im organisierten Unterricht und strafen dadurch auf eine nachgerade inhumane Weise, indem sie die Zukunftschancen des Schülers verringern.

Aber auch die auf Leistung bezogene Wirkung der Noten im engeren Bereich der Fächer ist außerordentlich problematisch[45]. Eigentlich könnte man mit Noten immer nur um den Termin der Zeugnisausgabe herum verhaltensregulierend wirken. Je weiter jedoch Leistung und Benotung zeitlich auseinanderrücken, desto geringer wird die Effektivität dieses Mittels, weil Handlung und Konsequenz auseinanderfallen und ein Heranwachsender bis weit über die Grundschulzeit hinaus glatt überfordert ist, wenn er Folgen über die Zeitspanne eines halben Jahres hinweg beachten soll. Außerdem bedeutet eine schlechte Note oft nur dann tatsächlich Strafe, wenn das Kind Reaktionen in der Familie fürchten muß. Wollte man aber das erreichen, brauchte man nicht bis zum Zeugnistermin zu warten.

Manche Lehrer disziplinieren und strafen indirekt, indem sie *Eltern* als ausführende Organe benutzen. Dieses Verfahren verlangt eine unterschiedliche Interpretation. Einmal zeigt sich darin eine teils subjektiv, teils objektiv bedingte Verlegenheit und Überforderung vieler Lehrer. Dieser Zustand verweist indes auch auf ein Gehabe der für Schule verantwortlichen politischen und administrativen Stellen, das von Scheinheiligkeit nicht frei ist. Einerseits werden spätere berufliche Erfolgschancen immer stärker von vorausgegangenen Schulleistungen abhängig gemacht, andererseits fehlen nicht nur weithin noch die didaktischen Mittel, den geforderten Leistungsstand möglichst problemlos zu erreichen, die Lehrenden sehen sich weithin schon bei der Organisation der Voraussetzungen für eine entsprechende Lehre, zu denen auch disziplinierte Verhältnisse in den Schulklassen gehören, von der Schulverwaltung weithin im Stich gelassen. Diese Diskrepanz belastet den Lehrberuf in der heutigen Zeit ganz erheblich: Lehrende sollen erreichen, was sie unter den herrschenden Bedingungen nur mit einer insgesamt geringen Wahrscheinlichkeit erreichen können. Dazu gehört auch die Herstellung und Sicherung einer für Lehrabläufe unentbehrlichen Basisdisziplin. In dieser Notlage versuchen dann viele Lehrende den Ausweg, daß sie teils durch Appelle, teils durch Drohungen (Notengebung, Schulausschluß) an die Eltern, diese ausführen lassen, was sie selber entweder nicht mehr können, dürfen oder nicht mehr wollen. Dieser Zustand ist aber aus rechtlichen wie pädagogischen Überlegungen heraus unerträglich. Eine Institution muß aus beiden, rechtlichen wie pädagogischen, Gründen die Möglichkeit und auch die Fähigkeit haben, das für sie notwendige Ordnungsgefüge durch geprüfte, legitime Maßnahmen selbst herzustellen und zu erhalten. Deshalb darf die Delegierung disziplinierender Funktionen von den Lehrern zurück an die Eltern nur im Individualfall, das heißt als Ausnahme, gerechtfertigt sein. Eine Zunahme dieser Fälle weist auf immanente Widersprüche zwischen angenommenen Zielen und der Wirklichkeit in unseren Schulen hin, die man zwar eine Zeitlang verdecken und kaschieren kann, die aber sicher alsbald sowohl in der Berufsauffassung der Lehrenden wie der Lerneinstellung der Heranwachsenden sich destruktiv bemerkbar machen werden.

5.2.5 Von der Grenze der Disziplin

Alle besprochenen Maßnahmen, wie auch andere, hier nicht ausdrücklich erwähnte, disziplinieren nur, das heißt: *sie sind externe Lenkungsfaktoren.* Sie erziehen aber noch nicht, wenn unter Erziehung die Ausbildung *interner Lenkungssysteme* verstanden werden soll[46]. Dazu bereiten sie nur den geordneten Raum vor, der Voraussetzung ist, daß überhaupt Lehre und Erziehung geschehen können. Die erreichte Vor-Ordnung bleibt aber auf äußerliche Macht gestützt und hängt, wie wir schon gesehen haben, von deren erfahrbarer Präsenz ab. Deshalb sagt die Disziplin einer Schulklasse nichts über den erreichten Erziehungsstand der einzelnen aus.

Außerdem muß hervorgehoben werden, daß zu den unentbehrlichen Vor-Ordnungen für Erziehung wohl ein bestimmtes diszipliniertes Verhalten gehört, daß die von Disziplinierungen ausgehenden Nebenwirkungen indes gleichwohl das verhindern können, was durch sie vorbereitet werden soll. Deshalb muß in allen pädagogischen Verhältnissen berücksichtigt werden, daß Disziplin als Verhaltensregulation einerseits notwendig ist, andererseits aber *keinen Endzweck der Erziehung* darstellt.

Schließlich muß noch ein drittes Moment herausgehoben werden: So unentbehrlich eine allgemeine gesellschaftliche Ordnung auch für Erziehung bleibt, weil im Chaos keine Erziehung denkbar ist, so muß die in der Disziplinierung auf das Kind einwirkende äußere Ordnung schließlich immer von einer Art sein, daß der Heranwachsende darin als Individualität leben kann. Er muß sich in ihr wohlfühlen. Sich wohlfühlen, was immer ein Ausdruck von Geborgenheit ist, kann er sich aber nur in einer Ordnungsform, die ihn sichert und hält und nicht reglementiert und gängelt. Deshalb besitzt wie alle Ordnung so auch Disziplin schließlich nur einen *instrumentalen Charakter* und darf sich nicht zum Selbstzweck aufblähen. Sie wird immer zerstörend wirken, wenn sie den Spielraum der Freiheit antastet, der auch einem Kind bereits zugestanden werden muß.

5.3 Die Erziehungsstrafe

5.3.1 Allgemeine Voraussetzungen für eine Erziehungsstrafe

Erinnern wir uns noch einmal an den Grundsatz, von dem auszugehen ist: Strafen können allein in dem Maß als Erziehungsmittel angesehen werden, in dem sie den Willen des Gestraften bessernd verändern. Externe Lenkungen durch Hemmungen oder Antriebe zur Handlungsbereitschaft können also allenfalls als, um mit *Langeveld* zu sprechen: »vorbereitende Erziehungsmittel« bezeichnet werden. Daß der angestrebten Verhaltensänderung ein verantwortbares Fehlverhalten vorausgehen muß, wurde bereits gesagt. Der ohnehin sehr unbestimmte Begriff »Strafe« zerfällt völlig, wenn alle Formen unangenehmer Handlungskonsequenzen darunter subsumiert werden. »Ohne definierte Schuld keine Strafe[47]!« Sachlogisch bedeutet das, daß nur in einem sehr engen Bereich relativer Mündigkeit überhaupt von Erziehungsstrafe gesprochen werden kann.

Wenn Strafe unter den Kategorien von Verselbständigung betrachtet werden soll, muß sie beim Bestraften Schuldeinsicht, Bereitschaft zu Schuldübernahme und außerdem Bereitschaft zur angemessenen Verhaltensänderung bewirken, ein Zustand, den wir insgesamt Reue nennen. Gerade dieses pädagogische Ziel wird aber, wie wir bereits gesehen haben, durch Nebenwirkungen des Strafleides in Frage gestellt. Es ist also zu untersuchen,

– welche Voraussetzungen überhaupt vorhanden sein müssen, damit eine erzieherische Wirkung der Strafe zustande kommen kann, sowohl beim Täter wie auch beim Strafenden, und
– welche Bedingungen dann noch hinzukommen müssen, damit die gewünschte Einsicht in die Tat und als Folge die Verhaltensänderung eintritt.

5.3.2 Voraussetzungen für eine Erziehungsstrafe beim Erziehenden

Auf der Seite des Erziehenden gibt es drei Voraussetzungen: Das ist zuerst der Grundsatz, daß Erziehungsstrafen nur *Ermessensstrafen* sein und nicht, wie Gerichtsstrafen, an festliegende Paragraphen gebunden werden können. Dann ist die Voraussetzung wichtig, daß Erziehungsstrafen in aller Regel einen *personalen Bezug* brauchen. Schließlich ist noch als Bestimmung wichtig, daß ein *Strafrecht* des Erziehenden nicht über den Bereich seiner *Sorgebereitschaft* hinausgehen kann.

5.3.2.1 *Erziehungsstrafen sind Ermessensstrafen*

Weil es dem Erziehenden zuerst um die Motivationen des Täters und deren Veränderung geht, ist es nicht möglich, festgelegte Gesetzesstrafen in den Erziehungsraum hineinzutragen, so daß Tat und Strafe in festgelegter Weise gekoppelt wären. Erziehungsstrafen können nur Ermessensstrafen sein. Sie zielen auf eine Willensänderung und müssen deshalb nach den von Fall zu Fall verschiedenen Voraussetzungen einer pädagogisch angemessenen Einflußnahme ausgewählt werden[48]. Mag hier ein strafender Blick oder eine kurzfristige Distanzierung des Erziehenden ausreichen, wird der gleiche Tatbestand in anderem Zusammenhang eine deutliche Verwarnung nötig machen. Außerdem kann, im Erziehungsraum noch viel mehr als im allgemeinen Rechtsbereich, eine Tat von außen, das heißt von ihren Folgen her betrachtet, als strafbare Handlung erscheinen, *während sie von ihren subjektiven Bedingungen her überhaupt kein Vergehen darstellt.* Das hängt damit zusammen, daß ein Heranwachsender sich fortgesetzt in der Entwicklung befindet und sein Tun folglich immer auch von seiner Entwicklungsstufe und der dort gewonnenen Einsichts- und Verantwortungsfähigkeit her bewertet werden muß. Dies wird bei den meist besonders undisziplinierten und störenden Verhaltensweisen in den Trotzperioden, der sogenannten Flegeljahre und in der vieldiskutierten Pubertätskrise besonders deutlich. Gerade für solche phasenspezifischen Störungen müssen sorgfältig die individualitäts- wie auch situationsgerechten Maßnahmen ausgewählt werden. Das heißt nicht, daß man den Kindern und Jugendlichen in diesen Phasen alle persönliche Verantwortungsfähigkeit absprechen und ihr Verhalten nur als Produkt teils exogener, teils endogener Faktoren interpretieren müßte. Man tut den Kindern wie den Jugendlichen keineswegs einen Gefallen, wenn man sie immer nur »versteht« und von »verderblichen Einflüssen und deren Folgen heilen« möchte. *Ein Übergewicht an Therapie kann,* darauf wird noch näher einzugehen sein, *auch ein Stück Verachtung darstellen!* Weil Strafe Verantwortung voraussetzt, kann eine Person in Strafsituationen sehr viel ernster genommen werden als dort, wo man ihr immer nur »verstehend« und »heilend« begegnen möchte und *sie vor lauter Rücksicht objektiv geradezu in einen Zustand von Unzurechnungsfähigkeit zurückdrängt*[49]. Aus den gleichen Gründen ist eine pädagogisch reflektierte Ermessensstrafe auch etwas anderes als spontane Reaktion (Vergeltung, Talionsprinzip).

5.3.2.2 *Erziehungsstrafen setzen einen personalen Bezug zwischen dem Erziehenden und dem Heranwachsenden voraus*

Bereits bei Behandlung der Frage, unter welchen Voraussetzungen sich im Kind eine elementare Gehorsamsfähigkeit und -willigkeit ausbilde, zeigte sich, daß ein enger persönlicher Kontakt zwischen Erziehendem und educandus wie zwischen Lehrer und Schüler für alle jene Vorgänge hohe Bedeutung besitzt, in denen durch gegenlenkende Maßnahmen Transformation in den Handlungsmotiven und -abläufen erreicht werden soll. Gewünschte Verhaltensanpassung läßt sich zwar erzwingen, man muß dazu nur entsprechende repressive Maßnahmen auswählen. Viele glauben, daß gerade Strafe reine Repression sei[50]. Erzwungene Verhaltensänderung ist indes nichts anderes als mechanische Wirkung einer äußeren Ursache. Adäquate interne Antriebe (Motive) werden bei solchen Verfahren nicht nur ausbleiben. Häufig wird, wie immer wieder erwähnt, der entgegengesetzte Fall eintreten, daß der äußerlich wirkende Zwang der gewünschten Motivbildung und Verhaltensveränderung direkt entgegensteht.

Damit nun von der äußerlich gesetzten Gegenlenkung nicht nur das momentane Verhalten beeinflußt wird, sondern außerdem auch eine *Transformation in der Einstellung* eintritt, müssen bei Erziehungsstrafen mit der unabdingbaren äußerlichen Konsequenz (der Strafe im engeren Sinn) zusätzliche einlenkende Maßnahmen verbunden bleiben. Fehlt diese einlenkende Kraft, wird die erzieherische Wirkung einer Strafe immer sehr zufällig bleiben. Die von außen gesetzten Konsequenzen müssen also durch begleitende in der Regel persongebundene Einlenkungen zur Einsicht vermittelt werden, daß eine Regelverletzung vorliegt und Konsequenzen sachlich gerechtfertigt sind. Deshalb fordern Erziehungsstrafen einen persönlichen Bezug zwischen dem Strafenden und dem Gestraften. Erfahrungen zeigen ja in der Tat ständig, daß Heranwachsende verhängte Konsequenzen in dem Maße als pure Disziplinierung verstehen, in dem diese von fremden Personen ausgehen.

Bekanntschaft allein reicht aber nicht aus, denn es gibt auch entgegengesetzte Erfahrungen: der bekanntere Vater hat nicht selten viel weniger Einflußmöglichkeiten als der distanziertere Lehrer. Der Strafende muß als persönliche Autorität anerkannt sein. Erziehungsstrafen stehen folglich im deutlichen Gegensatz zu Rechtsstrafen, bei denen ja ausdrücklich zwischen Richter und Täter distanziert und außerdem noch zwischen verurteilenden und strafenden Instanzen getrennt wird. Der Erzieher dagegen ist Verurteilender und Strafender in einer Person. Da das mehrfach sondernde Strafverfahren der Justiz ausdrücklich einer gerechteren Straffindung dienen soll, zeigt der Vergleich zwischen Erziehungs- und Rechtsstrafe zugleich die Gefahren und Schwierigkeiten, die mit einer pädagogisch richtigen und zugleich objektiv gerechten Straffindung in der Erziehung immer verbunden sind. Die aus pädagogischen Gründen geforderte Einheitlichkeit, die zu der bei Rechtsstrafen geübten Gewaltenteilung im Gegensatz steht, ist pädagogisch notwendig, erschwert indes eine gerechte Straffindung erheblich.

5.3.3 Voraussetzungen einer Erziehungsstrafe beim Kind

Bis jetzt ist über Voraussetzungen einer Erziehungsstrafe auf der Seite des Erziehenden gesprochen worden. Voraussetzungen gibt es aber auch auf der Seite des Kindes: vor allem ausreichende Unterweisung im Geforderten (Kenntnisse), genügend lange Übung (Merken, Training adäquater Verhaltensweisen) und schließlich ein ausreichendes Maß an Einsichts-, Übersichts- und Verantwortungsfähigkeit.

Straffähigkeit setzt immer Verantwortungsfähigkeit für die strafbare Tat voraus. Deshalb sind Unkenntnis und Unvermögen Faktoren, die ganz besonders im Stadium der frühen Erziehung die Möglichkeit für Erziehungsstrafen auf jeden Fall einschränken. Kennt ein Kind die Ordnung einer Gruppe, eines Heimes, einer Schule noch nicht, dann muß es nicht nur erst hinreichend belehrt werden, die verlangten Ordnungsformen müssen auch so lange mit ihm geübt werden, bis sein Leistungsvermögen der Forderung entspricht. Genauso müssen Verhaltensweisen im Haus, auf der Straße, in der Gruppe gelernt und geübt werden, ehe sie einklagbar sind, denn auf eine Schuldeinsicht und angeschlossene Verhaltensveränderung zielende Strafen können erst dort gerechtfertigt werden, wo Verantwortungsfähigkeit bereits ausgebildet, mit anderen Worten, wo der Erziehungsprozeß ein erstes Ziel bereits erreicht hat. Schuldigwerden setzt Verantwortlich-sein-Können voraus. Nun bereitet eben diese Feststellung, daß Straffähigkeit ausreichende Erziehung und Lehre voraussetzt, unserer Frage beträchtliche Schwierigkeiten, wie Strafen dann überhaupt noch erzieherisch wirken können. Welcher Erziehungsprozeß soll durch Strafen vorangetrieben werden, wenn die Strafe Verantwortlichkeit und deren Bildung durch Erziehung bereits voraussetzt? Offenbar kann es sich dabei nur um Einwirkungen handeln, die den trotz Lehre und ausreichendem Leistungsvermögen noch nicht genügend gefestigten Willen angehen; wobei immer ein stärkerer, aber falscher Wille gehemmt und zugleich ein guter, aber schwacher Wille gestärkt werden müßte; ähnlich wie schon *Herbart* der Lehre die Festigung des guten Willens durch »Zucht« nachfolgen ließ. Soviel scheint sicher: Erziehungsstrafen können nur am Rande der Erziehung, gleichsam an deren Abschluß stehen. Ihnen muß ein im wesentlichen abgeschlossener Erziehungsprozeß vorausgegangen sein.

Dieses »am Rande der Erziehung« kann natürlich nicht bedeuten, daß Erziehungsstrafen erst nach Abschluß des gesamten Erziehungsprozesses gerechtfertigt wären. Niemand erreicht Verantwortlichkeit auf einmal. Verantwortlichkeit und Mündigkeit stufen sich vielmehr in eine längere Reihe einzelner Abschnitte. So hat vergleichsweise auch der Gesetzgeber verschiedenen Altersstufen eine unterschiedliche je und je vermehrte Mündigkeit zuerkannt. Die Gesamterziehung eines Menschen ist in einer noch unverhältnismäßig reicheren Weise durch einen beständigen Zuwachs an Selbständigkeit bestimmt. Das kann schon beim kleineren Kind, etwa bei der Erziehung zu Rücksicht auf andere Geschwister einsetzen. Langsam wird dann die Verantwortung für die Ordnung der Spiel- und später der Schulsachen, der Verhaltensformen innerhalb der Familie oder der Klasse, für verschiedene Aufgabenbereiche in der Familie je und je in die Verantwortlichkeit des Heranwachsenden überführt werden müssen. Sollte sich danach, in der Phase einer von Bereich zu Bereich begrenzten relativen Selbständigkeit ein Fehlverhalten zeigen, dann liegt dies bereits durchaus jenseits des geforderten Übungs- und Erziehungsprozesses und kann, sofern die erwähnten Voraussetzungen erfüllt sind, als eine strafbare Handlung angesehen werden.

5.3.4 Verbleibende Möglichkeiten einer Erziehungsstrafe

5.3.4.1 Analyse des anthropologischen Problemfeldes

Bringen wir in Erinnerung, daß
- Erziehungsstrafe etwas anderes als der Vergeltung und Disziplinierung dienende Züchtigung ist;
- Erziehungsstrafe eine Reihe von Voraussetzungen sowohl beim Erziehenden wie beim Täter braucht, damit sie der Sonderung, Klärung und Festigung von Willensimpulsen dienen kann;
- gerade diese Sonderung und Klärung aber durch die beharrlichen Nebeneffekte des Strafleids eher bedroht als gefestigt werden,
dann fällt es offensichtlich schwer, überhaupt noch Bereiche zu finden, in denen mit pädagogischer Legitimation von Erziehungsstrafen gesprochen werden könnte. Es scheint, als behielte *Schleiermacher* mit seiner Behauptung schließlich recht, erziehen und strafen schlössen sich gegenseitig aus[51]. Pädagogisch gesehen seien Strafen nur zu entschuldigen, aber nicht zu rechtfertigen. Die erwähnte Forderung, wonach Strafleid nur dann erzieherisch verantwortet werden könne, wenn es »sittlich mündig« mache, wäre dann grundsätzlich unerfüllbar.

Solchen einschränkenden Behauptungen stehen indes einige Überlegungen entgegen, in denen Strafe einige positive Züge erhält, trotz des mit ihr unablöslich verbundenen Strafleids und der damit gegebenen ebenso unaufhebbaren negativen Valenzen:
- Strafe sei keineswegs nur »peinliche Entgleisung« und grundsätzlich überholt. Im Gegenteil. Wer den Menschen immer nur »heilen« will und Strafe in Therapie auflöse, beweise, daß er dem Menschen Selbstverfügbarkeit abspreche und ihm »Unzurechnungsfähigkeit« bescheinige: »Die Wachhaltung des Schuldbewußtseins statt des Bewußtseins der ›verminderten Zurechnungsfähigkeit‹ gehört geradezu zur Persönlichkeitskultur«[52].
- Schuldig-werden-Können ist das Gegenstück zur Freiheit der Person und unterstreicht die Konsequenz personaler Verantwortungsfähigkeit. Das Phänomen Strafe bezeichnet deshalb keinen inhumanen Zustand, sondern im Gegenteil die Ernsthaftigkeit, mit der die Person mitsamt ihrer unabdingbaren Attribute Freiheit und Verantwortlichkeit ernst genommen wird. Es sei folglich anthropologisch kurzsichtig und unreflektierter Liberalismus, wenn man nur von einer »Überwindung der Strafe«[53] spreche.
- Strafe sei auch nicht nur als externe Verhaltenskanalisierung anzusehen. Ihre moralische Qualität zeigt sich vielmehr darin, daß sie *nicht nur erduldet, sondern geleistet wird.* Im Übernehmen und Ertragen der Strafe rehabilitiert sich der Delinquent und tilgt dadurch seine Schuld. Strafe sei deshalb nicht nur als eine Last anzusehen, was sie zweifellos immer auch ist, sondern außerdem als eine *Entlastung in der Form der Entschuldung*[54].

– Im deutlichen Gegensatz zu einer liberalistisch-individualistischen Anthropologie, in der infolge einer undialektischen, eindimensionalen Denkkonzeption Konflikte, Spannungen und Gegensätze nur als Belastungen angesehen werden, stehen anthropologische Konzepte – wie die der *antiken Tragödie*, des *Christentums*, *Dostojewskis*, Peter *Wusts*, aber auch Gedanken bei *Fichte* und *Hegel* –, in denen Schuld und Schuldig-werden-Können eine ambivalente Größe darstellen. Ohne daß einerseits der Schuld etwas am Charakter des Schuldigseins verloren geht, erscheint sie andererseits als »das eigentliche Inzitament menschlicher Größe und Dichte«[55]. Endlichkeit und Fortschritt, Versagen und Weiterstreben (ὀρέγεσθαι), ein Haften am Vordergründigen oder der Durchbruch zum eigentlichen Wissen erscheinen in derart dialektischer Weise miteinander verschränkt, daß der Mensch, dem tragischen Beispiel Ödipus' gleich, letztlich nur durch Schuldig-Werden die Wahrheit über sich selber erfahren kann (man vergleiche dazu auch die christliche Version der »*felix culpa*«).

Eine Entscheidung darüber, welchen Argumenten von diesem oder jenem Erziehenden in dieser oder jener Situation der Vorzug gegeben wird, läßt sich natürlich nicht vorwegnehmen. Hier kann nur das Problemfeld, in dem sich der pädagogisch Verantwortliche bewegen muß, gezeigt und eine Orientierungshilfe gegeben werden.

Dazu war es notwendig

a) deutlich zu trennen zwischen

– außenlenkenden Disziplinierungsmaßnahmen und

– auf interne Willenssondierungen zielenden Erziehungsstrafen;

b) deutliche Kritik an einer überkommenen Strafpraxis zu üben[56], zugleich aber auch die mangelhafte Reflexionsbasis gängiger liberalistischer Therapievorstellungen aufzuweisen;

c) überhaupt die komplizierten anthropologischen Verhältnisse auseinanderzulegen, die zwischen den Polen Milieuabhängigkeit und Freiheit, Therapie und Verantwortlichkeit und schließlich einer zweifellos vordergründig lustorientierten Anthropologie (Vermeidung jeder Spannung und jeden Konflikts) und einer Lehre vom Menschen liegen, in der gewußt wird, daß – wie Erfahrungen der Geschichte aufweisen – Menschen offensichtlich auch Erfahrungen des Schuldigwerdens brauchen, ehe sie sich aus Verblendungen und Halbwahrheiten zu lösen imstande sind; gleich, ob man diesen Zustand dann **in der Parabel vom verlorenen Sohn des Neuen Testaments beschreibt, in die** Felix-Culpa-Lehre kleidet, ihn wie bei *Dostojewski* dichterisch faßt oder wie *Fichte* in das Konzept der transzendentierenden Wirkung des Zeitalters »vollendeter Sündhaftigkeit« einbringt.

5.3.4.2 Formen

Tatsächlich scheint es drei diskutable Formen zu geben, in denen Strafen erzieherische Wirkung erreichen können. Es handelt sich dabei um bestimmte Arten des sogenannten *Liebesentzugs*, um *Wiedergutmachung* und um *Sühne*, sofern letztere nicht einfach als Tatstrafe verhängt, sondern im ursprünglichen Sinne des Wortes verstanden und entsprechend vorbereitet und erzieherisch eingelenkt wird.

Alle drei Formen haben gemeinsam, daß sie sich ausdrücklich von jeder rein extern lenkenden Repression abheben. Sie drängen nicht auf äußerlichen Konformismus, sondern repräsentieren vielmehr die Bedeutung und Ernsthaftigkeit eines Wertes. Es ist deshalb zumindest fraglich, ob man bei Erziehungsstrafen so verfahren kann, wie dies bei Disziplinarmaßnahmen ohne weiteres möglich ist: daß man Konsequenzen für den Fall einer Regelmißachtung androht. Nicht nur, weil Drohungen Furcht erregen, auch nicht nur, weil Drohungen den Charakter willkürlicher Handlungen nie ganz verlieren werden, sondern weil Drohungen als deutliche Äußerung eines Wenn-Dann immer *nur auf eine äußerliche Verknüpfung von Tat und Folgen hinweisen* und es auf dieser Ebene nicht gelingen kann, ein wertorientiertes Verständnis zu vermitteln. Zwar bleiben natürlich auch Erziehungsstrafen mit Konsequenzen verbunden und diese Konsequenzen sind ebenfalls rechtzeitig und deutlich zu benennen, wenn nicht wiederum Willkür einziehen soll. Doch dafür sind Drohungen weder sach- noch situationsadäquater Ausdruck. Denn Drohungen sind Demonstration von Stärke. Am Erziehenden müßte indes deutlich werden, daß das mit der Straftat verbundene Strafleid *nicht nur den Träger, sondern letztlich auch den Erziehenden selber trifft;* und dies nicht nur in der Weise der üblichen auftretenden Unannehmlichkeiten (durch Aufregungen, Zeitverlust, eventuellen Kosten), sondern vielmehr in der Weise der *Trauer*, von der jeder betroffen wird, der Verantwortung trägt und der erfahren muß, daß ein seiner Verantwortung anvertrauter Mensch schuldig geworden ist.

Von *Liebesentzug* – das Wort ist hochproblematisch und wird nur unter erheblichen Vorbehalten gebraucht – sprechen wir dann, wenn sich ein Erziehender, sichtbar enttäuscht über einen Rückfall des Heranwachsenden in schon überwundene Unmündigkeit, zeitweilig von ihm distanziert. Folge ist, daß er den Umgang einschränkt, daß er etwa nicht mehr als Spielpartner da ist und auch die Gespräche merklich kürzt. Ist das Verhältnis zwischen Erzieher und Kind sonst störungsfrei – das allerdings ist unabdingbare Voraussetzung –, dann spürt das Kind die sichtbargewordene Enttäuschung des Partners sehr. Diese Erfahrung kann zu Folge haben, daß das Kind von sich aus die entstandene Kluft überbrücken möchte. Es wird die persönliche Nähe wiederzugewinnen suchen, die als Folge seiner Tat verlorengegangen ist. Hier haben wir folglich einen der seltenen Fälle, in denen ein Strafleid einen Täter direkt zu einem Anders-werden-Wollen hinlenkt.

Das Mittel ist allerdings ambivalent. Nicht nur, daß es dort nichts taugt, wo die Sympathierelation ohnedies belastet ist, wie etwa in Pubertätskrisen. Es darf vor allem nicht Formen annehmen, durch die dem Kinde die Grunderfahrung der Geborgenheit wieder verloren geht. Man darf deshalb in solchen Situationen keinerlei falsche Tadelsformen verwenden, die eine zusätzliche persönliche Verwerfung ausdrücken. Streng zu vermeiden sind auch alle Formen eines gekünstelten Schmollens. Kinder können solche Situationen nicht durchschauen und bewältigen, werden deshalb in Verwirrung gestürzt und schließlich in eine Art von Distanzierung getrieben, wie sie der Erziehende nicht wünschen kann. Man darf deshalb weder die eigene Enttäuschung noch die folgende Distanzierung dramatisieren und muß sie auf knapp bemessene Zeitspannen beschränkt lassen. In familialen Strafsituationen wäre es beispielsweise schon bedenklich, die sichtbar gewordene Enttäuschung über den Abend des gleichen Tages hinaus auszudehnen; besser ist es, sie durch ein klärendes, abschließendes Gespräch am gleichen Abend noch zu beenden.

Ähnlich wirken auch alle Formen der *Wiedergutmachung,* die mit einer intensiven Erfahrung der Tatkonsequenzen, etwa eines angerichteten Schadens, verbunden sind. Wird vor der eigentlichen Strafe sachlich auf die Bedeutung des unaufhebbaren Rechtes hingewiesen, daß man wiedergeben muß, was man genommen hat, ebenso wieder herstellen muß, was durch schuldhafte Tat zerstört worden ist, dann erweitert sich das in der Wiedergutmachung wirkende formale Strafprinzip der Tatstrafe zum materialen Strafprinzip einer Besserungsstrafe. Wiedergutmachung ist deshalb eine wichtige Form von Erziehungsstrafe, einerseits von unmittelbar beeindruckender Anschaulichkeit, andererseits frei von falschen Affektionen.

Die letzte der drei Formen von Erziehungsstrafen ist die *Sühne.* Eigentlich bezeichnet sie keine eigene Form, sondern vielmehr die Art, wie ein Täter die auferlegte Strafe übernimmt. Genau besehen ist auch sie eine Form der Wiedergutmachung, allerdings weniger am Besitzstand einer durch die Tat betroffenen Person, sondern an der Gültigkeit einer herrschenden Norm oder eines bestehenden Gebotes. Auch hier ist, den Verhältnissen bei Wiedergutmachungen ähnlich, die Differenz zwischen einer formalen Tat- und einer materialen Täterstrafe recht schmal. Für den Erziehungserfolg entscheidend bleibt indes, ob diese Differenz beachtet wird. Denn während bei einer sühnenden Tatstrafe der objektive Ausgleich im Vordergrund steht, kommt es bei einer täterbezogenen Sühne zuerst auf Erkenntnis der Verfehlung und auf Wiedererinnerung an die zu leicht genommene Ordnung an. Die Schwere der Sühne entspricht dann der Tat und soll die Schwere der Verfehlung zum Bewußtsein bringen.

Es gibt allerdings zwei kritische Überlegungen zum Problem der Sühne wie dem der Reue, von denen aus wichtige Einwände erhoben werden. Einmal ist das die Frage, ob denn eine von Einsicht getragene Sühnebereitschaft überhaupt noch eine Fremdstrafe zuläßt oder nicht eigentlich als ein Vorgang der Selbsterziehung betrachtet werden muß. Dazu kommt der noch tiefergreifende Einwand, was Sühne – nicht als Wiedergutmachung im sozialen Bereich, sondern als moralischer Ausgleich verstanden – noch für einen erziehlichen Sinn haben und wozu sie dienen soll, wenn sie Einsicht in die Verfehlung und Reue immer schon voraussetzt[57].

Dem ersten kritischen Einwand kann man nicht widersprechen. Tatsächlich ist die Sühne bereits am Ende der Fremd- und am Anfang der Selbsterziehung angesiedelt. Sie stellt, um noch einmal *Herbart* zu zitieren, das äußerste Mittel des Erziehungsabschnittes »Zucht« dar, in dem die Voraussetzungen für Selbsterziehung zwar schon da sind, aber trotzdem auf einige unterstützende Hilfen der Fremderziehung noch nicht verzichtet werden kann. Dieser letzte Satz ergibt in seiner Umkehrung eine wichtige pädagogische Nutzanwendung. Diese heißt: Sühne qualifiziert sich nur dann als Maßnahme der Fremderziehung, wenn sie die sich immer in Selbstbestimmung äußernde Selbsterziehung in Gang bringen hilft. In diesem Falle ist Sühnebereitschaft wichtiges Anzeichen, daß es mit der verhaltensverändernden Reue ernst gemeint ist[58].

Schwieriger ist auf den zweiten kritischen Einwand zu antworten, der obendrein nicht nur von grundsätzlich moralischer, sondern von besonderer pädagogischer Bedeutung ist. Er sagt zwar nichts über Handhabungen von Sühnemaßnahmen bei Erziehungsstrafen. Aber von ihm aus wird nach deren prinzipieller Notwendigkeit gefragt: Wozu bedarf es eigentlich noch einer Sühne, wenn ihr die Einstellung und Verhalten verändernde Reue, auf die es pädagogisch vor allem ankommt, nicht erst nachfolgt, sondern schon vorausgeht?

Man kann diese Frage nur durch einen Hinweis auf das Verhältnis des Intellekts zum Willen im Menschen oder, anders ausgedrückt, durch eine Analyse des Verhältnisses von Intellektualismus und Voluntarismus beantworten. Wäre der Wille nur als nachvollziehende Konsequenz der Erkenntnis anzusehen, das heißt ihr eindeutig nachgeordnet und daher von ihr abhängig, dann hätte eine nachträgliche Sühne allerdings keinen pädagogischen Sinn, sondern wäre nur als objektiv orientierte Wiedergutmachung verständlich zu machen. Ist dagegen der Wille dem Intellekt vor- oder auch nur beigeordnet, dann könnte allerdings der Fall eintreten, daß nicht nur das tatsächliche Verhalten, sondern außerdem die Erkenntnis selber keine Folge rein intellektueller Prozesse wäre, sondern in vielfältiger Weise von Strebungen, Begehrungen, Gefühlen, Sympathien, so eben auch vom Eindruck verspürten Leides bestimmt bliebe. *Erst durch das selber verspürte Leid würde dann die Gewichtigkeit des Eindrucks bestimmt, den der Täter von seinem Vergehen erhalten muß, wenn er wirklich bereuen soll.* Es würde den für eine bleibende Verhaltensänderung unerläßlichen Erkenntnisvorgang im Täter überhaupt erst anheben lassen und zum Abschluß bringen[59].

Es gibt Beispiele in der pädagogischen Literatur – allerdings nur in der Form erzählter Einzelfälle –, die diese Überlegungen erhärten und zeigen, daß Strafe eine in der Tat heilsame Wirkung hat, weil sie den verstockten und in einer falschen Selbstrechtfertigung verkrampften Täter plötzlich aus dem Banne der Selbstverfangenheit lösen kann. Bei *Pestalozzi* wie bei *Makarenko* wie bei *Father Flanagan* bleibt Strafe auf Auflösung solcher »Selbstwidersprüchlichkeiten in Verhärtungen« hingeordnet und folglich ein echtes Erziehungsmittel[60].

Ist das Verhältnis von Intellekt und Willen, das zugleich das von Erkenntnis und Erfahrung bezeichnet, nach dieser zweiten Art zu denken, dann wären nicht nur Vorhaltungen und Gespräche recht schwache Maßnahmen zur Verhaltensänderung, die Reue selber und die ihr zugrunde liegende Erkenntnis blieben dann blaß und formal. *Erst die Erfahrung des Strafleides würde dem Täter die richtige Anschauung von der Schwere der Tat geben,* so daß die Sühne dann nicht nur symbolische Zutat, sondern vielmehr ein unentbehrliches dynamisches Element der erkennenden Reue selber wäre, die sich nur unter ihrem Einfluß vom blassen Gedanken zur moralischen Maxime erheben könnte. So betrachtet wäre dann Strafe, bei aller verbleibenden Ambivalenz, kein Rest noch nicht aufgearbeiteter gesellschaftlicher Inhumanität, sondern selber Ausdruck eines unabdingbaren Humanum im Existenzbereich des freien und verantwortlichen, zugleich aber auch endlichen und fehlbaren Menschen; – bei aller möglichen Zweideutigkeit, die mit dem immer drohenden Mißbrauch der Strafe als einem Herrschaftsmittel zweifellos verbunden bleiben wird.

6. Spiel

6.1 *Spiel als komplexes anthropologisches Phänomen*

Wenngleich innerhalb einer Beschreibung verschiedener Erziehungsmittel natürlich die Analyse der pädagogischen Funktion des Spieles interessiert, darf doch nicht übersehen werden, daß Spiel ein außerordentlich komplexes anthropologisches Phänomen ist[1]. Man kann es nicht nur unter pädagogischem Aspekt betrachten, weil seine pädagogischen Möglichkeiten überhaupt erst deutlich werden, wenn die allgemeine anthropologische Bedeutung bekannt ist. Einer solchen allgemeinen Analyse wende ich mich deshalb zuerst zu, muß mich allerdings auf eine gewisse Übersicht über verschiedene Formen, Funktionen, Einteilungen und Abgrenzungen beschränken und kann mich auf keine vergleichende Diskussion unterschiedlicher Gesichtspunkte einlassen.

6.1.1 Spielformen

6.1.1.1 *Einteilungen*

Über die Vielzahl möglicher Einteilungsgesichtspunkte orientiert am besten eine tabellarische Übersicht[2]:

1. Nach der Art der *Spieltätigkeit* kann unterschieden werden zwischen
- Bewegungsspielen, Funktionsspielen;
- Leistungsspielen, Regelspielen;
- darstellenden Spielen, Rollenspielen;
- erschaffenden Spielen, Phantasiespielen;
- Glücksspielen.

2. Nach der Art der *Regel* kann unterschieden werden zwischen
- überlieferten Spielen mit starker Traditionsgebundenheit (Gesellschaftsspiele, Glücksspiele) und
- frei erfundenen Spielen (erschaffende, darstellende Spiele, Phantasiespiele, Rollenspiele).

3. Nach der *Art geforderter Fähigkeiten* kann unterschieden werden zwischen
- Spielen, die eine bestimmte körperliche Fähigkeit erfordern wie
    reine Bewegungsspiele,
    Leistungsspiele,
- Spielen, die geistige Fähigkeiten erfordern,
- Spielen, die das Beobachtungsvermögen ansprechen,
- Spielen, die das Urteilsvermögen fordern,
- Spielen, die Aufmerksamkeit und Geistesgegenwart verlangen,

- Spielen, die ein gutes Gedächtnis brauchen,
- Phantasiespielen.

4. Nach der *Anzahl der beteiligten Spieler* kann unterschieden werden zwischen
- Einzelspielen,
- Paarspielen
- Gruppenspielen.

5. Nach den *Phasen menschlicher Entwicklung* können unterschieden werden
- Funktionsspiele (impulsive Bewegungen und deren Nachahmung; greifen, aufeinanderstellen von Gegenständen, umfüllen von Material in andere Formen u.ä.; bis gegen Ende des ersten Lebensjahres);
- Erweiterte Funktionsspiele (kneten, einen Gegenstand hin und her pendeln lassen, Ballspiele, etwas an einer Schnur nachziehen, einen Kreisel drehen, einen Reifen treiben, sich am Schaukelpferd fortbewegen u.ä. vor allem nach dem zweiten bis gegen das vierte Lebensjahr);
- Fiktionsspiele, Rollenspiele (Spielzeug füttern, mit der Puppe sprechen, am Finger rauchen, sich zu einem Tier machen, Schornsteinfeger, Schaffner, Kaufmann spielen usw.; vor allem um das vierte Lebensjahr);
- Rezeptionsspiele (Bilderbücher betrachten, Märchen anhören, vorlesen lassen, Lieder mitsingen, Beginn von Filmbetrachtungen; Beginn ca. ab zweitem Lebensjahr);
- Konstruktionsspiele (bearbeiten von Sand, kneten, bauen, zeichnen, Bilder ausschneiden, Bilder legen, erzählen, Abziehbilder benutzen, Seifenblasen, Schattenbilder an die Wand werfen; deutlicher Anstieg nach dem vierten Lebensjahr);
- Spiel mit anderen, Phase des planlosen Gruppenspiels (wildes Herumrennen, Jagen, Raufen, jahreszeitlich bedingte Spielformen: Drachensteigen, Schlittschuhlaufen, Schwimmen);
- Spiel mit anderen, Phase der Regelspiele (Gesellschaftsspiele im Hause: Domino, Mensch ärgere Dich nicht, Mikado, Kartenspiele usw.; Rollenspiele im Freien: Räuber und Polizei, Cowboy und Indianer, Ballspiele wie Völkerball, Wettspiele wie Springseil oder Gummitwist; Versteckspiele);
- Sport als Spiel (zunächst ungeordnet und ohne Bindung an einen Verein: Radfahren, Schwimmen, Schlittschuhlaufen, Skifahren; danach, vor allem bei Handball, Fußball, Tennis u.ä. stärkere Vereinsbindungen).

Charlotte *Bühler* hat anhand von Tagebuchaufzeichnungen[3] die Verteilung der Spielformen bis zum sechsten Lebensjahr näher untersucht. Sie fand in diesem Lebensalter Funktions-, Fiktions-, Rezeptions- und Konstruktionsspiele. Die Häufigkeiten in den Lebensaltern sind aus der folgenden Tabelle zu ersehen:

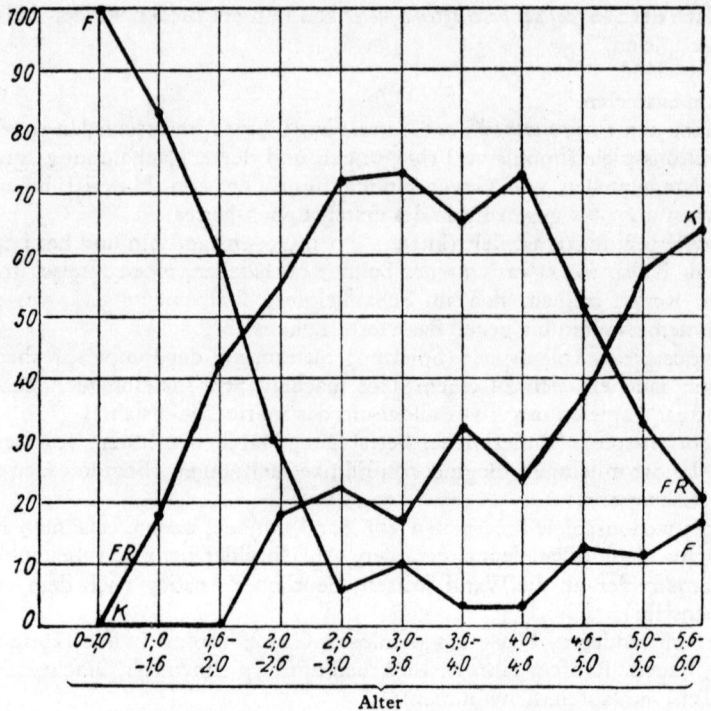

Alter

6.1.1.2 Spontaneität versus Reaktion

Untersuchungen über phasenspezifische Spielformen dürften gegenwärtig von besonderem Interesse sein, weil sich daran – in ihrer grundsätzlichen Bedeutung weithin noch unerkannt – eine wichtige pädagogische Kontroverse neu entzünden könnte, nämlich die zwischen den Theoretikern einer Entwicklung und Reifung aufgrund endogener Reize und denen, die die These der akzelerierenden Instruktion[4] vertreten.

Geht die Entfaltungstheorie von der Annahme aus, daß bestimmte endogene Faktoren vorhanden sein müssen, ehe bestimmte Lernprozesse – etwa eine bestimmte Phantasietätigkeit, ein bestimmtes Problemlösungsverhalten – einsetzen können, so ist die Instruktionshypothese von der gegenteiligen Ansicht bestimmt, daß derartige subjektive Bedingungen selber erst unter objektiven Reizen gebildet werden.

Dieser Streit, der die pädagogische Fachpresse und Literatur der letzten Jahre beherrscht[5] und der, wenn man rein vom Umfang der Stellungnahmen ausgeht, sich bislang zu Gunsten der Instruktionshypothese entwickelte, hat seither zu verhältnismäßig wenigen Untersuchungen in dem Bereich geführt, in dem sicher leichter als dem der schwerer zu kontrollierenden Intelligenzforschung nachprüfbare Ergebnisse zu erwarten wären: den phasenspezifischen Spielformen auf verschiedenen Altersstufen des Kindes.

Geht man von den vorliegenden Untersuchungen zum Spielverhalten des Kindes aus[6], ergibt sich folgendes Bild:

– Sicher ist, daß menschliche Entwicklung auch im Bereich des Spiels keine monadologische Selbstentfaltung darstellt, sondern das komplexe Anregungspotential eines Sozialkontaktes braucht. Das fängt in den stark emotional regierten Kontakten des extrauterinen Frühjahrs an (Funktionsabläufe und Greifen), geht über die sozialvermittelten ersten Objektbeziehungen des Kindes[7] bis zu den ebenfalls kontaktabhängigen Fundierungen des Regelspiels und Wettkampfes.

– Sicher ist aber auch, daß diese kontaktabhängige Entwicklung der Spielformen kein eindimensionaler Prägevorgang an einer ursprünglichen tabula rasa ist, wie das in einer extremen Instruktionstheorie geglaubt wird und beispielsweise in Bruners »kühner didaktischen Hypothese« zum Ausdruck kommt[8], »daß jeder Lehrstoff jedem Kind auf jeder Entwicklungsstufe in sachlogisch einwandfreier Weise wirksam beigebracht werden kann«. Auch in einer von außen her aufgebauten Spielsituation entstehen Spiele nämlich nur dann, wenn das Kind von sich aus, also spontan und nicht reaktiv zu spielen beginnt.

Das unabdingbare Wechselverhältnis zwischen individueller Entwicklung und sozialer Anregung zeigt sich in besonderer Weise in der altersbedingten Entwicklung von Spielformen: Es sind keinesfalls alle Spielformen auf jeder Entwicklungsstufe möglich. Es gibt vielmehr einen deutlichen eindimensional aufgebauten Bedingungszusammenhang, wonach eine Phase eine zeitlich weder beliebig verkürzbare noch auswechselbare Reifung braucht, ehe sie als Voraussetzung einer nachfolgenden Phase zur Verfügung stehen kann[9].

Das heißt: Es ist zwar nicht möglich, genaue Altersgrenzwerte anzugeben, innerhalb deren bestimmte Funktionen auftreten werden. Mit Sicherheit läßt sich aber sagen, daß auch didaktisch gut arrangierte »Verfrühungen« im Sinne der akzelerierenden Instruktion, selbst wenn sie methodisch gut vorbereitet sind, rasch Altersgrenzwerten zustreben, weil sich die Phasenausreifung nicht beliebig reduzieren läßt. Das wird gerade in der Entwicklung phasenabhängiger Spielformen deutlich. Hier zeigt sich nämlich, daß auch durch Befreiungen von äußerlichen Drucksituationen und durch Bereitstellung eines reichen Anregungspotentials sich zwar die Ausdrucksweisen einzelner Spielformen in ihrer *Breite* vergrößern können: es treten mehr Bewegungsformen auf, eine größere Anzahl von Fiktionsspielen, ein größeres Repertoire an Rollenspielen usw. Berichte über altersmäßige *Vorverlagerungen*, etwa über frühes Auftreten von Wettbewerbsspielen, durch die die These der akzelerierenden Instruktion auch im Bereich des Spiels bestätigt würde, sind dagegen nicht bekannt geworden. Lägen sie vor, müßte man sie überdies außerordentlich kritisch analysieren, weil möglicherweise durch künstliche Beschleunigung die Spielform zu einer äußerlichen Hülle geworden sein könnte und für den Ausführenden keinen Spielcharakter mehr besäße. Das hängt damit zusammen, daß es die Instruktionshypothese, zumal in ihrer extremen Form, sehr schwer hat, sich mit dem Phänomen Spiel überhaupt sachgerecht zu beschäftigen, weil das im folgenden näher zu bestimmende Merkmal des Spiels: »*individuelle freie Entsprechung eines Spielenden auf eine Spielsituation*« sich mit dem auf Reiz-Reaktions-Mechanismus abgestellten Methodenkonzept gegenwärtiger Verhaltensforschung nirgends ohne weiteres vereinigen läßt. Stehen schon die heute rege diskutierten Phänomene »Phantasie« und »Kreativität« im deutlichen Gegensatz zum Modellbild der extremen Instruktionstheorien – ohne daß deren Vertreter freilich den logischen Widerspruch merken, in dem sie sich dauernd befinden: daß Phantasie ohne Spontaneität nicht auskommt, während der Reiz-Reaktions-Mechanismus nichts hinter der Reaktion gelten lassen will – so ist Spiel, wenn man nicht alle seine klassischen Bestimmungsmerkmale aufgeben will, *ursprünglich Spontaneität oder es wäre kein Spiel*[10]. Damit steht es aber, zwar nicht seiner jeweiligen Ausprägung, aber der Bedingung, daß es spielerische Handlung ist, nach, außerhalb jeder Kausalordnung von »Lernsequenzen«. Gelernt werden kann zwar die Art des Spiels, der Umgang mit Gegenständen, bestimmte Bewegungsabläufe, bestimmte Spielregeln, gelernt werden kann aber nicht die bestimmende Eigenart der spielerischen Handlung, weil sich diese nicht in der äußerlichen Form, sondern immer nur in der Spontaneität des Handlungsbeginns und in der Empfindung lustbetonter Handlungsabläufe von anderen mehr unlustbesetzten Tätigkeitsformen unterscheidet. Der gleiche Handlungsablauf mit der gleichen möglicherweise bis zur Erschöpfung reichenden physischen Ermüdungserscheinung kann das eine Mal als insgesamt lustbetonte und begehrte Spielhandlung ablaufen, das andere Mal als eine Belastung, ja Zumutung erscheinen, deren man sich energisch erwehrt oder zu entziehen sucht.

Deshalb kann Lernen beim Spiel immer nur *sekundäre Bedingung* sein. Lernen erreicht nur die *Form* des Spieles (Fertigkeiten, Regeln), jedoch *nicht den Spielcharakter der Handlung.* Hier finden wir vielmehr eine individuelle Vorgabe, die nicht wiederum als durch Instruktion vermittelt angesehen werden kann, sondern ein ursprüngliches anthropologisches Phänomen darstellt. Von hier, vom Spiel aus, wäre folglich ein möglicher neuer Ansatz für eine Konzeption von Individualität zu gewinnen, die über die in gegenwärtigen Verhaltenstheorien regierende funktionalistische Reduktion hinausreicht und in der Person mehr sieht als ein Bündel von Funktionen; – unbeschadet der Tatsache, daß die individuellen Fähigkeiten dann tatsächlich einer »aktuellen Elaboration« zugänglich sind und damit wiederum erst die Basis für eine mögliche formale Bildung gegeben ist.

Von dieser Voraussetzung aus sind die vorhin genannten entwicklungsphasenbezogenen Abstufungen zu verstehen. Die einzelnen Spielformen brauchen in ihren Phasen eine bestimmte Zeit zur vollkommenen Ausprägung. Welche Zeitspanne diese Übungs- und Ausprägezeit mindestens umfassen sollte, wissen wir noch nicht. Sicher ist aber, daß die komplizierteren Spielformen die einfacheren je voraussetzen, so daß die Reihenfolge weder in ihrer Abfolge beliebig ist noch beliebig verkürzt werden kann.

6.1.2 Merkmale des Spiels

6.1.2.1 Funktionslust

Das zuerst und am meisten auffallende Merkmal des Spiels ist, daß der Spieler die Mühe, die ihm im Spiel abgefordert wird, nicht als Last empfindet. Während ansonsten Anstrengungen tunlichst vermieden und nur als Kaufpreis für gewünschte Ziele ertragen werden, ja in der Arbeitswelt Arbeiterorganisationen die fortgesetzte Reduktion von Arbeitszeit und Anstrengungsgrad zur humanitären Maxime machen, haben wir zu der Mühe, die ein Spiel allemal auch bereitet und die sich ihrer Form und Qualität nach von Arbeit keineswegs immer unterscheiden läßt, von vornherein eine ganz andere Einstellung. Für einen Spielenden gibt es, subjektiv gesehen, den Eindruck von Mühsal überhaupt nicht. Die Anstrengungen des Spielens bedeuten ihm vielmehr ein lustvolles Tun, das er gerne übernimmt und absichtlich sucht und das er auch nach Möglichkeit zu wiederholen wünscht. Karl *Bühler* hat deshalb von einer im Spiel wirkenden »*Funktionslust*« gesprochen[11], die sich auch in jedem spielerischen Verhalten erkennen lasse und die es mit sich bringe, daß man von einem »in sich kreisenden« Spiel sprechen kann, das heißt von einem Vorgang, der vom Spieler selber immer neu begonnen wird, weil für ihn die Lust am Funktionsablauf zugleich Sinn des Spielens bedeutet. Zur Funktionslust kommt also eine »*Wiederholtendenz*« hinzu.

6.1.2.2 Spiel ist ursprünglich spontan

Jedes Spiel geht aus einer ursprünglichen Spontaneität hervor, denn man kann niemanden zum Spielen zwingen[12]. Natürlich kann auch Arbeit freiwillig übernommen werden, doch deren Sinn liegt nicht im Arbeitsvollzug selbst, sondern im Arbeitsergebnis. Der Verlauf des Arbeitsprozesses ist dabei nur Mittel zum Zweck. Der Zweck der Arbeit liegt letztlich in der Überwindung des existenziellen Mangels, unter dem menschliche Lebensausstattung leidet und bleibt deshalb immer mit einem von dorther ausgehenden Zwange verbunden. Spiel dagegen ist freie Entsprechung auf eine Spielsituation. Man kann wohl solche Spielsituationen von dritter Seite her absichtlich vorbereiten und Menschen absichtlich in solche Situationen hineinstellen, kann aber niemanden zum Spiele zwingen, wie das bei Arbeit ohne weiteres möglich ist.

Natürlich kann die dem Spiel inhärierende Freiheit auch problematische Folgen haben, wie es etwa am Beispiel eines verspielten Kindes zu sehen ist, denn Freiheit von äußerem Zwange bedeutet ja nicht zugleich auch schon Freiheit von Launen und punktualistischen Affektionen. Deshalb kann ein verspielter Charakter auf einen schwächlichen und letztlich auch unfreien Willen hindeuten, der sich nicht durch Einsicht und Überlegung bestimmen läßt, sondern ständig punktualistischen Trieben und Impulsen unterliegt.

Diese Freiheit, ohne die kein Spiel zustande kommen kann, ist aber aus einem anderen pädagogischen Grund besonders wichtig. Weil Spiel von äußerem Zwange frei bleibt, entsteht es nur dort, wo der Spielende der Spielsituation gewachsen ist. Deshalb herrscht in jedem Spiel trotz möglicher Anstrengungen von vornherein eine natürliche Harmonie zwischen den Anforderungen der Spielsituation und den Fähigkeiten des Spielers. Man hat deswegen von der »*Ausgewogenheit*« oder, wie es *Fröbel* genannt hat, von der »*Rundung*« des Spieles gesprochen. Diese Ausgewogenheit im harmonischen Vollzug hängt ebenfalls mit der spielkonstituierenden Freiheit von äußerem Zwang eng zusammen[13].

6.1.2.3 Spiel ist lustbetont und erscheint als »Genuß des Lebens«

Funktionslust und Ausgewogenheit weisen gemeinsam auf ein nächstes Merkmal hin: Spiel als deutlich lustbetonte Tätigkeit erscheint als *Genuß des Lebens*[14]. Jedes Spiel bereitet den Spielenden Freude; wenn man von den besonderen durch zusätzliche Faktoren veränderten Situationen der Verlierer bei Wettkampf- und Glücksspielen jetzt einmal absieht. Spiel besitzt die Eigenschaft, die Spielenden in eine glückliche Stimmung zu versetzen und sie aus der »Zeitlichkeit der Sorge« herauszuheben. Mit »Zeitlichkeit der Sorge« ist jene Einstellung gemeint, die menschliches Weltverhalten hauptsächlich prägt[15]. Denn die fortwährende Erfahrung von Bedürftigkeit, Mangel und Unsicherheit – sei es, daß dieser Mangel tatsächlich spürbar als Not vorliegt, sei es, daß er künstlich insinuiert wurde, wie es durch Reklame oder auch durch bestimmte Ideologien geschehen kann, die beide künstlich Unzufriedenheit erzeugen – führt in der Regel dazu, daß der weitaus größte Teil menschlicher Planungen und Arbeiten auf die Überwindung dieser Bedürftigkeiten gerichtet ist und folglich auf Zukünftiges hin geschieht. Die »Zeitlichkeit der Sorge« determiniert den größten Teil unseres Arbeits- und Planungsverhaltens unter dem Aspekt der Vorsorge für die Zukunft. Sie läßt dauernd an eventuelle spätere Erfordernisse denken und treibt dadurch den Menschen aus einem frohen Erleben und Genießen des Gegenwärtigen hinaus.

Spiel dagegen ist anders orientiert. Es wird von einer im Gegensatz zur »Zeitlichkeit der Sorge« stehenden »Zeitlichkeit der glücklichen Stimmung« (*Bollnow*)[16] regiert. »Ihm war wie ein ewiger Sonntag im Gemüte«, charakterisiert *Eichendorff* den verspielten Taugenichts. *Nietzsche* hat unter durchaus ähnlichen Aspekten vom »großen Mittag« gesprochen, in dem Zukunft und Sorge ihre Macht verloren haben und der Mensch in der Gegenwart und im Genusse des Augenblicks aufgeht. Dieses Zeitgefühl ist auch dem Spielenden eigen. Spiel versetzt ihn in die Gegenwart, es geschieht nur in der Zeitlichkeit der Gegenwart. Es löst den Spielenden sowohl aus Bindungen an die Vergangenheit heraus und läßt ihn auch im Erleben des Jetzt die Zukunft vergessen. Die Gegenwart allein ist seine Zeit. In ihr lebt er, solange er spielt, ausschließlich.

Eben dieser Charakterzug: Genuß des Lebens in einer reinen Gegenwart, war es allerdings auch, der das Spiel in den Augen rigoroser Moralkonzepte verdächtig gemacht hat. Wenn der Mensch vor allem im Zustand eines Viators gesehen wird, der nur im »entschlossenen Auf-sich-Zukommen auf sich zurückkommen kann« (*Heidegger*), der sich deshalb auch nicht in einem trügerischen momentanen Glück ansiedeln dürfte, weil für ihn »Welt« Verführung bedeutete, von der er sich fernhalten müsse, wenn außerdem eine allzu kurze Erbsündeninterpretation Lust schlechthin als ein verdächtiges, weil verführerisches Element ansah, dann mußte auch das Spiel – in dem der Mensch sich wohlfühlt, in dem er beharren möchte, das seinen Blick von zukünftigen Verhältnissen ablenkt – in manchen Anschauungen zu einer »Einblasung des Bösen« werden, wie es Hermann August *Francke* genannt hat[17].

Die Dimensionen von Gegenwärtigkeit und Genuß des Augenblicks brauchen indes noch eine interpretatorische Ergänzung. Im Spiel offenbart sich immer auch ein harmonischer Ausgleich von Gegensätzen, wie beispielsweise der von Anforderung und Können, so auch der von Ordnung (Spielregel) und Freiheit. Im Spiel zeigt sich folglich ein Stück »heile Welt« ,weshalb *Schiller* den Menschen immer nur da ganz Mensch sein läßt, wo er spielt. Wer die Möglichkeit einer solchen, wenngleich nur partiellen und zeitweiligen »heilen Welt« grundsätzlich bestreitet, muß folgerichtig auch das Spiel verdammen. Wer, wie das heute verbreitet üblich ist, den Begriff der »heilen Welt« absichtlich dem Spott ausliefert oder nur als Zustand einer fernen Zukunft betrachten kann, wird notwendig auch dem Spiele fernstehen und sicher argumentieren, daß es mit dem »Ernst der Zeit« nicht in Einklang zu bringen sei.

6.1.2.4 Spiel erscheint als eine Scheinwelt, ein »Als-Ob«

Von üblichen Alltagsredewendungen her wie »Spielerei«, »verspielt«, »es ist nur Spiel« wird deutlich, daß Spiel als eine Art von Scheinwelt neben der sogenannten Wirklichkeit angesehen wird. Spiel bedeutet, zumindest dem Erwachsenen, keine Ernsthandlung, sondern hat etwas Fiktives an sich. So werden Szenen und Rollen gespielt; so ist der Bühnentod kein wirklicher Tod, die gespielte Trauer keine wirkliche Trauer. Aber der Charakter dieser Unwirklichkeit geht noch weiter, denn Spiel kennt offensichtlich auch einen anderen Wertmaßstab, als er sonst gilt. Während bei jeder Arbeit ein Zweck das Handeln bestimmt, kreist spielerisches Tun gleichsam in sich und hat keinen Zweck, der über die Tätigkeit hinausweist. Wenigstens in der idealtypischen Form des Spielens ist das der Fall. Glücksspiele einerseits, Lernspiele andererseits widerlegen diese Aussage nicht. In diesen Fällen werden Spielelemente mit anderen Absichten gekoppelt und sind nicht mehr reines Spiel[18].

Dieser genannten Gründe wegen kann man Spiel auch nicht mit den sonst benutzten Maßstäben von Effektivität, Nützlichkeit oder Notwendigkeit messen. Während Arbeit vom Lebensunterhalt gefordert wird und vom Menschen um der Lebensfristung willen übernommen werden muß, kennt das Spiel diese Art Notwendigkeit nicht.

Man muß bei solchen Argumentationen allerdings auch den dabei verwendeten Begriff von Notwendigkeit näher analysieren, weil er durchweg an einer rein biologischen Vorstellungsweise: der Mensch als Mängelwesen, orientiert ist. Wird diese Einengung aufgehoben, so daß etwa auch ästhetische Werte als unentbehrlich für eine humane Lebensführung erscheinen, dann erhalten wir einen revidierten Begriff von Notwendigkeit, wie man sie dann auch dem Spiele zuerkennen muß. In den Spieltheorien von *Schiller* und *Huizinga* ist diese anthropologische Unersetzlichkeit des Spieles deutlich beschrieben worden[19].

6.1.2.5 Spiel ist zweckunbewußt, aber sinnerfüllt

Erwähnt wurde, daß Spiel, verglichen mit Arbeit, als etwas Zweckfreies erscheine. Eine derartige Formulierung ist allerdings abstrakt und zu wenig eindeutig, weil in ihr ungeklärt bleibt, was denn eigentlich unter Zweck verstanden werden solle. Schließlich ist es ein bedeutsamer Unterschied, ob das Subjekt der Spieltätigkeit, das heißt der Spielende selber, einen Zweck setzt, oder ob er von außen her im Spiele gesehen wird. Da zeigt sich nun, daß man allerdings nur vom ersten Aspekt, vom Blickpunkt des Spielenden aus, von einem zweckfreien Spiel sprechen kann. Der Spielende spielt tatsächlich nur um des Spieles willen. Setzte er Zwecke, die über das Spielgeschehen hinausgingen, dann arbeitete er bereits und spielte nicht mehr.

Spiel kann aber ohne weiteres Zwecken dienen, die vom Spielenden nicht bemerkt werden, die aber ohne seine Absicht und sein Zutun dem Spiele inhärieren[20]. Dieser Umstand macht es überhaupt erst möglich, von einer pädagogischen Funktion des Spieles zu sprechen[21], denn diese bleibt ja davon abhängig, daß Spiel objektiv zweckhaft sein kann. Es wäre deshalb sachlich richtiger, nicht von einer Zweckfreiheit als vielmehr von einer *Zweckunbewußtheit* des Spieles zu sprechen, weil es nur für den Spielenden zweckfrei ist[22]. Dagegen lassen sich bei Initiatoren, das werden vor allem Erziehende sein, die Spiel als Erziehungsmittel benutzen, durchaus verschiedene Zwecksetzungen erkennen und feststellen[23].

Vielleicht läßt sich dieser Unterschied noch besser verdeutlichen, wenn begrifflich zwischen einer subjektiven Zweckfreiheit und einer objektiven Sinnerfülltheit getrennt wird. Gänzlich sinnloses Treiben können wir eigentlich nur mehr in einer sehr lockeren Analogie Spiel nennen. So liegt beispielsweise das Spiel der Mücken oder das Spiel der Wellen bereits an der äußersten Grenze des Spielbegriffs, weil in beiden Fällen allein der rhythmische Bewegungsablauf noch Spielelemente erkennen läßt. Da aber ein Spielender fehlt, formen sich diese Abläufe nur für einen Zuschauer zum Spiel.

6.1.2.6 Spiel ist symbolfähig

Das Merkmal, das Spiel in besonderer Weise zu einem kulturtragenden Moment macht, ist seine Symbolfähigkeit[24]. Jedes Spiel ist symbolfähig; wenngleich bei verschiedenen Formen, wie etwa den durch Funktionslust gesteuerten Bewegungsabläufen, mehr in einem übertragenen Sinn. In den Fiktions- und Rollenspielen dagegen wird die Symbolik am besten deutlich. In dieser Symbolik lassen sich alle Lebensäußerungen wiedergeben, gleich, ob es sich um Liebe, Trauer, Glück oder Kampf handelt. Wahrscheinlich sind verschiedene Kulturformen, die sich heute als Nachbarphänomene aus dem Spiel ausgegliedert haben, in ihrem Ursprung aus dem Symbolspiel hervorgegangen, wie es sich etwa beim Theater oder auch beim Sport beobachten läßt. In der Symbolfähigkeit des Spiels liegt auch eingeschlossen, daß Spiel zum Kult werden kann, wie dies bei Passionsspielen etwa der Fall ist, und daß sich Kult wiederum in spielerische Formen kleidet[25].

Auch das Glücksspiel ist symbolgetragen und an sich weder schlecht noch unwahr, denn Glück ist ein Grundzug menschlichen Lebens. Gefahr beginnt erst dort, wo – wie etwa in den berüchtigten »Spielhöllen« – durch Funktionslust, Wiederholtendenz und Glücksstreben Leidenschaftlichkeit ins Grenzenlose gesteigert wird.

6.1.3 Nachbarphänomene des Spiels

Die analysierten Merkmale können sich entweder in verschiedenen *Spielformen* ausprägen, sie können auch als einzelne *Spielelemente* in verschiedenen Kulturbereichen auftreten, die dann zu Nachbarphänomenen des Spiels werden. In diesen Fällen werden Spielelemente durch zusätzliche Dominanten überformt. Diese Verflechtung der einzelnen Spielelemente im Bereich der Gesamtkultur läßt sich am besten anhand einer Skizze verdeutlichen:

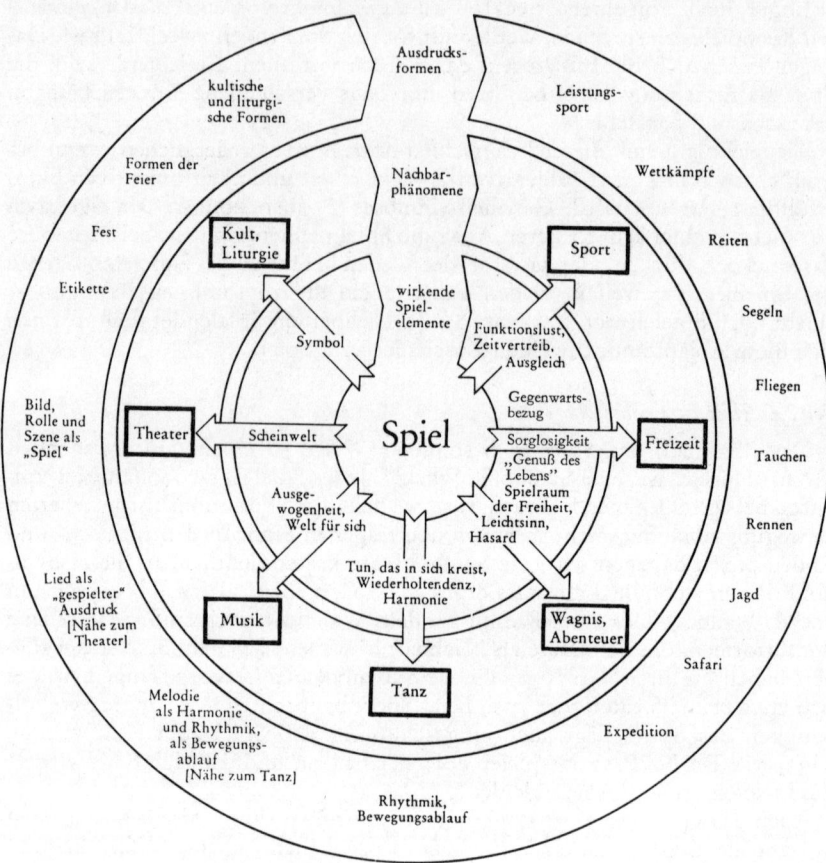

6.1.4 Funktionen des Spiels

Wir sagten schon: Wenngleich Spiel für den Spielenden selber zweckunbewußt bleibt, so kann es doch einen Sinn haben, der über das reine Spielgeschehen hinausdeutet. So kann beispielsweise ein um der Unterhaltung willen begonnenes Spiel zu einem bedeutenden Übungsfaktor werden, ohne daß dies in der Absicht des Spielenden liegt. Ein dem Zeitvertreib dienendes Spiel kann zugleich eine heilende Wirkung besitzen. Übung wie Heilung treten als

192

funktionale Nebeneffekte auf. Diese verschiedenen möglichen Funktionen des Spieles sind jetzt näher zu analysieren, denn von ihnen hängt ja ab, ob Spiel überhaupt zu pädagogischen Zwecken benutzt werden kann.

6.1.4.1 *Spiel als Freizeit (Unterhaltung und Zeitvertreib)*

Spiel kann Abwechslung und Ausgleich bedeuten und dient dann der Entlastung von der Eintönigkeit der Berufswelt, zu der auch die von Eintönigkeit und Langeweile keineswegs freien Lernprozesse der Schule gehören. Ausgleich entsteht für den Spieler nicht etwa nur durch Abwechslung und veränderte Tätigkeit, sondern vor allem auch durch die im Spiel wirkende Funktionslust, die ihn wenigstens zeitweilig in die erwähnte »Zeitlichkeit der glücklichen Stimmung« versetzt[26]. Dieser Wechsel verändert die Bewußtseinslage des Spielenden und versetzt ihn für die Dauer des Spiels in eine *besondere Weltbetrachtungsweise*, die deutlich durch *Harmonie* und deren Attribute wie: Sich-Wohlfühlen, Frohsein, Glücklichsein, Zufriedensein, Heiterkeit, Gelöstsein, Entspanntsein bestimmt wird. Dieser Wechsel bringt es außerdem mit sich, daß sich im Spiele Menschen außerhalb der sonst gültigen Sozialordnung begegnen, weil jetzt Rangabstufungen gesellschaftlicher Ordnungen aufgehoben sind. Spielende sind Partner und müssen sich deshalb von den ihnen sonst zugewiesenen Rollen (des Vaters, des Sohnes, des Lehrers, des Schülers, des Vorgesetzten usw.) lösen. Spielende finden deshalb im Spiel ein anderes Verhältnis zueinander als es unter den Regeln und Gesetzen der Arbeitswelt und der sozialen Ordnung besteht[27].

6.1.4.2 *Spiel als Rekreation*

Harmonisierung durch Funktionslust und ein neues Zeitgefühl bedeuten noch mehr als Unterhaltung und Zeitvertreib. Durch Entspannung und Ausgleich geschieht zugleich Erholung und Stärkung. Man kann deshalb mit gutem Grund die Welt des Spiels als ein Gegenstück zur Welt der Arbeit und der ihr zugehörenden Belastung betrachten. Im Spiel geschieht *Entlastung und Erholung*. In dieser Gegenüberstellung von Belastung und Entlastung erscheint Spiel als eine unentbehrliche Phase in einer großen *Rhythmik des Lebens*, in der der Mensch zwischen Arbeit und Spiel pendelt. So besehen ist Spiel dann der Arbeit entgegengesetzt, stellt indes nichts Beliebiges und Beiläufiges dar, sondern erscheint vielmehr als unentbehrlicher Ausgleich, ohne den die Belastung durch Existenzsorgen auf die Dauer zu krankhaften Veränderungen führen müßte[28].

Unter dem Einfluß bestimmter weltanschaulicher Vorurteile und politischer Verallgemeinerung erregen solche Überlegungen heutzutage vielerorts sofort den Verdacht, ein solcher temporärer regenerativer Entlastungsraum diene nur dem Zwecke, den wirtschaftlichen Produktionsprozessen neue Kräfte zuzuführen und werde folglich eine Art »Kalkulationsfaktor im Investitionsprogramm«. Sicher ist natürlich, daß, wie alle anderen menschlichen Lebensverhältnisse so auch das Spiel mißbraucht und zur tatsächlich kalkulierten »Kraft durch Freude« werden kann. Wenn man sich jedoch der erwähnten ideologisch manipulierten Wahrnehmungsregression nicht unterwirft, sondern von der unwiderlegbaren historischen Erfahrung ausgeht, daß Menschen noch in keiner geschichtlichen Situation und auch auf keiner sozialen Rangposition vom Existential der Sorge jemals ganz freigeblieben sind und es diese ambivalente Sorge ist, die zwar einerseits zur Reflexion des Menschen über sich selber führt, ihn andererseits indes, in den Handlungsvollzügen der Sorgebewältigung, auch in die Situationen von Selbstentfremdung drängt, dann sind zeitweilige regenerative Entlastungsphasen von einer unentbehrlichen anthropologischen Bedeutung, *weil allgemein für den Zustand von Gesundheit und Krankheit entscheidend*. Man darf sie dann nicht von möglichen Manipulationen her grundsätzlich verdächtigen und absichtlich in Frage stellen.

6.1.4.3 Spiel als Heilung

Erholung und Stärkung sind bereits einfache Formen von Heilung. Der heilende Effekt des Spiels ist aber noch weitaus umfangreicher als es bis jetzt zur Sprache kam. Spiel kann benutzt werden, um psychische Konflikte zu diagnostizieren. Durch Spiel können aber auch, über die Diagnose hinaus Verkrampfungen in einer eigenen Spieltherapie gelöst und geheilt werden[29]. Da später ausführlich auf die heilpädagogische Funktion des Spiels eingegangen wird, kann es jetzt bei dieser knappen Andeutung bleiben.

Etwas anders liegen die Verhältnisse bei der sogenannten *kathartischen Wirkung des Spiels*. Auch da handelt es sich um Heilung. Während jedoch psychische Konflikte als Folge von Mangel aufgefaßt werden können, weil eine für das individuelle Selbstwertgefühl notwendige Bestätigung im Sozialkontakt ausblieb, wie das am Beispiel der Aggression bereits deutlich geworden ist, geht es bei einer Katharsis im genau entgegengesetzten Sinne um ungefährliches Abreagieren sogenannter »Kraftüberschüsse« und »Urinstinkte«[30]. In Spielformen sollen Verhaltensstörungen aufgefangen werden, die von einem gesellschaftlich geforderten Triebverzicht ausgelöst werden können. Wer, so kann man die alte Lehre der Katharsis in einer Art modernen Variante wiedergeben, auf dem Fußballplatz Instinktbewegungen des Feindschemas abreagiert, wird es keinem Familienmitglied anhängen und hoffentlich in diesem gesellschaftlichen Raum verträglich sein[31]. Pädagogisch wichtig wird diese Theorie, wenn es darum geht, dem durch konventionelle Verhaltensregulationen stark eingeengten *Bewegungsdrang* der Kinder in eigenen »Freiräumen« Möglichkeiten zum Ausleben zu geben. Von gleicher Bedeutung ist es, Schul- oder Klassenordnungen an dem bestehenden Bewegungsbedürfnis des Kindes zu orientieren und dadurch von vornherein gefährlichen Affektstau zu verhindern.

Heute rückt die kathartische Funktion des *Planspieles* mehr und mehr in das pädagogische Interesse. Ursprünglich war das Planspiel Vorwegnahme einer Ernsthandlung (Manöver – Krieg), um die Komplexität der objektiven Bedingungen und deren Konsequenzen zu erfahren. Im gruppendynamisch organisierten Planspiel[32] sollen Rollenzwänge deutlich werden, unter denen Rollenträger stehen und durch vorweggenommene, über das Spiel vermittelte Einsichten im Spielenden Affekte abgebaut werden, die dieser durch falsche Erwartungen sonst aktivieren könnte. In der gespielten Rolle eines Funktionsträgers soll also durch vorweggenommene Erfahrung möglicher Ärger über die Amtshandlungen dieses Funktionsträgers von vornherein vermieden werden. Bereits *Father Flanagan* hat in seinen boys-towns durch frühe Kompetenzübertragungen ähnliche Effekte erzielt, indem er seine Jugendlichen durch eine gezielte »Erfahrung der anderen Seite« für das Verständnis von Lenkungsmaßnahmen vorbildete[33].

Auch gruppendynamische Selbsterfahrungsseminare[34] sind im Grunde eine besondere Form von Planspielen, in denen durch gespielte Rollen Sensibilitätserfahrungen vermittelt werden sollen, die eine allgemein kathartische Funktion im sozialen Bezugssystem erwarten lassen.

6.1.4.4 Spiel als Entwicklungsstufe

Da im Spiel, wenigstens unter der Sichtweise Erwachsener, ein gewisser Unernst herrscht, die Tätigkeit in sich kreist und außerdem ein Zeitgefühl auftritt, in dem Gegenwärtigkeit regiert, kann es mit einem gewissen Recht der Altersstufe zugeordnet werden, in der diese drei Momente generell vorherrschen. Das ist das Kindesalter[35]. Deshalb nennt man ja dann in umgekehrter Konsequenz das Spiel überhaupt »kindlich« oder »kindisch« und läßt es nicht selten nur mit deutlichen Vorbehalten für Erwachsene gelten. Es ist indes leicht zu bemerken, daß es sich bei solchen Annahmen um fragwürdige Verdrehungen tatsächlicher Sachverhalte handelt.

In der Tat liegen Spiel und Kindlichkeit eng beieinander, weil die Weltbegegnungs- und Weltbetrachtungsweisen eines Kindes den Charakteristika des Spieles deutlich ähneln. Auch das Kind hat ein eigenes Verhältnis zur Zeit. Gegenwart tritt bei ihm in einer anderen Dimension als beim Erwachsenen auf, den das Existential der Sorge aus der »Zeitlichkeit der glücklichen Stimmung« vertrieben hat.

Außerdem hat die personifizierend-anthropomorphe Weltbetrachtungsweise des Kindes für den Erwachsenen etwas Spielerisch- Unwirkliches. Aus dieser Weltbetrachtungsweise geht das phantasieabhängige Rollenspiel hervor, in dem sich Kinder eine Zeitlang eine eigene Welt aufbauen können, die mit den Realitätskategorien der Erwachsenen nicht zu fassen ist.

Schließlich ist auch noch die bei Kindern verstärkt auftretende Motorik, die mit einem elementaren Lustempfinden am Bewegungsablauf gekoppelt ist, ein Faktum, durch das die Funktionslust des Spiels in eine ganz besondere Nähe zur Altersstufe des Kindes gebracht wird[36].

So sicher eine solche partielle Identität zwischen Kindheit und Spiel besteht, so falsch wäre es, das Spiel deshalb als eine vorläufige und beiläufige, weil gleichsam infantile Lebensform abzutun. So wie das Kindesalter nicht nur als Vorbereitung für das Erwachsenenalter angesehen werden darf, sondern eine eigene anthropologische Bedeutung besitzt[37], so wie deshalb der Übergang vom Kind zum Erwachsenen nicht nur als Aufwärtsentwicklung, sondern genauso auch als Minderung und Verlust betrachtet werden muß, so ist auch das Spiel nicht nur etwas alterstypisch Kindliches, sondern behält eine grundsätzliche anthropologische Bedeutung. Es besteht deshalb aller Grund, die bemerkbare Entfremdung des Erwachsenen vom Spiel und damit auch von der Kindheit nicht nur als Reifung und Verbesserung, sondern auch als eine Verarmung zu betrachten[38]. Das hat nichts mit einer romantischen Verklärung der »reinen Welt des Kindes« zu tun, sondern ist vielmehr einerseits integrativer Teil einer Interpretation des komplexen Begriffs »Glück« und wird andererseits, wie schon erwähnt wurde und wie aus verschiedenen Befunden über Zivilisationskrankheiten zu erschließen ist, mehr und mehr auf der Dimension Gesundheit – Krankheit meßbar.

6.1.4.5 Spiel als Vorübung

Gespielte Handlungen zeitigen nicht die gleichen Folgen wie Ernsthandlungen. Das Spiel ist ohne Zweifel eine *Scheinwelt*, die nicht den gleichen Gesetzen unterliegt wie die sogenannte Wirklichkeit. Deshalb eignet sich das Spiel als Übungsraum »fingierter Ernstzwecke«[39], die, falls sie mißlingen, konsequenzlos und sanktionsfrei bleiben. Daß diese »fingierten Ernstzwecke« die Grundlagen für die Konstruktion von Planspielen abgeben, wurde bereits erwähnt.

Die zuerst von Karl *Groos* entwickelte »Vorübungstheorie«[40] geht allerdings noch etwas über diese erste Bestimmung hinaus. Groos sieht das Spiel weniger als Möglichkeit bewußter Übung an, sondern meint, daß sich ein Tier- oder Menschenjunges instinktgelenkt und ohne äußere Reglementierung im Spiel auf wichtige spätere Handlungsweisen vorbereite. Deshalb lägen auch die Spiele der Tiere und Menschen auf einer durchaus vergleichbaren Ebene, weil sie beidemale eine instinktgeleitete und triebregulierte Vorübungsphase bilden.

Sicher ist, daß diese ältere Vorübungstheorie heute etwas modifiziert werden muß, sicher aber auch, daß sie durch die moderne Kreativitätsforschung erneut an großer Bedeutung gewonnen hat. Modifiziert werden muß die alte Vorübungstheorie, weil der Faktor der *Nachahmung* und damit der sozial vermittelten Rollenübernahme heute anders eingeschätzt wird. Das Puppenspiel der Mädchen beispielsweise, bei *Groos* noch als instinktgeregelte Vorübung aufgefaßt, wird soziologisch heute nicht mehr als instinktgesteuerte Vorübung späterer Pflegevorgänge interpretiert, sondern erscheint als Folge geschlechtsspezifischer Sozialisationsmechanismen[41]. Abenteuerei bei Jungen, Cowboy- und Indianerspiele beispielsweise, erscheinen dann ebenfalls als angelernte Verhaltensmuster und sind keine triebgesteuerte »Männlichkeit«.

Ist durch rollentheoretische Konzepte die Bedeutung der Vorübungstheorie eingeschränkt worden, so erhielt sie andererseits durch Sozialisations- und vor allem durch die Kreativitätsforschung auch wieder einen mächtigen Auftrieb. Zunächst wurde deutlich, daß Spielformen als wichtiges Sozialisationsinstrument anzusehen sind. In ihrer geschlechtsspezifischen Ausprägung (Jungen- und Mädchenspiele) wurden sie bereits erwähnt. In ihren schichtspezifischen Differenzen sind sie bislang noch zu wenig erforscht worden, um deutliche Schlüsse ziehen zu können. Deutlich geworden ist aber, daß auch andere soziale Komponenten, nicht nur die Schicht, einen großen Einfluß ausüben:

– z. B. die Geschwisterzahl und die Stellung in der Geschwisterreihe (Spiel als Rückzug auf sich selbst oder als partnerschaftliches Spiel);
– z. B. das emotionale Insgesamt in der Familie: gelockerte Atmosphäre mit häufigen Spielsituationen oder permanente Spannung mit virulenten Aversionen;
– z. B. Voraussetzungen für Spielsituationen:
  – Spielplatz und Spielzimmer als Freiräume oder Kinderspiele als Ordnungsstörungen mit Verbotsfolgen,
  – architektonisch gekünstelte Spielplätze mit begrenztem Bewegungsfreiraum oder Abenteuerspielplätze zur phantasiereichen Spielgestaltung,
  – Konfektionsspielzeug mit vorprogrammierter Verwendung oder funktions- und fiktionsgerechtes Spielmaterial[43].

Die unterschiedlichen Sozialisationsauswirkungen verschiedener Spielsituationen sind deshalb von hohem pädagogischem Interesse, weil in den verschiedenen Spielformen
– in verschiedener Weise die Motorik des Kindes entwickelt und die willkürlich steuerbaren Handlungsabläufe koordiniert werden,
– die Phantasie und mit ihr wiederum die Spontaneität gehemmt oder entwickelt wird,
– mit der Phantasie wiederum die Voraussetzungen divergenten Denkens vorbereitet werden,
– im divergenten Denken-Können schließlich die Bedingungen für Kreativität zu sehen sind[44].

Im einzelnen geht es dabei
a) um Übung der Wahrnehmungsfunktionen:
   Auffassen und Verstehen von Informationen,

Erlernen von Beziehungen und Strukturen,
Vorausahnen von Lösungsmöglichkeiten und
Planen von Lösungsschritten;
b) um Übungen sowohl des visuellen wie des auditorischen Gedächtnisses, des Gedächtnisses für räumlich-zeitliche Bezüge, sowie für Zahlen und deren Kombinationen;
c) um divergente Produkte, das heißt um spielerisches Überlegen und Probieren verschiedener Lösungsmöglichkeiten, wobei Flüssigkeit (Assoziationsfähigkeit und -reichtum) und Originalität (nicht Nachahmung, sondern Produktion) von besonderer Bedeutung sind.

Es zeigt sich, daß die sogenannte kreative Persönlichkeit Merkmale besitzt, wie sie auch bei Spielenden zu beobachten sind[45]:
– offene Haltung gegenüber der Situation,
– offene Haltung gegenüber den Partnern,
– starkes unmittelbares Interesse (intrinsische Motivation),
– unmittelbares Engagement an Handlungsvollzügen,
– Ausdauer bei Versuchen und Lösungen.

Grundsätzlich gilt also, daß sich die spontane Aktivität im Spiel und die bei kreativen Personen deutlich hervortretende Aktivität und Spontaneität aufeinander beziehen lassen und deshalb eine pädagogisch organisierte Spielpflege als bedeutsames Anregungspotential zur
– Anreicherung von Wahrnehmungskategorien und
– zur Entwicklung eines qualifizierten Problemlöseverhaltens betrachtet werden kann.

6.1.4.6 Das Spiel als Wagnis und Abenteuer

Mit der Feststellung, daß Spiel auch Abenteuer und Wagnis sein kann, wird eine eigenartige Verfassung des Menschen sichtbar. Auf der einen Seite suchen Menschen mit allen Mitteln *Sekurität*, denn alle Erscheinungen, die unter der Bezeichnung »Zeitlichkeit der Sorge« zusammengefaßt werden können, sind nichts anderes als versuchte Flucht aus der Sorge in erhoffte Sicherheit. Technik, Zivilisation, Vorratsplanung, Versicherungswesen, politische Paktsysteme: alles zeigt als Motiv den gleichen Wunsch des Menschen nach Sekurität.

Ist diese begehrte Sicherheit aber auch nur halbwegs erreicht, dann hält es der Mensch anscheinend in ihr nicht mehr aus. Im gleichen Maße, in dem die Sorge ums Dasein zurückgeht, sucht er regelmäßig den Kitzel des *Abenteuers*[46]. Dafür haben sich Menschen eine ganze Reihe verschiedener, abenteuerreicher Spielformen einfallen lassen. Das Hasardieren im Glücksspiel gehört genauso dazu wie die risikoreichen Spielformen der Autorennen, des Sporttauchers, des Sportfliegers, des Fallschirmspringers und ähnlicher wagnisreicher Verhaltensweisen[47].

Dieser immer wieder zu beobachtende menschliche Hang nach Abenteuerei muß sich keineswegs nur in Spielformen ausleben. Wieviel der künstlich Risiken aufbauende Abenteuerwunsch auch in die Entstehung von Kriegen hineingewirkt hat, wäre einer eigenen Untersuchung wert. Es scheint indes aus gesellschaftlichen und allgemein politischen Gründen ohne Zweifel vorteilhaft zu sein, wenn diese Risiken begrenzt, das heißt auf kontrollierbare Formen reduziert bleiben. Wir kommen damit noch einmal auf das zu sprechen, was in den Überlegungen zur Katharsis-Theorie schon angeklungen ist. Ein absichtliches Spielen mit künstlichen Verunsicherungen könnte katastrophale Formen annehmen, wenn es sich um Bereiche handelte, die zur Grundsicherung menschlicher Existenz gehörten. Ältere Erfahrungen mit Glücksspielen, mit der Wettleidenschaft, moderne Erfahrungen mit den Konsequenzen technisch organisierter Wettkämpfe sprechen eine deutliche Sprache. Man muß bei diesem Hang zur Abenteuerei auch nicht gleich an einen abenteuernden Politiker denken, obwohl gerade auch in diesen Bereichen, wie bittere geschichtliche Erfahrungen zeigen, gespielt worden ist und verspielt wurde. Ganz sicher hängen aber die eine zeitlang viel diskutierten *Halbstarkenprobleme* damit zusammen, daß Jugendliche zu wenig Platz für »reinliche Abenteuer« haben[48]. Fehlt dieser »Spielraum«, kann Abenteuerlust allerdings zur Destruktion werden. Möglicherweise sind auch die gehäuften Protestaktionen Jugendlicher heute nur sekundär sozial motiviert und entspringen primär aus einer Unlust an einer vorhandenen zu großen Sicherheit, in der es keine Risiken mehr gibt und in der folglich Demonstrationsobjekte gesucht werden müssen, damit man sich an künstlich geschaffenen Widerständen bewähren kann.

Vielleicht hat auch das heutzutage oft beredete »Unbehagen am Wohlstand« in dieser eigenartig widersprüchlichen Verzahnung von Sekuritätsstreben und Abenteuerlust eine Wurzel und ließe sich in seinen irrationalen Konsequenzen möglicherweise mildern, wenn das Spiel auch in der Erwachsenenwelt mehr Raum erhielte, als es dort heute besitzt.

6.1.4.7 Spiel als ästhetisches Prinzip

Ästhetik hat das Verhältnis von Form und Inhalt zum Gegenstand. Ästhetische Kategorien bewerten deshalb nicht den Inhalt als solchen, sondern die Form, in der er sich darstellt, das heißt die Angemessenheit des Ausdrucks. Eine solche Ausgewogenheit zwischen Form und Inhalt besteht bei Spielen. Deshalb zeigen sich nicht nur ästhetische Prinzipien im Spiel und seinen Nachbarphänomenen, es zeigen sich Spielelemente in allen Bereichen der Ästhetik: der Rhythmik des Tanzes, dem »Spiel« der Melodie und dem »Spiel« der Farben und Formen[49].

Diese partielle Identität von Spiel und Ästhetik ist der Grund, weshalb Spiel als besonderer Raum der *Muße* betrachtet werden kann. Wobei mit Muße nicht nur Freizeit, Müßiggang und Untätigkeit gemeint werden, auch nicht der schon erwähnte Gegensatz zur zweckorientierten Arbeit, sondern die Ausgewogenheit und Harmonie zwischen Spieler und Spielgegenstand als eines Stücks des Verhältnisses von Mensch und Welt, in dem die wechselseitige Koordination zugleich zu einer zwanglosen Subordination wird[50]: Bindung an die Spielregel und freie Entsprechung auf die Spielsituation sind im Spiel kein Gegensatz, sondern bedingen sich wechselseitig. Dieser Umstand mag *Schiller* (in seinen Ästhetischen Briefen) zu jener immer wieder zitierten Feststellung gebracht haben, daß der Mensch nur dort ganz Mensch sein könne, wo er spiele; nicht, weil er dort müßiggeht, sondern im ästhetischen Verhältnis von Form und Inhalt sich kreativ verhalten kann[51].

6.1.4.8 Spiel als kulturdynamisches Element

Weil Spiel nicht aus Sorge, sondern aus der Freiheit der Person und ihrer Lust am Handlungsvollzug entstammt, zeigt sich in ihm immer ein gewisser »Kraftüberschuß«. Der Ausdruck scheint allerdings nicht sehr glücklich gewählt zu sein, weil er den Eindruck erwecken könnte, als handle es sich dabei um etwas Überflüssiges, das aus reiner Verlegenheit verbraucht werden solle. Wer so denkt, das heißt anthropologisch nur von der *Mängeltheorie* ausgeht, wird auch diesen sogenannten »Überschuß« an einem biologischen Existenzminimum messen. Dann erscheint allerdings alles als »superabundans« (*Huizinga*)[52] und luxuriös, was über eine reine Lebensversorgung hinausgeht. Wer die Lebensfristung zum Selbstzweck macht, hat natürlich keine Kategorien, um Bereiche wie das »Schöne« oder »das Spiel« fassen zu können.

Richtig ist, daß sich dieses »Mehr« an Kraft oft in spielerischen Formen auslebt. Das können reine Bewegungsabläufe sein, das kann in organisatorische Formen gebracht zum Sport werden. Der sogenannte Kraftüberschuß kann sich jedoch auch in spielerischen Formen objektivieren und produziert dann *Kultur*, sofern man diese nicht wiederum rein pragmatisch als die menschliche Weise der Lebensfristung versteht (was sie zweifellos immer auch ist), sondern sie – zumindest auch – als deren ästhetische Überformung begreift. Versteht man Kultur auf diese Weise, wie es beispielsweise bei *Huizinga* geschieht, dann geht allerdings die eigentliche Kulturdynamik nicht aus Not und Sorge, sondern aus einem Verhalten hervor, das überall deutlich Spielelemente an sich trägt[53].

6.1.4.9 Spiel als Weltsymbol und Kult

Bisher ist bereits verschiedentlich von einer »Unwirklichkeit« der Spielwelt und von einer »Scheinwelt« des Spieles gesprochen worden. Ganz korrekt war das nicht, weil der Charakter jener Realität bisher unbestimmt blieb, an der die »Unwirklichkeit« des Spieles gemessen worden ist. Natürlich hat eine gespielte Szene eine andere Seinsqualität als ein tatsächliches Geschehen und insofern hat das Spiel schon etwas von einer Scheinwelt, einem Als-ob an sich. Dennoch sind solche Bewertungen bedenklich, solange sie unnuanciert bleiben. Denn was heißt dieses »Unwirkliche«? Sollen wir es als Synonym von »unwahr« verstehen? Das wäre sicherlich falsch. Gespielte Rollen und Szenen sind zwar unwirklich, wenn man sie an der Faktizität dessen mißt, was die Rolle nur wiedergibt, deswegen aber nicht unwahr.

Man kann diese wichtige Unterscheidung von »unwirklich« und »unwahr« vergleichsweise am besten am Realitätscharakter des Spiegelbildes verdeutlichen. Das Spiegelbild ist wahr, denn es gibt ein konturen- und farbengetreues Bild wieder. Es ist jedoch, und das trotz seiner Wahrheit, zugleich unwirklich, denn es zeigt nur ein Bild und gibt uns nicht die Sache selber. Wenn vom »Spiel als einem Weltsymbol«[54] gesprochen wird, dann meint man dabei ein durchaus gleiches Verhältnis von wahr und unwirklich. Im Spiele öffnet sich für uns spiegelbildartig eine Welt, die wahr, zugleich jedoch auch unwirklich ist; wahr, weil sie nicht nur luftiges Phantasieprodukt und fundamentlose Utopie ist, dennoch im Sinne unseres populären Realitätsbegriffs unwirklich bleibt.

Was ist das aber für eine Welt, die sich uns im Spiele spiegelbildartig erschließt? Wenn wir alles zusammenfassen, was bisher an Merkmalen, Funktionen und Sinndeutungen des Spieles vorgelegt worden ist, dann muß das offensichtlich eine Welt sein, in der es weder Not, noch Trauer, noch Vernichtung gibt und in der auch der Zeitdimension der Zukunft das Existential der Sorge genommen worden ist. Da jedes spielerische Tun zur Lust wird, in Freiheit geschieht und den Spieler in die Zeitlichkeit einer glücklichen Stimmung versetzt, die, nach einem Wort von *Binswanger*, wiederum Ausdruck eines »primären Optimismus« ist, öffnet sich uns im Spiel eine, wie Eugen *Fink* es beschrieben hat, »Oase des Glücks«[55]; mag man sich diese nun in den Formen verschiedener Weltanschauungen als Paradies, als goldenes Zeitalter, als christlich gedachtes Jenseits, als coincidentia oppositorum, als klassenlose Gesellschaft vorstellen. Bei allen Beschreibungen jener transzendenten Verhältnisse finden wir denn auch übereinstimmend Merkmale wieder, die sich im Spiele bereits zeigten: so etwa eine Eintracht zwischen Wollen und Können wie zwischen Begehren und Befriedigung, eine lustbetonte Sorglosigkeit und auch die Vorstellung einer zeitlosen Gegenwart in der Grundgestimmtheit des Glücks; gleich, ob es sich dabei um das biblische Jenseits handelt, das in metaphorischen Ausschmückungen als »ewige Feier« und als »Hochzeitsmahl des Sohnes« bezeichnet worden ist, oder das Goldene Zeitalter *Ovids* (vindice nullo, sponte sua, sine lege, fidem rectumque colebat) oder um moderne Gesellschaftsutopien, in denen getreulich die gleichen Bestimmungsmerkmale wiederkehren: kein Zwang, kein Verzicht, keine Sorge, kein Über-sich-Hinaus, sondern Bei-sich-Sein in der Gegenwart des Glücks. Diese andere Welt, für die das Spiel zum

Symbol werden kann (weshalb die olympische Idee immer mit dem Gedanken der Völkerversöhnung besetzt war, was für jene, die den Ursprung dieser Verbindung im Symbol des Spiels nicht mehr sehen, zur unverständlichen Euphorie werden muß), ist nicht unwahr und sie ist natürlich auch nicht nur im Spiele gegeben, aber im Spiel sind diese stimmungsmäßigen Erfahrungen in einer Unmittelbarkeit zugänglich, wie wahrscheinlich nirgends sonst.

Diese Symbolhaftigkeit ist es auch, die das Spiel auf der einen, der religiösen Seite zur Wurzel des Kultes, auf der anderen, mehr allgemeinen anthropologischen Seite zur »Oase des Glücks« werden läßt, in der die »Zeitlichkeit der glücklichen Stimmung« die »Zeitlichkeit der Sorge« überdeckt.

6.2   Die pädagogische Funktion des Spiels

6.2.1   Einwände gegen spielbestimmte Lernformen

Alle beschriebenen Merkmale und Deutungen des Spiels können auf verschiedene Weisen in Unterrichts- und Erziehungsprozesse hineinwirken; wobei hier mehr das eine, dort mehr das andere Spielelement hervortreten wird. Bevor wir uns aber den pädagogischen Funktionen des Spieles zuwenden, muß kurz auf jene Annahmen hingewiesen werden, in denen eine pädagogische Bedeutung des Spieles bestritten wird.

Ein erster kritischer Aspekt ist nicht genuin pädagogisch, sondern geht aus einem ethischen Rigorismus hervor, auf den schon einmal hingewiesen worden ist und von dem aus das angeblich eudämonistische, hedonistische Gepräge des Spiels verurteilt wird. Wo die Grundeinstellung vorliegt, daß zuerst zur *Askese* erzogen werden müsse, wo Arbeit und Pflicht besonders eng zusammengebracht werden und das Pathos des Dienstes und des Gehorsams regiert, müssen natürlich Vokabeln wie »Genuß«, »Funktionslust«, »erfüllte Gegenwart« außerordentlich befremden. Zwar muß man dann das Spiel nicht gleich verdammen, wie es Hermann August *Francke* getan hat[56]. Man wird es aber bei Kindern nur mehr oder weniger am Rande dulden[57]. So hat ein so kindernaher Pädagoge wie *Pestalozzi* bezeichnenderweise meines Wissens an keiner Stelle seines umfangreichen Schrifttums über Kinderspiele und Kinderspielzeug gesprochen oder hat auch nur erwähnt, mit was die Kinder seiner Heime gespielt haben.

Eine zweite Kritik an der pädagogischen Verwendung des Spiels entstammt direkt pädagogischen Überlegungen. Ich beschränke mich auf die Argumente zweier Vertreter, die beide zur sonst so kinderfreundlichen Reformpädagogik zu zählen sind. Es handelt sich um *Montessori*[58] und *Kerschensteiner*[59]. Ihre hauptsächlichen Einwände gegen eine pädagogische Funktion des Spiels lauten: Spiel kreise in sich und weise nicht über sich hinaus, es sei Freude am Tun selber und habe keinen weiterführenden Zweck. Bildung und Erziehung seien aber zweckbesetzte Tätigkeiten und nichts, bei dem der Sinn schon im Vollzug der Handlung liege. Erziehung solle Kindlichkeit überwinden und dürfe sie deshalb nicht durch Spielen in dieser Phase verfestigen wollen. Deshalb dürfe sich Erziehung auch nicht an Lebensformen orientieren, die gerade überwunden werden sollen. Außerdem sei, ein weiterer Einwand, Spiel *ungezügeltes Spielen der Phantasie*. In ihm werde die Realität nicht ernst genommen. So läßt das spielende Kind ohne weiteres einen Stuhl zu einem Pferde werden; es flüchtet gleichsam aus der gegenständlichen und zeitlichen Realität in eine Welt der Phantasie und Einbildungen. Spiel bewege sich im Raum der »bloßen Bedeutungen« *(Dewey)*[60]. Erziehung müsse dagegen zur Sachlichkeit führen und das Kind in die strenge Ordnung zahl- und gegenstandsgebundener Gesetze einführen. Spiel und Erziehung schlössen sich deshalb gegenseitig aus.

Ich brauche diese Einwände jetzt nicht im einzelnen zu widerlegen, sondern kann das der folgenden ausführlichen positiven Begründung der pädagogischen Funktionen des Spieles überlassen. Diese Untersuchung teile ich in vier verschiedene Betrachtungspunkte:
– Spiel wesentlich in der Funktion eines Unterrichtsmittels mit einer begleitenden erziehlichen Wirkung;
– Spiel in der Funktion eines Erziehungsmittels;
– Spiel als heilpädagogisches Mittel;
– Spiel als Bildungsmittel.

6.2.2 Spiel in der Funktion eines Unterrichtsmittels mit einer begleitenden erziehlichen Wirkung

6.2.2.1 Sachinteresse und Lernprozeß

Denken wir streng nach dem Grund-Folge Verhältnis, dann steckt jeder Unterricht von vornherein in einem Dilemma[61]. Der Lernende brauchte, um einen Lehrstoff im Gedächtnis und im Verständnis richtig apperzipieren zu können, ein lebhaftes unwillkürliches Sachinteresse, das heißt, er müßte intrinsisch motiviert sein. Fehlt diese Motivation, bleibt ein guter Teil der notwendigen Aufmerksamkeitszuwendung aus. Die Wahrnehmung wird ungenau bleiben, das Gedächtnis fehlerhaft arbeiten und die denkerische Verarbeitung seicht sein. Diese wichtige primäre Motivation setzt aber ihrerseits ein gutes Stück Sachkenntnis voraus und ist deshalb selber bereits das Produkt eines eigenen Lernprozesses. Beide Seiten, Lernen und Sachinteresse (Motivation), sind folglich einander *reziprok je als Grund und Folge zugeordnet*[62].

Wie löst man diesen Teufelskreis, neuerdings »motivationales Paradoxon« genannt[63], auf? Wo fängt der Lehrende an? Die längste Zeit in der Geschichte des Unterrichtes ist Aufmerksamkeit als ein Stück Disziplin angesehen worden (was nur zum Teil richtig ist). Man hat sie dann wie jede andere Disziplin durch Drohungen, Furcht, durch Zufügung körperlicher Schmerzen und andere Repressalien erzwungen. An die Stelle der unwillkürlichen Aufmerksamkeit trat das durch Zwang hervorgerufene willkürliche Interesse (extrinsische Motivation). Bis dann eine vor allem an der Psychoanalyse geschulte Unterrichts- und Erziehungslehre nachweisen konnte, wie subjektiv belastend und objektiv wenig zufriedenstellend die Ergebnisse eines unter Pressionen ablaufenden Lernvorganges sind, welche Bedeutung dagegen einem sanktionsfreien Lernen für das Unterrichtsergebnis selber wie aber auch für die erzieherische Nebenwirkung des Unterrichtsprozesses zukommt[64]. Gerade für ein sanktionsfreies Lernen ist das Spiel unerläßliche Lernhilfe, deren Wirkung jetzt näher betrachtet werden soll.

Sehen wir uns noch einmal die Problemlage des »motivationalen Paradoxon« an: Eigentlich sollte Lernen durch unwillkürliches Sachinteresse motiviert sein, weil sich der Lernende in der Regel nur unter seinem Einfluß so dem Erkenntnisgegenstand zuwendet, daß ausreichende Voraussetzungen für korrekte Anschauungen, deutliche Vorstellungen und klare Erkenntnisse gewährleistet sind. Wir können jedoch weder darauf warten, daß sich solche »natürlichen Lernprozesse«[65] in der gewünschten Reihenfolge und Häufigkeit von selber einstellen, noch daß bei institutionalisierten Lernprozessen, wie denen der Schule, intrinsische Motivation auf Kommando auftreten wird. Lernprozesse können deshalb nur zum kleineren Teil oder überhaupt nicht bei den Voraussetzungen anfangen, auf die eigentlich nicht verzichtet werden dürfte. *Das notwendige Sachinteresse ist selber ein Lernprodukt*, das wiederum von einem vorausgehenden Lernvorgang abhängt. Deshalb muß bei Lernprozessen offensichtlich so lange auf andere Voraussetzungen zurückgegriffen werden, bis das notwendige Motivationspotential ausgebildet worden ist[66]. Derartig ersatzweise Antriebselemente können die Form einer Lockung haben, wie Lob und Belohnung, von denen schon gesprochen worden ist. Auch Wetteifer kann als ersatzweiser Antrieb helfen. In der Erziehungspraxis sind indes weitaus häufiger Pressionen an die Stelle des fehlenden unmittelbaren Interesses gesetzt worden und werden es auch heute noch, wie sich jederzeit an der Erziehungs- und Schulpraxis beobachten läßt.

Bevor näher auf die Bedeutung von Spielformen für sanktionsfreies Lernen eingegangen wird, soll deshalb gezeigt werden, warum von erzwungener Aufmerksamkeit bei Lernprozessen nicht viel erwartet werden darf, dagegen bedenkliche Nebeneffekte befürchtet werden müssen. Nebenwirkungen erzwungener Aufmerksamkeit können in zweifacher Hinsicht auftreten. Es können sich Verschiebungen bei der Rezeption des Lehrinhaltes einstellen. Es kann aber auch die allgemeine Lerneinstellung der Schüler und deren Werthaltung nachteilig beeinflußt werden. Ich wende mich zuerst den Verschiebungen im Objekt zu.

6.2.2.2 Gefühlsvalenzen und Wertungen

Mit Pressionen arbeitenden Lehrformen liegt die Annahme zugrunde, es komme vor allem darauf an, die Aufmerksamkeit des Lernenden auf den Lehrinhalt zu richten. Welche Mittel für diese Konzentration benutzt werden, sei eine sekundäre Frage. Natürlich seien allemal einfache Mittel besser als komplizierte und sanfte besser als gewalttätige. Aber diese Unterscheidung liegt auf einem anderen, mehr allgemein humanen Gebiet und habe mit dem Lernprozeß unmittelbar nichts zu tun, denn für den Grad an Aufmerksamkeit und für das Lernergebnis seien nicht humane Auswahlmotive, sondern die Konzentrationskraft der benutzten Mittel entscheidend. An den Erkenntnissen, die ein Schüler im Unterricht gewinnt, ändere sich deshalb nichts, wenn sie das eine Mal unter Drohungen, das andere Mal unter Lockungen zustande gekommen seien. Soweit diese Auffassung.

Es mehren sich indes die Einwände, die diese Annahme und ihre Begründung energisch bestreiten. In dieser gegengelagerten Kritik wird, von guten Gründen gestützt, argumentiert, daß *durch äußere Bedingungen des Erkenntnisvollzugs auch der Inhalt selber entscheidend verändert werde.* Die Methode der Vermittlung sei keineswegs nur der Weg, sondern wirke substantiell in den Erkenntnisinhalt hinein[67]. Das hängt damit zusammen, daß die Abläufe des Erkenntnisprozesses noch weitaus komplizierter sind, als selbst *Kant* sie sich gedacht hat. Denn Erkennen besteht nicht nur aus einem vergleichend abstrahierenden Denken von Form und Zahl. Ins Erkenntnisprodukt geht vielmehr noch jene Komponente ein, auf die zuerst die Historische Schule hingewiesen hat (der Einfluß des Zeitgeistes und partieller Vorurteile auf Anschauungen und Einstellungen) und die in der Gestalttheorie besonders thematisiert wurden. Unter der Bezeichnung »intervenierende Variablen« wurde das gleiche Problem unter einer neuen Fragestellung weiterverfolgt und ist heute unter der Titulation »affektive Komponenten kognitiver Prozesse« zum besonderen Gegenstand der Lernforschung geworden[68]. Zur quantitativen Erkenntnis von Form und Zahl treten noch die mitunter unterschiedlichen qualitativen Wertungen hinzu, die auf eine vielfältige Weise über den Sozialkontakt vermittelt werden, in dem zusammengewürfelt Zeitgeist, Geschmack, Mode, Weltanschauungen und andere Variablen auftreten.

Für unser Problem wichtig ist, welche Bedeutung erfahrungs- und situationsabhängige und zugleich Einstellungen präformierende »Gefühlstöne« für den Erkenntnisvollzug und den Erkenntnisinhalt besitzen. Das heißt, die Form und die Art der Vermittlung kann beim Lernenden verschiedenartige Wertungen erzeugen, die die Bedeutung des Erkenntnisinhaltes determinieren. Derartige, vom Lehrer unbeabsichtigte, situationsvermittelte Wertungen werden häufig den Intentionen der offiziellen Lehre direkt zuwider laufen. Wenn ein Schüler unter beständigem, starkem und äußerem Zwange lernen muß, dann werden die auf diese Weise provozierten negativen Gefühlsvalenzen bis in den Erkenntnisvorgang eindringen. Auf dem Rücken des Vermittlungsvorganges entstehen dann Wertungen, die die Erkenntnis in sich verfälschen.

6.2.2.3 Probleme eines sanktionsfreien Lernens

Was für die Vermittlung einzelner Lehrinhalte gilt, ist auch für den gesamten Prozeß des Lernens und das formale Lernverhalten wichtig. Ob dem Schüler das Lernen angenehm oder unangenehm erscheint, ob er es lustbetont erfährt oder ob es ihm widerwärtig anmutet, ob er darin einen Wert sieht oder es nebensächlich und gleichgültig betrachtet, das alles hängt in einem entscheidenden Maße von jenen »Gefühlstönen« ab, die von bisherigen Lernerfahrungen ausgelöst worden sind und zukünftige Lerneinstellungen determinieren[69]. Damit kommen wir zur zweiten Frage, was ein sanktionsfreies Lernen für die Persönlichkeitsbildung des Schülers bedeutet. Sobald ein Schüler lustbetont lernt, wird er von sich aus aktiv am Lernverlauf teilnehmen und qualifizierte Konzentration, das heißt einen hohen Spannungsbogen der Aufmerksamkeit zeigen. Er wird selber verschiedene Lösungen überlegen, also Problemlösungsstrategien suchen, wird zusätzliches Lehrmaterial zusammentragen und wird sich durch Problemverzweigungen für dieses und jenes Nachbargebiet interessieren. Im gleichen Maße, in dem er aktiv lernen kann, wird sich auch der Umfang seiner Interessen vergrößern. Es kann sich insgesamt ein formales »vielseitiges Interesse« *(Herbart)* entwickeln, dem inhaltlich eine umfassende Allgemeinbildung entsprechen wird. Durch vielseitige Interessen geförderte Sachkenntnis wiederum ist, wenn auch nicht die einzige, so doch eine wichtige Voraussetzung für sachorientierte Handlungsfähigkeit und nicht zuletzt auch für angemessene soziale Verhaltensweisen.

Wenn dagegen einem Schüler infolge ständiger negativer Lernerfahrungen Lernen insgesamt immer nur als Last erscheint, dann werden sich in seinem Verhalten Fluchttendenzen zeigen. Die entstehende Grundstimmung trägt starke negative Töne. Da derartige Grundstimmungen in der Regel eine deutliche Generalisationstendenz aufweisen, wird das gesamte Verhalten des Betroffenen mit der Zeit betont passiv und desinteressiert[70]. Er tut dann auch nur so viel, wie mit deutlichem Nachdruck gefordert wird. Infolgedessen wird sein Interessenhorizont schmal bleiben. Die erfahrungsabhängigen Einstellungen zum Lernen werden schließlich den gesamten Arbeitsstil in der Schule und auch das spätere Verhältnis zum Beruf entscheidend prägen. Ob er sachinteressiert und gewissenhaft oder oberflächlich und schlampig arbeitet, ob er in seinem Beruf eine persönlich interessante Aufgabe oder nur ein leidiges Übel sieht, hängt stark von solchen frühen Erfahrungen im Lernprozeß ab.

6.2.2.4 Spielelemente als sekundäre Lernmotivationen

Wo finden sich solche sekundären Motivationen, die den Lernprozeß während der ersten Phase in einer positiven, das heißt sanktionsfreien Weise so lange stimulieren können, bis sich Sachinteresse (intrinsische Motivation) ausgebildet hat? Zweifellos werden außer methodisch arrangierten Sog- und Zugsituationen auch persönlicher Kontakt und Sympathierelationen zwischen Lehrer und Schüler vermittelnd helfen können. Auf deren Bedeutung ist schon mehrmals hingewiesen worden. Man muß allerdings auch realistisch genug sein und sehen, daß beide Lernhilfen, so wichtig sie im Einzelfall zweifellos sind, in größeren Gruppen, vor allem in Klassen, nicht ausreichen können. Schließlich handelt es sich in beiden Fällen auch um Erziehungs- und Bildungsprodukte, die von genauso langwierigen Lern- und Erziehungsprozessen abhängen wie Sachinteresse. Ein Lehrer muß aber auch dort unterrichten können, wo sich weder ausreichendes Sachinteresse noch genügender persönlicher Kontakt unmittelbar einstellt. In diesen Fällen wären solche Lernhilfen als ersatzweise Antriebsformen dienlich, die im Lernvorgang immanent enthalten sind und nicht erst von außen hinzugefügt werden müssen.

Situationsimmanente Lernhilfen sind noch aus einem anderen bislang unerwähnt gebliebenen Grunde wichtig. Lernprozesse werden nicht nur durch Mangel an Sachinteresse bedroht. Es kommen meist noch andere hemmende Momente hinzu. So sinkt bei allen Schülern nach einer gewissen Zeit der Spannungsbogen ab; die Fähigkeit, sich auf eine Sache zu konzentrieren, wird, der Ermüdungskurve folgend, mit der Zeit immer geringer[71]. Das wird in vielen Fällen Folge physischer Ermüdung sein, kann aber auch noch andere, psychische Ursachen haben. Die »Festhaltekraft des Gedächtnisses« wird zwar mit der Zunahme der Übungshäufigkeit verstärkt. Die in stereotypen Übungsformen enthaltene *Monotonie produziert jedoch schnell Langeweile*, die als Nebeneffekt des Übungsverlaufs auf die Lernbereitschaft, die Interessenlage und die Aufmerksamkeit der Schüler zurückwirkt. Derartige im Lernablauf auftretende Ermüdungserscheinungen strapazieren nicht nur das ohnehin oft kleine Maß an unwillkürlichen Interessen, das Schüler in der Regel in die Schule mitbringen[72]. Diese Nebeneffekte belasten außerdem das persönliche Verhältnis des Schülers zum Lehrer, der diese Übungen angeordnet hat. Langeweile ist kein Sympathie fördernder Faktor, sondern distanziert. Die dadurch entstehende Belastung kann, wenn sie zum Dauerzustand wird, für Schüler zum unüberwindlichen Lernwiderstand werden. Nicht ohne Grund ist deshalb Langeweile bereits von *Herbart* als »Todsünde des Unterrichts« apostrophiert worden.

Das sind didaktische Überlegungen, die den Einsatz des Spiels als Lernhilfe und Unterrichtsmittel fordern; nicht etwa nur aus direkt unterrichtlichen, sondern auch aus allgemein erzieherischen Gründen. Denn wenn es gelingt, Lernprozesse, vor allem Übungsformen, in Spielformen einzukleiden, dann wird die im Spielablauf wirkende Funktionslust eine neue Form von Interesse und Anteilnahme erzeugen, die zwar nicht die Qualität unmittelbaren Sachinteresses erreichen kann, aber doch weitaus besser als jede erzwungene willkürliche Aufmerksamkeit sein wird; vor allem auch deshalb, weil sich unter ihrem Einfluß der vom Spielreiz angesprochene Schüler selber aktiv verhält. Die Beschäftigung wird ihm zum spielerischen und zugleich lustbetonten, von der im Spiel wirkenden Wiederholtendenz getragenen Handeln. Wenngleich diese spielvermittelte Anteilnahme den Lehrinhalt auch nur mittelbar trifft, so ist doch die vom Spiel bestimmte Lernsituation durch eigene Tätigkeit und unmittelbares Interesse der Kinder charakterisiert und deshalb didaktisch und erzieherisch sehr hoch einzuschätzen[73].

Es kommt hinzu, daß, wie schon gesagt, Spielformen von sich aus zu Wiederholungen drängen und dadurch die bei Übungen drohende Langeweile nicht aufkommen wird. Kurzum: in Lernprozesse eingebaute Spielelemente können besonders in der ersten Lernphase, in der das Sachinteresse nur minimal ist, den Lernprozeß nachhaltig motivieren und stimulieren, so daß er *von immanenten Lernhilfen getragen sanktionsfrei ablaufen kann.* In der herkömmlichen Unterrichtspraxis sind allerdings die vielen sich anbietenden didaktischen und methodischen Möglichkeiten, Spielelemente als Lernhilfen pädagogisch zu nutzen, noch längst nicht ausgeschöpft worden.

Kinder »spielend« lernen zu lassen, ist keine billige Zärtelei, wie man das manchmal verschiedentlich hören kann. Auch *Dunin Borkowskis* Sorge, daß beim spielerischen Lernen das Kind zu guter Letzt nur spielen lerne[74], ist nicht stichhaltig. Natürlich ist ein Ersatz nur so lange angezeigt, wie dasjenige fehlt, das ersetzt werden soll. Selbstverständlich bleibt unmittelbares Sachinteresse die beste Lernmotivation. Solange es fehlt, dient dem Lernen aber das am besten, was die Entwicklung von Sachinteressen bei Schülern fördert Das sind von der Gesamtlernsituation ausgelöste positive Gefühlsvalenzen. Dagegen muß alles vermieden werden, was die Entwicklung von Sachinteressen bedroht. Das sind hemmende Nebeneffekte des Unterrichtsverlaufs, die entweder zu Überforderung oder Drucksituationen oder zu Langeweile führen. Für die positive Entwicklung von Sachinteresse sind deshalb ohne Zweifel die verschiedenen Formen des sanktionsfreien Lernens angezeigt, für die wiederum als Lernhilfen benutzte Spielelemente gute Hilfe geben.

6.2.3 Das Spiel als Erziehungsmittel

6.2.3.1 *Spielgegenstand, Spielgestalt, Spielregel*[75]

Alles, was bis jetzt über das Unterrichtsmittel Spiel entwickelt worden ist, war auch von unmittelbarer erzieherischer Bedeutung, weil Unterricht als ein Teil der Gesamterziehung betrachtet werden muß und folglich aller Unterricht zugleich erzieherisch wirkt. Es ging dabei allerdings weniger um die erzieherische Bedeutung des Lehrinhaltes, als mehr um die formal bildenden oder verbildenden, die positiven wie destruktiven Nebenwirkungen der jeweiligen Unterrichtsmethode. Deshalb ist bislang auch das Unterrichtsmittel Spiel vornehmlich unter dem Aspekt betrachtet worden, welche erziehlichen Wirkungen durch die von ihm modifizierte Methode sanktionsfreien Lernens auf den Lernenden ausgehen. Davon ist jetzt eine Analyse über das Spiel als Erziehungsmittel im engeren Sinn abzuheben.

Spiel ist ein *indirektes* Erziehungsmittel. Mit seiner Hilfe kann ein Kind über eine *Spielsituation* beeinflußt werden. Die erzieherische Wirkung, die über die Spielsituation erreicht werden soll, beruht ihrerseits auf dem Umstand, daß Spiel *immer Spiel mit etwas ist*[76]. Wenngleich es einen lustvollen Handlungsverlauf darstellt, der seinen Sinn in sich selber trägt, so hat jedes Spiel doch auch einen *Spielgegenstand*, so selbst das gedankenverlorene Spiel der Finger auf der Tischplatte, so schließlich auch das Spiel der Phantasie mit Gedanken und Vorstellungen.

Von der Eigenart des Spielgegenstandes leitet sich die jeweilige *Spielgestalt* und von dieser wiederum die *Spielregel* ab, die in der Weise einfacher Ordnungsabfolgen selbst bei Funktionsspielen zu finden ist und keineswegs immer explizit als Regel formuliert zu werden braucht. Aufgabe der Spielregel ist es, die Spielgestalt und damit den Spielablauf zu wahren. Die Spielgestalt wiederum wird durch die Möglichkeiten bestimmt, die der Spielgegenstand bietet. Diesem komplexen wechselseitigen Verhältnis von Spielgegenstand, Spielgestalt und Spielregel sieht sich der Spielende gegenüber. Er muß die in der Spielregel fixierte Ordnung der Spielgestalt, die eventuell selber von ihm ausgedacht oder modifiziert sein kann, anerkennen und nachvollziehen, weil ohne diese geordnete Abfolge das Spiel mißlingen würde. Natürlich kann die Intensität der Bindung an Spielregel und -gegenstand im einen Falle lockerer, im anderen fester sein.

Man darf deshalb Spiel nicht ausschließlich von der subjektiven Seite des Spielers aus nur als lustbetontes Tun betrachten, sondern muß auch die durch Spielgegenstand und Spielregel bestimmte *objektive* Seite beachten. Diese objektiv gesetzten Forderungen wiederum bringen es mit sich, daß für bestimmte Spielformen bestimmte *Spielfähigkeiten* vorausgesetzt werden müssen. So müssen beispielsweise die Gesetze des springenden Balls erkannt werden können, und der Spielende muß zum Nachvollzug der vom Spielgegenstand geforderten Verhaltensweisen fähig sein, ehe er mit einem Ball spielen kann. Bei schwierigeren Spielformen, etwa dem Schachspiel, ist diese Voraussetzung besonders deutlich zu erkennen. In entsprechend abgewandelter und veränderter Form besteht sie jedoch bei jeder anderen Spielart auch. Natürlich muß außer der Fähigkeit zum regelgerechten Verhalten auch der Wille zum Vollzug vorhanden sein. Das ist dort von geringerer Bedeutung, wo Einzelspiele wesentlich durch Funktionslust gesteuert werden, wird jedoch zum besonderen Problem, wo in Partner- und Gruppenspielen Rechte begrenzt, Funktionen verteilt werden und Über- und Unterordnungen notwendig sind. Der zumeist lautstarke Streit über Regelauslegungen in Spielgruppen zeigt, daß Gruppenspiele beständig durch Konflikte bedroht sind und eine geordnete Spielgestalt ein unabdingbares Maß an diszipliniertem Verhalten voraussetzt.

6.2.3.2 Koordination und Subordination

Das pädagogisch Bedeutsame an dieser über Spielgestalt und Spielregeln vermittelten Disziplinierung ist, daß der Spielende die geforderte Unterordnung unter die jeweilige Spielregel nicht als störend empfindet, denn wenn eine solche Empfindung tatsächlich aufträte, wäre das Ende des Spiels erreicht. Solange der Spielende der Spielsituation entspricht, scheint ihm die mit der Rollenübernahme verbundene Ordnung selbstverständlich. Darin liegt eine besondere erzieherische Funktion des Spiels. Spiele – hier sind vor allem partnerschaftliche Spiele gemeint, es kann sich aber auch um Spiele mit Spielgegenständen handeln – disziplinieren den Spielenden in einer zwanglosen Weise, sowohl in sachbezogenen Handlungsabläufen (Koordination von Bewegungen, Konzentration usw.) wie vor allem auch im Sozialverhalten[77]. Diese funktionale Disziplinierung bleibt nicht nur äußerlich, das heißt reaktiv, wie das bei erzwungenen Disziplinierungen der Fall ist, sondern wird vom Spielenden bejaht. Ein Spielender kann sich einer Spielregel nicht nur passiv unterwerfen und sie erleiden, wie er den Zwang einer von außen her wirkenden Disziplinierung erleidet, weil dann das Spiel aufgehoben wäre. Er muß die von der Spielregel gesetzte Ordnung aktiv vollziehen, in immer neue Spielsituationen übertragen, sie dabei sinngemäß anwenden und nach den gewonnenen Erfahrungen modifizieren. Als Spielender ist er nicht mehr nur der Disziplinierte, sondern immer zugleich auch der Disziplinierende.

Nach allem, was über das Verhältnis von Spiel und Freiheit schon gesagt worden ist, kann nur in einer Ausgewogenheit zwischen der disziplinierenden Forderung der Regel und der selber gewollten und vollzogenen Unterordnung die jeweils charakteristische Spielgestalt zustandekommen. Damit liegt im Spiel gleichsam ein Paradigma jener Verhaltensregulation vor, wie sie eigentlich in der Gesamterziehung angestrebt werden muß. Was indessen sonst nur mit viel didaktischem Aufwand und selbst dann meist nur teilweise erreicht werden kann, ist beim Spiel mit dem Beginn des Spielverlaufs da. Zwar kann man niemanden zum Spielen zwingen. Es kann auch nicht verhindert werden, daß sich ein Spielender aus dem Spielverlauf zurückzieht. Sobald und solange aber gespielt wird, verbinden sich objektive Forderung und subjektive Bereitschaft in einem harmonischen Ausgleich.

Der Spielende lernt, mehr oder weniger bewußt, an den elementaren Formen der Spielvorgänge, daß Spielgestalt nur zustande kommt, wenn bestimmte Fähigkeiten erreicht und bestimmtes Wissen vorhanden ist. Denn, um das bereits erwähnte Beispiel noch einmal aufzugreifen, nur wer die Auf- und Abprallgesetze eines Balls kennt und beobachtet, wird mit dem Ball spielen können. Bei anderen Spielarten verhält es sich genauso. Je komplizierter die Spielgestalt, desto genauer müssen die Gesetze des Spielgegenstandes studiert und beachtet werden, gleich, ob es sich dabei um Glücksspiele oder Sport, um Schauspiele oder Musik handelt.

Damit kommen wir an Verhältnisse, die bereits über das Spiel im engeren Sinne hinausweisen. Im natürlichen Umgang des Spielenden mit dem Spielgegenstand bereitet sich durch Erfahrung die Erkenntnis vor, daß Können, selbständige Verfügungsgewalt, also Leistungen insgesamt ohne vorausgehende Übungen nicht möglich sind. Soweit sich diese Erfahrungen auf Sachkonsequenzen beziehen, gehören sie meist bereits zum Thema Arbeit. Zum Spiel gehören sie aber noch, soweit es sich um Sozialerfahrungen in Gruppenspielen handelt. Gruppenspiele können zur wichtigen Erfahrungsgrundlage und zur Vorübung sozialer Verhaltensmuster werden. Denn nur dann, wenn Spielende wirklich miteinander spielen und das heißt sich aufeinander einstellen, kommt ein Gruppenspiel zustande. Das erfordert von jedem Spielenden einen dauernden Wechsel von Koordination und Subordination, einem »mannschaftsdienlichen Verhalten« nach den Redewendungen moderner Sportsprache. Wiederum ist von Bedeutung, daß dieses Verhältnis von Koordination und Subordination im partnerschaftlichen Spiel nicht erzwungen werden kann, sondern im Vollzug des Spiels vom Spielenden aktiv ausgeführt werden muß. Auch hier also ein Verhältnis, in dem eine objektive Forderung nicht als Zwang auftritt.

Damit wird im Spiel eine Form von Normeninternalisation erreicht, wie sie in anderen pädagogischen Verhältnissen in der Regel nur bruchstückhaft gelingt. Dies ist etwas näher auszuführen. Durch Internalisation als Form des »Selber-wollen-was-man-soll« ist zwar der *intersubjektive* Konflikt zwischen Forderung und Verhalten aufgehoben, zumeist aber auf Kosten eines *intrasubjektiven* Konflikts, der jetzt zwischen Begehren und einsichtabhängigen Willensimpulsen verläuft (Trieb und Gewissen; Es und Über-Ich). Auch wenn man nicht bestimmten neueren Deutungen zu folgen bereit ist, die Internalisation als eine besonders raffinierte Selbstentfremdung darstellen und Emanzipation gerade als Befreiung von introvertierten Zwängen verstehen, kann doch nicht bestritten werden, daß durch Internalisation intrasubjektive Konflikte nicht nur nicht vermieden, sondern mitunter gehäuft hervorgerufen werden. Wir gehen, entsprechend dem im grundlegenden Teil entwickelten anthropologischen Konzept, von der Annahme aus, daß Konflikte vermieden werden sollen, soweit sie vermeidbar sind, daß indes die soziale Verfassung menschlichen Lebens Regulationen notwendig macht, die nicht ohne weiteres mit individuellen Begierden harmonieren. Diese Spannungslage zwischen sozialer Ordnung und individuellem Begehren ist eine der Wurzeln menschlicher Erziehungsbedürftigkeit. Sie hat zur Folge, daß Konflikte nicht prinzipiell vermeidbar sind und auch die in Normen formalisierten Regulationsregeln nicht einfach zugunsten von Konfliktfreiheit aufgegeben werden können. Die erwähnte neopsychoanalytisch eingelenkte Emanzipationsthese erscheint von daher als eine deutlich zu kurz geratene Anthropologie, in der Probleme dadurch gelöst werden, daß man einen Teil der komplexen Realität negiert[78].

Wenn man sich weigert, die intrasubjektiven Konflikte dadurch zu lösen, daß man an eine unfehlbare Selbstregulation der menschlichen Triebstruktur glaubt, als Konsequenz der vordergründigen Harmoniethese vielmehr eine Verschärfung des Konfliktpotentials erwarten muß, dann heißt das nicht, daß man sich mit den gegebenen intrasubjektiven Konflikten einfach abfinden und sie als leidige und unabdingbare Folge notwendiger sozialer Regulationen gleichsam schicksalhaft hinnehmen müßte. Man könnte dieses Konfliktpotential sehr wohl abbauen:

– durch die karthartische Funktion einer ausgedehnten Spielkultur (Freiraum für Motorik, Funktionslust, Harmonisierung von Strebungen und Handlungsvollzügen),
– durch internalisierte Erfahrungen in Planspielen, wobei diese Erfahrungen sowohl das Fremdverhalten wie auch Selbsterfahrungen umfassen,
– durch sanktionsfreie Lernsituationen, in denen durch Spielelemente und Funktionslust affektive Diskrepanzen von vornherein vermieden werden,
– durch gezielte Entwicklung und Anwendung von Gruppenspielen, in denen weniger das Moment der Motorik und des Wettbewerbs im Vordergrund der Spielgestalt stehen, als vielmehr das Ziel affektregulierter und das heißt konfliktfreier Internalisation.

Bei dem in Spielformen besonders deutlichen Verhältnis von subjektiver Freiheit und konfliktfreier Subordination zeigt sich, daß es sehr wohl Formen sozialer Regulationen gibt, die von negativen Affekttönungen frei bleiben, ja die eine ausgesprochen ich-stabilisierende Wirkung haben.

6.2.3.3 Transfertheorie und Generalisationshypothese

Entscheidend für einen solchen pädagogischen Erfolg durch Spielformen wie durch eine absichtlich ausgeweitete Spielkultur in Planspielen und Rollenspielen und auch in Selbsterfahrungsgruppen ist allerdings, ob sich die im isolierten Einzelspiel gewonnene Erfahrung generalisieren läßt, das heißt, ob es einen *Transfer*[79] gibt, eine, in der alten pädagogischen Fachsprache ausgedrückt, *formale Bildung*[80]. Das Transferproblem ist, wie in anderen Lernbereichen so auch hier, pädagogisches Kernproblem. Gäbe es keine Übertragung, bliebe der Lernerfolg situationsbegrenzt, dann wären alle an das Erziehungsmittel Spiel geknüpften weiterführenden pädagogischen Hoffnungen fundamentlos. Untersuchungen zeigen allerdings, daß Transfermöglichkeiten doch offensichtlich weitaus geringer sind, als das pädagogisch wünschenswert wäre[81].

In der Tat zeigt sich etwa am Beispiel des beliebt gewordenen sensitivity-training, daß Rollenspiele zwar zu deutlichen momentanen Konfliktlösungen führen und die Stimmungslage der Teilnehmer durchweg enorm verbessert wird, daß indes Generalisierungen über die Trainingssituation hinaus und erst recht Persistenz in der Verhaltensänderung bislang nicht eindeutig nachgewiesen werden konnten.

Gehen wir von der allgemeinen Transferhypothese und den dazu vorliegenden empirischen Untersuchungen aus und fragen nach Übertragungsmöglichkeit bei Spielsituationen, dann zeigt sich, daß es zu dieser Frage kaum geprüfte Befunde gibt[82]. Das könnte auf zweierlei zurückzuführen sein:

– Entweder sind Übertragungsmöglichkeiten beim Spiel weitaus geringer als bislang angenommen worden ist. Die alte *Herbart'sche* Kritik »Der Verstand der Mathematik bleibt in der Mathematik« wäre dann sinngemäß auch auf das Spiel anzuwenden. In diesem Falle wäre auch die mögliche Funktion eines Erziehungsmittels Spiel nur bescheiden. Verhaltensbeeinflussungen blieben dann auf die von der Spielgestalt unmittelbar geprägte Spielsituation beschränkt. In der Tat scheinen auch manche Hoffnungen auf eine unmittelbare funktionale Mitübung und eine starke Generalisation bei Spielerfahrungen etwas voreilig zu sein (sonst müßten Berufsspieler, etwa einer Handball- oder Fußballmannschaft, zum Kreis besonders vorbildlicher Sozialpartner zu zählen sein).

– Es könnte aber auch sein, daß die Komplexität des Transferproblems bislang nicht genügend analysiert werden konnte und folglich auch bei vorliegenden Analysen durch unerhellte Nebeneffekte sichere Befunde verhindert worden sind. Wir können davon ausgehen, daß selbst im sicher leichter zu untersuchenden logisch-intellektuellen Bereich die Vorgänge bei Übertragungen noch nicht eindeutig isoliert und geklärt werden konnten. Im weitaus komplexeren Bereich sozialen Lernens ist die Zahl möglicher Variablen sehr viel größer und der pädagogischen Forschung noch eine große Aufgabe gestellt.

Es kann nicht Aufgabe der vorliegenden Untersuchung sein, das Transferproblem beim Spiel weiter zu entwickeln, weil dazu eine eigene Abhandlung nötig wäre. Sicher scheint indes, daß nach einer Phase heftiger Kritik und nach der Entwicklung verschiedener Transfertheorien (so der Theorie der identischen Elemente, der Generalisierungstheorie, der gestalttheoretischen Erklärung, der Mediationstheorie u. a. m.) eine revidierte Theorie formaler Bildung neu an Boden gewinnt, zumal in ihr die Theorie der identischen Elemente im Begriff des Kategorialen, die Generalisationstheorie im Begriff des Formalen, die Vermittlungstheorie im Begriff des Elementaren enthalten sein dürfte.

Erziehungsvorgänge in spielerischen Formen wären danach nicht nur Erziehungsvorgänge für das Spiel selber, sondern besäßen *exemplarischen Charakter für das Gesamtverhalten.* In welchem Umfang sich eine solche Generalisierung erreichen läßt, ist didaktisch noch nicht genügend bearbeitet, so daß noch keine geprüften methodischen Verhaltensregeln angegeben werden können. Es läßt sich bislang nur so viel sagen, daß die Transferwirkung wesentlich verstärkt werden kann, wenn gewonnene Erfahrungen nicht nur im Funktionalen bleiben, sondern reflektiert werden. Das gilt allerdings in erster Linie für die Übertragung kognitiver Leistungen (Einsichten). Ob durch ein solches Verfahren auch eine Generalisierung bei Verhaltensformen eintritt, scheint, wie die erwähnten Ergebnisse beim sensitivity-training zeigen, zumindest noch nicht genügend gesichert zu sein.

6.2.4 Spiel als heilpädagogisches Mittel

6.2.4.1 *Spiel als Hilfe bei Entwicklungsstörungen*

Spiel kann in zweierlei Hinsicht heilpädagogisch[83] verwendet werden: einmal bei Entwicklungsstörungen, dann bei neurotischen Kindern. Wir betrachten zuerst die *entwicklungsfördernde Funktion* des Spieles; wobei die Problemstellung allerdings etwas eingegrenzt werden muß. Ich übergehe jene krassen Fälle von Störungen, bei denen der allgemeine Entwicklungsrückstand eine besondere Unterrichtsform notwendig macht und betrachte nur die leichten Formen von Regelabweichungen, bei denen Kinder, trotz ihrer Entwicklungsverzögerung, in einer normalen Klasse bleiben können. Wenn wir dabei von der grundsätzlichen Frage ausgehen, was denn derartige Regelabweichungen eigentlich sind, dann heißt die Antwort: zunächst einmal nichts als ein individuelles Abweichen von einem fiktiven Durchschnitt, der aus einer mehr oder minder großen Zahl beobachteter Einzelfälle erschlossen worden ist. Solche Mittelwerte zu bilden ist nützlich und es ist nichts gegen sie zu sagen, solange man ihre Relativität im Blick behält. Denn nicht nur, daß die in die gewonnenen Meßgrößen eingeflossenen Voraussetzungen zeit-, gesellschafts- und situationsbedingt sind – so daß ein Landkind einem Stadtkind gegenüber oft als entwicklungsgestört erscheinen kann, gut versorgte Kinder sich darin von vernachlässigten unterscheiden, ebenso die Entwicklung ältester Kinder innerhalb einer Geschwisterreihe von der bei Nesthäkchen differiert, Kinder aus hochindividualisierten Familien sich von jenen abheben, die aus patriarchalisch-strengen Familien stammen –, in diese Meß- und Mittelwerte sind auch zeitbedingte und das heißt epochal differierende gesellschaftliche Wertungen über das eingeflossen, was man jeweils unter »normal« verstehen soll. So haben beispielsweise ältere Generationen die veränderten Lebensformen der Jugendlichen häufig in die Nähe charakterlicher Anomalien gerückt und als bedenkliche Fehlentwicklungen interpretiert. Ein anderes Beispiel für derartige von außen her gesetzte Maßstäbe ist, wenn man die seit längerer Zeit zu beobachtende Akzeleration als »Verfrühung« interpretiert. Tatsächlich können wir nur eine Verschiebung feststellen, die genausogut als Normalisierung betrachtet werden kann, wenn die frühere Phasendauer als zu lang eingeschätzt wird.

Diese allgemein grundlagenkritische Überlegung ist der Konsequenzen wegen wichtig, die sich aus ihr ergeben. Ich kann mich allerdings nicht bei der Frage aufhalten, wie groß und gesichert überhaupt das Recht ist, mit solchen stark äußerlich orientierten Maßstäben je und je individuelle Leistungen der Schüler zu bewerten, sondern gehe gleich zu der Betrachtung über, wie die Gesellschaft – Eltern und Lehrende in gleicher Weise – auf eventuelle Abweichungen ihrer Kinder von der, wie gesagt, relativen und zeitbedingten Meßnorm zu reagieren pflegen. In der Regel wird das langsamer arbeitende und lernende, vom egalitären Prinzip einer Jahrgangsklasse her ohnehin schon überforderte Kind noch zusätzlichen Pressionen ausgesetzt[84], die von gehäuften Ermahnungen und Strafen bis zu ausgedehntem Nachhilfeunterricht reichen. Derartige Mittel korrumpieren aber in aller Regel den pädagogischen Zweck, dem sie eigentlich dienen sollten, weil sie dazu angetan sind, das Kind in seiner von außen aufgezwungenen Rolle zu fixieren und es dadurch überhaupt erst in Anomalien zu treiben. Entwicklungsgestörte, besser muß es heißen: entwicklungsverzögerte Kinder erleiden fast immer das Schicksal, daß sie einer zusätzlichen permanenten Überforderung ausgesetzt werden, durch die sich dann schließlich tatsächlich zu Persönlichkeitsstrukturen habitualisieren kann, was zunächst als harmlose Abweichung von der zufälligen Zuordnung einer Altersstufe zu einer bestimmten Leistungserwartung auftrat.

Sind Entwicklungsverzögerungen bereits im Verhalten gefestigt (als niedriger Intelligenzquotient etwa), dann kann nur durch eine entsprechende Reduzierung der Anforderungen und durch einen didaktischen Aufbau abgestufter Lernhilfen ein Ausgleich hergestellt werden. Ist die Anomalie aber auf einen Mangel an situativen Stimulantien zurückzuführen, dann kann durch gezielte Lernhilfen für Leistungssteigerung gesorgt werden.

Angemessene *Lernhilfen*[85], von denen erstrebte Leistungssteigerungen abhängig sind, müssen vor allem darauf abgestimmt sein, Lernabläufe durch immanente Anreize wie beispielsweise Funktionslust anzureichern und sollen durch spielerische Wiederholtendenzen für ausreichende Festigung sorgen. Außerdem müssen Aktivitätsformen der Kinder vermehrt, vor allem muß selbständiges Lernen aktiviert werden, um Interessenbereiche auszuweiten und größere Übertragbarkeit des Gelernten zu erreichen.

Hier gewinnen auf Spielformen aufbauende Lernhilfen didaktische Bedeutung. Das lustbetonte spielerische Tun reduziert Widerstände und kann durch Rückverstärkungen zu besserer Lernbereitschaft führen. Die durch Funktionslust und Wiederholtendenz hervorgerufene verstärkte Zuwendung zum Lernablauf verspricht zugleich durch verbesserte Wahrnehmung, erhöhte Konzentration allgemein bessere Lernergebnisse. Vor allem wird sich die den Spielformen inhärierende Wiederholtendenz als wichtiger Übungsfaktor ausweisen, durch den Gedächtnisleistungen deutlich verstärkt werden können[86].

6.2.4.2 Spiel als Heilmittel bei neurotischen Kindern

Besonders gravierende Erlebnisse mit bedrohender Tendenz können über die momentane Erregung hinaus das Selbstwertgefühl einer Person treffen und nachhaltig schädigen. Diese Erlebnisse werden in besonderen Fällen ins Unterbewußtsein verdrängt und setzen sich dort als sogenannte »eingeklemmte Affekte« fest. Ihre Dynamik verlieren sie dabei nicht. Diese treibt vielmehr über kurz oder lang zur Suche nach geeigneten *Abwehrmechanismen*, wobei als Folge Formen psychischer wie auch organischer Erkrankung auftreten können. Organische Schäden stellen sich meist im Bereich des vegetativen Nervensystems (Magen, Verdauungstrakt, Herz) ein. Symptome psychischer Erkrankung zeigen sich in verschiedenen Formen von Angstzuständen, wie Stottern, Bettnässen, Platzangst, affektive Denkhemmung u. a. Das Besondere an derartigen Störungen ist, daß sich die Ursachen nicht ohne weiteres finden lassen, weshalb man von einer »maskierten Form« der zugehörigen Krankheitsauslöser spricht.

Neurotische Störungen treten heute in größerer Zahl bereits im Kindesalter auf. Diese Kinder leiden entweder an starken Hemmungen, die sie zu scheuen, zurückgezogenen, stillen Menschen mit schwachen, unterdurchschnittlichen Schulleistungen machen, oder sie suchen ihr fixiertes Minderwertigkeitsgefühl durch Aggression zu kompensieren. Wie immer sich eine Störung auch zeigt: diese Kinder sind stark geschädigt. Ihre Handlungsvollzüge sind in einem hohen Maße egozentriert, sicherungsgerichtet. Zumeist ist ihre Position in ihrer Altersgemeinschaft bedroht. Folglich werden sie entweder scheu, zurückgezogen, mutlos, zu Mauerblümchen oder krankhaft stillen Kindern und Heimchen oder sie entwickeln Aggressivität und werden zu Spielverderbern und Störenfrieden[87]. Ihr Verhältnis zu Eltern und Erziehern ist aus diesen Gründen meist gespannt: krankhafte Schüchternheit auf der einen Seite, über die Erziehende verzweifeln können, Frechheit auf der anderen Seite, an der sich dauernder Ärger entzündet. Die Schulleistungen bleiben in aller Regel in beiden Fällen dürftig. Diese Schüler können sich schlecht konzentrieren und arbeiten flüchtig. Sie machen viele Fehler und vergessen rasch. Ihre Interessen sind minimal, ihr Lernverhalten stark apathisch. Außerdem ist – da weder Störenfriede noch Träumer beliebt sind – häufig der Fall zu finden, daß diese vom Schicksal ohnehin gezeichneten Kinder meist noch zu Prügelknaben ihrer Gruppe werden. Das kann in Schulklassen geschehen, aber auch innerhalb einer Geschwisterreihe oder der Spielgruppe auftreten[88].

Als Erzieher muß man sich immer deutlich vor Augen halten: die in der Erziehungspraxis der Elternhäuser und auch Schulen üblichen Strafen, mit denen auch in solchen Fällen bessere Lernleistungen erzielt und eine gewünschte Disziplin hergestellt und gesichert werden sollen, müssen bei psychisch gestörten Kindern das genaue Gegenteil dessen verursachen, was der erzieherischen Absicht nach erreicht werden sollte. Neurotische Kinder werden durch Strafen von ihrem »eingeklemmten Affekt« nicht nur nicht befreit, sondern *noch zusätzlich in ihrer Rolle als »Wir-Krüppel« fixiert*[89].

In solchen Fällen, ebenso dort, wo körperliche Krankheitserscheinungen auftreten, deren Ursache im Psychischen liegt, kann Spiel dem Heilpädagogen in zweifacher Weise helfen. Einmal dient es der Entschleierung des maskierten Krankheitssymptomes und hat eine diagnostische Aufgabe, bei der vor allem die Symbolfähigkeit des Spiels vermittelnd hervortritt[90]. Dann kann das Spiel aber auch als therapeutisches Mittel verwendet werden. Hierbei erweist sich vor allem die harmonisierende Wirkung des Spiels als heilender Faktor[91].

Ehe diese beiden heilpädagogischen Verwendungsmöglichkeiten näher zu analysieren sind, noch ein wichtiger Hinweis: Man trifft öfters die Meinung an, heilpädagogische Therapie könne einfach dem ungelenkten Spiel in einer Kindergruppe überlassen werden. Heilende Wirkungen würden schon funktional auftreten, wenn man Störenfriede oder krankhaft stille Kinder in eine Gruppe stellt und an ihren Spielen teilnehmen läßt. Aus zwei Gründen heraus scheint Vorsicht vor einem solchen Verfahren geboten zu sein. Eine Spielgruppe kann sich gegen neurotische Kinder verschließen und sie außerdem noch tyrannisieren. Kinder können in solchen Situationen mitunter sehr grausam sein. Es kann aber auch geschehen, daß die gestörten Kinder ihre Spielformen den gesunden aufzwingen, denn das psychisch kranke Kind stellt in seinen Spielen Fragen mit einer bestimmten Entlastungstendenz und zeigt Verhaltensweisen, die ebenfalls durch seine Störungen bedingt sind. Gesunde Kinder können sich auf solche Situationen in der Regel noch nicht einstellen, weil sie die schwierigen und komplizierten Verhältnisse der Entlastungsversuche zu durchschauen nicht in der Lage sind. Soll ein Spiel heilend wirken, muß das Kind vorsichtig zu normalen Spielreaktionen geführt werden. Das kann aber nur unter der Leitung eines erfahrenen Heilpädagogen erfolgen, der ohne Zweifel auch das Spiel in der Kindergruppe als wichtiges Hilfsmittel benutzen wird, es aber nicht ungelenkt läßt[92].

6.2.4.3 Die Symbolfähigkeit des Spiels als Hilfsmittel heilpädagogischer Diagnostik[93]

Bei erwachsenen Neurotikern kann der Psychoanalytiker durch assoziierende Gespräche den verklemmten Affekt lokalisieren und durch Rationalisierung auflösen. Dieses Verfahren ist bei Kindern erfolglos. Hier kann aber die Symbolfähigkeit des Spiels als Diagnostizierungshilfe bei der Analyse des Konfliktes benutzt werden. Anhand von Szenen, die das Kind – vielleicht mit Hilfe des Szeno-Tests – spielt, kann der erfahrene Pädagoge einen Einblick in die Konfliktsituationen erlangen, unter denen das Kind leidet; sowohl in das krankheitsauslösende Erlebnis, wie auch in die unterbewußten Lösungsversuche des Kindes.

Die auch im diagnostischen Spiel maskierte Form des Konflikts zeigt sich dann noch verhüllter, wenn das Kind in der Weise prälogischen Denkens in seinem Spiel einzelne Strebungen, Wünsche oder Konfliktseiten personifiziert. In den Spielszenen tritt dann der Symbolcharakter des Spielgegenstandes noch stärker hervor; etwa wenn die Puppe des Mädchens einen Charakterzug der Mutter wiedergeben soll oder wenn die Puppe zu einem Teil seines eigenen Ichs wird. Aus der Art und Weise, wie das Kind seine Puppe behandelt und mit ihr spielt, kann dann auf den Konflikt und den kindlichen Lösungsversuch zurückgeschlossen werden[94].

6.2.4.4 Das Heilspiel. Die harmonisierende Wirkung des Spiels als Mittel heilpädagogischer Therapie

Beruht die diagnostische Funktion des Spiels auf dessen Symbolfähigkeit, so greift die Spieltherapie auf die harmonisierende Wirkung des Spiels zurück. Dieser Wirkung wegen hat man das Heilspiel einen »Friedensschluß nach innen und außen« genannt[95]; nach innen: weil das neurotische Kind immer auch mit sich selbst entzweit ist (was sich bis zu Formen introjizierter Aggression steigern kann), dagegen im harmonisierenden Spiel Stabilisierung und dadurch Einigung mit sich selber erfährt; nach außen: weil der die Neurose auslösende Komplex ein gesellschaftlich vermittelter Zustand ist, der ebenfalls durch Spielformen eine Korrektur erfahren kann.

Es ist schon davon gesprochen worden, daß die im Spiel wirkende Harmonie sowohl als subjektive Übereinstimmung zwischen Wunsch und Vermögen wie auch als objektive zwischen Leistungsvermögen und objektiver Forderung auftritt. Durch diese Übereinstimmung erfährt das Kind im Spiel positive Antwort auf die im Komplex maskierte Suche nach Anerkennung und Bestätigung und die erlebte Minderung wird wieder ausgeglichen. Vor allem das Gruppenspiel ist wichtig, in dem das gestörte Kind zum anerkannten gleichwertigen Spielpartner avancieren und dadurch in seinem Selbstwertgefühl bestätigt werden kann.

Es lassen sich drei verschiedene Formen des Heilspiels unterscheiden[96]:

1. Eine erste therapeutische Wirkung kann bereits vom darstellend-symbolisierenden Spiel ausgehen, wenngleich es zunächst mehr diagnostischen Zwekken dient. Die objektivierende Darstellung von Rollen im Spiel kann zugleich eine gewisse auflösende Funktion ausüben, welche den Rationalisierungen bei Assoziationsgesprächen erwachsener Patienten ähnelt.

2. Eine zweite deutlichere Heilwirkung liegt in dem mit Funktionslust verbundenen Leistungserlebnis. Dieser Heilaspekt ist vor allem dann bedeutsam, wenn sich das Krankheitssymptom in einer mit Mutlosigkeit gekoppelten verminderten Leistungsfähigkeit zeigt. Diese Heilform bleibt allerdings von der Gefahr nicht ganz frei, reines Palliativ zu sein, das nur am Symptom kuriert, ohne die auslösende Ursache selber zu beseitigen. Denn da solche Ursachen immer in einem gesellschaftlich bedingten Frustrationserlebnis zu suchen sind, müßten Heilungen eigentlich davon ausgehen, in jenem sozialen Bereich Ausgleich zu schaffen, in dem die Krankheitsurache liegt.

3. Das geschieht, und damit kommen wir zur dritten Form des Heilspiels, zumal bei Kindern am besten in einem Gruppenspiel. Der Heilpädagoge hat dabei die Aufgabe, Spielformen zu initiieren, von denen her heilende Wirkungen ausgehen werden. Er kann folglich nicht ohne weiteres Wettkampfspiele einsetzen und muß überhaupt besonders auf Gleichrangigkeit der Spielpartner achten.

Dauerhafte Heilung kann allerdings nur dann erwartet werden, wenn nicht nur die verschiedenen psychischen Ursachen der Störung analysiert, sondern außerdem vom Milieu her wirkende Auslöser beseitigt worden sind. So können Schulkonflikte psychische Erkrankungen bei Kindern bewirken. Auch Situationen des Elternhauses können dafür Ursache sein, denn psychische Erkrankungen zeigen sich oft als eine Folge gestörter Familienverhältnisse; so, wenn in Scheidung lebende Elternteile das Kind jeweils auf ihre Seite ziehen wollen; aber auch bei unehelichen Kindern, von denen Mutter häufig einen Ausgleich für enttäuschte Hoffnungen erwarten. Auch extreme Positionen der Geschwisterreihe können konfliktauslösende Wirkung haben (der Älteste als dauerndes Vorbild, der ewige Zweite, Entthronung des bislang Einzigen durch einen Nachkömmling).

Besonders gefährdet sind Kinder in aufgezwungenen Rollen[97]; wenn Eltern im Schulerfolg und durch die Berufswahl der Kinder einen Ersatz für unerfüllt gebliebene eigene Wünsche sehen oder, was noch schlimmer ist, sich auf Kosten ihrer Kinder von eigenen Konflikten zu entlasten suchen. Natürlich müssen solche verursachenden Situationen zuerst verändert werden, ehe eine erfolgversprechende Spieltherapie einsetzen kann, sonst würde eine einzige erneute falsche Verhaltensweise der konfliktauslösenden Person den Erfolg wochenlanger Mühe des Therapeuten wieder vernichten.

6.2.5 Spiel als Bildungsmittel

Gegen eine pädagogische Verwendung des Spiels, wie sie entwickelt worden ist, erhebt sich zum Teil energische Kritik. Wenn, so wird argumentiert, dem Spiel äußerlich ein besonderer Zweck oktroyiert werde, verliere das Spiel wesentliche Teile seiner Substanz. Schon die Bezeichnung »Mittel« und die entsprechende Verwendung des Spiels als Unterrichts-»Mittel«, als Erziehungs-»Mittel« und schließlich als therapeutisches »Mittel« zeige, daß dabei die Besonderheit des Spiels nicht mehr gesehen, folglich auch nicht erhalten werden könne, weil Spiel unter der »Kausalitätstyrannei«[98] pädagogischer Zwecksetzungen ersticken müsse.

Auf eine ausgedehnte Diskussion dieser Argumente muß ich verzichten. Mir will aber scheinen, als werde hier aus einer gewissen forcierten Prinzipienreinheit heraus das Kind mit dem Bade ausgeschüttet. Die Substanzialität des Spieles wird ja nicht angetastet, wenn Rückwirkungen auf den Spielenden aus pädagogischen Gründen absichtlich arrangiert werden. Spiel ist für den Spielenden auch dann noch Entsprechung auf eine Spielsituation, wenn diese Situation von außen her vorbereitet worden ist. Spiel bleibt Spiel, auch wenn die Auswirkungen des Spiels bestimmten pädagogischen Zwecken und Zielen entsprechen.

Jene Kritiker an der »pädagogischen Kausalitätstyrannei« wollen das Spiel keineswegs aus dem pädagogischen Raum verbannen, sondern vielmehr seine Bedeutung entschieden stärken. Sie möchten Spiel jedoch nicht nur auf Zielsetzungen formaler Bildung eingeschränkt sehen und weisen deshalb darauf hin, daß Spiel auch *inhaltlich* von pädagogischem Wert sei. Spiel solle aus der einseitigen Mittlerfunktion formaler Zielsetzungen, das heißt aus der Verwendung als Unterrichts- und Erziehungsmittel herausgelöst und zu *einem eigenständigen Bildungsinhalt*[99] erhoben werden, so daß es sich als etwas präsentiert, dessen Wert in sich selber liege und nicht erst von fremden Zwecken abgeleitet werden müsse.

Damit wird das Spiel zum *Bildungsinhalt*. Als solcher kann es in verschiedenen Formen auftreten: in Theaterspielen, Laienspielen, in Schulfeiern, Schulfesten, Sportfesten und anderen möglichen Nachbarphänomenen wie Kunst, Tanz u.ä.[100] In diesen Bereichen dürfe man nicht mehr nach einem unmittelbar meßbaren Lehrergebnis fragen, sondern müsse die unableitbare, in sich selber gründende Werthaftigkeit des Spieles respektieren. Berthold *Otto*, *Lichtwark*, *Petersen* und *Kretschmann* haben auf solchen Überlegungen aufbauend das Spiel aus einer einseitigen Rolle als Mittel herausgelöst, es als selbständigen Bildungsinhalt angesehen und auch entsprechend in ihren Unterricht eingebaut.

Im Gefolge einer in sich keineswegs unproblematischen Rationalisierung des Unterrichts ist heute diese Art von Bildungsinhalten kaum noch ernsthaft im Gespräch. Erst langsam gerät über den Umweg psychologischer Forschung das Problem wiederum in die pädagogische Diskussion, ob es nicht auch affektiv-emotional orientierte Lernziele gibt und ob nicht dafür Spielformen als wichtige Bildungsinhalte bereitzustellen wären.

7. Arbeit

7.1 Voraussetzungen

Weitaus deutlicher als beim Spiel treten bei der Arbeit *zwei sehr unterschiedliche pädagogische Gesichtspunkte* auf, die sich in der Erziehungspraxis zwar häufig überlappen werden, in der pädagogischen Theorie und der Unterrichts- und Erziehungsplanung dagegen auseinander gehalten werden müssen.

1. Erstens ist ist das eine *Erziehung zur Arbeit*, das heißt zu einer objekt- und zielangemessenen Arbeitshaltung; wobei wieder verschiedene historisch bedingte Einzelaspekte zu berücksichtigen sind, etwa
– die Auswirkungen der spezialisierten Arbeitsformen,
– die Auswirkungen der durch Technisierungen sich verändernden Arbeitswelt,
– die Auswirkungen einer fortgesetzt größer werdenden Trennung zwischen Berufswelt und Freizeitgesellschaft mit einem jeweils typischen Arbeitsverhalten und
– die Auswirkungen der Produktionsverhältnisse in einer Konsumgesellschaft.
Die anstehenden Probleme werden heute vornehmlich unter dem didaktischen Oberbegriff »Arbeitslehre« und »polytechnische Bildung« diskutiert, erschöpfen sich darin allerdings nicht, weil bestimmte Verhaltensformen, die man seit *Kerschensteiner* als »Arbeitstugenden« bezeichnet hat (Planungsfähigkeiten, Konzentrationsbereitschaft, Sachlichkeit in der Ausführung und der kritischen Selbstprüfung), als formale Prinzipien für die gesamte Erziehung Gültigkeit haben.

2. Davon hebt sich eine *Erziehung durch Arbeit* ab, wobei die Rückwirkungen der Arbeitsprozesse auf den Arbeitenden im Vordergrund des Untersuchungsinteresses stehen, Arbeit also nicht ihres jeweiligen Inhaltes wegen, sondern als Methode interessant ist. Wenn vom Erziehungsmittel »Arbeit« die Rede ist, wird dieser zweite Bereich gemeint: Arbeit erscheint dabei nicht als Lernziel, sondern als Mittel der Erziehung.

Natürlich kann man Erziehung durch Arbeit nicht ohne Berücksichtigung der jeweiligen Inhalte betreiben; genauso wenig kann man auf Arbeitsinhalte ohne Rücksicht auf die jeweilig rückwirkenden Effekte eingehen wollen. Im einen Fall würde der fehlende Sinnbezug zum Arbeitsinhalt den Arbeitsverlauf aushöhlen und zu destruierenden Nebenwirkungen führen. Im anderen Falle würden sich die unberücksichtigt gebliebenen Einstellungsveränderungen als Störungen bemerkbar machen, wenn nicht zum unüberwindlichen Hindernis werden.

In der vorliegenden Analyse wird der dem Bereich *Arbeitslehre*[1] zugehörende erste Gesichtspunkt in dem Maße ausgeklammert, in dem es um Inhaltsentscheidungen und -bestimmungen geht. Sofern pädagogische Prinzipien der Inhaltsanalysen notwendig sind, bleiben sie in die Analyse einbezogen. Das Hauptaugenmerk liegt indes auf dem zweiten Aspekt: Arbeit als Erziehungsmittel. Ehe aber diese pädagogische Analyse einsetzen kann, muß eine Phänomenologie der Arbeit vorausgehen; nicht nur, weil Arbeit dem Spiele gleich ein umfassendes anthropologisches Verhältnis darstellt, sondern vor allem auch, weil sie, darin gänzlich anders als das Spiel, in sich eine folgenreiche Ambivalenz zeigt.

7.2   Phänomenologie der Arbeit

7.2.1   Zwei gegensätzliche Auffassungen

Für die abendländische Geschichte des Arbeitsbegriffes generell wie für moderne Arbeitsauffassungen im besonderen (wie sie sich etwa im Vergleich zwischen den Plänen für polytechnische Erziehung oder Arbeitslehre einerseits und den Zielsetzungen in gewerkschaftlichen Konzeptionen andererseits zeigen) gilt gemeinsam, daß »zwei ganz unvereinbare Arbeitslehren nebeneinander« bestehen. »Die eine sieht verächtlich auf die Arbeit herab, die unter der Würde des homo humanus ist. Die andere verleiht der Arbeit den höchsten menschlichen Rang und spricht ihr die segensreichste Macht zu: daß sie nämlich ihre eigene harte Herrschaft, die alles in der Welt unterjocht hat (labor improbus omnia vincit), selbst durch sich selber aufhebt; daß sie das ganze Unheil der Natur und des Menschen in lauter Heil auflöst, daß sie also die wahrhaft humanisierende Macht ist[2].«
Diese beiden höchst gegensätzlichen Aspekte gilt es im folgenden weiter zu differenzieren und zu analysieren.

7.2.2   Arbeit als »Lebenskampf« und »Mühsal« (laborare)

In der einen Auffassung erscheint Arbeit als Folge der mangelhaften Existenzausstattung des Menschen. Die Bedingungen der Lebensfristung müssen der Natur »abgerungen«, Widerstände »gebrochen« werden. Arbeitsformen erscheinen als etwas »Kämpferisches«. Der »Einsatz« erfordert Opfer, so daß, sachlich durchaus zu Recht und nicht nur in lyrischer Überspitzung der Wirklichkeit, von einem »Lebens-Kampf« gesprochen werden kann. Arbeitsteilung und fortschreitende Zivilisation haben zwar dazu geführt, daß der risikoreiche Lebenskampf sich mehr und mehr in Randbereiche der gesellschaftlich organisierten Arbeit verlagert hat (Bergwerke, Brückenbau, Stahlerzeugung, Forschungsinstitutionen, Expeditionen) und die große Zahl der Bevölkerung davon nicht mehr in der Unmittelbarkeit betroffen wird, wie dies in früheren Epochen der Fall gewesen ist. Aber auf dem Rücken der technisierten Welt ist wiederum jeden betreffend eine Unfallgefährdung entstanden, deren Zahl an Opfern, im Vergleich betrachtet, kriegsmäßigen Umfang angenommen hat[3]. Dies zeigt, daß das, was an Belastungen, Widerständen und Gefährdungen aus den Produktionsprozessen selber teilweise wenigstens entfernt werden konnte, auf dem Rücken der Produkte als eine neue Form von Gefährdung wiederkehrt.

Nicht nur, daß Arbeit genealogisch mit der mangelhaften Ausstattung des Menschen zusammenhängt, aus der Not der Lebensfristung folgt und deren Überwindung zum Ziel hat, sie bereitet den arbeitenden Menschen auch noch zusätzlich Mühsal. Denn Arbeit erfordert Mühe, die desto mehr zur Plage wird, je länger sie andauert. Dieser Plage unterzieht sich niemand gern. Da aber auch niemand auf den Ertrag der Arbeitsprozesse verzichten kann, haben Menschen schon immer versucht, Arbeitslasten auf andere abzuwälzen. Das geschah zuerst durch pure Gewalt. So haben stets Abhängige die Arbeit für ihre Herren mitverrichten müssen. Die Mühsal bereitende Arbeit geschah in Fron, Knechtschaft und Sklaverei. Mit der fortschreitenden Aufhebung der äußerlichen sozialen Ungleichheit haben sich indes die von der Arbeit ausgelösten Empfindungen und davon wiederum determiniert die Einstellungen der Arbeitenden *nicht verändert*. Die fortgesetzten Auseinandersetzungen um immer weitere Arbeitszeitverkürzungen zeigen, daß auch heute noch Arbeit als Plage empfunden wird, nicht nur bei Handarbeitern, sondern genauso bei geistig Arbeitenden.

Diese Stimmungen determinierende, Einstellungen deformierende Plage scheint das eigentliche »entfremdende« Element an der Arbeit zu sein. Um dieses Entfremdungselement näher in den Griff zu bekommen, zunächst ein historisch-phänomenologischer Rückgriff:

Der Genesisbericht der Bibel spricht davon, daß diese Mühsal mit einer Ursünde der Menschheit zusammenhänge, derentwillen die Arbeit verflucht worden sei: »So sei der Erdboden verflucht um deinetwillen. In Kummer sollst du davon essen alle Tage deines Lebens. Dornen und Disteln wird er dir hervorbringen ... Im Schweiße deines Angesichtes sollst du dein Brot essen« (Gen. 3, 17 ff.). Man muß allerdings bei der Exegese dieser Stelle sorgfältig unterscheiden: Genau gesehen, trifft der Fluch nicht die Arbeit als solche – deren segensvolle weil werkschaffende Bedeutung erhalten bleibt und auch durch eine besondere göttliche Verheißung (nach der Sintflut; Gen. 8, 20/9, 17) ausdrücklich bestätigt wird –, sondern verursacht allein den Widerstand der Materie, ausgedrückt in der Metapher »Dornen und Disteln«, und korrumpiert außerdem die psychische Rückwirkung der Arbeit auf den Menschen: sie fordert »Mühsal und Schweiß«. Der »Segen«, das heißt der Ertrag der Arbeit, bleibt erhalten, aber ihr Erfolg wird durch den Widerstand der Materie zweifelhaft und ihr mühebeladener Verlauf zur fortgesetzten psychischen Belastung.

Ähnlich wie die Bibel spricht auch die griechische Mythologie von einem göttlichen Fluch, der den Menschen mit der Mühsal der Arbeit belastet habe. Das »goldene Zeitalter« ging zu Ende, als Prometheus den Menschen Feuer vom Himmel holte. Da »verbarg Zeus – als Strafe – die Nahrung grollenden Herzens« den Menschen. Der ausbrechende Mangel und die Sorge um das tägliche Brot zwangen ihn in die Mühsal der Arbeit: »Vor den Erfolg aber setzen den Schweiß die unsterblichen Götter«[4].

Auch die etymologische Herleitung des deutschen Wortes »Arbeit« weist in die gleiche Richtung. Die Wurzeln des heutigen Wortes sind das althochdeutsche arabeit, das mittelhochdeutsche arebeit, das gotische arbaips, die alle die Bedeutung von Mühsal, Not, Last und Pein bedeuten. Vermutlich setzt sich das gotische arbaips aus orbho, das heißt Knecht, und id, das heißt Tat, zusammen. »Arbeit« und »knechtische Tat« verweisen demnach wechselseitig aufeinander: Arbeit ist Mühsal und macht knechtisch, folglich ist Arbeit die Tätigkeit, die Knechten zukomme[5].

Belastungen, wie Müdigkeit, Unlust mit einer gewissen Tendenz zur Apathie nehmen zu, je härter die unmittelbare physische Ermüdungsbelastung durch hohen und langen Krafteinsatz ist. Diese Belastungen wachsen dann zusätzlich, wenn die schweißtreibenden Arbeiten auf isolierte mechanistische Tätigkeitsformen beschränkt bleiben, mit denen keine geistigen Prozesse wie etwa Planungsarbeiten verbunden sind. In solchen Fällen setzt gewöhnlich ein Entlastungsmechanismus in der Form von Regression ein: Das Individuum entzieht sich der Belastung durch Flucht in intellektuelle Taubheit; es schaltet gleichsam die Sensoren für die Erkenntnis seiner Situation ab. Verlust geistiger Interessen, Verlust sozialer Sensibilität (etwa in der Unfähigkeit zur Zärtlichkeit) und allgemeine Verrohung des Gemütszustandes, Ausbildung primitiver Lustäußerungen und -befriedigungen, Ausbildung eines subkulturellen Sprachcode mit einem einfachen Signalsystem sind Folgezustände solcher Regression[6].

Psychische Belastungen entstehen aber auch dann in einem besonderen Maße, wenn Arbeitsprozesse funktionalisiert werden. Nach dem sog. Taylorschen Prinzip heißt das, »künstliche Analyse und Aufgliederung der Arbeitsvorgänge in ihre kleinsten mechanischen Komponenten und die Neuzusammensetzung dieser Elemente zu der wirksamsten Kombination«[7]. Hatte bei der einfachen Arbeitsteilung des Handwerks der Ausführende, auch der lohnabhängige Geselle, noch eine deutliche Kontrolle über den Gesamtarbeitsverlauf mit entsprechenden Planungsaufgaben, so reduziert die Funktionalisierung den Arbeitsverlauf auf starre, immer wiederkehrende Verhältnisse und trennt den ausführenden Arbeiter von jeder Mitplanung, erst recht von jeder Mitberatung oder Mitentscheidung. In diesen Fällen scheint es so zu sein, daß der Rückgang der reinen Körperarbeit in funktionalisierten Arbeitsprozessen den Grad der psychischen Belastung *nicht vermindert, sondern eher verschärft hat*[8]. Der physischen Ermüdung dürfte sogar eine Art karthartische Funktion zuzuschreiben sein. Im gleichen Maße, in dem ein Monotonieeffekt ohne physische Müdigkeit auftritt, stellen sich im stärkeren Maße Gefühlsspannungen ein (zunächst in der Form akuter Konzentrationsschwächen wirkend), die über Affektstau zu ausgesprochen aggressiven Entladungen führen können. Danach dürfte die eigentliche Form menschlicher Selbstentfremdung durch Arbeit im *Monotonie-effekt technisch funktionalisierter Arbeitsprozesse liegen*, weniger in der Art von Selbstentfremdung, wie sie aus dem sogenannten »gesellschaftlichen Grund-widerspruch« des Besitzverhältnisses abgeleitet wird, der eher ein rechtliches, aber kein anthropo-psychologisches Problem darstellt[9].

Allerdings reicht die von Arbeiten ausgelöste Belastung noch über den Monotonieeffekt hinaus. Das zeigt die gegenwärtig besonders bedeutsame Er-forschung der Stress-Folgen. Dabei ist deutlich geworden, daß gerade Mittel-schichtangehörige, deren Arbeit sich durch wenig körperliche Anstrengung und durch beachtliche Vielfältigkeit auszeichnet, unter Stresserkrankungen in besonderer Weise zu leiden haben.

Zusammenfassend läßt sich sagen: Das der Arbeit eigene Charakteristikum der Mühsal kann sich zeigen

– durch hohe, vor allem durch andauernde physische Belastung,
– durch Funktionalisierung von Arbeitsprozessen mit folgendem Monotonie-effekt,
– durch allgemeinen Stressdruck.

Die Mühsal der Arbeit ist folglich nicht nur mit unspezifizierten Formen manueller Arbeit verbunden (Hacken, Graben, Tragen), sondern zieht sich durch die Entwicklung der Arbeitsformen bis in die gegenwärtige Form der technisierten Arbeit. Zwar sind durch Technisierungen der Arbeitsprozesse einerseits Belastungen zurückgegangen, andererseits indes neue Belastungen entstanden, so daß insgesamt die destruktive Rückwirkung von Arbeitsprozes-sen auf Arbeitende unverändert ein allgemein humanitäres wie politisch-päd-agogisches Problem geblieben ist, in allen Gesellschaftsschichten und in allen politischen Systemen[10].

7.2.3   Arbeit als Werkgestaltung (operari)

So sehr in den beiden berichteten Mythologien der belastende Charakter der Arbeit hervorgehoben wurde, so zeigen beide doch auch eine deutliche Dia-lektik zwischen Fluch und Segen. Dem biblischen Bericht zufolge ist nicht erst durch den Fluch die Arbeit entstanden, sie ist nur objektiv, hinsichtlich ihres fraglich gewordenen Erfolgs, und subjektiv, hinsichtlich der mit ihr ver-bundenen Belastung, korrumpiert worden. Ihrem Zweck als einer kultivieren-den, werkschaffenden Tätigkeit nach ist sie keineswegs der »Sünde Sold«, son-dern vielmehr Charaktermerkmal der schöpferischen Fähigkeiten des Menschen, der in dieser Hinsicht, traditionellem Denken folgend, »Ebenbild Gottes« genannt werden kann (vgl. in diesem Zusammenhang die Unterscheidung von causa prima und causa secunda). So gesehen ist Arbeit gerade nicht aus der Not geboren, sondern Ausdruck der schöpferischen Fähigkeiten des Menschen. Man muß deshalb, exegetisch betrachtet, ihr Urbild von der genealogisch gesehen späteren Korruption sorgfältig unterscheiden.

Was ist aber Arbeit dann in ihrer durch den späteren Fluchcharakter verdeckten Urform? Nach *Hesiods* Bild ist sie auch Frucht des prometheischen Griffs zum Himmel; was nichts anderes als Teilhabe an schöpferischen Fähigkeiten symbolisiert. An diesen Vergleich mit der göttlichen Schöpfungskraft anknüpfend bezeichnet eine neuscholastische Arbeitstheorie Arbeit als *cooperatio Dei*[11]. Das ist eine Auffassung, die ganz im Gegensatz zu jener vorhin geäußerten Deutung steht, Arbeit folge aus der Bedürftigkeit und Mangelhaftigkeit des Menschen. Denn wenn Arbeit als Teilhabe am Schöpfungswerk gesehen wird, dann ist sie zuerst Ausdruck menschlicher Größe und nicht des Mangels und der Not[12].

Tatsächlich gilt Arbeit – wenn wir jetzt von den zur Veranschaulichung benutzten theologischen Deutungen zu modernen Arbeitslehren übergehen – seit *Marx* als eine »bestimmte Art produktiver Tätigkeit«[13]. Die Betonung liegt auf »produktiv«. Zwar wurde auch von *Marx* zunächst die mangelhafte Ausstattung des Menschen als Grundlage für die Notwendigkeit von Arbeit angesehen: Arbeit sei »eine von allen Gesellschaftsformen unabhängige Existenzbedingung des Menschen, ewige Naturnotwendigkeit, um den Stoffwechsel zwischen Mensch und Natur, also das menschliche Leben zu vermitteln«[14]. Aber selbst diese, aus der Not heraus geborene Arbeit ist nicht nur reine Reaktion auf Zwang, sondern eine werkorientierte Tätigkeit, die Werte schafft. Je mehr durch diese Arbeit die äußerliche Not zurückgedrängt werden kann, desto mehr kann die Produktion (producere: hervorbringen, herausführen eines Werkes aus einem Rohzustand des Materials) auf gesellschaftlichen Reichtum und auf Kultur gerichtet werden[15].

Durchaus gleiche Bestimmungen finden sich, lediglich sprachlich modifiziert, in der Tendenz indes gleich, in anderen neueren Definitionen:

»Arbeit ist die auf Bedarfsdeckung, das heißt auf Erzielung beziehungsweise Einkommen gerichtete körperliche und geistige Tätigkeit des Menschen. Nicht durch irgendwelche Merkmale der Tätigkeit, sondern durch die Zielsetzung unterscheidet sich die Arbeit vom Spiel und vom Sport«; so im Handwörterbuch der Sozialwissenschaften[16].

»Arbeit ist die vom Menschen körperlich und/oder geistig ausgeübte oder unter seiner Leitung von Maschinen (Werkzeugen) geleistete Tätigkeit zur Erzielung von Nutzen, Gütern oder Werten, die unmittelbar oder mittelbar der Befriedigung menschlicher Bedürfnisse dienen... Arbeitswelt ist die strukturierte Gesamtheit von Möglichkeiten, Differenzierungen und Bedingungen der Arbeit und des Arbeitens innerhalb einer Gesellschaft, damit sie ihren Fortbestand sichern kann. Berücksichtigt man den sozial-kulturellen Wandel, so stehen Arbeitswelt und Gesellschaftssystem stets in einer dynamischen, einander bedingenden und befruchtenden Wechselwirkung.«[17]

Mit diesen Bestimmungen wird ein wichtiger Unterschied gesetzt: Die Arbeit in der Tretmühle, auf der Galeerenbank, schließlich aber auch moderne funktionalisierte Arbeitsprozesse am Fließband beinhalten nur eine besondere Form von Arbeit. Der *Entfremdungscharakter* ist jedesmal deutlich sichtbar. Von ihnen heben sich *werkorientierte, sinntragende Arbeitsvollzüge* deutlich ab. Solche Arbeitsformen zeichnen sich im Unterschied zu den zuerst genannten vor allem dadurch aus, daß in ihnen die strenge Trennung von körperlicher und geistiger Arbeit, die in der Tradition immer eine große Rolle gespielt hat, nicht mehr, zumindest nicht mehr in radikaler Form, aufrechterhalten werden kann. Ein werkorientierter Prozeß ist immer eine geistgeleitete Tätigkeit an einem Material, das nach einem bestimmten Plan verändert wird. Die unterschiedlichen Komponenten körperlicher und geistiger Fähigkeiten kommen also im Vollzug und im Inhalt der Tätigkeit zusammen.

Gerade an diesem Punkt wird allerdings die Besonderheit moderner Arbeitsregulationen deutlich, denn: »Das Wesen der modernen Arbeit läßt sich in drei Grundzügen erfassen: dem der Mechanisierung, der Rationalisierung und der Organisation, die sich in neuen Zeit- und Arbeitsverhältnissen und neuen Zuordnungen von Menschen und Maschinen niederschlagen. Das Grundkonzept der industriellen Gesellschaft ist der ›Leistungs‹gedanke (efficiency), und das kennzeichnende Element der modernen Arbeit ist nicht die Arbeitsteilung – denn sie ist so alt wie die Geschichte der Menschheit –, sondern die Zeitteilung und die Arbeitsmessung ... ›Efficiency‹, Leistungsfähigkeit ist aber nicht nur Sache der individuellen Arbeitsanstrengung, sondern auch der synchronen Güterproduktion. Da die Ingenieure von der technologischen Wirksamkeit der Konzentration überzeugt sind, vereinigt man alle Produktionselemente ... unter einem Dach ... Diese Koordination hat eine technische und eine soziologische Seite. Ein Fließband zum Beispiel schafft für die Arbeiter, die verschiedene Verrichtungen ausführen, starre Verhältnisse, ... technische Elemente bestimmen somit die Organisation und die Koordination der Arbeit.«[18]

Die technisierte Form der Arbeit reißt also Arbeitsvollzug und Werkorientiertheit so radikal auseinander, wie es bislang in keinem arbeitsteiligen Verfahren der Fall gewesen ist. Dadurch wird zwar der ersehnte gesellschaftliche Reichtum im Überfluß geschaffen, zugleich aber auch die Bindung zwischen dem Arbeitenden und dem von ihm hergestellten Produkt völlig auseinandergerissen: »Das wesentliche soziologische Problem der industriellen Gesellschaft war der ›Sinnverlust‹ der Arbeit. Das Produktivitätsdenken – die Einführung der Teilfertigung, des mechanischen Arbeitsrhythmus und der lückenlosen Kontrolle –

führte dazu, daß nur wenige Menschen auf einem entscheidenden Lebensgebiet Befriedigung zu erlangen vermochten.«[19]

Hier liegt, wie gesagt, das eigentliche Problem der Entfremdung, das bislang in allen politischen Systemen auftritt, das deshalb nicht durch Mehrwerttheorien erklärt und nicht nur durch Veränderungen in den Besitzverhältnissen gelöst werden kann, sondern allein durch eine pädagogisch reflektierte Umorganisation der Arbeitsformen. Heute ist durch die zweite industrielle Revolution der *Automation* bereits eine wichtige Veränderung von der Technik her in Gang gesetzt worden: funktionalisierte Arbeitsvorgänge können immer mehr an Maschinen delegiert werden, so daß die Entfremdung über den Umweg der Technik teilweise wenigstens wieder zurückgeholt werden kann.

Entscheidend bleibt, daß
- werkorientierte Arbeitsprozesse auf den Arbeitenden in einer insgesamt bestätigenden und stimulierenden Weise zurückwirken;
- werkorientierte Arbeitsprozesse zwar auch durch Ermüdungen belasten, insgesamt indes eine größere Nähe zu funktionslustbetonten Tätigkeiten zeigen;
- werkorientierte Arbeitsprozesse allerdings dann ihre pädagogische Wirksamkeit wiederum verlieren, wenn sie durch eine funktionalistische Arbeitsteilung zerstückelt werden;
- die Komplexität des Arbeitsvollzugs bei werkorientierten Arbeitsprozessen eine der wichtigsten Bedingungen für die Verbindung von geistigen und körperlichen Funktionen im Arbeitsvollzug und damit für eine positive Selbsterfahrung des Arbeitenden ist[20].

7.2.4 Arbeit ist schöpferische Leistung und wird zur erlösenden Tat (labor omnia vincit improbus)

Wenngleich die der Arbeit anhaftende Zweideutigkeit: laborare als Mühsal, operari als Werkgestaltung – unaufhebbar scheint, ihr zweiter, Erlösung verheißender Aspekt wirkt in der europäischen Kultur stärker[21]: *Durch Arbeit wird die gleichsam fragmentarisch gebliebene Schöpfung der Natur zur zweiten der Kultur weitergeführt,* so daß werkorientierte, kulturproduzierende Arbeit als Instrumentarium einer ununterbrochenen creatio continua betrachtet werden kann.

Im gleichen Maße, in dem der zunächst eschatologische Charakter der Arbeit als einer cooperatio Dei aus der theologischen Klammer gelöst und säkularisiert wurde, bildete sich an ihm eine neue Weltanschauung aus, die in teils chiliastischer, teils unmittelbar politisch-revolutionärer Art zu wirken begann. *Marxens* Satz: »Die ganze angebliche Weltgeschichte ist nichts anderes als die Hervorbringung des Menschen durch menschliche Arbeit.«[22] »Sie (die Arbeit) ist die erste Grundbedingung alles menschlichen Lebens, und zwar in einem solchen Grade, daß wir in gewissem Sinne sagen müssen: sie hat den Menschen selbst geschaffen«[23] ist deutlicher Ausdruck jener Meinung, für die Arbeit nicht mehr nur abgeleitete Teilhabe an einem vorgängigen Schöpfungsakt, sondern vielmehr selber unmittelbare Schöpfungstat ist. Durch sie wird das gegebene rohe Material der Natur in die geordnete Form menschlicher Kultur gebracht. Damit soll zugleich auch der Mensch aus dem Verhängnis der mangelhaften Existenzausstattung und dem Erzübel bestehender sozialer Unordnung erlöst werden[24].

So revolutionär diese Lehre aussehen mag, wenn man die ihr eigene Weltimmanenz wie auch den deutlichen antireligiösen Affekt wegstreicht, kann man einen in vieler Hinsicht ähnlichen Begriff von Arbeit bereits bei *Vergil*[25] finden. Daß ihn Theodor *Haecker* »Vater des Abendlandes« nennen konnte, hängt mit genau dieser Arbeitstheorie zusammen. Vergil ist der geistige Vater der Anschauung, daß die Weltschöpfung fragmentarisch geblieben sei und sich als ein noch nicht zu Ende geführtes Werk zeige, das erst in den Zustand gebracht werden müsse, der seiner, des Werkes, eigenen Idee entspricht. Diese Aufgabe einer Vollendung der Welt durch den Menschen und des Menschen durch seine Arbeit an der Welt wird als Sinn menschlichen Lebens betrachtet. Der Mensch leistet diese Aufgabe durch seine Arbeit, durch die er den rohen Zustand der Natur gegen deren Widerstand (improbus) zur Kultur überformt. Wie der Ackerboden die Pflege des Bauern (agricultura) nötig habe, damit er schließlich Frucht gibt, so brauche die Natur (die dem Menschen gegenüberstehende Materie, wie in Wechselwirkung dazu die Natur des Menschen selber) die Pflege durch Kultur, um menschliche Welt und menschliche Existenz zu werden. Hier ist zum ersten Mal klar jene Lehre entwickelt worden, daß menschliche Arbeit mit dem Widerstand der Natur zugleich auch deren Zustand der Unvollkommenheit überwinde und folglich als Werkzeug der humanen Selbstdarstellung des Menschen diene. Zu Recht meint deshalb Weinstock: »Vergils Lob der Arbeit (scheint) mehr unterirdisch und zwar vermittels seiner humanitätsgläubigen Geschichtsphilosophie weitergewirkt zu haben und hat auch wohl mitgeholfen, heilsgeschichtliche Eschatologie langsam, aber immer stärker in weltgeschichtlichen Chiliasmus umzubilden«[26].

Natürlich ist von *Vergils* Arbeitstheorie bis zur modernen Verherrlichung der Arbeit ein sehr weiter Weg. Aber schließlich fällt auch *Marx* nicht aus jener abendländischen Tradition heraus, die der menschlichen Arbeit Schöpfungsfunktion zuweist. Die Unterschiede beginnen erst, wo theologische Sinndeutungen einsetzen und wo im säkularisierten Arbeitsbegriff der cooperator zum creator erhoben werden soll. Beide, die alte Tradition und ihre moderne Variante, eint hingegen die Überzeugung, daß die kulturschaffende Arbeit Teil des Weltschöpfungsprozesses selber sei. Daß Ernst *Jünger* den »Arbeiter« verherrlichen konnte, daß man späterhin vom »Arbeitsdienst« sprach, daß heute der technische Begriff der »Produktion« für ganze Nationen zum geheiligten Wort werden kann, hängt unmittelbar mit jener chiliastisch verbrämten modernabendländischen Arbeitsauffassung zusammen, die von Arbeitsprozessen Wiederherstellung eines »goldenen Zeitalters« in der geschichtlichen Zeit erwartet[27].

Eben jener europäische Kultur prägende säkularisierte abendländische Arbeitsbegriff verdrängt in unseren Tagen alle anderen Kulturen. Revolutionen, wie sie beispielsweise in der asiatischen Welt erfolgt sind und erfolgen, erhalten ihre Antriebe gar nicht in erster Linie aus der Erfahrung sozialer Ungerechtigkeit allein, wie es in engagierten Stellungnahmen meist dargestellt wird. Ihr Pathos lebt vielmehr ebenso auch aus einer weltanschaulichen Veränderung, deren Ausmaß und Bedeutung die in der Auslegung abendländischer Arbeitstradition Stehenden wahrscheinlich kaum richtig einzuschätzen vermögen. Diese Veränderung ist im Grunde altes europäisches Kulturerbe und entstammt dem »eigentümlichen abendländischen Geschichtsbewußtsein, das zukunftsgerichtet ist und aus der Erwartung des Kommenden lebt«[28], daß nämlich die gleiche Arbeit, die vordem – in der orientalisch-asiatischen Arbeitsauffassung besonders deutlich – Zeichen der Fron und Unterdrückung gewesen ist, heute menschliche Selbsterlösung zu verheißen imstande ist. Deshalb tragen die sogenannten revolutionären Massen jetzt die gleiche Arbeit, die sie ehedem auch verrichten mußten, damals aber vorwiegend als Last und Mühsal erfahren haben, und die damit verbundenen gleichen Mühen heute stolz und selbstbewußt, weil sie mit diesen Arbeiten jetzt einen anderen, positiven Sinn verbinden, nämlich die Kette »abzuarbeiten« hoffen, die sie noch vom goldenen Zeitalter vollendeter Sorglosigkeit und der völligen sozialen Gleichheit zurückhält.

7.2.5 Arbeit bildet den Arbeitenden (omne agens agendo perficitur)

Die Erfahrung, daß in der Vollendung eines Werkes (perfectio operis) zugleich eine Vollendung des Arbeitenden (perfectio operantis) eingeschlossen sei[29], ist weitaus weniger analysiert worden als jene mehr negativen Rückwirkungen, von denen vorhin gesprochen wurde. Daß das nicht verwunderlich ist, kann man durch eine psychologisch orientierte Deutung kulturgeschichtlicher Vorgänge verständlich machen.

Es gehört zur Mühsal bereitenden Arbeit, daß Menschen sie für gewöhnlich fliehen, wo sie können. Erst ein außerordentlich langwieriger Bildungsprozeß kann zu Veränderungen in der Arbeitshaltung führen, wie erwähnte Vergleiche zwischen europäischen und außereuropäischen Völkern deutlich zeigen. Da man aber, wie auch schon erwähnt, auf den Arbeitsertrag nicht verzichten kann, haben Menschen immer versucht, sie auf andere abzuwälzen. Das geschah zum Teil durch Gewalt. Für uns ist eine andere verfeinerte Form einer Rechtfertigung dieses Zustandes ungleich verteilter Arbeitslasten jetzt interessanter, durch die »banausische« Arbeit von vornherein einer bestimmten

Menschengruppe zugeteilt werden soll: Jene seien für Arbeit prädestiniert, weil sie einer höheren Bildung nicht zugänglich scheinen und deshalb nach dem Prinzip einer anscheinend gerechten Arbeitsteilung wenigstens die geistlose Arbeit des Gemeinwesens verrichten sollten.

Die Flucht aus der »banausischen« Arbeit, worunter vor allem schwere manuelle Arbeit zu verstehen ist, wurde auf diese Weise positiv motiviert. In der bekannten antiken Dreiteilung des Lehr-, Wehr- und Nährstandes hat sich dieser, wohl zuerst durch subjektive Unlustgefühle ausgelöste Kompensationsvorgang objektiviert und als Gesetze regelnde Gesellschaftsordnung manifestiert. Damit waren dann freilich Arbeitende von vornherein von weiterbildender Bildung ausgeschlossen. Der gleiche Gegensatz zwischen Handarbeit und Bildung lebte in der europäischen Schultradition fort und kann einem in einer heute noch mancherorts lebendigen Bildungsauffassung begegnen.

Spätestens seit *Rousseaus* Kulturkritik konnte die kritische Gegenfrage nicht mehr überhört werden, ob Arbeit und Bildung nicht in einem sehr viel anderen, positiveren Verhältnis zueinander stehen. Dennoch ist die Bildungswirkung von Arbeitsprozessen noch immer viel zu wenig analysiert und in pädagogischen Folgehandlungen realisiert worden: Die Trennung von Allgemeinbildung und Berufsbildung[30] ist noch nicht überwunden, die problematische Isolation der Allgemeinbildung besteht immer noch, noch immer wird auch die Bedeutung des Praxisbezugs der Wissenschaften für deren eigenen Erkenntnisstand nicht genügend beachtet, das Verhältnis von Theorie und Praxis überhaupt entweder nur ungenügend oder nur unter ideologischer Verfärbung behandelt.

Tatsächlich enthält aber jede werkorientierte Arbeit, auch und gerade die Handarbeit, eine auf den Arbeitenden und damit auch auf den im Arbeitsvollzug Lernenden rückwirkenden Bildungsimpuls:

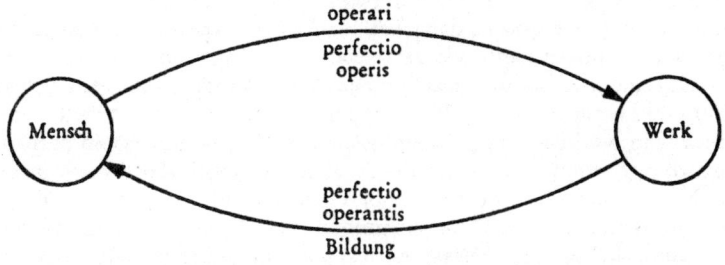

Die neuscholastische Arbeitstheorie, in der dieser Bildungseffekt von Arbeitshandlungen besonders hervorgehoben worden ist, gründet auf dem Satz, daß alles Handeln den Handelnden selber vervollkommne: omne agens agendo perficitur. Damit wird einerseits ausgesagt, daß über das Handlungsergebnis, das Werk, eine Rückwirkung auf den Handelnden zustande kommt, andererseits, daß außerdem der Handlungsablauf, der Arbeitsprozeß, bildende Wirkungen besitzen kann. Zugleich werden auch Art und Bedingungen der Rückwirkung näher charakterisiert, denn Rückwirkung ist zunächst ein neutraler Begriff. Rückwirkung könnte auch von destruktiver, verbildender Art sein, wie es tatsächlich überall dort der Fall ist, wo Arbeit in Form geistloser Handlangerdienste oder funktionalisierter Fließbandprozesse abläuft. Arbeitsprozesse dagegen, in denen der Arbeitende an einer Werkgestaltung auch geistig teilnehmen kann, zeigen einen auf den Arbeitenden zurückwirkenden bildenden Einfluß.

Deshalb bleibt der Satz, alles Handeln vervollkommne den Handelnden, so lange mißverständlich, so lange nicht näher bestimmt werden kann, was unter »Handeln« zu verstehen sei, vor allem, ob man jeder Form von Tätigkeit eine auf den Arbeitenden rückbezogene Vervollkommnungstendenz zusprechen dürfe. Um diese Frage aufzulösen, wird in der erwähnten Arbeitstheorie das Subjekt des ersten Satzes (Handeln, Arbeiten) durch einen zweiten Satz näher bestimmt. Handeln, heißt es dort, müsse dem Sein folgen (agere sequitur esse). Nur sofern der Handlungsverlauf einer vorgegebenen Naturordnung entspricht – das soll heißen, dem entspricht, was nach unserer Auffassung vom Menschen menschliche Arbeit sein soll – kann er positiv, das heißt bildend auf den Arbeitenden zurückwirken[31].

Was hier anhand einer neuscholastischen Arbeitstheorie entwickelt worden ist, findet sich in argumentativ gleicher Weise auch in sozialistischen Arbeitskonzeptionen. Zum Vergleich dazu ein Zitat von Uschinskij[32]: »Die Arbeit, die der Mensch auf die Natur anwendet, wirkt nicht allein dadurch auf den Menschen zurück, daß er seine Bedürfnisse befriedigt und deren Kreis erweitert, sondern unabhängig von all jenen materiellen Werten, die sie schafft, noch eine eigene, innere, ihr allein innewohnende Kraft ausübt.«

Damit ist vice versa gesagt, daß geistlose Arbeit – wozu die Arbeit am Fließband genauso gehören kann wie verschiedene Übungs- und Arbeitstechniken der Schule – niemals bildungsträchtig sein kann, sondern vielmehr Selbstentfremdung und Korruption des Menschen durch korrumpierte Arbeit bedeutet. Daß dieser Sinnverlust das besondere soziologische und allgemein humanitäre Problem der gegenwärtigen Gesellschaft darstellt und bislang noch in keiner Gesellschaftsform auch nur einigermaßen gelöst werden konnte, wurde schon erwähnt. Für pädagogische Untersuchungen steht dabei als Parallelproblem im Vordergrund, daß es auch belastende Rückwirkungen schulischer Arbeitsformen gibt. Hier in ähnlicher Weise destruktive Nebeneffekte zu analysieren, wie dies bei funktionalisierten Arbeitsprozessen geschieht, ist folglich wichtige didaktische Aufgabe. Denn allein die schulische Arbeit kann durch ihren Vollzug bildend wirken, die ebenfalls von ihrer Ausführung her den Lernenden zur planenden Aktivität anhält. Nur in diesem Falle kann die Vollendungstendenz des Werkes (finis operis) zugleich auch vollendend auf den Lernenden zurückwirken (finis operantis) und auf dem Rücken des Lernvorganges durch die immanenten Auswirkungen des Arbeitsvollzugs Bildungsprozesse entstehen lassen.

Die bildende Rückwirkung qualifizierter Arbeitsprozesse auf den Arbeitenden läßt sich in folgende Einzelaspekte separieren:

– Durch diese Arbeitsformen wird allgemein das Bewußtsein über Art und Bedeutung des gesellschaftlichen Daseins des Menschen vermittelt. Alle Arbeit ist, selbst dort, wo sie nicht im Team, sondern als Einzelarbeit abläuft, von vielfältigen gesellschaftlichen Bezügen besetzt. Dazu gehören vor allem Vorleistungen anderer, auf die zurückgegriffen werden muß, wie Folgen der eigenen Arbeit, durch die in bestimmter Weise in gesellschaftliche Prozesse eingegriffen wird. In diesem Zusammenhang bedeutet Arbeit erfahren und Arbeit ausführen immer zugleich Übernahme gesellschaftlicher Verantwortung.

– Durch diese Arbeitsformen erhält der Arbeitende Einsicht in die eigenen Kräfte und Verfügungsgewalt über sich selbst. Der Arbeitende (Lernende) erfährt sowohl seine Möglichkeit wie seine Grenzen. Er lernt seine Kräfte einteilen, Lernprozesse planen und lernt die wichtigen Zusammenhänge zwischen richtigen Arbeitsmethoden und angemessenen Arbeitsergebnissen kennen. Die sich in Arbeitsprozessen zeigenden Widerstände der Materie werden ja auch in zweckorientierten Arbeitsprozessen nicht von vornherein aufgehoben. Sie können aber von der Zielsetzung her aufgefangen werden. Das kann durch die Antizipation eines Ziels (Werkes) geschehen. Die jetzigen Entbehrungen werden dann durch die Hoffnung auf einen qualifizierten Abschluß erleichtert. Widerstände und Belastungen können aber auch von einer veränderten moralischen Einstellung des Arbeitenden her ertragen werden.

– Diese Arbeitsformen haben nämlich auch eine Funktion im Bereich sittlicher Bildung[33]. Moral wird, von welchen spezifischen Positionen aus man sie auch sonst definieren mag, so lange einen asketischen Zug behalten, solange das Prinzip des Altruismus dem des Egoismus vorgesetzt bleibt. Wenn man folglich von einer allerdings heute stark verbreiteten modernen Wiederauflage hedonistischer Glückstheorien absieht, gilt für christliche wie kantische wie sozialistische Moral der gleiche Grundsatz: daß der eigene Vorteil zwar sein Recht haben mag, aber nicht das leitende Interesse sein darf. Eben dieses Prinzip wird von vornherein in jedem werkorientierten Arbeitsprozeß berücksichtigt: *Das Werk ist das dominante Regulationsprinzip.* Der Ausführende kann nicht tun, was ihm gerade Spaß macht, sondern muß sich der Zucht des Werkes unterordnen, wenn überhaupt ein qualitatives Ergebnis zustande kommen soll. Das gilt für den Handwerker wie für den geistig

Tätigen. Ohne die strenge Disziplin einer objektorientierten Arbeitshaltung degenerieren Arbeitsprozesse entweder zu punktualistischen Begehrensäußerungen oder werden als beständiger Druck und Zwang erfahren.

7.2.6 Arbeit, Leistung und Bildung

7.2.6.1 Zweckfreie Bildung und zweckorientierte Ausbildung

Dieser Verbindung von Arbeit und Bildung wird von zwei Ansichten her energisch widersprochen. Eine schon beiläufig erwähnte traditionsorientierte Auffassung verbindet Bildung mit *Muße*, die zur Arbeit *(negotium)* im direkten Gegensatz stehe. Max *Scheler* hat diese Annahme aufgegriffen und durch eine detaillierte Bildungstheorie unterstützt: In zweckorientierten Arbeitsprozessen werde alles unter einen äußerlichen Bedingungszusammenhang gestellt. Das durch sie erworbene Wissen – Scheler nennt es »Beherrschungswissen«, »das der praktischen Veränderung der Welt und den möglichen Leistungen dient, durch die wir sie verändern«[35] – fasse aber weder den Gegenstand, noch die Person, die dem Gegenstand als Arbeitender gegenübersteht, in ihrem An-Sich, sondern begreife beide Seiten immer nur innerhalb eines Um-Zu. Deshalb hebe sich vom Beherrschungswissen deutlich ein »Bildungswissen« ab, »durch das wir das Sein und So-Sein der geistigen Person in uns zu einem Mikrokosmos erweitern und entfalten und in dem wir an der Totalität der Welt, wenigstens ihren strukturellen Wesenszügen nach, in der Weise unserer einmaligen Individualität Teilhabe zu gewinnen suchen.«[35]

In der Analyse dieses Verhältnisses von Zweckfreiheit und Zweckbindung zeigt sich der Grund, weshalb immer wieder eine absichtlich zweckfrei gehaltene Bildung, die nur Allgemeinbildung sein könne, einer zweckorientierten Ausbildung gegenübergestellt worden ist, der man dann, eben ihrer Zweckbindung wegen, eine eigene bildende Wirkung bestritten hat. Heute hat sich zwar in der Organisationsform der Bildungseinrichtungen noch verhältnismäßig wenig, in der pädagogischen Theorie dagegen in der Auffassung des Verhältnisses dieser beiden Formen sehr viel geändert. Erfahrungen, daß zweckfrei gehaltene Bildung im Bewußtsein der Lernenden eine Unverbindlichkeit erzeuge, Allgemeinbildung folglich zu einem Bildungsästhetizismus tendiere, unterliefen die Annahme von der besonders bildungsträchtigen Wirkung von Allgemeinbildung. Andere Erfahrungen, daß sich bis in Aufmerksamkeitsgrad, Konzentrationsdauer und Lernintensität hinein gravierende Unterschiede zwischen werkorientierten Arbeitsprozessen und Formen zweckfreier Allgemeinbildung nachweisen lassen, schlossen sich an. Daraus wurde die Überlegung abgeleitet, daß eine zweifellos auch notwendige Allgemeinbildung *nicht am Anfang des Gesamtbildungsprozesses stehen könne, sondern erst an dessen Ende.* Sie setzt werkorientierte Arbeitserfahrungen voraus und bleibt ohne sie realitätsfern und motivational blaß[36].

7.2.6.2 Einwände gegen eine Erziehung zur Arbeit

Noch weit mehr als zweckorientierte Arbeit scheint der Begriff der *Leistung* in direktem Widerspruch zur Bildung zu stehen[37] und damit auch zur Erziehung als dem Weg zum gebildeten Zustand. Zwar weist sich Bildung auch in einem meßbaren Zustand von Wissen und damit auch von Leistung aus, indes sicher nicht in erster Linie. Bildung zeigt sich primär in der Intention von Einstellungen und ihrer motivationalen Struktur, noch deutlicher in moralischen Haltungen, die vor allem das Verhältnis von Individuum und Mitmensch, Person und Welt anzeigen. Derartige Persönlichkeitsstrukturen kann man aber nicht in der Art messen wie man Arbeitsleistungen mißt. »Dieses Werden einer Selbstkonzentration der großen Welt des ›Makrokosmos‹ in einem individuell-persönlichen geistigen Zentrum, dem ›Mikrokosmos‹, oder dieses Welt-Werden einer menschlichen Person«, dieser »Gestaltungsprozeß, der ›Bildung‹ heißt«, müsse mit Notwendigkeit korrumpieren, sagt *Scheler*[38], sobald er unter Kategorien wie Arbeit und Leistung subsumiert werde.

Diese Kritik wird durch eine neuartige Variante verschärft, die besonders den Begriff Leistung angeht. Aktueller Anlaß ist die Kritik an der sogenannten Leistungsgesellschaft. Zugrunde liegt indes eine weltanschaulich-anthropologische Annahme, durch die nicht nur übersteigerte und einseitige Leistungsansprüche zurückgedrängt, sondern Leistungssetzungen grundsätzlich verworfen werden. Die in dieser Kritik wirkenden Intentionen zeigen zwei unterschiedliche Richtungen:

1. In der einen Einstellung wirkt eine zeitkritisch-politische Intention: Durch absichtliche Zerstörung der Leistungsbereitschaft und gewollte Verhaltensdysfunktionalität sollen bestehende gesellschaftliche Zustände zum Zusammenbruch gebracht werden, damit für erhoffte Veränderungen endlich freier Raum entstehe. Diese Theorie ist jetzt nicht weiter zu verfolgen. Ihrer unabsehbaren Konsequenzen und der Tatsache wegen, daß sie sich der Bildung und Erziehung als besonderer Mittel ihrer Wirksamkeit zu bemächtigen sucht, kann man sie allerdings nicht ohne Gegenargumente stehen lassen. Ein erstes Argument: Wie die jetzt unerwünschte, beim späteren Neuaufbau aber unentbehrliche Leistungsbereitschaft dann rasch wieder gewonnen werden kann, nachdem sie zuvor absichtlich zerstört wurde, dieses Problem ist noch von keinem Theoretiker gezielter Dysfunktionalisierung nüchtern genug durchdacht worden. Deshalb bleiben bei solchen Ideologien auch regelmäßig die vorliegenden historischen Erfahrungen außerhalb ihres Interessenkreises und Aufmerksamkeitsbereichs, daß nämlich zerstörte Leistungsbereitschaft bislang immer über den Umweg von organisierten Zwängen wiederhergestellt werden mußte, deren Ausmaß das an Inhumanität weit in den Schatten stellt, was im vorausgegangenen Zustand zu beklagen gewesen war. Daß Veränderungen ihren Preis kosten und in der Geschichte der Menschheit der Preis oft höher

war als der erzielte Erfolg, diese Erfahrung wird von den Kritikern an einer Erziehung zur angemessenen Arbeitshaltung in der Regel erfolgreich verdrängt.

2. Greift die eben erwähnte Kritik nicht Leistung als solche, also auch nicht Erziehung zur Arbeitshaltung, sondern nur Erziehung zur Arbeitsleistung innerhalb eines bestimmten politisch-ökonomischen Systems an, so gehen Vertreter einer zweiten kritischen Intention[39] beträchtlich weiter. Für sie ist der Leistungsbegriff generell suspekt. Er gilt allenfalls als eine zwar notwendige, immer aber bedauerliche Entsprechung auf eine äußerliche Notlage und darf sich dann immer nur auf eine unabwendbare Bedürfnisbefriedigung beziehen. So treibt Hunger zu Leistungen, um Hunger zu stillen, Kälte zu Leistungen, um Kälte abzuwehren. Überall aber, wo sich Leistungen vom unmittelbaren Bezug zu einer effektiv existenzbedingten Bedürfnisbefriedigung gelöst haben, bezeichnen sie einen Zustand zivilisatorischer Korruption. In diesem Zustand werden Bedürfnisse künstlich geweckt (durch Reklame zum Beispiel), dadurch neue Leistungen notwendig (zusätzliche Arbeit), diese Leistungen führen wiederum zu neuen Bedürfnissen (Erholung und Urlaub etwa), um die Befriedigung dieser neuen Bedürfnisse finanzieren zu können, sind erneute zusätzliche Leistungen notwendig.

Daß es einen in sich kreisenden, sich dabei selbst verstärkenden Zirkel von künstlichen Bedürfnissen und zusätzlichen Leistungsforderungen gibt, ist nicht zu bezweifeln[40]; ebensowenig, daß in ihm das zentrale Problem der sogenannten Konsum- und Überflußgesellschaft zu sehen ist. Das ist indes eine Frage, die hier ausgeklammert werden muß. Wichtig ist aber die pädagogische Konsequenz, die aus der zugrundeliegenden anthropologischen Annahme folgt, daß Leistung nur auf Überwindung eines Mangels zu beziehen sei und deshalb eine Verlegenheit, einen uneigentlichen Zustand des Menschen darstelle. Der alte antike Gegensatz von Muße und negotium, Bildung und Arbeit, kehrt hier in einer neuen Fassung wieder. Deshalb ist es wichtig, das Verhältnis von Bildung und Leistung ausführlicher zu untersuchen.

7.2.6.3 Bildung und Leistung

Konsequenz der erwähnten Theorie, daß Arbeit nur aus Not hervorgehe, ist, daß es Leistungen nur zu geben brauche, solange Menschen unter der Not der Daseinsversorgung lebten. Sobald indes, etwa nach Vollendung der Automatisierung, diese Notsituation beseitigt und mit dem totalen Überfluß das goldene Zeitalter der Freiheit erreicht sein wird, kann mit der Notwendigkeit der Arbeit auch Leistung wegfallen und es wird allein noch ein genießerisches »Tun, was einem gerade beliebt«, übrigbleiben.

Es gibt eine Motivationstheorie, das sogenannte Homöostase-Modell (Gleichgewichtsregulationsmodell), dem derartige Leitvorstellungen zugrunde liegen[41]:

- Primärer Seinszustand aller Lebewesen, auch des Menschen, sei Ruhe oder ein in sich kreisendes genießerisches Treiben.
- Aufgescheucht durch die Nöte der Lebensfristung findet sich der Mensch aus der Ruhelage des Gleichgewichts gebracht und versucht nun, durch Arbeit und Leistung den verlorengegangenen Zustand wiederherzustellen.
- Arbeit und Leistung werden als etwas Tertiäres angesehen, das es dem Ausgangszustand nach eigentlich nicht geben dürfte.

Sicher gibt es ein derartiges Ruhestreben des Menschen. Sicher ist indes auch, daß sich im Homöostase-Modell nur eine halbe Wahrheit ausspricht, weil Menschen nicht so eindimensional verfaßt sind, wie es das Modell postuliert, sondern weitaus komplexer und dazu auch noch in gegensätzlichen Dimensionen. Zu erkennen ist dies schon daran, daß Menschen, sobald sie in den Zustand der Ruhe gekommen sind, diesen keineswegs nur nach einem Anstoß von außen her wieder verlassen, sondern es darin von sich aus nicht aushalten, so daß sie, paradoxal formuliert, sich selber ohne Not immer wieder in Not bringen. Zumindest sind Lernen, Arbeiten und damit auch Leistungen beim Menschen *nicht nur als Strategien eines Vermeidungsverhaltens zu klassifizieren.* Angefangen vom Neugierverhalten der Kinder, über das allgemein menschliche Explorationsverhalten, über Wettkämpfe, Wagnisse, Abenteuer reicht ein durchgängiger Zug menschlicher Strebungen, durch den Spannungen und Konflikte ausdrücklich gesucht werden[42].

Man muß aber nicht bis zu diesen problematischen Phänomenen menschlicher Existenzformen gehen: *Alle typisch geistigen Vorgänge sind überhaupt nicht als reine Vermeidungsstrategien zu interpretieren, sondern als fortschreitende Exploration bislang unbekannter Sachverhalte*[43]. Menschliches Leben scheint folglich grundsätzlich mehr unter den Kategorien von Spannung, Widerstand und Leistung zu stehen als unter der gegensätzlichen Kategorie der Ruhe. Auf jeden Fall ist eine Überlegung *Hegels* dazu nicht von der Hand zu weisen, die dem zweiten Teil der »Wissenschaft der Logik« entnommen ist[44]: »Der Widerspruch ist die Wurzel aller Bewegung und Lebendigkeit. Nur insofern etwas in sich einen Widerspruch hat, bewegt es sich und hat Trieb und Tätigkeit.«

Ist es so, dann ist Widerstand und seine Überwindung durch Leistung nichts, was nur seufzend zu erdulden, im allgemeinen aber nach Möglichkeit zu vermeiden wäre, sondern eine Bedingung, ohne die es nicht zur Konstitution einer beurteilenden und handelnden Person kommen kann. Nur in Konfrontation mit Widerständen, in der Auseinandersetzung mit Aufgaben, in Leistungen und in Bestätigungen durch schließlichen Erfolg entstünde dann das, was als Zentrum der Selbstverfügbarkeit »Ich« genannt wird[55].

Vor allem durch neuere Sozialisationsforschung ist diese im Grunde traditionsreiche Lehre, wonach ein »Ich« nur in der Auseinandersetzung mit der Welt seine Strukturen gewinnen kann, bestätigt worden. Grundkonzeption der dort weiterentwickelten Theorie über Individualität ist: In dem, was wir

»Ich« nennen, ist eine Balance zwischen der mehr vergesellschafteten Seite (»Sein wie die anderen«) und der mehr individuellen Seite (»Sein wie kein anderer«) nur über Selbsterfahrungen möglich, für die wiederum Werkerfahrungen und die bestätigende Rückwirkung von Erfolgen notwendig sind[46].

Kein Mensch ist in der Lage, ohne die bestätigende Rückwirkung objektivierter Leistungen zu existieren. Das gilt selbst noch für den Misanthropen, der den erwarteten Widerspruch als Erfolgserlebnis braucht. Leistung und Erfolg als unaufhebbare Bedingungen einer Identitätsbalance der Person anzusehen, sind deshalb kein Ausfluß unreflektierter Anpassung, sondern Konsequenz unaufhebbarer, das heißt ubiquitärer anthropologischer Bedingungen. Von da ausgehend ist Erziehung zur Arbeit und zur Arbeitshaltung keine billige »Systemstabilisierung«, *sondern ein integrativer Bestandteil der menschlichen Bildung überhaupt.*

7.2.7 Konsequenzen

Von den verschiedenen referierten Aspekten her werden die wichtigen pädagogischen Aufgaben deutlich, die durch die ambivalente Struktur der Arbeit bedingt sind[47]:

- im Bereich der industriellen Produktionsverhältnisse: Arbeitsplatzanalysen unter dem Gesichtspunkt der spezifischen Rückwirkung von Arbeitsprozessen, vor allem des Monotonieeffekts, auf den Arbeitenden;
- im Bereich der Freizeit: Entwicklung von Arbeitsmöglichkeiten, die eine therapeutische Funktion gegenüber unvermeidbaren Belastungen haben;
- im Bereich der Schule:
  a) ebenfalls eine kritische Analyse der Nebeneffekte verschiedener Arbeitsformen auf Lernende und der spezifischen Rückwirkung dieser Arbeitsprozesse auf die Lerneinstellungen;
  b) Erziehung zu Arbeitstugenden; im einzelnen
     - durch didaktisch vorbereitete Lernprozesse,
     - durch Berücksichtigung des formalen Bildungsprinzips Arbeitshaltung,
     - durch Veränderung der Aktivitätsformen im Unterricht,
     - durch besondere Methodenschulung;
  c) durch Beschreibung eines positiven Arbeits- und Leistungsbegriffs und durch Analyse persönlichkeitsstabilisierender Rückwirkungen entsprechend organisierter Lernprozesse.

Die damit angesprochenen pädagogischen Probleme sind jetzt näher zu analysieren.

7.3 Die pädagogische Funktion der Arbeit: Untersuchung der verschiedenen Arbeitstheorien auf pädagogische Konsequenzen

7.3.1 Lernen als mühevolle Arbeit

Daß auch Lernen, vor allem wenn es kontinuierlich erfolgt, eine Arbeit ist, die zur Belastung wird, mit allen Rückwirkungen, die sich daraus ergeben, läßt sich zwar täglich beobachten. Merkwürdig ist nur, daß in der Erziehung der Familien wie der Schulen gern vergessen wird, wie sehr das eine Bedingung aller menschlichen Arbeit ist, der Kinder und Erwachsene in gleicher Weise unterworfen sind, und daß man es folglich Kindern nicht zum moralischen Vorwurf machen darf, wenn sie die mit Arbeit immer verbundenen Plagen zu umgehen suchen. Es ist ein erklärtes Erziehungsziel, Lernenden eine solche Einstellung erst zu vermitteln, daß sie die werkschaffende Bedeutung von Arbeitsprozessen (operari) erkennen und deshalb die damit notwendig verbundene Mühe (laborare) zu ertragen bereit sind. Aber wie gesagt: eine solche Einstellung ist ein Erziehungsziel, das entsprechende Lernprozesse erforderlich macht, deren Ergebnisse deshalb nicht einfach vorausgesetzt werden dürfen.

Unterricht trägt aber – und das im deutlichen Gegensatz zur genannten Aufgabe – für gewöhnlich ein gut Teil dazu bei, daß Lernende Arbeiten generell mehr meiden als suchen. Hier ist als Grund das noch allzu häufig gebrauchte Verfahren zu nennen, Schüler durch zusätzliche Arbeiten zu bestrafen[48]. Dieses Verfahren baut, logisch zu Recht, darauf auf, daß die davon Betroffenen die mit Mühsal verbundene Arbeit als Last empfinden und deshalb später das vermeiden werden, was zur Belastung geführt hat. Durch dieses Verfahren bestätigt die Schule bei ihren Schülern aber nicht nur eine problematische Arbeitshaltung, sie fördert sie obendrein noch, obwohl sie auf der anderen Seite dann Schülern wieder zum Vorwurf macht, was von ihr selbst mitgebildet worden ist. Alle Strafarbeiten sind deshalb eine zwiespältige Angelegenheit, weil sie dem Erziehungsziel positiver Arbeitshaltung genau entgegenstehen.

Hinzu kommt, daß auch durch die Nebenwirkungen täglich praktizierter Lernformen[49] jene mehr und mehr destruktiv wirkenden Belastungen auftreten werden, wie sie bei unqualifizierten Arbeitsformen bereits analysiert worden sind:

– zu stark und zu einseitig regulierte Motorik der Kinder;
– zu einseitige und außerdem erzwungene Rezeptivität beim Lernprozeß,
– zu geringes Eingehen auf die motivationale Fundierung der Lernprozesse,
– Vernachlässigung der methodischen Schulung der Lernenden,
– didaktisch unzureichend aufbereitete Übungsformen (Hausaufgaben beispielsweise) mit starker Ermüdungsbelastung usw.

Solche didaktischen Versäumnisse führen dazu, daß für viele Schüler die Lernprozesse zu negativ besetzten Arbeitsformen werden und folglich entsprechend negative Nebeneffekte auftreten müssen. In beiden Fällen gilt, daß Erziehende oft unbedacht mit der linken Hand wieder einreißen, was sie mühsam mit der rechten Hand aufgebaut haben.

7.3.2 Lernen als werkgestaltender Arbeitsprozeß

Wenngleich jede Arbeit auch Askese bedeutet, so muß man doch davon ausgehen, daß in werkgestaltende Arbeitsprozesse immer auch Spontaneität eingeht. Spontaneität wiederum ist per definitionem als ursprüngliche Aktivität anzusehen, die nicht von außen her vermittelt ist, sondern einer Individualität unabhängig von auslösenden Reizkonstellationen zukommt. Die gesamte Motivationstheorie neigt ja etwas zu der Gefahr, den Menschen als ein ursprünglich unbewegtes Etwas anzusehen, das erst – wenn man von den Primärmotiven der biologischen Lebensfristung (Hunger, Durst, Sexualtrieb) absieht – durch zusätzliche Antriebe im Reiz-Reaktions-Schematismus zum Arbeiten allgemein wie zum Lernen im besonderen bewegt werden müsse. Daß dieses Konzept einer ursprünglichen Unbewegtheit nur Hypothese ist, wird in der Regel kaum beachtet[50]. Im Gegenteil: Da von ihrer Basis her eine kaum übersehbare Anzahl empirischer Untersuchungen (so fast die gesamte Sozialisationsforschung) angelegt wurde, wird der Blick für die Fragwürdigkeit der zugrundeliegenden Annahme verstellt, weil man zu Unrecht dazu neigt, mit der empirischen Absicherung des Details auch den interpretatorischen Bezugsrahmen als objektiv gesichert anzusehen. Der genannten Annahme ist aber vor allem deshalb mit einiger Reserve zu begegnen, weil allen aktiven, besonders allen spontanen Verhaltensweisen, erst recht allen Vorgängen eines divergierenden Denkens das Fundament des zureichenden Grundes fehlt, falls man nicht eine *individuell ursprüngliche Spontaneität* ansetzt. Für deren Aktualisierung können zwar wiederum konditional wirkende Verhältnisse nötig sein, wie bestimmte soziale Konstellationen. Die Spontaneität selber darf indes nicht als kausal bewirkt gedacht werden[51].

Diese ursprüngliche Spontaneität, ohne die alles Lernen reine Prägung bliebe, ist indes keine unveränderliche Größe. Sie kann verstärkt, sie kann allerdings auch reduziert, ja in Extremfällen völlig verschüttet werden. Das geschieht einmal durch angehäuften Druck, kann indes auch durch die erwähnten Nebenwirkungen von Arbeitsprozessen zustandekommen. Sobald Arbeitsprozesse länger andauern und die zwischen Arbeitsbeginn und Werkvollendung liegende Zeitspanne anwächst, läßt die Durchhaltekraft und damit die Konzentration nach. Im Verhältnis zur Belastungszeit wächst der Belastungsdruck, damit zugleich ein kontradiktorisches Affektpotential, das eine sich rasch steigernde Feldspannung erzeugt. Es zeigen sich Fluchttendenzen (Aufgabenwollen), Minderwertigkeitsgefühle (Zweifel an der eigenen Leistungsfähigkeit: »Ich schaffe es nicht!«), Wut (Affekthandlungen), immer geringere Hoffnung auf Erfolg[52]. Dieser im Arbeitsprozeß auftretende Nebeneffekt affektiver Feldspannung überlagert die ursprüngliche Spontaneität immer mehr oder kann sie auf Ersatzziele umbiegen: Antriebe werden nicht mehr zur Arbeitsbewältigung benutzt, sondern zur Aktivierung von Fluchtmöglichkeiten. Immer mehr Willensschübe werden nötig, um die Kräfte auf das Ziel zu konzentrieren[53].

Je deutlicher dagegen Arbeitsziele geklärt und Einzelschritte bestimmt worden sind, je mehr der Arbeitende an der Werkvollendung engagiert ist, desto mehr wird auch eine vom Werk ausgehende *Vollendungstendenz* Konzentration festigen, Ausdauer erhöhen und negative Affektspannungen abwehren[54]. Diese stabilisierende Rückwirkung wird desto größer sein, je gründlicher Lernende mit der Kenntnis verschiedener Arbeitstechniken bekannt geworden sind und außerdem methodische Verfahrensweisen bei Planungen und Ausführungen beherrschen. Schwierigkeiten können dann durch Methodenvariation, durch Einfügen kleinerer Lernschritte, durch Aufsuchen zusätzlicher Lernhilfen ausgeglichen werden. Wir finden hier also den Fall vor, daß die in werkorientierten Arbeitsprozessen enthaltene, auf den Arbeitenden zurückwirkende Zucht in dem Maß pädagogisch wirksam werden kann, in dem durch didaktische Arrangements ein mittleres Anspruchsniveau vorbereitet worden ist, durch das der Schüler gefordert, aber nicht überfordert wird, bei dem ein Erfolg sichergestellt, zugleich aber auch entsprechende Leistungen verlangt werden[55].

Die pädagogische Bedeutung werkorientierter Lernprozesse liegt vor allem darin, daß ihre disziplinierende Wirkung weder über ein äußerliches Reglement erfolgt, sondern mit der werkimmanenten Vollendungstendenz verbunden bleibt, noch durch theoretisierende Unterweisung zustandekommt, vielmehr auf *Direkterfahrungen* in didaktisch entsprechend arrangierten Arbeitsprozessen aufbaut. Wir stoßen hier wiederum auf ein reziprokes Grund-Folge-Verhältnis, wie es sich in erzieherischen Verhältnissen oft findet: *Die Erziehung zur Arbeit setzt eine Erziehung in der Arbeit voraus.* Nur durch sinnvolles Arbeiten kann der Schüler methodisches Arbeiten lernen und die nötige Arbeitshaltung ausbilden. Deshalb fordert das Erziehungs*ziel* Arbeit auch das Erziehungs*mittel* Arbeit.

7.3.3 Arbeit als kulturschaffender Faktor

Bislang ist argumentiert worden, als sei die Qualität der Arbeitshaltung überwiegend von subjektiven Maßstäben der Empfindungen aus zu messen und die Erziehung zur Arbeit rein individualpädagogisch als Steigerung individueller Leistungsfähigkeit zu betrachten. Tatsächlich ist das aber nur ein Aspekt, der durch einen zweiten gleichermaßen sozial- und kulturpädagogischen ergänzt werden muß. Denn da Erziehung immer auch partielle Angleichung und Eingliederung der nachfolgenden Generation in bestehende Kulturformen ist, Kultur wiederum nur durch sachgerechtes Arbeiten übernommen, erhalten und verbessert werden kann, bedarf es auch einer objektiven, an Maßstäben der Kultur selber, ihrer Tradition und Fortentwicklung orientierten *Arbeitshaltung.* Damit gerät Arbeit unter moralische Kategorien. Die Qualität geleisteter Arbeit kann ja, vom sozialen und gesellschaftlich-kulturellen Aspekt aus betrachtet, nicht allein danach bemessen werden, in welchem Ausmaß der Arbeitende um seines eigenen späteren Nutzens willen die Belastungen des Arbeitsprozesses ertragen kann, sondern steht unter dem viel weitergehenden objektiven Anspruch, *daß in der Arbeit zugleich auch gesellschaftliche und kulturelle Forderungen erfüllt werden müssen.*

Begreifen wir Arbeit als ein fortwährendes Erhalten und Schaffen von Kulturwerten, damit als Vermenschlichen und Vervollkommnen der Natur selber, so wie *Vergil* Arbeit verstand, wie sie *Lacroix* und *Nell-Breuning* sehen und wie sie schließlich auch *Marx* betrachtet hat[56], dann ist offensichtlich erst dort qualifizierte Arbeitshaltung vorhanden, wo sich der Arbeitende bewußt als Teilhaber an diesem gesellschaftlichen und kulturellen Gesamtwerk sieht und von daher seine Arbeit auch unter entsprechende soziale und kulturelle Gesetzlichkeiten stellt. Gleich, ob man sich dann dem mehr religiös interpretierten oder dem säkularisierten Arbeitsbegriff zuwenden mag, Arbeit hat in beiden Fällen tatsächlich etwas mit einer »Hervorbringung des Menschen« zu tun. Die dazu objektiv vorgegebenen sozialen und kulturellen Regeln und Normen, über deren Inhalte hier nicht diskutiert werden kann (man vergleiche dazu die Diskussionsbeiträge zum Gebiet der Arbeitslehre[57]), gelten dann auch für die beiden pädagogischen Vorgänge der Erziehung zur Arbeit und der Erziehung in der Arbeit.

Erziehung muß, jener gesellschaftsrelevanten und kulturschöpferischen Funktion der Arbeit wegen, den Lernenden diesen gesellschaftlichen Gesamtzusammenhang erschließen. Diese Einsichten erfordern pädagogisch allerdings mehr, als funktionale Lernvorgänge an konkreten Arbeitsprozessen vermitteln können. Diese werden zwar didaktisch unentbehrlich sein, weil nur in ihnen anschauungsreiche Grunderfahrungen gesammelt werden können. Sie entbehren aber so lange eines umfassenden Sinnbezugs, bis dem Lernenden die Bedeutung jener umfassenden kulturschöpferischen Bedeutung menschlicher Arbeit vermittelt worden ist. Das kann allerdings nicht mehr in einzelnen, immer begrenzten und auf ein vereinzeltes Werk ausgerichteten Arbeitsprozessen erfolgen, sondern ist Ziel des gesamten Bildungsprozesses überhaupt, dem folglich die gesamte Arbeitspädagogik ein- und untergeordnet bleiben muß[58].

7.3.4 Arbeit als Bildungsvorgang

Die Bedeutung des Satzes, daß in Arbeitsvorgängen Bildungsprozesse enthalten seien, erschließt sich nur, wenn man sich eine wichtige Unterscheidung ins Gedächtnis zurückruft: Bildung und Arbeit gehören in zweifacher Weise zusammen. Bildung als Zustand kommt nur durch Arbeit als dazugehörigen Lernweg zustande. Das ist eine Verknüpfung von Bildung und Arbeit. Unser Satz, daß mit Arbeitsvorgängen Bildungsprozesse verbunden sind, meint aber mehr. Er sagt nicht nur, daß zur Realisation eines Bildungszieles entsprechende Arbeitsleistung notwendig ist, sondern außerdem, daß der Arbeitsvorgang als solcher bildende Rückwirkungen auf den Arbeitenden auslöst, wobei dann die inhaltliche Seite von mehr sekundärer Bedeutung bleibt.

Wenn im folgenden vom Erziehungsmittel »Arbeit« gesprochen wird, dann ist damit mehr intendiert als das Bedingungsverhältnis von Weg (Arbeit) zum Ziel (Bildung). Das Erziehungsmittel Arbeit setzt voraus, daß jede sinnvolle Arbeit, gleich welcher Art sie im einzelnen ist, *eine formal bildende Rückwirkung auf den Arbeitenden enthält.* Das können Einstellungsveränderungen sein, wie etwa motivationale Voraussetzungen zu sachgerechten Arbeiten, oder Erfahrungen, wie Arbeitsleistung von Ausdauer abhängt, oder auch funktionale Formen von Willensbildung und verschiedenes andere.

Bedeutung und Funktion des Unterrichts- und Erziehungsmittels Arbeit sind vor allem von den Vertretern der *Arbeitsschulidee* analysiert worden. Ihr wenden wir uns deshalb jetzt zu, nicht um sie hier in ihren verschiedenen historischen Ausprägungen vorzustellen, sondern um an den dort gesammelten Erfahrungen und Analysen die Bedeutung und Verzweigung dieses Erziehungsmittels systematisch zu untersuchen.

7.4 Das Arbeitsschulprinzip und seine Bedeutung für das Erziehungsmittel »Arbeit«

7.4.1 Der ökonomische Arbeitsbegriff in der Didaktik

7.4.1.1. Der Unterricht in manuellen Fähigkeiten

Ich lasse wiederum aus, in welchen verschiedenen Formen der ökonomische Arbeitsbegriff in die Schule eingegangen ist (man vergleiche dazu Aloys Fischers Aufsatz »Die Krisis der Arbeitsschulbewegung«[59]) und beginne gleich mit der sogenannten Theorie der manuellen Schulung:

Besonders *Kerschensteiner* hat die Einführung manueller Arbeit wie Werkunterricht, Werkzeug- und Materialkunde in den Schulunterricht gefordert[60]. Er begründet seine Forderungen mit dem Hinweis, daß ein großer Teil der Schüler später Berufe mit manuellen Arbeiten ausüben werde. Es sei deshalb notwendig, bereits in der allgemeinbildenden Schule entsprechende Handfertigkeiten und eine Berufsorientierung zu vermitteln. Dazu sollen die Schüler im Werkunterricht außer Material- und Werkzeugkunde auch die grundlegenden Arbeitsvorgänge des Planens, Entwerfens, Zeichnens, aber auch des Gestaltens, kurz Arbeitsprozesse kennenlernen, die in verschiedenen Berufen in ähnlicher Weise wiederkehren. »Berufsbildung«, sagt *Kerschensteiner* dazu, sei »erste und vordringlichste Aufgabe der öffentlichen Schulen«[61]. Unter diesem Aspekt betrachtet, zeigen sich Arbeitsprozesse sowohl als Bildungsmittel als auch als Bildungsinhalt.

In diesen Lernprozessen ist aber außerdem noch eine erzieherische Wirkung enthalten. Denn dasselbe, was als Bildungsmittel einerseits der Berufsbildung dient, dient zugleich auch noch andererseits als Erziehungsmittel dazu, den »brauchbaren Staatsbürger« zu erziehen, der seinen »Beruf als ein Amt betrachtet, das nicht bloß im Interesse der eigenen Lebenshaltung und der sittlichen Selbstbehauptung auszuüben ist, sondern auch im Interesse des geordneten Staatsverbandes, der dem einzelnen die Möglichkeit gibt, unter den Segen der Rechtsordnung und Kulturgemeinschaft seine Arbeit und damit seinem Lebensunterhalt nachzugehen«[62]. Gegen diese Zielsetzung des »brauchbaren Staatsbürgers« ist viel Kritisches geschrieben worden; nicht zu unrecht, wenn man »brauchbaren Staatsbürger« mit »königstreuem Untertan« gleichsetzt. Nach einer stark liberalistisch orientierten Phase kehrt heute, mit durch die verstärkte Rezeption sozialistischer Arbeitstheorien (Blonskij, Makarenko, Uschinskij und andere) veranlaßt, die Erkenntnis wieder, daß Arbeit in der Tat nicht nur »Job« und nur unter den Dimensionen des Verdienstes zu begreifen ist, sondern einen gesellschaftlich-moralischen Bezug hat, den man nicht vernachlässigen darf, wenn Gesellschaft nicht insgesamt zum organisierten Egoismus entarten soll.

Gegen die Übernahme berufsvorbereitender Aufgaben in die allgemeinbildende Schule, wie sie heute vor allem durch das Fach Arbeitslehre vorgenommen wird, könnte man einwenden: Gerade weil viele Schüler später Berufe mit funktionalistisch-manueller Arbeit ergreifen werden, erscheine es wenig sinnvoll, bereits in allgemeinbildenden Schulen zur Arbeit zu erziehen. Schule habe wesentlich andere Aufgaben zu erfüllen als Schüler von früh auf an die Arbeitswelt anzupassen. Dem ist wieder entgegenzuhalten, daß die Forderung nach Unterweisung in manuellen Handfertigkeiten nicht allein von den Berufsanforderungen der Gesellschaft (Berufsvorbereitung), auch nicht nur vom individuellen Bedürfnis nach einer sachlichen Berufsorientierung, sondern natürlich auch von der *individuellen Lebenstüchtigkeit* her begründet werden muß und schließlich in einer Freizeitgesellschaft zusätzliche Bedeutung erhält. Arbeitslehre ist deshalb nicht nur in einer berufsvorbereitenden Funktion zu betrachten, sondern erhält zunehmend auch Aufgaben für Bildungsvorgänge, die auf Bereiche außerhalb des Berufs gerichtet sind.

7.4.1.2 Die Bedeutung des Erziehungsmittels Arbeit für das Verhältnis von Allgemeinbildung und Berufsbildung

Direkt in eine Grundsatzdiskussion über das, was Bildung sei und wie sie zustande komme, führte eine andere Begründung für die Aufnahme ökonomisch orientierter Arbeit in den Schulunterricht. Diese Begründung geht von einer Kritik an dem, wie es *Spranger* genannt hat, »feststehenden Evangelium« aus, »daß alle Erziehung mit der Allgemeinbildung anfangen müsse«[63]. Dem wird die schon einmal erwähnte Überlegung entgegengesetzt, das Verhältnis von Allgemeinbildung und Berufsbildung genau umzukehren, denn »der Weg zur höheren Allgemeinbildung führt über den Beruf und nur über den Beruf«[64]. Gern verweist man dabei auf *Goethe*, der in seinem »Wilhelm Meister« »allgemeine Bildung und alle Anstalten dazu« »Narrenpossen« genannt hat und ähnlich wie schon *Pestalozzi* alle Vermittlung von Theorie an einen vorausgehenden unmittelbar erfahrungsträchtigen Umgang mit Gegenständen gebunden wissen wollte.

In dieser Bildungskonzeption tritt Arbeit nicht nur als methodische Unterrichtshilfe für andere Erziehungsziele auf, auch ist nicht nur die Vorbereitung auf einen Beruf und die Kenntnis der in ihm ablaufenden Arbeitsvorgänge Ziel, sondern Berufsbildung wird zum *Fundament von Allgemeinbildung*. Solche Überlegungen beginnen heute langsam in Reformmodellen für die sog. Kollegstufe (Sekundarstufe II) Gestalt anzunehmen[65].

7.4.2 Der methodische Arbeitsbegriff in der Didaktik

7.4.2.1 Arbeit (Handarbeit) als kind- und jugendgemäße Lehr- und Lernform: Das Verhältnis von Rezeptivität und Aktivität

Tatsache sei, sagt *Ferrière*, in dessen »école active« Arbeit als jugendgemäße Lehr- und Lernform besondere Bedeutung erhält, »daß die Handarbeit, besonders beim Kind zwischen sieben und zwölf Jahren, der Grundstein der Erziehung sein muß. Es entspricht dies sowohl dem angeborenen Bedürfnis des Kindes wie auch den Forderungen der Psychologie: den Geist ganz langsam vom Konkreten zum Abstrakten hinüberzuleiten, jedoch ohne die zu frühe und daher frühreife Vermittlung des überlegten Denkens der Erwachsenen«[66]. Die Begründungen, die er für seine Behauptung bringt, gliedert er selber in drei Aspekte:

1. Zunächst spricht er von »körperlichen Fortschritten«: manuelle Arbeiten sind für die körperliche Entwicklung des Kindes von großer Bedeutung. »Die Handarbeit . . . steigert diese Kräfte und macht, daß alle Muskelkraft des Kindes ihrer natürlichen Bestimmung dient«. In diesem Zusammenhang wird heute auf die Bedeutung der Motorik für die frühe Bildung des Kindes hingewiesen.

2. An zweiter Stelle stehen durch Handarbeit bewirkte »psychologische Fortschritte«:

– Kenntnisse werden erweitert (»Beschaffenheit aller Dinge«, »Wert der verschiedenen Arbeitsmethoden«, »Kenntnisse über das Handwerkszeug«),
– geistige Fähigkeiten gesteigert (»Beobachtungsfähigkeit«, »Fähigkeit der Assoziation«, Entwicklung der »Phantasie des Kindes«, Bildung des »abstrakten Denkens«),
– schließlich auch die »psychologischen Fähigkeiten im allgemeinen« vermehrt (Handarbeit setze »alle Sinne, Organe, alle körperlichen und geistigen Funktionen in Tätigkeit« und verbinde sie untereinander; »sie regt den Erfindungsgeist des Kindes an«).

Die Nähe dieser Überlegungen zu dem, was zunächst Piaget an entwicklungspsychologischen Befunden vorgelegt und was dann von seinem Schüler Aebli auf didaktische Konzepte übertragen wurde, ist so deutlich, daß sich ein weiterer Vergleich erübrigt.

3. Schließlich führe Handarbeit im Unterricht noch zu einem auf angemessene Weise vermittelten »moralischen und sozialen Fortschritt«. Der Arbeitserfolg bringt den Schüler zu »Sicherheit, Selbstbewußtsein und Zuversicht, die das beste Mittel sind, um Fortschritte zu machen und um im Leben erfolgreich zu sein«. Die bei Handarbeiten häufig notwendige Zusammenarbeit mehrerer Schüler führt zu vermehrtem Sozialkontakt, zu häufigeren Interaktionen, schließlich zu partnerschaftlichen Verhältnissen mit einer entsprechenden Sensibilisierung: »Keine Beschäftigung erlaubt ein gemeinsames Arbeiten besser als die Handarbeit«. Endlich bildet sich an der Handarbeit nicht nur die Tugend der Wahrhaftigkeit (»in der konkreten Arbeit ist die Lüge nicht möglich, da gibt es nichts zu verbergen«), sondern Charakter überhaupt, weil »bei dem Kind die physische Tätigkeit in den psychischen Eigenschaften widerstrahlt«. Das soll heißen: Die in der Handarbeit vom Werk her geforderte Genauigkeit überträgt sich schließlich als Haltung der Genauigkeit auf den Charakter des Kindes.

Wir lösen uns jetzt von *Ferrières* Darstellung und fassen die wesentlichen Gesichtspunkte der Aussage, daß vor allem Handarbeit eine entwicklungsadäquate kind- und jugendgemäße Lehr- und Lernform sei noch einmal zusammen. Grundlegend für dieses didaktische Konzept ist die Erfahrung, daß sich ein Heranwachsender dann am besten rezeptiv verhält, wenn er aktiv sein kann, während reine Rezeptivität (Zuhören, passives Aufnehmen) gegen seine Natur ist. Kinder können am besten durch »Be-greifen« lernen, das heißt, durch direkten Umgang mit Gegenständen (learning by doing). Was ein Kilometer ist, haben sie erst dann wirklich verstanden, wenn sie ihn tatsächlich ausgemessen haben; was deckungsgleiche Winkel sind, dann, wenn sie geometrische Figuren so ausgeschnitten haben, daß ihre Winkel sich wirklich decken. In diesem außer von *Ferrière* auch noch von *Dewey, Kerschensteiner* und

Montessori gut belegten pädagogischen Grundsatz, daß sich der Begriff eines Gegenstandes für Kinder im handwerklichen »Be-greifen« bilde, steckt letztlich der gleiche pädagogisch zweifellos berechtigte Antiverbalismus, der schon in *Pestalozzis* heftiger Klage über die »Wortdrescherei« in den Schulen zu finden ist.

Diese neue Lernform des »Lernens durch Tun« hat schließlich auch für eine verbesserte Klassenordnung und Lerndisziplin große Bedeutung. Denn da Kinder und Jugendliche von einer, wie es *Kerschensteiner* genannt hat, »ruhelosen Spontaneität« regiert werden, wird ein langer und einseitiger Zwang zur Passivität sie notwendig unruhig werden lassen. Immer mehr Willensschübe zur Konzentration werden notwendig. Dadurch wiederum wird ihre Aufmerksamkeit nachlassen und die angestaute Motorik zu Entladungen führen, die in der Regel als Disziplinlosigkeiten erfahren und bewertet werden. Was sich dann objektiv als Ungehorsam und Ordnungslosigkeit äußert, ist subjektiv, vom Schüler aus gesehen, keineswegs moralischer Defekt, sondern *Folge einer inadäquaten Lernsituation.* Ändert man dagegen die Lehrweise auf eine solche Art, daß der natürliche Tätigkeitsdrang des Lernenden nicht künstlich unterbunden werden muß, sondern in den Lernprozeß eingeht, dann erhält die ehedem ordnungsstörende »ruhelose Spontaneität« positive Bedeutung.

7.4.2.2 *Arbeit als Erkenntnisfaktor: Das Prinzip Anschauung*

Kants Erkenntnistheorie geht von dem Satz aus, daß unsere Erkenntnis aus »zwei Grundquellen«, der »Rezeptivität der Eindrücke« und der »Spontaneität der Begriffe« resultiere[67]. »Anschauung und Begriffe machen also die Elemente aller unserer Erkenntnis aus, so daß weder Begriffe, ohne ihnen auf einige Art korrespondierende Anschauung, noch Anschauung ohne Begriffe, eine Erkenntnis abgeben kann«. *Pestalozzi* hat aus der gleichen erkenntnistheoretischen Grundannahme die pädagogische Folgerung gezogen, »daß es wesentlich unmöglich sei, den Schulübeln im Großen und dauernd abzuhelfen, wenn man nicht dahin gelangen könne, die mechanische Form allen Unterrichts den ewigen Gesetzen zu unterwerfen, nach welchen der menschliche Geist sich von sinnlichen Anschauungen zu deutlichen Begriffen erhebt«[68]. In beiden Fällen wird von *Anschauung* gesprochen. Was bedeutet dieses »Anschauen«?

Die Schule um die Jahrhundertwende glaubte der Forderung nach Anschaulichkeit dadurch zu genügen, daß sie Lehrmittelkabinette mit den unterschiedlichsten Anschauungsbildern füllte. Nach einem im Prinzip gleichen didaktischen Konzept werden heute noch Diareihen und Unterrichtsfilme produziert. Mit ihrer Hilfe soll den Schülern »vor die Sinne gestellt werden«, was jeweils Gegenstand des Unterrichtes ist. Eine solche Interpretation von Anschauung bleibt aber zu eng und trifft weder *Kants* noch *Pestalozzis* Meinung, noch die in der neueren Didaktik entwickelte. Beide haben allerdings durch ihre Terminologie diesem Mißverständnis Vorschub geleistet. Denn da *Kant* »Anschauung« als »Rezeptivität der Eindrücke« interpretiert und Pestalozzi selber von jenem »Vor-die-Sinne-Stellen« gesprochen hatte, konnte es scheinen, es sei das Betrachten eines Bildes schon Anschauung genug.

Der pädagogische Begriff »Anschauung« umfaßt indes weitaus mehr als das, was beim Beschauen eines Bildes geschieht. Er meint Erfahrung im weitesten Sinne. Erfahrungen sammelt man aber weder durch Erzählungen noch durch Bildbetrachtungen allein. Dazu bedarf es vielmehr eines längeren explorativen »Umgangs« mit den Gegenständen selbst, die »bearbeitet« werden müssen (ausmessen, wiegen, zerlegen, zusammensetzen, nachbauen und dergleichen), ehe der Schüler ihre Eigenschaften begriffen hat. Die genauen Eindrücke von einer Sache, die der Schüler in der Anschauung rezeptiv aufnehmen soll, erfordern deshalb um ihrer Klarheit und Deutlichkeit willen intensiven tätigen Umgang mit dem Gegenstand selbst. Deshalb darf die von *Kant* gebrauchte Gegenüberstellung von Rezeptivität und Spontaneität nicht zu der falschen Annahme verleiten, als sei Anschauung ein wesentlich passiver Vorgang, dem erst innerhalb einer späteren Unterrichtsstufe Aktivität in der Form der Anwendung zu folgen brauche. Damit Eindrücke überhaupt richtig rezipiert und zu klaren Vorstellungen entwickelt werden können, braucht der Lernende eine »aktuelle Elaboration«. Arbeit ist folglich nicht etwas, was im Unterricht als letzte Phase der Anwendung dem gedanklichen Systematisieren und Begreifen nachfolgen darf. Vielmehr ist »Tun Königsweg des Verstehens«.

Diese wichtige Veränderung ist in der neueren Didaktik vor allem von *Aebli* wieder energisch hervorgehoben worden[69]. Die von ihm ausführlich beschriebene Gegenüberstellung von Vorstellungsbild und Operation, seine Kritik an der »sensualistischen Abbildtheorie« und die von ihm herausgearbeitete Bedeutung der Operation für Vorstellungsbildung und Denkabläufe zeigen, daß Begreifen nicht als passives Beeindrucktwerden angesehen werden darf, sondern *die Operation Grundbedingung des Begreifens ist.* Auf dieser didaktischen Grundlage aufbauend hat er dann eine »Aktivitätsschema« entworfen, in dem die über operationales Lernen zu bildenden Voraussetzungen explorativen Verhaltens übersichtartig dargestellt werden. *Aebli* zählt dazu folgende Schemata auf[70]:

- sensu-motorische Intelligenz: ergreifen, schneiden u. a.;
- wahrnehmende Aktivität: explorieren, übertragen;
- logische Operationen: reihen, klassieren;
- numerische Operationen: zählen, addieren;
- räumliche oder geometrische Operationen: Längen und Winkel aufeinander übertragen, herunterklappen, abwickeln und teilen;
- ursächliche Erklärungen: Erscheinungen in Beziehung setzen.

»Das Fehlen der Assimilationsschemata macht das Subjekt geistig blind für die entsprechenden Eigenschaften der Dinge. Infolgedessen hängt der Reichtum der Erfahrungen, die ein Einzelwesen machen, dann direkt ab von dem Umfang und der Qualität der von ihm erworbenen Assimilationsschemata«[71]. Sie stellen also eine Art »potentieller Erkenntnis« dar, sind selbst aber als Lernprodukte anzusehen, die nur in operatorischen Lernverläufen erworben werden können.

7.4.2.3 Arbeit als Selbsttätigkeit: Das Prinzip Spontaneität

Selbsttätigkeit des Schülers fordert vor allem *Gaudig. Scheibner* hat diese Forderung nach »freier geistiger Schularbeit« in folgender Weise begründet[72]: »Besteht die Überzeugung, daß nicht vornehmlich in der Arbeitssache, sondern in dem Arbeitsgeschehen die bildende Kraft ruht, um deretwillen man Erziehung und Unterricht unter den Gedanken der Arbeit stellen will, dann braucht solch Arbeiten nicht an das Tun der Hand und das Gestalten von Holz, Metall und Papier gebunden zu sein. Als Arbeit in der Auffassung eines bestimmten eigenartigen Tätigkeitsgefüges, gekennzeichnet durch Planmäßigkeit, Wegbewußtsein, Zielstrebigkeit, kann auch ein im Geistigen sich bewegender Unterricht verlaufen. So bekommt dann der Arbeitsschulgedanke den Sinn, das Lernen als arbeitsgeformtes Tun, den Schüler als geistigen Arbeiter zu begreifen ... Das Ergebnis: Von der Bindung an einen dinglichen Gegenstand losgelöst, wird Arbeit in einem weitesten Sinn als ein funktionales Gebilde, als willensbewegtes, zielstrebiges und eigenartig geformtes Tätigkeitsgefüge begriffen. Ihm wird, sofern nur Möglichkeit besteht und Bildungswert verbürgt ist, das geistige Lehrgut aller Unterrichtsfächer als Arbeitsstoff erschlossen. Diese geistige Schularbeit, die auch werkliches Tun in ihren Dienst nimmt, gilt um so höher, je reicher und stärker sie durchgeistigt, beseelt und willensbewegt ist. Ihre pädagogische Rechtfertigung empfängt sie aus dem Bildungsideal der Persönlichkeit«.

Damit ist das Unterrichts- und Erziehungsmittel Arbeit aus einer zu unmittelbaren Bindung an manuelle Arbeitsprozesse gelöst und wird auf alle Unterrichtsbereiche und -fächer übertragbar.

Diese Aussage ist näher zu erläutern. Dies geschieht in drei Schritten:
– Warum wird Selbsttätigkeit gefordert?
– Wie sieht die Methode freier geistiger Schularbeit aus?
– Was soll durch diese Lehrmethode erreicht werden?

1. Warum wird Selbsttätigkeit gefordert?
In seiner Auseinandersetzung mit *Kerschensteiner* im Jahre 1911[73] hat *Gaudig* die Gründe für seine didaktische Neuorientierung zusammengefaßt, in der er der Arbeit in der Form der Selbsttätigkeit überragende Bedeutung als Erziehungsmittel zuweist. Seine Kritik an den bisherigen Unterrichtsmethoden und ihren Ergebnissen gruppiert er um zwei verschiedene Aspekte:

– Auf der einen Seite sei der mit lehrerdominanten Lehrmethoden erreichte allgemeine Wissenszustand schlecht: Das Wissen sitze nicht fest, sei einem peinlichen Zersetzungs- und Verfallsprozeß ausgesetzt; sitze andererseits nicht lose, denn es sei nicht frei verfügbar und leicht anwendbar und sei nicht gut geordnet.

– Schlimmer noch sei es um den »Kräftezustand« der Schüler bestellt: »Man vermißt Beweglichkeit in der Assoziation und Kombination, Tiefe in der Kontemplation, Schärfe und Bündigkeit in der Beobachtung, Gewandtheit in dialogischer und dialektischer Denkweise, Besonnenheit und Klarheit in der Urteilsbildung, Zielstrebigkeit und Folgerichtigkeit in der Entwicklung von Gedankenreihen.«

Beides, der mangelhafte Wissens- und der ungenügende »Kräfte«-Zustand der Schüler sei Folge einer bisher geübten mangelhaften Lehrmethode, die der »Eigentätigkeit« und der »Spontaneität« der Schüler keinen Raum lasse. Vergleichen wir die von Gaudig genannten Einzelaspekte mit gegenwärtig diskutierten Lernzielkatalogen, dann zeigt sich deutlich Deckungsgleichheit in der pädagogischen Problemlage. Gaudigs Überlegung ist deshalb nicht nur historisch zu verstehen, sondern systematische Exploration des Problems.

2. Wie sieht die Methode freier geistiger Schularbeit aus? Alles Lernen, sagt *Scheibner*[74], sei letzlich »immer ein Tun des Selbst«. Deshalb soll die Schule »das Selbst des Kindes mit seinen reichen Kräften unvergleichbar stärker und ergiebiger ins Ziel setzen«. Sie soll das Kind »lösen aus der unausgesetzten Führung der Schule, befreien von äußerem Stoß und Druck und Zug«. »*Es gilt, den Schüler aus dem Passivum ins Aktivum zu übersetzen*«. Das geschieht vor allem dann, wenn der Schüler seine Unterrichtsarbeit selber planen und selbsttätig und damit auch selbständig durchführen kann. Dann erhält er »Wahlfreiheit für Lernstoffe«, kann sich die angemessenen Arbeitsformen selber überlegen und auf »selbstgewählten Bahnen« zu »selbstgewählten Zielen« fortschreiten.

Damit ein solches Lehrverfahren unterrichtstechnisch gelingen kann, *muß natürlich der Schüler Methoden geistigen Arbeitens kennen*, die ihm der Lehrer in einer Art methodenpropädeutischer Lehre zuvor vermittelt hat. Der Schüler muß zuerst lernen, wie Arbeitsziele gesetzt, Arbeitsmittel aufgesucht, Arbeitswege geplant, die einzelnen Arbeitsschritte ausgeführt und die Arbeitsergebnisse geprüft werden. Der Lehrer hilft ihm bei der Planung und Ausführung der einzelnen Arbeitsstufen und tritt mit der Zeit in dem Maße zurück, in dem der Lernende in der selbständigen Handhabung angemessener Unterrichtsmethoden sicher geworden ist. Von daher ist *Gaudigs* Satz zu verstehen, daß im Idealfall die Tätigkeit des Lehrers gleich Null sei[75].

3. Was soll durch diese Lehrmethode erreicht werden?
– Selbsttätigkeit als Unterrichtsprinzip wird die Konzentrationsfähigkeit der Schüler steigern.

Selbstgeplante und selbsttätig ausgeführte Unterrichtsvorhaben konzentrieren den Schüler in einer ganz anderen Weise auf den Unterrichtsablauf, für den er selber verantwortlich ist, und den Unterrichtsinhalt, den er selber mitausgewählt hat, als das dort der Fall sein wird, wo Ziel und Schrittfolge ausschließlich vom Lehrer bestimmt werden und für den Schüler nichts anderes als passiver Gehorsam übrigbleibt. Selber planen und mitbestimmen fordert dagegen »höhere Grade der Bewußtheit«; zumal *Gaudig* mit gutem Grund von »frei gewählten Zielen« auch eine Stärkung des eigenen »Willens zur Erkenntnis« erwarten kann.

– Selbsttätigkeit soll »intellektuelle Funktionen und Dispositionen« entwickeln[76].

Mit diesem didaktischen Konzept haben *Gaudig* und seine Mitarbeiter die moderne »Erziehung zur Kreativität« vorweggenommen. Bei einer Wissensvermittlung herkömmlicher Art, mit einseitig lehrerdominanten Unterrichtsverfahren, müssen die im Umkreis individueller Spontaneität angesiedelten Fähigkeiten ungebildet bleiben. Damit sind Fähigkeiten selbständigen Planens gemeint, wozu die Vorbereitung von Hilfsmitteln (Lektüre, Bildmaterial, Anschauungsmaterial) genauso gehört wie die Vorbereitung und Durchführung einzelner Arbeitsschritte. Zu Recht besteht auch der Einwand der Arbeitsschultheoretiker, daß in der von ihnen heftig kritisierten »Buchschule« das viele Wissen bei den Schülern gleichsam »unverdaut« geblieben sei, weil es nicht in konkreten Problemsituationen und an Sachverhalten selber erfahren worden ist, nicht in einer direkten Anwendung erprobt und deshalb auch nicht in das Persönlichkeitsgefüge integriert werden konnte, sondern nur eine Art von »Bildungslack« und »Bildungsfirnis« *(Kerschensteiner)* blieb. Wissen werde erst dann dem Verhalten integriert und damit auch bei Übertragungen verfügbar, wenn man es bereits während des Lernprozesses in Arbeitsvorhaben selbsttätig anwenden müsse. Auch die Ausbildung dieser Fähigkeiten der Umsetzung und Anwendung gelingt nach *Gaudig* nur dann, wenn die Schüler von früh auf im Lernen selbsttätig sein und durch Selbsttätigkeit zur Selbständigkeit kommen können.

– Selbsttätigkeit soll sachorientierte Einstellungen bilden.

Gaudig und sein Kreis haben der »alten Schule« vorgeworfen, sie ruiniere die Motive des natürlichen Lernens, weil sie die Schüler hauptsächlich von außen her »durch Verheißungen, Drohungen, Strafen, durch Erregung des Ehrgeizes und ähnliche geringwertige Mittel« zum Arbeiten antreibe[77]. In solchen künstlich erzwungenen Lernsituationen bilden sich aber weder Freude an der Arbeit noch Sachinteressen aus, die beide unentbehrlich sind, wenn im Unterricht eine sachangemessene Bildung vermittelt werden solle. »Unsere gesamte niedere wie höhere Pädagogik krankt geradezu an einer peinlichen Gleichgültigkeit gegen den Motivationsvorgang bei der Arbeit in der Schule. Man will den Erfolg ... und vergißt darüber, auf die Motive der Arbeit zu achten«.

Wichtiger noch als Wissen sind deshalb die in Lernsituationen sich bildenden Motive, unter denen Schüler den verschiedenen Bildungsinhalten begegnen. Interesse an der Literatur, bildungsträchtige Erfahrungen an geschichtlichen Stoffen beispielsweise kann man nicht einfach kommandieren oder erzwingen wollen. Zu ihrer Bildung sind vielmehr besondere Arrangements notwendig, zu denen Aktivitätsformen in individuell abgestimmten Beschäftigungsarten gehören. Derartige individuell verschiedene Lernabläufe sind wiederum nur dort möglich, wo Schüler selbsttätig an Lehrstoffen arbeiten können.
– Selbsttätigkeit soll die sich »selbstbestimmende« »freie Persönlichkeit« bilden helfen[78].

Alle diese didaktisch-methodischen Teilziele: Aufmerksamkeit zu bilden, Wissen in der Anwendung verfügbar zu machen und Lernabläufe richtig zu motivieren, leiten sich für die Vertreter freier geistiger Schularbeit von einem letzten Ziel ab. Das ist die von *Gaudig* immer wieder beschriebene »freie geistige Persönlichkeit«, die »sich selbst bestimmen« muß. Wir brauchen uns jetzt nicht um die Hintergründe dieses bei ihm nicht immer sehr klaren Begriffes zu kümmern – auch moderne Varianten der Selbstbestimmungstheorie glänzen ja nicht durch besondere Präzision –, sondern beschränken uns auf die pädagogische Seite, über die *Gaudig* wiederum in der Auseinandersetzung mit *Kerschensteiner* 1911 klar Auskunft gibt: »Die selbsttätige Arbeit des Schülers macht aus seiner Tätigkeit eine Handlung, bei der er handelndes Subjekt ist. So entwickelt die Arbeitsschule alle die Eigenschaften, die selbständiges Handeln zu entfalten vermag: Energie, Ausdauer, Entschlußkraft; Verantwortungsgefühl, Selbstgefühl; Selbstkritik, Fähigkeit der Selbstbesinnung. Indem aber die selbständige Tätigkeit die individuellen Kräfte, die Kräfte des Einzelnen, mobil macht, wirkt sie tief in das werdende Personenleben ein. In der selbständigen Arbeit läutert sich das Individuum zur Persönlichkeit«[79]. In neueren Theorien zur Persönlichkeitsentwicklung sind dazu zwar viele wichtige deskriptive Ergänzungen vorgelegt worden. An der Rahmenkonzeption hat sich dagegen weder im Bereich der Psychologie noch der Pädagogik etwas geändert.

7.4.2.4 Zusammenfassung: Über die erzieherische Nebenwirkung der Unterrichtsmethode

Gaudigs didaktische Konzeption weist uns auf ein Problem grundsätzlicher Bedeutung hin, das in fachdidaktischen Betrachtungen sehr am Rande steht, ja das durch die übliche Ablösung einer allgemeinen Didaktik durch Fachdidaktiken weithin gänzlich aus dem Blickfeld pädagogischer Aufmerksamkeit geraten scheint. Das ist der Einfluß, der als funktionale Nebenwirkung von der jeweiligen Unterrichtsmethode ausgeht.

In der Regel orientiert sich Unterrichtsmethode hauptsächlich an sachlogischen Gesichtspunkten, das heißt am Gegenstand und seinen Sachgesetzen, und an der Psychologie der Vermittlung, damit der Lernende Lerninhalte möglichst vollständig und schnell begreifen und sicher anwenden kann. Von einem ersten kritischen Aspekt der Arbeitsschulidee aus wurde gegen diese Methodenkonzeption eingewendet, daß klare Erkenntnis intensive Beschäftigung mit dem Gegenstand voraussetzt, der nicht nur betrachtet, sondern regelrecht »bearbeitet« werden müsse. Ein zweiter, viel weiterführender kritischer Gedankengang ist in den Überlegungen *Gaudigs* enthalten, die eben besprochen worden sind. Dort wird auch darauf hingewiesen, daß Unterrichtsmethode niemals nur Weg der Sachvermittlung, sondern immer zugleich auch Erziehungsprozeß ist. Frontalunterricht oder Arbeitsunterricht, lehrerdominante oder sozialintegrative Lehrformen sind immer Unterrichts- und Erziehungsmethode zugleich, so daß eine vermittlungseffiziente Methode keineswegs auch schon eine erziehungsadäquate zu sein braucht. Wenn man Schüler zu selbständigen, selbstverantwortlichen, also mündigen Menschen erziehen will, dann muß auch die Unterrichtsmethode von diesem Erziehungsziel her determiniert sein. Eben da werfen die Vertreter freier geistiger Schularbeit den herkömmlichen Lehrverfahren vor[80], daß dieses Ziel entweder nur postuliert und dann vergessen oder aber mit gänzlich inadäquaten Mitteln angegangen worden sei; mit Methoden also, deren immanente Erziehungstendenz mehr auf unfreie, unselbständige, oberflächliche Charaktere ziele. Selbständigkeit kann man nicht durch doktrinäre Methoden bilden. Dafür bedarf es vielmehr Unterrichtsformen, die jene Selbständigkeit auch zu fördern imstande sind, auf die die gesamte Erziehung angelegt ist.

Man kann noch unter einem anderen Gesichtspunkt von einer Inadäquanz von Erziehungsintention und Unterrichtsmethode sprechen, auf den ebenfalls *Gaudig* aufmerksam gemacht hat. Lehrmethoden, die allein die Rezeptivität angehen *(Kerschensteiner* hat sie als »Wissensmast« ironisiert*)* behandeln den Schüler als Bildungsobjekt, als einen Gegenstand gleichsam, auf den allein von außen her eingewirkt werden müsse. Nun kann es aber ein derartiges Bildungsobjekt nicht geben, weil Bildung immer auf eine Person bezogen ist. Person wiederum bedeutet Integration: einmal der verschiedenen Fähigkeiten des Denkens, Wollens, Fühlens, wie zugleich auch der verschiedenen Schichten des Intellekts, des Voluntativen und der triebhaften Es-Schicht; bedeutet sodann Ausbalancierung dieser einzelnen Aspekte in einem handlungsfähigen Ich und dessen Stabilisierung. Unterrichtsverfahren, wie sie von Arbeitsschulpädagogen kritisiert worden sind, haben tatsächlich durchweg einseitig den Intellekt angesprochen und hauptsächlich über ihn auf andere Persönlichkeitsschichten einzuwirken, beispielsweise durch Belehrung den Willen zu bilden versucht. Zu Recht ist in der Reformpädagogik von einem einseitigen Intellektualismus der alten Schule gesprochen worden. Im Gegensatz zu solchen stark intellektuell und verbal orientierten Lehrformen, die übrigens heute noch dominieren, ja durch den Verbalismus des programmierten Unterrichts und durch einen neuen Intellektualismus Auftrieb erfahren haben, hat die Arbeitsschule Methoden entwickelt, die die verschiedenen Fähigkeiten und Schichten der Persönlichkeit gleichmäßig ansprechen und dadurch integrieren. Schließlich war eben dieser Integrationsimpuls der Grund, weshalb *Gaudig* die »freie geistige Schularbeit« als im »Dienste der werdenden Persönlichkeit« stehendes Erziehungsmittel betrachten konnte.

7.4.3 Der pädagogische Arbeitsbegriff

Es mag befremden, daß erst jetzt eine Analyse des pädagogischen Arbeitsbegriffs folgen soll, nachdem längst schon über die unterrichtliche wie auch erzieherische Bedeutung der Arbeit gesprochen worden ist. Dennoch hat diese Unterscheidung zwischen einem methodischen und einem pädagogischen Arbeitsbegriff ihren guten Grund. Wenn bislang die erzieherische Wirkung der Arbeit dargestellt wurde, so ist jetzt zu untersuchen, *wie die Arbeitsformen beschaffen sein sollen*, durch die die gewünschten Erziehungsimpulse ausgelöst werden. Daß nicht jede beliebige Arbeit in erzieherisch positiver Weise auf den Arbeitenden zurückwirkt, ist ja schon ausführlich erwähnt worden. Gibt der methodische Arbeitsbegriff zuerst die erzieherische *Wirkung* an, die von Aktivitätsformen im Lernverlauf ausgeht, so der pädagogische die *Strukturen und Merkmale der erzieherisch wirksamen Arbeitsformen*.

Um die Klärung dieses »pädagogischen Begriffs der Arbeit« hat sich vor allem *Kerschensteiner* bemüht[81]. Grundlage seiner gesamten Arbeitspädagogik ist, daß ein geistiges Prinzip in das reine Arbeitsprinzip hineindrängt, geistige und manuelle Arbeitformen also nicht isoliert werden dürfen. Nur dieArbeit ist pädagogisch wertvoll, die »körperlich und geistig zugleich« ist und die nicht einzig auf individuellen und privaten Nutzen angelegt wird, sondern allgemeinen oder wie es bei *Kerschensteiner* heißt »heterozentrischen Interessen« dient.

Außer dieser einen Grundvoraussetzung muß pädagogisch qualifizierte Arbeit dann sechs weitere Merkmale aufweisen[82]:

1. Der Schüler muß die Arbeit von sich aus als sinnvoll erkennen und unter einer konkreten Zielsetzung beginnen (Prinzip der *Spontaneität*). Er kann nicht dazu kommandiert werden, weil dann die immanenten erzieherischen Tendenzen des Arbeitsprozesses nicht zur Wirkung kämen. Der Erziehende kann natürlich Zweck und Verlauf des Arbeitsvorganges indirekt beeinflussen und gelegentlich auch energisch auf Fortsetzung drängen. Letztlich muß aber der Arbeitsablauf vom Lernenden als selbsttätige Leistung aufgegriffen werden,

weil nur unter der Voraussetzung einer spontanen Anteilnahme die verschiedenen Aufgabenstellungen der vier großen von Kerschensteiner aufgezählten Arbeitsschritte wirklich gelöst werden können:
- daß zuerst die Aufgabe erkannt wird (Observation),
- daß die notwendige Planung durchdacht wird (Synthese),
- daß die Arbeitsschritte sachgerecht ausgeführt werden (Analyse), und
- daß schließlich das vollendete Werk kritisch geprüft werden kann (Verifikation).

2. Planung und Ausführung der Arbeit soll den Ausführenden möglichst vielseitig beanspruchen (Prinzip der *Totalität*). Das ist ein Gedanke, der vorhin schon bei *Gaudig* anklang: Pädagogisch qualifizierte Arbeit darf nicht nur einseitig den Intellekt oder nur körperliche Fertigkeiten ansprechen, sondern muß vielmehr nach Möglichkeit alle Fähigkeiten gleichmäßig fördern und durch die im Arbeitsverlauf notwendige Zusammenwirkung integrieren.

3. Die Aufgabenstellung muß eine *Freiheit der Gestaltung* erlauben. Damit ist zweierlei gemeint. Erstens muß das Arbeitsvorhaben eine dem Schüler angemessene Arbeitsweise (Arbeitstempo, Arbeitsform) und auch eine eigene Wegfindung erlauben. Kommandierte Arbeitsschritte sind mechanische und keine pädagogische Arbeit. Zweitens soll der Lernende aber nicht nur eine Wahlmöglichkeit zwischen verschiedenen Arbeitswegen haben, sondern Fehler machen dürfen, die nicht gleich durch einen emsigen Lehrer korrigiert werden dürfen. Solche Fehler sollten sich vielmehr gelegentlich bis ins Endprodukt des Arbeitsprozesses hineinziehen, um dann in ihrer ganzen Bedeutung in Erscheinung zu treten. Denn »nicht vor Irrtum zu bewahren, ist die Pflicht des Menschenerziehers, sondern den Irrenden zu leiten, ja ihn seinen Irrtum aus vollen Bechern ausschlürfen zu lassen, das ist die Weisheit des Lehrers«. Soweit dazu *Goethe*. Zu frühe Korrekturen durch den Lehrer werden beispielsweise die Bedeutung genauen Messens viel weniger eindringlich dem Schüler zum Bewußtsein bringen, als der handgreifliche Beweis einer falsch zersägten Holzplatte. Hierzu ist auch die positive Funktion des Fehlers im trial-error-Modell zu vergleichen.

4. Arbeit muß in sich eine *Vollendungstendenz* haben. Eine Arbeit, die ohne weiteres an einer beliebigen Stelle abgebrochen werden kann, besitzt nicht die notwendige zielabhängige Zucht, die den Arbeitenden auch dann bindet und zur Fortführung der Arbeit stimuliert, wenn sich Schwierigkeiten einstellen und die Arbeit als Last empfunden wird.

5. Das Arbeitsergebnis (Werk) muß dem Ausführenden die Möglichkeit einer *Selbstprüfung* geben. Diese Selbstkontrolle vollzieht sich in zwei verschiedenen Phasen:
- In der ersten Phase (*Kerschensteiner* nennt sie »Außenschau«) wird die Leistung unter rein sachlichen Gesichtspunkten geprüft: Ist genau gearbeitet worden? Wo sitzen Fehler?

- In der zweiten Phase (die *Kerschensteiner* »Innenschau« nennt) geht der prüfende Blick selbstkritisch von der Leistung auf die Person zurück. Es ist jetzt zu prüfen, von welchen persönlichen Verhaltensformen die sei es schlechte sei es gute Leistung abhängt (Genauigkeit oder Oberflächlichkeit, Ausdauer oder mangelnde Konzentration, sorgfältige Schrittanalyse oder ungenaue Planung usw.).

6. Kritische *Selbstkontrolle* ermöglicht dann erst das, woran letztlich der erzieherische Ertrag eines pädagogischen Arbeitsvorhabens hängt: das in die Selbstprüfung eingeschlossene und von ihr abhängige Bewußtsein, daß man im Arbeitsprozeß gelernt und sich selbst gebildet hat. Dieses Moment der Rückverstärkung nennt *Kerschensteiner* »Wachstumbewußtsein«: »Nicht, daß wir manuelle Arbeitsprodukte ausführen lassen, die vielleicht sogar einen wirtschaftlichen Wert haben, nicht daß wir Erkenntnisse ›erarbeiten‹ lassen, ist das beste Kennzeichen einer guten Arbeitsschule, sondern daß wir die Schüler in der Selbstprüfung erleben lassen, wie groß ihre Selbsttreue, ihre Sachlichkeit in der Selbsttätigkeit ihrer Arbeit war, darin liegt der wahre Geist der Arbeitsschule[83].«

7.5 Die heilpädagogische Funktion der Arbeit

Unter dieser Bezeichnung werden zwei Aspekte zusammengefaßt, die eigentlich getrennt werden müßten. Das ist die ärztliche *Arbeitstherapie* auf der einen, die *heilpädagogische* Funktion der Arbeit auf der anderen Seite. Gewöhnlich versteht man unter »Therapie« die Heilung eines Leidens, unter »Heilpädagogik« die Beseitigung einer Entwicklungsstörung. Da es sich aber in beiden Fällen um dieselben Grundstrukturen der Arbeit handelt, können sie gemeinsam besprochen werden.

Werkgestaltende Arbeit entwickelt von ihrer Vollendungstendenz her sowohl eine *Zucht der Methode* (sachlich festgelegte Reihenfolgen; Unterordnung unter die Materialgesetze und die objektiv geforderten Arbeitsgänge) als auch eine direkt auf den Arbeitenden zurückwirkende *Zucht zur Selbstbeherrschung* (ein Zwang zur Genauigkeit, zur Beharrlichkeit usw.). Material und Werk fordern eine Lückenlosigkeit des Weges, die ohne Konsequenz im Verhalten nicht möglich ist. Sie zwingen zur reflektierenden Unterbrechung des Funktionspreises zwischen Triebbegehren und -befriedigung und fordern, daß der Verstand erst Ziel und Mittel prüft, ehe eine Handlung begonnen wird. Am Material und Werk werden außerdem alle Schritte deutlich, die bis jetzt getan worden sind und machen sie als objektive Leistung nachkontrollierbar. Deshalb sind produktive Arbeitsformen Tätigkeiten, bei denen nicht gepfuscht werden kann und durch die folglich eine unmittelbare sachnotwendige Disziplinierung geschieht.

In allen Fällen, in denen *Verwahrlosung* droht (Verwahrlosung ist immer ein Zustand sich auflösender äußerer und innerer Ordnung), ist daher die Zucht werkorientierter Arbeiten ein pädagogisch vorzügliches Gegenmittel, das sowohl äußere in Verhaltensformen sich äußernde als auch innere in Einstellungen manifestierte Ordnung wiederherzustellen und zu festigen in der Lage ist.

7.6 Abschließender Überblick über die Hauptrichtungen der Arbeitspädagogik

1. Hygienische Richtung

   Merkmal: Arbeitsformen sollen der Gesundheit und Hygiene dienen.
   Ziele: 1. Entwicklung der körperlichen Anlagen, besonders der Gebrauchsfähigkeit der Hände (Handfertigkeiten, Handarbeiten).
            2. Harmonische Körperentwicklung (Totalität).

2. Didaktische Richtung
   Merkmal: Arbeitsformen sollen der Bildung dienen.
   Ziele: 1. Pflege der Sinne (Gesichtssinn, Tastsinn).
            2. Erziehung zum kritisch-sachlichen Urteil (genaues Wahrnehmen, Beobachten, Untersuchen, Prüfen).
            3. Lehre von Handfertigkeiten.
            4. Integration von Wissen, Wollen, Anwenden.

3. Verhaltensformende Richtung (Erziehung im engeren Sinn)
   Merkmal: Arbeitsformen dienen der Disziplinierung und Zucht.
   Ziele: 1. Erhaltung und Pflege des natürlichen Tätigkeitstriebes.
            2. Willensbildung an den sachlichen Forderungen der Arbeitsprozesse.

4. Individualpädagogische Richtung
   Merkmal: Arbeitsformen individualisieren Lehre und Lernen.
   Ziele: 1. Arbeitsunterricht gibt der Selbsttätigkeit (Spontaneität) Raum und fördert dadurch die Selbständigkeit.
            2. Arbeitsunterricht ermöglicht individuelles Lernen (Lerntempo, Lernformen).
            3. Arbeitsunterricht kann die spätere Berufswahl vorbereiten und erleichtern.

5. Soziale Richtung
   Merkmal: Arbeitsformen haben eine soziale Erziehungsfunktion.

Ziele: 1. Der Schüler wird auf Vorgänge der Arbeitswelt vorbereitet.
2. Ihm werden Bedeutung und Anforderungen des späteren Berufes deutlich.
3. Er gewinnt Einblick in verschiedene Berufsarten und ihre Bedeutung.
4. In Arbeitsprozessen lernt er soziale Einstellungen und Verhaltensformen.

8. Wetteifer, Konkurrenzverhalten und Kooperation

8.1 Begriffsbestimmungen zum Thema Wetteifer

8.1.1 Begriffsanalytische Differenzierung: Kampf, Wettkampf, Wetteifer

8.1.1.1 Methodologische Vorüberlegungen

Zwar wird die Aussagefähigkeit begriffsdefinitorischer Analysen öfters nicht ohne Grund in Zweifel gezogen, weil bei semantischen Differenzierungen meist Deskriptives und Normatives miteinander vermischt wird. Aber begriffliche Differenzierungen sind, sofern sie nicht reine Spekulation darstellen, sondern an historisch-hermeneutischen Methoden und natürlich auch an empirischer Datenerhebung orientiert bleiben, keineswegs nur eine Art nominalistische Wortseparation und Namensfindung, um empirisch eruierte sozialpsychologische Fakten zu klassifizieren. Wären Begriffsanalysen dies und könnten sie prinzipiell nichts anderes sein, bliebe der Wissenschaft insgesamt nur die Resignation, daß sie nichts anderes zu leisten vermag, als zu konstatieren, was je immer schon ist. Fragen, wie die im eigentlichen Sinne erst kulturell relevanten: weshalb etwas so ist, wie es ist und ob es nicht anders sein könnte, vielleicht sogar sein sollte, wären dann allein als Meinung, Standpunktdenken, als unverbindliche Anschauungen anzusehen und von einer auf Meßbarkeit reduzierten Wissenschaft streng zu unterscheiden. Es braucht hier nicht erörtert zu werden, weshalb diese Auffassung von Wissenschaft nicht nur einseitig, sondern selber spekulativer Natur ist.

Gerade Erziehungswissenschaft steckt in diesem fortwährenden Dilemma: Von ihrem Prinzip her mehr auf das Sollen als auf das faktisch Seiende verwiesen, werden ihre Aussagen doch mit Vorliebe an Maßstäben empirischer Sozialforschung gemessen. Die Diskrepanz zwischen den Ist-Lagen beschreibenden Sozialwissenschaften einerseits und der zumindest weithin über Soll-Lagen reflektierenden Erziehungswissenschaft andererseits werden gern und oft zu einem Mangel der Pädagogik an Wissenschaftlichkeit hochstilisiert, während diese Diskrepanz doch aus der jeweils andersartigen Intentionalität stammt, mit der man einmal Ist-Lagen analysiert, ein andermal Soll-Lagen beschreibt. Man beweist folglich, daß man die Bedeutung dieser Differenz nicht verstanden hat, wenn man sie nur als Mangel an realwissenschaftlicher Tradition der Pädagogik zu interpretieren sucht.

Es kann deshalb von der Sache der Erziehung her – die sich ja weiß Gott nicht im Konstatieren von Bestehendem und dessen Tradition erschöpfen kann – nicht richtig sein, wenn allein davon ausgegangen würde, in welcher

Weise sich Wetteifer heutzutage zeigt. Eine Bestandsaufnahme und hermeneutische Analyse der in der Geschichte gespeicherten Erfahrungen[1] ist vielmehr notwendig, wenn nachgesehen werden soll, ob das, was ist, so gut ist, wie es ist, oder ob man an Veränderungen denken sollte und wenn ja, aufgrund welcher Begründungen. Semantische Differenzierungen mit hermeneutischen Explikationen sind also nicht Ersatz für eine fehlende realwissenschaftliche Tradition in der Erziehungswissenschaft, sondern vielmehr auch eine notwendige Basis, von der her erst das, was sich als Faktizität zeigt, reflektiert und bewertet werden kann.

8.1.1.2 Semantische Differenzierungen

Das Kompositum »Wett-Kampf« enthält das Grundwort »Kampf«. Sehen wir zuerst nach, was von beiden: Kampf oder Wettkampf dem anderen logisch und genetisch vorausgeht. Zunächst zum sachlogischen Zusammenhang: Offensichtlich tritt Kampf früher auf, denn er verläuft in einem viel primitiveren Sozialverhältnis als dies beim Wettkampf der Fall ist, der bereits komplizierte Sozialformen voraussetzt.

Kampf ist auf eine Schädigung, Unterwerfung eventuell Vernichtung des Gegners aus. Zwischen den beiden Kämpfenden, seien es Einzelne oder seien es Gruppen, gibt es kein übergeordnetes, sie trotz ihres momentanen Gegensatzes verbindendes soziales Verhältnis. Jede der beiden Parteien will im Gegenteil ihre eigene Ansicht und ihr Ordnungsprinzip durchsetzen; sei es, indem sie andere ihren eigenen Gesetzen unterwirft, sei es, indem sie sie physisch vernichtet.

Im Wettkampf dagegen soll der Gegner nicht geschädigt und erst recht nicht vernichtet werden. Auch eine Schädigung an der Ehre, das heißt eine absichtliche Demütigung des Verlierers, kann nicht zu den guten Zielen eines Wettkampfes gehören. Wettkampf ist Auseinandersetzung unter gleichen. Deshalb bedarf er Regeln, die die erforderliche Gleichheit herstellen und auch wahren. Diese Regeln wiederum fußen auf einem umgreifenden Sozialverhältnis der Partner zueinander. Nur auf einer grundlegenden Einheit der beiden kämpfenden Parteien kann der durch Regeln begrenzte Gegensatz eines Wettkampfes zustande kommen und ausgetragen werden.

Wettkampf bezeichnet ursprünglich Kampf zweier oder mehrerer um lohnenden Einsatz. Wenngleich bei jedem Wettkampf ein Gegensatz auftritt, da schließlich einer den anderen besiegen möchte, so zeigt sich doch zugleich auch ein verbindendes Element; die Gegner sind keine Feinde. Außerdem sind bei Wettkämpfen mehr und mehr die Verlaufsformen der Auseinandersetzung selber bedeutsam geworden. Wettkämpfe haben – zumindest in der Form der Wettkampfspiele und des Sportes – etwas Spielerisches an sich, bei der die Lust an der Tätigkeit andere Ziele in den Hintergrund drängen kann. An dieser

Stelle unterscheiden sich allerdings der traditionelle Wettkampf und das gegenwärtig dominierende Konkurrenzverhalten deutlich. Darüber wird später noch ausführlich zu sprechen sein. Auf jeden Fall ist bei Wettkämpfen nicht nur der Erfolg allein, sondern auch der Verlauf des Wettkampfes bedeutsam. Wettkämpfer wollen ihre Kräfte aneinander messen. Das erfordert aber, daß die Voraussetzungen geprüft, eine Art von Chancengleichheit hergestellt und eine einende Regel gesucht werden muß, der sich die beiden miteinander kämpfenden Parteien unterwerfen. Wettkämpfer brauchen Gleichheit der Voraussetzungen. Nur dann, wenn der eine dem anderen gibt und zuerkennt, was er für sich selbst auch fordert, können Wettkämpfe zustande kommen. Ohne eine solche, die Auseinandersetzung regulierende, grundsätzliche Zusammengehörigkeit gibt es nur Kampf, aber keinen Wettkampf.

Obwohl es sich etymologisch wohl kaum wird belegen lassen[2], scheinen sich gewisse Nuancen zwischen Wettkampf und Wettstreit ausgebildet zu haben, die sich retrospektiv auch früher schon in Ansätzen erkennen lassen. Es scheint, daß im Wettstreit die eigene Person des Kämpfenden egoistischer hervortritt, als dies beim Wettkampf der Fall ist. Das Interesse der Kämpfenden verschiebt sich beim Wettstreit mehr vom Verlauf der Auseinandersetzung auf das Ziel, den Erfolg. Sieht es noch so aus, als sei beim Wettkampf Sieg und Siegerehrung mehr schmückende Zutat, so tritt beim Wettstreit der Erfolg eindeutiger in den Vordergrund.

Ich kann die Frage nur streifen, in welcher Weise diese sachlogische Reihenfolge vom primitiven Kampf zum gesellschaftlich regulierten Wettkampf sich auch in einer historischen Entwicklung wiederholt. Manches spricht dafür, daß die logische Folge auch in der geschichtlichen Genese wiederkehrt. Die »Ur-Wettkämpfe« der Sagen und Sagas sind eigentlich immer Kämpfe, in denen der Unterlegene seine Gleichheit und oft auch seine Freiheit verliert. Immer sind Verschiebungen im sozialen Machtverhältnis Folgen solcher Auseinandersetzungen. Kulturgeschichtlich später scheint die Form des Wettstreites aufzutreten, der bereits unter festeren Regeln abläuft, in dem es vor allem um materiellen Gewinn geht (man vergleiche den Wettstreit um die Kriegsbeute in Homers Odyssee). Der Wettkampf schließlich, bei dem der Sieger nur durch ein symbolisches Zeichen geschmückt wird (der olympische Kranz), setzt hochentwickelte Gesellschaftsformen voraus, die nicht mehr primär durch Macht (Über- und Unterordnung) bestimmt, sondern durch Gesetz (Prinzip der Gleichheit) geregelt werden. Nur wo das Recht des Stärkeren durch rechtlich garantierte Gleichheit abgelöst worden ist, kann das Symbol als eine Ehrung gelten, für die zu mühen sich lohnt. Tatsächlich haben sich auch in der Kulturgeschichte Wettkämpfe nur dort entwickeln können, wo die Voraussetzung gesellschaftlicher Gleichheit vorhanden gewesen ist. Kulturen mit stark hierarchischer Prägung kennen entweder überhaupt keine Wettkämpfe oder nur innerhalb homogener sozialer Schichten. Dies wird schon bei einem

Vergleich Ägyptens und des Orients mit der Kultur Griechenlands deutlich. Cäsaren sahen Wettkämpfen allenfalls zu, sie nahmen aber nicht an ihnen teil. Turniere standen nur den Angehörigen des gleichen Standes offen und selbst das bereits zum Kampf zu zählende Duell kannte noch den Begriff der Satisfaktionsfähigkeit.

Wettkampf und Wettstreit sind objektive Verhältnisse. Beide haben aber auslösende Faktoren auf der Seite des Subjekts und außerdem eine begleitende psychische Resonanz. Diese auslösenden, gleichzeitig aber auch begleitenden psychischen Zustände nennen wir *Wetteifer*. Von den genannten Begriffen Wettkampf und Wettstreit unterscheidet sich Wetteifer also in entscheidender Weise. Denn während jene Begriffe objektive Verhältnisse bezeichnen, meint Wetteifer den sich während der Auseinandersetzung einstellenden psychischen Habitus der in Wettkampfsituationen verstrickten Personen.

Wetteifer ist mehrschichtig. Er stellt keine in sich ruhende unveränderliche Größe dar, sondern vielmehr ein sich wechselseitig rückverstärkendes Aktions- und Reaktionsverhältnis. Wetteifer entfacht Wettkampf. Wettkampf wiederum verstärkt Wetteifer.

Sobald Wetteifer als Erziehungsmittel betrachtet wird, interessiert allerdings weniger dieses reziproke Grund-Folge-Verhältnis als vielmehr die vom Wetteifer auf den Wettkämpfer ausstrahlende Wirkung. Während in unseren bisherigen Überlegungen immer zuerst auf den äußeren Ablauf des Wettkampfes geachtet und der Wetteifer als dessen psychische Begleiterscheinung gewertet worden ist, kehrt sich für das Erziehungsmittel Wetteifer das Verhältnis um; in ähnlicher Weise übrigens, wie das schon bei den Erziehungsmitteln Spiel und Arbeit deutlich geworden ist. Denn den Erziehenden interessiert vor allem *die Rückwirkung des Wetteifers auf den psychischen Habitus des Wetteifernden*. Der Wettkampf ist dann nur Mittel zum Zweck, das heißt auslösende Situation, in der der gewünschte Wetteifer entstehen soll[3].

8.1.2 Das Konkurrenzprinzip

Von den mehr exzeptionellen Situationen des Wettkampfes ist das Konkurrenzprinzip zu unterscheiden, das als Regulativ einzelner gesellschaftlicher Bereiche, wie etwa der Wirtschaft, wirken oder, wie etwa in der Gegenwart, zum durchgängigen Strukturprinzip aller gesellschaftlichen Institutionen, auch der Bildungseinrichtungen, werden kann. Wenngleich im sozialpsychologischen Aufbau des in beiden Sozialformen des Wettkampfes wie des Konkurrenzverhaltens wirkenden Wetteifers zunächst gleiche Faktoren auftreten, ist sicher, daß sowohl durch den Umfang des Geltungsbereichs des Konkurrenzprinzips wie vor allem durch die auftretenden Dauerbelastungen in einer Konkurrenzgesellschaft deutliche Verschiebungen auftreten, die es erforderlich machen, streng zwischen einem temporären, meist noch in gehobener Stimmung ausgetragenen Wettkampf und den belastenden Auswirkungen einer ökonomistischen Stress-Gesellschaft zu unterscheiden.

Damit zeigt sich abermals, daß man Erziehungsmittel nicht in einer phänomenologischen Reduktion auf das sogenannte Wesenhafte beschreiben kann, das heißt konkret: daß man sie nicht nur als Erziehungs-Mittel betrachten darf, sondern in ihrer allgemeinen wie besonderen gesellschaftlichen Funktion, und sie darüber hinaus als allgemeine anthropologische Größen so analysieren muß, daß ihr Gesamteinfluß auf die Persönlichkeit und ihr Sozialverhalten deutlich wird.

8.1.2.1 Geschichtliche Vergleiche und erste hermeneutische Analysen

Als guter Einstieg in den Problembereich eines offensichtlich hochambivalenten Verhältnisses wie des Wetteifers bietet sich der Rückgriff auf geschichtliche Erfahrungen an, die, auf verschiedene Weise tradiert, zwar keine exakten Untersuchungen ersetzen können, auch gar nicht sollen, aber als eine vorgreifend hypothetische Problemerhellung außerordentlich nützlich sind. Ein solches Verfahren liegt um so näher, als es bereits einmal eine Gesellschaftsstruktur gab, in der, bei aller Verschiedenheit der äußeren Bedingungen, doch in einer auffallenden Ähnlichkeit mit gegenwärtigen Verhältnissen Wettkampf- und Konkurrenzbedingungen als Grundraster der allgemeinen Gesellschaftsbeziehungen galten. Analysiert man die aus den Erfahrungen jenes Kulturbereiches stammenden Meinungen, zeigen sich drei verschiedene einerseits selber miteinander konkurrierende, andererseits einander überformende Auffassungen über Wetteifer und seine Persönlichkeit wie Gesellschaft beeinflussenden Auswirkungen. Es sind dies
– die Beziehungen zwischen Wetteifer, Ehrgeiz und Neid,
– die Form des kultivierten Wetteifers und
– das Verhältnis von Wetteifer und Bildungsstreben.

1. Wetteifer, Ehrgeiz und Neid
Die erste bekannte Analyse des Wetteifers erfolgte in der Weise personalisierend beschreibender Mythologie im griechischen Kulturraum. Diese Mythe personifiziert den Wetteifer in der Gestalt der *Eris*. Eris war die Gefährtin des Kriegsgottes Ares. Auf der Hochzeit des Peleus nicht eingeladen, wirft sie einen goldenen Apfel unter die anwesenden Damen und fordert die schönste auf, ihn zu nehmen. Der durch Ehrgeiz und Neid ausbrechende Streit löst den Trojanischen Krieg aus.

Wird der psychologische Gehalt aus der mythologischen Hülle herausgehoben, dann zeigt sich, daß nach den Erfahrungen jenes Kulturkreises Eris offensichtlich keine Tugend symbolisiert. Wetteifer ist vielmehr eine destruktive Kraft, die zu Zank, Streit und Totschlag führt. »Göttin des Neides« nennt sie denn auch die Übersetzung und *Hesiod* hat sie an einer Stelle von »Werke und Tage« mit der Metapher »Gebärerin der schwarzen Nacht« treffend charakterisiert[4]. Bereits frühen menschlichen Erfahrungen nach – das *Abel-Kain-*Motiv wäre zum Vergleich heranzuziehen – hängen Wetteifer, Ehrgeiz und Neid sehr eng zusammen. Wie dem Ehrgeiz und dem Neid allgemein so wäre es dann auch dem Wetteifer eigen, daß der von ihm Befallene fortwährend ängstlich zwischen sich und anderen vergleicht und anderen Leistungen und Besitz mißgönnt. Der Neidische empfindet Erfolge anderer als persönliche Zurücksetzung. Aus diesem Eindruck heraus reagiert er feindlich: sei es, daß er unmittelbaren Streit sucht und auch ausbrechen läßt, der auf gesellschaftliche, wirtschaftliche, physische Schädigung des Beneideten zielt, sei es auch, daß hinterrücks dessen Ansehen und Ehre ruiniert werden, um auf diese Weise den gefürchteten Rivalen zu schädigen[5]. Die griechische Mythologie und nicht nur diese ist reich an Beispielen, die sich zum Nachweis solcher menschlichen Urerfahrung heranziehen lassen.

Heimtückischer noch als diese nach außen unmittelbar sichtbar werdende Feindseligkeit ist die Rückwirkung des Neides auf den Neidischen. Neid kann das selbstkritische Wahrheitsbewußtsein empfindlich trüben, weil die vom Neid aufgeregten Emotionen den tatsächlichen Sachverhalt verstellen und dabei aus der »Wahrheit an sich« (so wie die Dinge sich wirklich verhalten) eine »Wahrheit für mich« (so wie ich möchte, daß sich die Dinge verhalten) bilden. Durch derartige Einstellungsveränderungen wird die sachliche Leistung des anderen als persönliche Zurücksetzung empfunden und ausgelegt, im besten Falle als Folge unverdienten Glücks, häufiger noch als Ergebnis unlauterer Machenschaften bezeichnet. Die durch Neid hervorgerufenen Wahrnehmungs- und Einstellungsveränderungen bewirken außerdem, daß die beabsichtigte Schädigung des Beneideten noch in den Mantel eines angeblich objektiven Rechtes eingehüllt wird, das wiederhergestellt werden müsse, nachdem es durch den anderen böswillig verletzt worden sei. Der neidische Mensch erhofft und betreibt also nicht nur Schädigungen der Leistung und des Ansehens anderer Personen, sondern verdreht außerdem die Wahrheit gerne auf eine solche Weise, daß sein Rechtsbruch noch als objektiv gebotener Rechtsschutz deklariert wird.

Nicht umsonst ist deshalb in der christlichen Lehre der Neid als eine der sieben Todsünden ausgelegt worden. Wenn man wiederum den anthropologischen Gehalt dieser Aussage herausgreift, dann bedeutet dies, daß durch Neid alle sozialen Bindungen: Bekanntschaften, Freundschaften, Zuneigungen, Achtungen, Verehrungen, Rücksichten, schließlich Nächstenliebe ausgehöhlt und aufgelöst, ja in sich pervertiert werden. Deshalb wurde Neid als zerstörende diabolische Kraft angesehen, die dem christlichen Liebesgebot genau entgegenstehe.

Wenn aber Wetteifer und Neid derartig miteinander korrespondieren, wie das eben dargestellt worden ist, dann geraten wir in eine hochproblematische

Dialektik. Denn falls Neid unabweisbare Folge des Wetteifers ist, wäre der Wettkämpfe auslösende psychische Antrieb des Wetteifers zugleich von einer solchen Art, daß durch ihn die sozial geregelten Wettkämpfe wieder in asoziale Kämpfe zurückverwandelt würden, weil er nicht nur ein Aneinandermessen, sondern vielmehr bewußt Schädigung des anderen intendierte. Durch Wetteiferverhalten würde dann Egoismus aktiviert, würden geregelte Sozialbeziehungen wieder aufgelöst und durch Rivalitäten ersetzt.

2. Der kultivierte Wetteifer

Bliebe Neid die einzige oder auch nur die hauptsächlichste Rückwirkung, dann wäre Wetteifer in der Politik wie in der Erziehung gleichermaßen zu fürchten und es müßten möglichst alle Situationen eliminiert werden, in denen sich Einstellungen des Wetteifers ausbilden könnten. Nun erzählt aber die von *Hesiod* berichtete Mythe, an die vorhin schon angeknüpft wurde, von einer merkwürdigen Doppelung. Zwei Erisgöttinnen seien auf Erden, weiß *Hesiod* zu berichten[6]: »Die eine Eris möchte man, wenn man Verstand hat, ebenso loben als die andere tadeln; denn eine ganz getrennte Gemütsart haben diese beiden Göttinnen. Die eine fördert den schlimmen Krieg und Hader, die Grausame! Kein Sterblicher mag sie leiden, sondern unter dem Joch der Not erweist man der Schwerlastenden Ehre nach dem Ratschluß der Unsterblichen. Diese gebar, als die ältere, die schwarze Nacht. Die andere aber stellte Zeus, der hochwaltende, hin auf die Wurzeln der Erde und unter die Menschen als eine viel bessere. Sie treibt auch den ungeschickten Mann zur Arbeit; und schaut einer, der des Besitztums ermangelt, auf den anderen, der reich ist, so eilt er sich in gleicher Weise zu säen und zu pflanzen und das Haus wohl zu bestellen. Der Nachbar wetteifert mit dem Nachbarn, der zum Wohlstande hinstrebt. Gut ist diese Eris für die Menschen«.

Nietzsche, der diese Stelle kommentiert hat, meint daraus auf eine besondere »hellenische Ethik« schließen zu können, in der Neid nicht Makel, sondern »Wirkung einer wohltätigen Gottheit« sei. In neueren Konflikttheorien kehren ähnlich orientierte Annahmen wieder. Ich muß die Frage übergehen, warum ich diese Deutung für eigenwillig und einseitig halte und interpretiere gleich die in das Bild einer zweiten Eris hineingewobene psychologische Aussage auf andere Weise. Was diese »Zeustochter Eris« symbolisiert, ist nämlich keine andere, sondern *die durch Bildung gezähmte und durch Kultur veredelte Eris.* Diese psychologische Aussage ist jetzt aus ihrer mythologischen Hülle zu lösen und als allgemein anthropologischer Befund zu interpretieren.

Wir gehen davon aus, daß der Mensch nicht ursprünglich »böse« ist, aber in Folge der unabweisbaren Kontingenz menschlicher Existenz im hohen Maße Konfliktfähigkeit besitzt. Diese Konfliktfähigkeit wiederum hat mehrfache Auswirkungen. Aus ihr folgen Differenzen und Rivalisierungen mit den entsprechenden, rückwirkenden Nebeneffekten. Auf sie ist die menschliche Grundmöglichkeit des Scheiterns zurückführbar und mit ihr hängt außerdem der

Grundzustand menschlicher Labilität zusammen. Dies alles bedeutet keineswegs, daß der Mensch prinzipiell zur Unselbständigkeit determiniert sei und folglich einer permanenten und totalen Außenkontrolle unterworfen werden müsse. Es kommt vielmehr immer darauf an, wie durch Erziehung und Bildung die einzelnen Positionen im Personengefüge verstärkt, verändert und zueinander in Beziehung gesetzt werden. In unserem Falle, der Analyse des Wetteifers und seiner Nebenwirkungen, bedeutet das im einzelnen: Der Egoismus, dem der Neid eng verbunden ist, stellt nichts Ursprüngliches dar, sondern ist die auf äußere Einwirkungen hin erfolgte Perversion einer durchaus positiv zu bewertenden natürlichen Selbstliebe. Ebenso erscheint auch der Neid als nichts Ursprüngliches, sondern als eine wiederum von äußerlichen Konstellationen bewirkte nachfolgende Verkehrung eines in seinem ursprünglichen Ansatz positiven Strebens jeder Individualität nach Anerkennung, Achtung und Gleichheit mit anderen. Eine ursprüngliche Selbstbezogenheit des Individuums auf sich selbst, die wir gewöhnlich Selbstliebe nennen, und die mit dem identisch ist, was in der neueren Sozialisations- und Persönlichkeitsforschung als ursprüngliches Verlangen nach Sicherheit, Geborgenheit, Anerkennung herausgestellt worden ist, verändert sich also unter äußerlichen Bedingungen zu egozentrisch akzentuierten Einstellungen und kann dann im Regelkreis von Reaktion und Rückverstärkung Neid und Haß anwachsen lassen und zur offenen Feindhandlung führen.

Man macht sich das damit angesprochene Problem allerdings regelmäßig zu leicht, wenn man für die Auflösung dieses psychologischen Mechanismus einige gesellschaftliche Oberflächenveränderungen, wie etwa Veränderungen in Besitzverhältnissen allein, für ausreichend hält. Die in den Mythologien gesammelten Erfahrungen sind da trotz ihrer beschränkten wissenschaftlichen Brauchbarkeit zumindest im allgemeinen anthropologischen Gehalt ihres Problemansatzes weitaus universaler: Es gibt im Grunde nichts, was Menschen einander nicht neiden könnten. Materieller Besitz ist nur eine und keineswegs die ausschlaggebende Größe. Neuere psychoanalytische Überlegungen unterstreichen diese Deutungen: ontogenetische Frühformen des Neides entwickeln sich an Besitzständen ganz anderer Art als den mit wirtschaftlichen Kategorien zu bezeichnenden, und die soziale Strukturierung von Zuneigung und Abneigung, Freund und Feind scheint längst vollzogen, ehe wirtschaftliche Interessen dominant werden.

Die menschliche Antwort auf drohende oder bereits stattgefundene Deformation der natürlichen Selbstliebe zum egoistischen Neid heißt *Kultivierung durch Erziehung*[7]. Deren Ergebnis wiederum ist »Charakterstärke der Sittlichkeit« *(Herbart)* oder, wenn man den traditionellen Begriff nicht scheut: *Tugend.* Der Begriff Tugend wirkt allerdings dem heutigen Sprachgebrauch nach zumindest ungewöhnlich. Nach Paul *Valéry*[8] ist das Wort »Tugend« heute »nur noch im Katechismus, in der Posse, in der Akademie und in der Operette anzutreffen«. In die Nähe von Lächerlichkeit gerückt, bezeichnet »tugendhaft« den Typ des Ängstlichen, Unfrohen und schließlich auch unfreien Menschen, der dauernd anders handelt als er handeln möchte, weil er im ständigen Zwiespalt zwischen Sollen und Wollen lebt. Davon abgeleitet ist der Begriff zur Kennzeichnung kleinbürgerlicher Ordentlichkeit und dümmlicher Bravheit geworden. Stößt man indes durch diese Kruste von Verflachung, meint Tugend etwas völlig anderes: nicht die Einschränkung und Festlegung der Person auf reglementierende äußere Verrichtung und eine tradierte Verhaltenskasuistik, sondern vielmehr *das ultimum potentiae der Person, daß sie in der Weise möglicher Vollendung richtig ist.* Deshalb hat auch Tugend nichts mit fortgesetzten Einschränkungen begehrter Freiheiten zu tun, sondern ist ganz im Gegensatz dazu, wie sie noch *Herbart* definiert hat, »*die in einer Person zur beharrlichen Wirklichkeit gediehene Idee der inneren Freiheit*«[9].

»Innere Freiheit« wiederum heißt Selbstverfügbarkeit im Sinne von Selbstbestimmbarkeit. Eine solche Selbstbestimmbarkeit kann offensichtlich dort nicht auftreten, wo Handeln in den geschlossenen Funktionskreis von Reiz und Reaktion eingebunden bleibt, gleich, ob diese Reize endogenen oder exogenen Ursprungs sind. Erst wo die Instanz des Verstandes und der Vernunft urteilend eingreift und die situationsbedingten Konstellationen von Eindrücken, Wahrnehmungen, Anmutungen, Einstellungen zu transzendieren in der Lage ist, um – wenigstens in Annäherungswerten – zu erfassen, wie »die Wahrheit der Dinge sich verhält«, ist Selbstbestimmbarkeit als Handlungsfähigkeit einer geistigen Person vorhanden.

Damit dieser Zustand aber überhaupt eintreten kann, müssen nicht nur jene psychologischen Mechanismen und ihre äußerlichen Bedingungen kontrolliert werden, die wahrnehmungs- und einstellungsverfremdenden Einfluß ausüben, es muß – wenn man nicht ein permanent wirkendes Netz von Außenkontrollen installieren will – der Heranwachsende selbst in die Lage versetzt werden, selbstkritisch zu sein. Das bedeutet vor allem dieses: Selbstbestimmbarkeit ist in ihrem Ursprung nichts anderes als *Selbstverfügbarkeit,* als die Fähigkeit der Person, sich aus den Determinationszwängen psychischer Mechanismen selbst zu befreien, zu denen vor allem auch die destruktiven Sozialformen des Ärgers, des Neides und des Hasses gehören. Tugend als die »zur beharrlichen Wirklichkeit gediehene Idee der inneren Freiheit« ist nichts anderes als diese mit der nötigen Sensibilität ausgestattete Fähigkeit zur Selbstregulation; allerdings nicht, wie die zeitgenössischen Internalisationstheorien in einem wertfreien Raum angesiedelt, so daß Sensibilisierung zum besonders raffinierten Instrument verschleierter Anpassung an vorherrschende Ideologien zu werden droht, *sondern auf unverrückbare Grundwerte* (wie Freiheit des Individuums und soziale Gerechtigkeit) *bezogen.*

In dieser umgreifenden anthropologischen Dimension ist auch der Umstand zu sehen und zu bewerten, daß im Sozialkontakt ein epochal zwar jeweils stärkeres oder schwächeres, im Prinzip jedoch ständig vorhandenes Auseinandersetzen und Sichaneinander-Messen erfolgt und deshalb auch immer mit Folgen der psychischen Resonanz auf solche Verhältnisse gerechnet werden muß.

Dabei ist es wichtig, die schon erwähnte Dreiteilung im Blick zu behalten:
- am Anfang die seinsmäßig gute menschliche Grundstrebung der Selbstliebe,
- an zweiter Stelle die einen moralischen Defekt kennzeichnende Perversion in Egoismus, Ehrgeiz und Neid,
- an dritter Stelle schließlich die menschliche Vorsorge durch Erziehung zur Tugend als einer gefestigten, objektorientierten, selbstregulierungsfähigen Persönlichkeitsstruktur.

Um eine solche, durch Erziehung gleichsam veredelte Form natürlicher roher Selbstliebe handelt es sich bei jener zweiten Eris. Sie ist bereits selber Bildungs- und Kulturprodukt, während die erste Eris weiter nichts als die in einer rohen Sozialauseinandersetzung pervertierte Eigenliebe darstellt.

3. Wetteifer und Bildungsstreben

Blicken wir jetzt auf das Ergebnis dieses Kultivierungsvorganges. Soviel ist gewiß: auch im kultivierten Wetteifer steckt noch Selbstliebe. Im Kultivierungsvorgang sind nur die gegen Sozialpartner gerichteten Tendenzen des Neides, der Streitsucht, der Mißgunst, der absichtlichen Schädigung und der gewollten Vernichtung unter Kontrolle gebracht und durch gegengelagerte Einstellungen aufgehoben worden. Die in der natürlichen Selbstliebe gespeicherten Antriebe des »Selber-jemand-sein-Wollen« wurden dabei indes nicht gedrosselt oder vernichtet, sondern als bildungsorientierter Antrieb auf die eigene Person des Wetteifernden zurückgelenkt. Was vordem als sozial destruktive Einstellung nach außen drang, bleibt jetzt als selbstbildende Kraft in der Person. Der vom Wetteifer stimulierte Antrieb drängt jetzt dazu, die gewünschte Gleichheit mit anderen durch gründlicheres Arbeiten, durch größere Ausdauer und zusätzliche Übungen zu erreichen, kurz: Gleichstellungen durch bessere Leistungen zu gewinnen. Waren die rohen Auswirkungen des Wetteifers destruktiv, weil sie Gleichheit auf eine negative Weise durch Diskriminierung dessen erreichen wollten, was andere der eigenen Person voraus hatten, so kann man diese zweite wetteiferabhängige Antriebsform aufbauend heißen, weil durch sie Gleichheit auf positive Art über verbesserte eigene Leistungen hergestellt werden soll. Dieser kultivierte Wetteifer, der den Menschen zum »Sich-über-sich-selbst-Hinausrecken« (ὀρέγεσθαι) antreibt, zeigt sich als ein *subjektiver Impuls von Bildung*[10].

Daß die griechische Kultur durch ein überaus reiches und vielfältiges Bildungsstreben gekennzeichnet ist, hängt mit diesem Veredelungsvorgang der rohen Selbstliebe zum kultivierten Wetteifer zusammen, der sich in der griechischen Kultur wie nirgends sonst geäußert hat. Denn nicht Kampf als solcher ist ihr Charakteristikum, auch nicht Konkurrenz, wie sie in der gegenwär-

tigen Gesellschaft dominiert, sondern daß sich objektiv als unter Regeln ge-
brachter Wettkampf äußerte, was sich subjektiv als Verwandlung des rohen
Wetteifers zum kultivierten Bildungsstreben vollzogen hatte. Man kann auch
so sagen: die besondere Form des Bildungsstrebens war Voraussetzung dafür,
daß sich objektiv diese hohe Kultur entwickeln konnte. Veredelte Wettkampf-
formen sind denn auch in allen Bereichen dieser Kultur zu finden: im Sport, im
Bildungsgeschehen selbst (Sophisten), im Wettkampf der Dichter und Sänger,
im Wetteifer der Redner miteinander (Symposion), in der Politik und schließlich selbst noch im Bereich der Tugend; was *Paulus* zu seinem Vergleich veranlaßt haben mag, den Wetteifer des Läufers in der Rennbahn als Vorbild für
Tugendstreben zu benutzen. Vergleiche mit jener Kultur zeigen denn auch, zu
welchen individuellen Leistungen wie auch kulturellen Höhen der in den
Dienst der Bildung tretende Wetteifer antreiben kann, nachdem er selber kul-
tiviert, das heißt, gebildet worden ist.

8.1.2.2 Das Konkurrenzprinzip als gegenwärtig dominantes gesellschaftspolitisches Regulativ

Komplizierte geschichtliche Entwicklungen, in denen nach Max *Weber* eine
calvinistisch beeinflußte, eschatologisch orientierte Leistungs- und Erfolgs-
mythologie eine besondere Rolle spielt[11], haben es mit sich gebracht, daß nach
der streng regulierten Sozial- und Wirtschaftsordnung des Mittelalters die sogenannte »offene Gesellschaft« der Neuzeit sich als eine Konkurrenzgesellschaft ausweist. Mag auch die Entwicklung dieses Prinzips, nach der *Weber-
schen* Analyse, durch besondere weltanschauliche Tendenzen eindeutig begünstigt worden sein, so ist doch offensichtlich, daß wirtschaftliche Verhältnisse
insgesamt, sobald diese nicht nur eine Erhaltung des status quo, sondern verbesserte Bedürfnisbefriedigung und damit Produktionssteigerung intendieren,
eine deutliche strukturelle Affinität zum Konkurrenzprinzip aufweisen. Sonst
wäre es schlechterdings nicht erklärbar, weshalb das Konkurrenzprinzip in den
sich ideologisch demonstrativ von offenen Gesellschaftsformen absetzenden gelenkten Volkswirtschaften weitaus verbreiteter ist und auch in ungleich schär-
feren Formen auftritt, als sich das beim gern kritisierten »Leistungsfetischis-
mus« der offenen Gesellschaft beobachten läßt.

Wie auch immer diese Zusammenhänge sein mögen: es gibt heute keinen
einzigen Gesellschaftsbereich, in dem nicht das Konkurrenzprinzip und das,
worauf Konkurrenz immer zielt: das Leistungsprinzip alle gesellschaftlichen
Verhältnisse in sich aufgesaugt hätte. Das ist bis in das statusorientierte Frei-
zeitverhalten und in das ebenfalls wenngleich verdeckter durch Konkurrenzverhalten mobilisierte gegenwärtige Emanzipationsstreben hineinzuverfolgen
und gilt für alle Gesellschaftsformen, für Arbeitsverhältnisse wie für Bildungs-
institutionen.

Dieses Konkurrenzprinzip und das mit ihm notwendig gekoppelte *Leistungs-prinzip*[12] ist nicht ohne weiteres mit den Verhältnissen des kultivierten Wett-eifers und des Bildungsstrebens identisch, die am Beispiel griechischer Kultur paradigmatisch und natürlich zugleich mit einer gewissen absichtlichen ideali-sierenden Überzeichnung analysiert worden sind. Das zeigt sich anhand der folgenden, hier notwendigerweise auf Thesen beschränkten Überlegungen:

a) In der offenen Gesellschaft gibt es keine tradierte Statuszuweisung. Diese ist vielmehr leistungsabhängig. Der jeweilig erreichte Status wiederum ist, der Leistung entsprechend, von denen anderer unterschieden. Mit der verschie-denartigen Leistungsfähigkeit sind folglich unterschiedliche durch Einkünfte und Kompetenzbereiche ausgewiesene Rangpositionen verbunden.

b) Die durch Konkurrenz erzeugte Ungleichheit verstärkt indes das Kon-kurrenzverhalten direkt. Denn Konkurrenz ist ja gerade auf Überwindung jener Ungleichheit aus, die durch sie immer wieder neu erzeugt wird. Das »Anderen-gleich-sein-Wollen« aktiviert individuelle Antriebe, durch die in-dividuelle Möglichkeiten in Form verschiedenartiger Leistungsfähigkeit und unterschiedlicher Erfolge überhaupt erst voll aktualisiert werden.

c) In der Art, wie diese individuellen Potenzen Ausprägung finden, zeigen sich deutlich Unterschiede zwischen dem ungezügelten Konkurrenzverhalten einerseits und dem vorhin beschriebenen durch Erziehung und Bildung ge-schaffenen Wetteifer andererseits. Die im Konkurrenzverhalten auftretenden starken Antriebskräfte sind durchweg von Nebenwirkungen begleitet, die in dem Maße hochproblematisch werden, in dem sie sich in Verhaltensformen habitualisieren. Es handelt sich dabei im einzelnen um folgende Wertungen, Einstellungen, Verhalten überformende Tendenzen[13]:

– Im Konkurrenzverhalten ist die Einstellung des Menschen zur sozialen Mit- und zur gegenständlichen Umwelt »gebrochen«. Alles erscheint im Lichte und damit auf der Wertskala des Sozialprestiges und der Erfolgswahrschein-lichkeit. Das »An sich« einer Sache oder einer Person geht völlig verloren.

– Der Maßstab des Konkurrenzverhaltens liegt in der Konkurrenz selbst be-gründet. Es geht nicht um ein festes Ziel, nach dessen Erreichung Ruhe ein-träte, sondern um ein ständig neues mit anderen Gleichziehen-, wenn mög-lich sie Übertreffen-Wollen. Im Konkurrenzverhalten schiebt der Konkur-rierende das Ziel selber immer weiter hinaus. Den dadurch ausgelösten Vor-gang nennt man gewöhnlich »Fortschritt«.

– Konkurrenzverhalten erreicht sein Ziel nicht bereits im Handlungsverlauf, wie das beim Wettkampf noch weithin der Fall ist, sondern erst im Ergebnis, der Leistung. Diese Leistung darf aber nicht nur als eine subjektive Größe dastehen. Sie muß, wiederum als Folge des Konkurrenzprinzips, objektiv sichtbar werden, das heißt sie muß effizient oder effektiv sein und sie muß gemessen werden können, damit Vergleiche möglich sind. *Effektivität und Meßbarkeit von Leistungen sind deshalb notwendige Bestimmungsmerkmale einer*

Konkurrenzgesellschaft[14]; wiederum in allen Lebensbereichen, dem des Berufes so gut wie dem der Bildung. »Gesinnungen«, »Selbstverwirklichung«, »Anstrengung« bleiben dabei irrelevante Größen. Ihre Wertigkeit erschöpft sich darin, ob sie sich in meßbaren Ergebnissen einfangen lassen. Verfahren objektiver Leistungsmessungen in der Schule können deshalb einen einseitigen weltanschaulichen background signalisieren, unter dessen Einwirkung der verwendete Begriff »objektiv« sich in seiner Bedeutung geradezu umkehren kann.

– So wenig es einerseits auf die subjektiven Bedingungen der Leistungen ankommt, sondern nur auf das, was objektiv in Erscheinung tritt, so wenig ist diese objektive Leistung selber eine feste Größe und an sich durch Werthaftigkeit ausgezeichnet. Der Inhalt der Leistung hat eigentlich nur punktuelle Bedeutung, in dem er jetzt über ein Mehr oder Weniger, ein Besser oder Schlechter Auskunft gibt[15]. An sich bleibt er indes zufällig und beliebig, denn er wird durch die in der Konkurrenz liegende Dynamik selber permanent relativiert. Einerseits wird also Leistung zum einzigen verbleibenden Qualitätsausweis für Individuen erhoben, andererseits wird der Inhalt der Leistung durch das gleiche Prinzip ins Beliebige verwiesen. Das Konkurrenzverhalten zeigt folglich *eine deutliche Tendenz, in sich selber zu kreisen*, das heißt nichts anderes als leer zu laufen. Das dürfte der eigentliche gesellschaftliche Grundwiderspruch des überzogenen Konkurrenzverhaltens sein.

– Das permanente sich an anderen Messen macht *Unzufriedenheit* zur affektiven Grundstimmung im Konkurrenzverhalten. Diese Unzufriedenheit wird häufig in der Form der Projektion mit einem Schein von Legitimität ausgestattet. Dies geschieht in der Regel in der Weise, daß sie als aggressive Forderung nach Gleichheit auftritt; einer Gleichheit, die sich vom Menschenrecht der Gleichheit nachdrücklich unterscheidet. Während sich dieser Rechtsanspruch auf die Gleichheit der *Basis* (Chancengleichheit) richtet, *ohne* die Ausformungen individueller Möglichkeiten zu hindern, ist die aggressive Form des Gleichheitsstrebens der auf scheinbare Rechtsansprüche gebrachte *Konkurrenzneid, der sich gegen die individuelle Besonderheit des anderen richtet.*

– Dauernde Überschreitung und Neufestsetzung der Ziellage, andauerndes sich an anderen messen Müssen, die beständige Grundstimmung der Unzufriedenheit lassen nirgends zum Genusse kommen, sondern erzeugen eine hauptsächlich emotional regierte Grundhaltung permanenter *Unsicherheit*, auch dort, wo die soziale Position höchsten Komfort erlaubt. Es zeigt sich also erneut, daß Nebenwirkungen des Konkurrenzverhaltens das wieder zu korrumpieren drohen, was durch Konkurrenz erreicht worden ist. Das Ergebnis eines Erfolges befriedigt nur sehr kurz. Dann drängt das Konkurrenzprinzip bereits wieder darüber hinaus.

– Reaktion auf diese permanente Verunsicherung ist *Angst*. In der Regel wird diese Angst durch erneutes Leistungs- und Erfolgsstreben und damit durch ein in sich verstärktes Konkurrenzverhalten zu überspielen versucht. Damit schließt sich der Regelkreis einer im Konkurrenzverhalten wirkenden gefährlichen Selbstverstärkung: Konkurrenzverhalten treibt über die ständige Verunsicherung der Existenzbasis zu Angst; Angst wiederum führt zu einem verstärkten Konkurrenzverhalten zurück.

– *Stress* ist als erste am Subjekt sichtbar werdende Folge dieses Teufelskreises anzusehen; denn Stress ist nicht nur einfach als Dauerbelastung zu interpretieren, wie es häufig zu lesen ist, sondern vielmehr eine Dauerbelastung, deren innere Sinnlosigkeit zugleich in dem Maße deutlich wird, in dem sie sich selber verstärkt. Es ist deshalb unzureichend, Stressfolgen nur als physiologischen Zusammenbruch zu interpretieren. Es dürfte sichergestellt sein, daß hohe Belastungen in einer insgesamt stimulierend-optimistischen Atmosphäre zu vergleichsweise viel weniger Zusammenbrüchen führen als dort, wo mit der Belastung der Eindruck der Sinnlosigkeit einerseits und der Ausweglosigkeit andererseits besteht, wo man also einem sich ständig potenzierenden Leistungsdruck nicht ausweichen kann, dessen Sinn zugleich immer mehr in Zweifel gezogen werden muß.

– Ungezügeltes Konkurrenzverhalten zeigt folglich in sich deutlich Tendenzen, alle Sozialbeziehungen in permanente Rivalisierungen aufzulösen,
alle Sachbeziehungen zu Faktoren des Sozialprestiges zu degradieren (so auch Bildung),
die Person in ihrem Verhältnis zu sich selber über eine sich verstärkende Verunsicherung in immer härteres Konkurrenzverhalten zu drängen.

8.2 Analysen zum Thema Erfolg und Mißerfolg

8.2.1 Die Motivationsproblematik im Konkurrenzverhalten

Deutlich wurde bereits, daß jede Wettkampfsituation, erst recht jedes durch größere Dauer gekennzeichnete Konkurrenzverhalten zu psychischen Resonanzen führt, die nicht nur in der jeweiligen Situation selber wirksam werden, wie dies etwa bei sportlichen Wettkämpfen beobachtbar ist, sondern die darüber hinaus allgemeine Einstellungsveränderungen bei den konkurrierenden Personen auslösen. Besonders deutliche Veränderung geschieht im Bereich der habituellen Leistungsmotivation. Dazu erst einige klärende Vorbemerkungen:
– Motivation – einer der gegenwärtig besonders beliebten, dennoch außerordentlich aussageschwachen weil randlosen und außerdem von einigen noch nicht empirisch gesicherten Annahmen nicht freien Grundbegriffe der psychologischen Fachsprache – ist ein Sammelname[16] für eine größere Summe von verhaltensbeeinflussenden Variablen. Dazu gehören Affekte,

Gefühle, Interessen, Triebe, Bedürfnisse usw. Unmittelbar äußerlich wirkende Ursachen, wie Druck, Zwang oder Gewalt bleiben dabei ausgeschlossen.

- Unter Leistungsmotivation verstehen wir eine ausgewählte kleinere Gruppe von Antrieben, die auf das Ziel von Leistungen hin orientiert ist. In der Regel wird hier noch einmal zwischen einer sachbezogenen intrinsischen Motivation und einer sachfremden extrinsischen Motivation differenziert. Im ersten Fall, der sachbezogenen Motivation, ist eine Leistung im Sinne eines sozialbezogenen Gütemaßstabs, zum Beispiel einer Zensur, nicht das primäre Ziel des Handelnden, sondern nur eine Art Nebenprodukt. Er hat aus unmittelbarem Sachinteresse heraus gearbeitet und nicht um des Vergleichsmaßstabes einer Zensur willen. Im zweiten Falle der extrinsischen Motivation tritt der meßbare Leistungsvergleich ungleich stärker in den Vordergrund. Die Leistung und ihre öffentliche Anerkennung als Erfolg rangiert vor der Sache selber[17].

- Habituelle Leistungsmotivation kann einmal die Fähigkeit zu willentlich steuerbarer Konzentration bedeuten (intensives von momentanen Neigungen und Stimmungen unabhängiges Arbeiten-Können) und ist dann zweifellos eine positive Größe. Es kann sich dabei aber auch um eingeschliffene Verhaltensmuster handeln, durch die dauernd neue Erfolgsbestätigungen gesucht und eine Ich-Balance nur in der Hektik eines permanenten »Fortschritts« gefunden wird. Daß es sich dabei um hochgradig gestörte Umwelt- und Sozialbeziehungen handelt, braucht jetzt nicht weiter erläutert zu werden.

Eine Wetteifersituation liegt immer dann vor, wenn die eigene Tätigkeit unter der Bestimmung »besser als« oder »schlechter als« gesehen und bewertet wird. Diese Situation wiederum ist derartig, daß man sie, je nach der Betrachtungsweise, als Druck- wie auch als Sogsituation interpretieren kann. Als Sog-(Zug-)Situation kann Wetteifer insofern betrachtet werden, als kein unmittelbar wirkender äußerer Druck vorliegt, sondern der Wetteifernde von sich aus auf bestimmte Leistungen aus ist. Dasselbe Wetteiferverhältnis kann aber auch als eine indirekt wirkende, gerade deshalb als besonders raffiniert kaschierte Drucksituation interpretiert werden, wenn man davon ausgeht, daß in allen Wetteifersituationen die Person nicht im Verhältnis zu sich selber und ihren Interessen handelt, sondern von eindeutig fremdbestimmten Gütekriterien abhängig wird. Wetteifer kann also mit gutem Grund ein besonders heimtückisches Steuerinstrument sein, weil er sich als internalisierter Antrieb äußert und es aussehen könnte, als handelte die wetteifernde Person aus eigenem Antrieb und folglich frei, während in Wirklichkeit die Identität des Individuums mit sich selber (selbst urteilen können, selbst entscheiden, also sowohl ja wie auch nein sagen können, aber vor allem auch eine Ausgewogenheit zwischen Empfindungen, Strebungen, Gefühlen und den effektiven Handlungsvollzügen) in dem Maße unmöglich wird, in dem sich Konkurrenzverhalten als habituelle Leistungsmotivation niederschlägt. Das alles bedeutet, zusammengefaßt, nichts anderes, als daß in Wetteifersituationen das »man« zum Kriterium des Zieles, zur Definition von Leistung und damit zum Urteil über Personen erhoben wird. Damit ist aber ein Anpassungsmechanismus stabilisiert, der zwar nicht auf Perpetuierung des Bestehenden aus ist, dieses vielmehr dauernd verändert, in dem aber die Veränderung kein anderes Ziel hat als immer neue Veränderung, so daß im verwirrenden Wechsel äußerlicher Formen die Frage nach Substantialität völlig verloren gegangen ist[18].

8.2.2 Erfolg und Mißerfolg

8.2.2.1 Das Kriterium »Erfolg«

Allgemein verstanden ist Erfolg oder Mißerfolg unabdingbares Kriterium einer jeden Handlung, die ja, im Unterschied zur puren Bewegung, als zielgerichtete Tätigkeit definiert wird und deshalb danach bewertet werden muß, ob das gesteckte Ziel erreicht worden ist oder nicht. So verstanden ist es auch unwesentlich, ob diese Handlung auf der einsamen Insel Robinson Crusoes, in einer abgeschlossenen Künstlerklause, in einer gelenkten Wirtschaftsorganisation oder einer offenen Gesellschaft vor sich geht. Diese Art von Erfolg meinen wir indes nicht, wenn Erfolg oder Mißerfolg als Kriterien des Konkurrenzverhaltens diskutiert werden, denn in diesem Falle geht es nicht darum, ob eine Handlung überhaupt gelingt, sondern ob ein Handlungsergebnis sozial vergleichbar ist. Der Leistungsstand des Rivalen entscheidet dabei über das »Besser« oder »Schlechter« und damit über Erfolg oder Mißerfolg. Folge ist, das eine für sich besehen erfolgreiche Handlung im sozialen Vergleich zum Mißerfolg werden kann. So wird beispielsweise der sorgfältig arbeitende Vater, der in seinem Beruf stets gewissenhafte Leistungen vorweisen kann, mit den Einkommenshöhen unbekümmert Handelnder indes zu konkurrieren nicht in der Lage ist, für die vom Konkurrenzkriterium des Reichtums her urteilenden Kinder zum Versager. Erfolg wird also, unter dem Zwange der Vergleichbarkeit, auf stark äußerliche Kriterien reduziert: Einkünfte, Besitzstand, gesellschaftliche Rangposition oder meßbare Leistung. Während des Handlungsvollzugs aufgetretene besondere Problemsichten, Faktoren wie reflektierte Meinungsbildung u. a. erscheinen als unnötiger Ballast, wenn nicht als Störvariablen, die tunlichst zu eliminieren sind, weil durch sie der im Vergleich zu bestimmende Erfolg gefährdet werden könnte. Daß diese Faktoren in einem sachbezogenen Sinn interpretiert gerade besonders wichtige Qualitätskriterien sein könnten, wird dabei nicht gesehen. In diesem Zusammenhang ist deshalb *Adornos* bekannte pessimistische Gegenwartsanalyse zu verstehen[19]: »Die Selbsterhaltung glückt den Individuen nur noch, soweit ihnen die Bildung ihrer Selbst mißglückt, durch selbstverordnete Regression.« Ins Positive gewendet hat das *Habermas*, in dem ihm eigenen Sprachstil, in folgender Weise ausgedrückt[20]: »Jede Kommunikation, die nicht bloß Subsumtion der einzelnen unter ein abstrakt Allgemeines, nämlich die prinzipiell stumme Unterwerfung unter einen öffentlichen, von allen nachvollziehbaren Monolog meint, jeder Dialog also entfaltet sich auf der ganz anderen Grundlage reziproker Anerkennung von Subjekten, die einander unter der Kategorie der Ichheit identifizieren und sich zugleich in ihrer Nicht-Identität festhalten.«

8.2.2.2 Das Anspruchsniveau[21]

Auch für das Lernverhalten ist wichtig, daß ein äußerlicher an einem sozialbezogenen Gütemaßstab gemessener Erfolg zugleich soziale Bestätigung bedeutet und in der Regel zu Rangplatzverbesserungen in der Gruppenposition führt. Mißerfolg dagegen wirkt blamabel, verunsichert und führt zu Rangplatzverschlechterungen. Schon verschiedentlich ist hervorgehoben worden, daß der Grad erreichter Ich-Identität, das heißt das ausbalancierte Verhältnis des Ich zu sich selber, seinen Fähigkeiten, seinen Selbst- und Fremderwartungen, sozial vermittelt ist, wobei
– entweder auf Bestätigung, Geborgenheitsempfindungen, Urvertrauen, Selbstsicherheit und Kontaktfreudigkeit aufgebaute positive Realitätsorientierung gebildet werden kann
– oder eine von Vernachlässigung, Inkonsequenz, Gängelei und Mißerfolgen ausgelöste negative Reaktion in der Form von Aggressivität, Resignation oder Regression auftritt[22].
Die Art der Erwartungshaltung, mit der das Ich infolge vorausgegangener Erfahrungen sich selber und seiner späteren Leistungsfähigkeit gegenübertritt, wird Anspruchsniveau genannt. Es zeigt an, in welcher Weise sich ein Ich im Verhältnis zur Um- und Mitwelt und im Verhältnis zu sich selber ausbalanciert hat:
– ob realistisch oder illusionär,
– ob optimistisch oder pessimistisch,
– ob emotional ausgeglichen oder affektiv gestört.
In jedem Falle bedeutet die Vergangenheit des Individuums eine über die Vermittlungsinstanz: Erfahrung → Einstellung → Erwartung → Grad der Handlungsaktivität laufende stark determinierte Einwirkung auf seine Zukunft: Das Reaktionsanspruchsniveau (Folge bisheriger Erfolgserlebnisse) wird zum Zielanspruchsniveau (Erwartungshaltung); sein Herkunftsschicksal zu seinem Zukunftsschicksal. Äußerlicher Erfolg und Anspruchsniveausetzung zeigen sich dabei als zwei gegenüberliegende Pole eines Regelkreises, in dem eine permanente Einstellungsbildung abläuft. Die »Selbstwerdung der Person« erweist sich mithin als etwas, was nicht durch moralische Forderungen an das

Individuum bewirkt, was auch nicht allein in der Ich-Du-Beziehung zwischen Erzieher und Kind etabliert werden kann. Wenn es pädagogisches Ziel ist, daß die Person einmal selbständig und unabhängig genug sein soll, um einer fortwährenden funktionalen Gebundenheit an äußerliche Bestätigungen entbehren zu können – das bekannte Kriterium »Feldunabhängigkeit«, die durch »Personalisation« zustande kommt –, dann muß dafür vorausgesetzt werden, daß in einem genügend ausgeglichenen und stabilisierten pädagogischen Feld zunächst einmal Erfahrungsmöglichkeiten vorhanden sind, an denen sich ein ausgewogenes und realitätsorientiertes Anspruchsniveau entwickeln kann.

8.2.2.3 Erfolgs- und Mißerfolgsmotivierte[23]

Wenn man das will, muß man aber die gegenwärtige Überlagerung der Erziehung und Bildung durch das vorherrschende Konkurrenzverhalten zumindest einzuschränken suchen. Dazu wäre es u. a. erforderlich, die gegenwärtige Praxis der Leistungsmessung und -kontrolle (ob durch besondere Meßtechniken objektiviert oder nicht) entscheidend zu verändern[24]. Nicht aus einer falschen Zärtelei heraus, wie oft zu Unrecht befürchtet wird, auch nicht, um Leistungen überhaupt abzubauen, sondern im genau gegengesetzten Sinn: um eine realitätsangemessene Leistungsfähigkeit, die nicht in sich kreist, sondern auf objektiv wertvolle Ziele gerichtet bleibt, überhaupt erst entwickeln und etablieren zu können. Auch diese Leistungsfähigkeit ist kein auf endogene Reize zurückführbares Entfaltungsergebnis, sondern bleibt in jedem Fall ein über soziale Erfolgsbestätigung und davon determinierte Anspruchsniveausetzung vermitteltes Lern- und Bildungsprodukt. Dabei ist für die Persönlichkeitsformung und die Möglichkeiten späteren feldunabhängigen Verhaltens entscheidend, wie die soziale Mitwelt den Erfolg einschätzt und wie sie auf Mißerfolge reagiert. Nehmen wir dazu als Beispiel die Schule: Die ungewollte Nebenwirkung der praktizierten Leistungsmessung kann gerade das unterlaufen, was mit der Leistungsmessung beabsichtigt worden ist: objektives Leistungskriterium und zugleich subjektiver Ansporn zu sein. Gegenteilige Wirkungen sind wahrscheinlicher: durch Erfolge Verwöhnte entwickeln die bereits beschriebenen bedenklichen Tendenzen zur Veräußerlichung, vom Mißerfolge Betroffene werden dagegen durchaus mögliche Leistungshöhen nicht erreichen. An die Stelle einer Antriebsverstärkung tritt Resignation.

Zukünftiges Handeln von Personen kann folglich danach unterschieden werden, in welcher Weise durch vorausgegangene Erfolgs- oder Mißerfolgserlebnisse Einstellungen verändert worden sind. Anhand der Untersuchungen von *Heckhausen* können die verschiedenartigen Einflußnahmen auf die Anspruchsniveausetzung in folgender Weise gegliedert werden[25]:

Erfolgsmotivierte:	Mißerfolgsmotivierte:
setzen sich realistische Ziele;	setzen sich entweder extrem hohe Ziele (um nach dem vorausgegangenen Mißerfolg wieder Rehabilitierung zu erlangen) oder nach Mißerfolgsketten niedrige Ziele, die hohe Erfolgswahrscheinlichkeit garantieren;
erinnern sich mehr an unerledigte Aufgaben;	hängen mehr an erledigten Aufgaben (rekapitulieren in der Erinnerung bisherige Erfolge);
übersehen Aufgabenkomplexionen besser und behalten deshalb terminferne Aufgabenstellungen leichter;	die Unsicherheit, durch die Aufgaben immer als Bedrohnis erscheinen, führt dazu, daß die Spannweite der Zeitperspektive gering bleibt und die terminnahen Aufgaben als aktueller, weil bedrohlicher erscheinen;
Erfolgsmotivierte erfahren Zeit als eine Dimension, die sich einteilen und verteilen läßt, in der Aufgaben nach ihrer objektiven Bedeutung geordnet und infolge eines freien Entschlusses rangiert werden können;	Mißerfolgsmotivierte erfahren Zeit als eine schicksalhafte Größe; Zukunft vor allem stellt sich als Reihe fortwährender Bedrohungen dar;
einfache Tätigkeiten interessieren weniger, werden langsamer als bei Mißerfolgsmotivierte erledigt und weisen auch eher Fehler auf;	Mißerfolgsmotivierte wenden sich gern verhältnismäßig einfachen Aufgaben zu, in denen Mißerfolge unwahrscheinlich sind, und arbeiten hier in der Regel sorgfältiger als Erfolgsmotivierte (dieser Vorgang ist als eine Form von Regression anzusehen, durch die wenigstens teilweise Erfolgsstabilisierung erlangt werden soll);
komplexe Aufgabenstellungen werden besser und schneller gelöst.	bei Problemaufgaben ist durch die stark resignative Einstellung die Gefahr des »aus dem Felde Gehens« sehr groß.

Zweierlei wird außerdem noch deutlich:

a) Da konkurrenzorientierte Verhaltensmuster weithin Ergebnis funktionaler Übernahme sind, erhalten schichtspezifische Sozialisationseinflüsse besondere Bedeutung[26]. Die in typisch wettbewerbsorientierten Gruppen lebenden Kinder werden von früh auf zum Leistungsdenken erzogen und erhalten Wertvorstellungen vermittelt, die zu einer leistungsorientierten Persönlichkeit führen. Kinder dagegen, denen solche Wertvorstellungen und auch Verhaltensmuster nicht anerzogen worden sind, haben auch nur geringere Chancen, in einer leistungsorientierten Institution wie der Schule mit Kindern zu konkurrieren, die jene Einstellungen und Verhaltensweisen bereits von familialen Sozialisationsergebnissen her mitbringen[27].

b) Es zeigt sich außerdem, daß auch durch weithin unkontrollierte Nebenwirkungen der Unterrichtsformen jene Persönlichkeitsvariablen ausgebildet werden, die für das individuelle Leistungsmaß entscheidend sind.

Der Aufbau individueller Lernhilfen, durch die eine größere Gleichheit in den übergreifenden Lernzielen (Einstellungen, Konzentration, Ausdauer, Fleiß) erreicht werden könnte, ist folglich für die Reformarbeit der nächsten Jahre eine der wichtigsten Aufgaben.

8.2.3 Funktionale Gebundenheit und Personalisation

Rekapitulieren wir den durchlaufenden Gedankengang, so zeigt sich folgender Problemzusammenhang:

- Kampf ist Auseinandersetzung mit dem Ziel von Usurpation, Hegemonisierung, Unterjochung, Vernichtung. Das gilt für physische Auseinandersetzung wie für geistige. Auch der geistige Kampf der Meinungen ist, sobald er den Boden des Argumentativen verläßt und agitatorisch wird, mit Aktivitäten verbunden, die auf Usurpation und Hegemonisierung anderer Meinungen und deren Vertreter ausgerichtet sind.
- Wettkampf ist sozial geregelte Auseinandersetzung. Die Differenz ist unter Regeln gebracht und bleibt der Gemeinsamkeit nachgeordnet.
- Der im Wettkampf aufbrechende Wetteifer kann über entstehenden Neid und Ehrgeiz zur primitiven Feindeinstellung zurückführen: der Wettkampfpartner wird wieder zum Rivalen, die durch die Regel gesicherte Chancengleichheit zum Hindernis, das man tunlichst zu umgehen sucht. Der Wettkämpfe stimulierende Wetteifer tendiert also selber auf Auflösungen der objektiven Bedingungen des Wettkampfes.
- Kultivierter Wetteifer richtet sich auf die eigene Person und deren Leistungsfähigkeit zurück: höhere Leistung durch Steigerung der Leistungsfähigkeit. In seiner höchsten Form zeigt sich der auf die Person zurückgewendete Antrieb als Bildungsstreben.
- Im Konkurrenzverhalten wird eine Seite beim Wetteifer besonders herausgehoben: die Beurteilung nach »besser« und »schlechter« und die davon ausgelöste Qualifikation der Person nach äußerlichen Erfolgsmaßstäben.
- Dadurch entstehen folgenschwere Verkehrungen. Die äußerlichen Zielsetzungen werden bestimmend und zugleich relativiert. Sie stellen einerseits

den wichtigsten sozialen Gütemaßstab dar, andererseits verändern die permanenten Rivalisierungen das Ziel des Erfolgsstrebens ständig und schieben es immer weiter hinaus. Objektiv nennt man diesen Zustand »Fortschritt«, subjektiv wird Erfolg zum dominanten Persönlichkeitsfaktor.

– Der von der allgemeinen Relativierung bewirkte Verlust objektiver Komponenten wie Werte, Sinnstrukturen läßt schließlich nur noch eine Gewißheit übrig: die der permanenten Konkurrenz. Hier wendet sich der Wetteifer auf sich selber zurück: das ungezügelte Konkurrenzprinzip hat letztlich nur noch seine Verstärkung zum Ziel.

– Diese Rivalisierung erscheint zum Teil in Konflikttheorien, zum Teil in bestimmte Gleichheitskonzepte eingekleidet und erhält auf diese Weise eine scheinbare Rechtsbasis.

– Die Gültigkeit von Normen bleibt in diesem Konzept relational auf ihre jeweilige Nützlichkeit bezogen: man kann sie »abwählen«.

– Dadurch wird aber
a) gesamtgesellschaftlich und moralisch die Person auf äußerliche Erfolgs- oder Mißerfolgsmaßstäbe reduziert,
   die permanente Rivalisierung zum Lebenselement;
b) individuell biographisch wird
   das Selbstverständnis der Person funktional an ihre Erfolgsquote gebunden,
   die Ich-Balance zum Reflex der gesellschaftlichen Konfliktlage,
   kurz: die Feldunabhängigkeit, die für die Möglichkeit von Selbstbestimmung vorausgesetzt werden muß, nicht erreicht, vielmehr die Person in totaler Feldabhängigkeit fixiert und zur Funktion der gegebenen Verhältnisse gemacht.

Das muß aber nicht so sein. Feldunabhängiges Verhalten eines stabilisierten Ich ist prinzipiell möglich und kann durch gezielte pädagogische Maßnahmen erreicht werden[28]. Dazu muß allerdings einerseits die einleitend bereits skizzierte naiv-politische Konzeption zurückgedrängt werden, daß sich Erziehung in der Assimilation der nächsten Generation an bestehende Verhältnisse erschöpfe. Genauso muß indes andererseits auch die heutzutage verbreitetere Meinung kritisch hinterfragt werden, eine pädagogisch eingelenkte soziale Integration der Person wäre »verwerflich«: »Seine Integration wäre die falsche Versöhnung mit der unversöhnten Welt, und sie liefe vermutlich auf die Identifikation mit dem Angreifer hinaus, bloße Charaktermaske der Unterwerfung.«[29]

Der Einfluß dieser Art von Gesellschaftskritik auf Erziehung ist zweifellos problematisch. Denn extrapoliert man diese Behauptung konsequent auf ihre Folgen, bleibt auch hier für eine eigenständige Erziehung kein Raum mehr. Auch in diesem Konzept ist Erziehung nichts anderes als Funktion gesellschaftlicher Verhältnisse: Wer erzieherisch im Sinne einer Verhaltensveränderung etwas erreichen wolle, könne dies nur durch politische Aktivitäten tun. Diese Konsequenz ist ja auch vielerorten gezogen worden und hat dazu geführt, daß Pädagogik verschiedentlich durch Agitation ersetzt worden ist. Daß man dadurch jene Feldabhängigkeit, die man aufheben möchte, verabsolutierte, wird in der Regel nicht gesehen. Denn wenn man eine ausgewogene Persönlichkeit funktional von einer »versöhnten Welt« abhängig macht, wie das im erwähnten *Adorno*-Zitat geschehen ist, verordnet man nicht nur gesamte Generationen, sondern letztlich das Menschengeschlecht überhaupt einer objektiv gesetzten Unmündigkeit.

Hier gelten durchaus ähnliche anthropologische Verhältnisse, wie sie schon beim Strafproblem aufgetaucht sind: Je weniger einer Person individuelle Verantwortungsfähigkeit zuerkannt wird, desto mehr wird sie in den Stand *objektiv verordneter Unmündigkeit zurückversetzt.* Gleiches zeigt sich auch hier: Freiheit ist dort nicht zu erreichen, wo nur das Gefüge funktionaler Bindungen anders gruppiert wird. Freiheit setzt die Lösung von funktionaler Gebundenheit voraus. Das kann aber nicht durch Arrangements auf der gesellschaftlichen Seite allein erfolgen – so wichtig Veränderungen dort im einzelnen sein werden –, sondern immer erst durch eine über Erziehung vermittelte Personalisation, durch die das Ich als eine feldunabhängige Handlungsinstanz stabilisiert wird.

Dazu wiederum ist nötig – und hier kann auf das zurückgegriffen werden, was im Kapitel ›Arbeit‹ bereits ausgeführt worden ist –, *daß Leistung nicht generell der Kritik verfallen kann,* sondern nur in der pervertierten Form eines in sich kreisenden Konkurrenzverhaltens. In werkorientierten Leistungen dagegen objektiviert sich Individualität, erfährt sich selber und wird sich dadurch selber verfügbar. Kultivierte Arbeit und damit auch werkorientierte Leistungen sind deshalb kein selbstentfremdendes Joch und haben auch nichts mit dem kritisierten konkurrenzorientierten Leistungsverhalten zu tun, sondern sind die Weise, über die das Ich sich selber erfährt, sich in seinem Realitätsbezug stabilisiert, eine Balance zwischen Erwartungen und Fähigkeiten ausbildet und sich, ohne der »unversöhnten Welt« affirmativ zu verfallen, in der Weise eines reflektierten Engagements in die bestehende Sozietät integriert. Man darf deshalb nicht das Kind mit dem Bade ausschütten und mit einer berechtigten Kritik am überzogenen Konkurrenzprinzip Leistungen überhaupt desavouieren wollen. Auch hier liegt vielmehr, wie im Grunde überall in anthropologischen Dimensionen, das Entscheidende in der Nuance[30].

8.3   Wetteifer und Erziehung

Der Erziehende ist folglich wiederum vor die sicher belastende insgesamt aber unvermeidliche Situation notwendiger fortwährender Differenzierungen gestellt. Er findet beim Wetteifer erneut ein stark ambivalentes Verhältnis vor und muß entscheiden, ob er Wetteifer als pädagogisches Mittel verwenden kann. Wiederum steht die Frage im Zentrum der Analyse: Was kann mit Wetteifer pädagogisch direkt erreicht werden und welche Nebenwirkungen sind zu erwarten? Ich beginne auch diesmal mit einer Analyse historischer Stellungnahmen.

8.3.1 Geschichtliche Stellungnahmen

8.3.1.1 Gegner

Die Kritiker des Wetteifers argumentieren durchaus nicht in Unkenntnis der positiven Antriebe, die er zu aktivieren in der Lage ist. Sie heben aber hervor, daß ein zum Bildungsstreben kultivierter Wetteifer selber ja *Erziehungsziel* und deshalb ein Produkt ist, das einen langwierigen Prozeß voraussetzt. Man dürfe deshalb Wetteifer nicht zu früh als Mittel der Erziehung ansetzen, weil dann mit großer Wahrscheinlichkeit jene Rivalisierung im Sozialbereich bereits in den frühen Erziehungsphasen einsetzen würde, deren Auswirkungen bei der Analyse des Konkurrenzprinzips deutlich geworden sind und die nicht auch noch durch absichtliche Erziehung verstärkt werden dürften.

So ist im frühen christlichen Erziehungsdenken argumentiert worden[31], daß Wetteifer Egoismus auslöse und verstärke, der in der Erziehung gerade überwunden werden müsse. Unter seinem verderblichen Einfluß erscheine der andere Mensch – dem ich in Liebe dienen und über dessen Erfolg ich mich freuen sollte – als Gegner, mit dem gekämpft und dessen Niederlage erhofft werden müsse.

Rousseau analysiert richtig[32], daß sich unter dem Einfluß des Wetteifers falsche Maßstäbe ausbilden, weil sich der Wetteifernde nicht auf sich selber, seine Fähigkeiten und Bedürfnisse konzentriert, sondern sich vielmehr dauernd mit fremden Augen sieht. Was unter dem Einfluß des Wetteifers vollbracht werde, geschehe weder um der Sache selber noch eigener Bedürfnisse willen, sondern allein aus einem von Vergleichungen her entstandenen Begehren, ein gesellschaftliches Ansehen zu erlangen, das dem anderer gleich ist. *Rousseau* sieht deshalb gerade den rivalisierenden Wetteifer als wichtige Ursache jener gesellschaftlichen Entartung an, gegen die sich seine Kulturkritik in besonderer Weise richtet.

Ähnliche Argumente finden sich bei *Herbart* und den *Herbartianern*[33]. Entweder wird der Wetteifernde Mißerfolg erleiden, das könne man pädagogisch wirklich nur in Ausnahmefällen wollen, oder er habe Erfolg. Dann wird der Wetteifer in Selbstgefälligkeit, Eitelkeit, Ruhmredigkeit, dünkelhaften Stolz, Hochmut umschlagen. Überhaupt bringe Wetteifer eine »künstliche Ehre« unter die Schüler, denn besser oder schlechter sein, sei kein inhaltsorientierter Maßstab. Keiner wolle mehr mit seinem Maß gemessen werden, sondern sähe sich selber zuerst im Vergleich: ob er zu den Besseren oder Schlechteren gehöre. Dabei gingen aber die »Fundamentalgesichtspunkte der Erziehung«, das ist für *Herbart* die schon einmal genannte »Charakterstärke der Sittlichkeit«, die nichts anderes als die subjektive Bedingung feldunabhängigen Verhaltens darstellt, wieder verloren und das Erziehungsmittel korrumpiere das Erziehungsziel. Der Heranwachsende werde durch Auswirkungen des Wetteifers künstlich in Abhängigkeiten fixiert.

Ähnlich beschreibt auch *Willmann*[34], wie durch Wetteifer unmittelbares Interesse an Bildungsinhalten und an objektiv orientierten Auseinandersetzungen mit den Gegenständen, Problemen und Verhältnissen verloren gehe. Trete aber eine derartige Motivverschiebung ein, wie es beim Wetteifer unvermeidlich sei, dann erschlössen sich die Bildungsgehalte der Lehrgegenstände dem unter Wetteifer Lernenden nicht mehr. Bildungswissen werde zum Konkurrenzmittel. Wetteifer verstelle deshalb nicht nur die Möglichkeiten formaler Bildung zur Selbständigkeit, sondern unterlaufe außerdem noch die Voraussetzungen sachgerechter materialer Bildung.

8.3.1.2 Befürworter

Stimmen diese historischen Erfahrungen – und aus der Luft gegriffen sind sie zweifellos nicht–, dann dürfte Wetteifer allenfalls in einer sehr späten Phase des Bildungsprozesses auftreten und bliebe selbst dann noch ein durch seine Nebenwirkungen stark ambivalentes Mittel, bei dem nur unter erheblichen Einschränkungen von einer positiven pädagogischen Bedeutung gesprochen werden könnte. Gegen eine solche Abwertung des Wetteifers wendet sich indes eine Reihe anderer Pädagogen, die im Gegensatz zur referierten Kritik im Wetteifer ein wertvolles Erziehungsmittel sehen.

So haben die *Jesuiten*[35] der »aemulatio« in ihrer Erziehungs- und Bildungslehre große Bedeutung beigemessen und sie den »mächtigen Hebel des Fleißes« genannt. Das ist ein pädagogisch wichtiger Gedanke. Denn gleich wie Sachinteresse, Aufmerksamkeit und Ausdauer bei Schülern nicht von selber auftreten, sondern Ergebnisse von Lernprozessen sind, so ist auch Fleiß nichts, was von allein entstände, sondern ebenfalls ein Lernprodukt. Hier taucht die gleiche Frage auf, die uns schon mehrfach beschäftigt hat: ob es gut sei, einfach durch das Aktions-Reaktionsverhältnis von direkten Außensteuerungen einen Lernenden zum Fleiß zu zwingen oder ob es nicht Mittel gibt, die ihn auf eine mildere und insgesamt angenehmere Art in der Beständigkeit seines Verhaltens zu sichern in der Lage sind; so lange jedenfalls, bis die Sache selber packt. Sicher ist Wetteifer ein solches zwar ersatzweises, temporär indes hochwirksames Stimulans, dessen »mächtiger Hebel« gerade antriebsarme Schüler oder auch an Lerninhalten Desinteressierte zu außerordentlichen Leistungen beflügeln kann.

Dasselbe hatte Friedrich *Paulsen*[36] im Blick, als er vom »fröhlichen Wetteifer« sprach, der über den Umweg eines Leistungsvergleichs Spannungen erzeugen, Anteilnahme hervorrufen, den Schultag beleben und stupide Übungen zu erregenden Wettkämpfen gestalten könne. Dadurch trage Wetteifer indirekt zu Interessenbildung bei.

Herman *Nohl*[37] schlug vor, Wetteifer unter Schülern womöglich nur in der Form eines Gruppenwettkampfes hervorzurufen, weil dann die Antriebselemente des »fröhlichen Wetteifers« erhalten blieben und zugleich die vorhin genannten Bedenken berücksichtigt würden. Denn Gruppenwettkampf und Gruppenwettbewerb zeigten viel weniger von jenen schädlichen Entwicklungen, dagegen eine Reihe zusätzlicher, positiver Erziehungsimpulse. Gruppenwettkampf wirke in hohem Maße stabilisierend, weil er zu einer Sozialintegration tendiere, in der sich die Partner aufeinander einzustellen suchten. Denn nur in einer reibungslosen Zusammenarbeit kann die einer Gruppe gestellte Aufgabe schnell und sicher gelöst werden. Wenn der Lehrer außerdem die Wettkampfgruppen in seiner Klasse öfters neu formiere, könne er auch eventuellen Cliquenbildungen vorbeugen. Beachtet werden muß natürlich, daß die Beständigkeit der Gruppenintegration vom Erfolg abhängig bleibt. Treten Mißerfolge ein, zeigen sich in der Regel gegenteilige Strebungen, durch die Rivalisierungen verstärkt hervorbrechen.

8.3.2 Systematische Analyse zum Verhältnis von Wetteifer und Erziehung

Wägt man die bisher referierten Befunde gegenseitig ab und interpretiert man sie im Zusammenhang mit vorliegenden empirischen Untersuchungen, zeigt sich folgendes:

1. Einerseits kann man Wetteifer mit guten Gründen zur Gruppe der sekundären, extrinsischen Motivationen zählen, da er weder ein ursprüngliches Bedürfnis noch einen direkten Sachbezug signalisiert. Andererseits scheint er auch Ausdruck eines elementaren Spannungsverhältnisses von Individuum und Gesellschaft zu sein, das nicht nur in den ökonomischen Stressgesellschaften auftritt, dort lediglich übersteigert wird, sondern als ubiquitäres Phänomen anzusehen ist. Ja es gibt sogar empirisch gut fundierte Annahmen, die das Wetteifern aus dem immer etwas leicht tragisch getönten Rahmen herausheben, das es erhält, wenn vom Spannungsverhältnis Individuum – Gesellschaft die Rede ist. Wetteifer wird hier als ein *bedeutsames Spielelement* angesehen und damit in einem ganz neuen Zusammenhang gestellt. Ab dem Alter 3,7 wetteifern alle Kinder und sie tun es nicht, weil äußerer Zwang sie dazu bringt oder weil Angewöhnungsmechanismen ihnen das vermitteln. Offensichtlich besetzen Kinder von sich aus ihre Spielformen mit immer neuen Wetteifersituationen. Ethnologische Vergleiche, wie sie etwa *Huizinga*[38] bringt,

bezeugen überdies, daß auch die Spielformen primitiver Kulturen stark wettbewerbsbesetzt sind. Es dürfte deshalb nicht richtig sein, Wetteifer nur als sekundäre Motivationsform zu klassifizieren. Es scheint vielmehr ein anthropologisches Grundbedürfnis zu geben, das auf einen oszillierend *rhythmischen Wechsel von Ruhe und Spannung* gerichtet ist. Wie die bekannten Experimente von Bexton, Heron und Scott[39] bewiesen haben, wird übersteigerte Ruhe in einer verhältnismäßig kurzen Zeit noch viel unerträglicher empfunden als länger währende Überforderung. Wenn man dem folgend davon ausgeht, daß es neben den immer wieder genannten klassischen Grundbedürfnissen der biologischen Lebensversorgung auch dieses nach einem ausbalancierten Wechsel von Bewegung und Ruhe, Spannung und Lösung gibt, dann ist Wetteifer als eine Form hoher Spannungslage anzusehen, die schließlich, wenn man sie mit anderen Spannungslagen wie Sorge oder Angst vergleicht, trotz aller deutlichen Ambivalenz von weitaus unproblematischerer Art ist als diese[40].

2. Wie in allen anderen Lebenssituationen müßte dann auch in Lernphasen aus psychohygienischen Gründen für nötige und zugleich richtige Spannungselemente gesorgt werden. Bezugspunkt wäre dabei weniger der Lerninhalt selber, als vielmehr die Atmosphäre des pädagogischen Feldes: Vermeidung von Monotonie, Auflösung von Langeweile, von der mehr unterrichtliche Lernabläufe und damit indirekt auch Lerninhalte bedroht sein dürften, als man gemeinhin anzunehmen geneigt ist. Besonders in jenen Lernphasen, in denen Monotonieeffekte besonders gern und häufig auftreten, also bei allen Repetitionen und Trainingsformen, kann durch Wetteifer ein gut Teil der durch Gleichförmigkeit entstandenen psychischen Belastung aufgefangen und eliminiert werden. In diesem Bereich der Stimulierung der Lernatmosphäre durch zusätzliche Spannungselemente und der Auflösung belastender Monotonieeffekte dürfte Wetteifer als eine therapeutische Funktion seine größte pädagogische Bedeutung besitzen.

3. Hinzu kommt, daß die Einübung von Fertigkeiten (vor allem Sport, aber auch manuelle Fertigkeiten) in Wettkampfsituationen erfolgen kann. In diesen Fällen können auch die genannten Nebeneffekte verhältnismäßig leicht aufgefangen werden[41].

4. Für den Aufbau sachbezogener Interessengebiete (intrinsische Motivation) dürfte Wetteifer dagegen *kein* adäquates Mittel sein. Man kann zwar davon ausgehen, daß bei Wetteifer wie auch bei Spielsituationen durch äußerlich stimulierte Kenntnisse nach und nach unmittelbare Interessen entstehen. Da indes die Mißerfolgswahrscheinlichkeit bei Wettkämpfen verhältnismäßig hoch ist, bleibt der gegenteilige Effekt mindestens genauso wahrscheinlich.

5. Bedenklich bleibt, daß in unserer Schulwirklichkeit der »fröhliche Wetteifer« durch das Konkurrenzprinzip erst überlagert und danach verdrängt worden ist, aus sanktionsfreien Wettkämpfen folglich ständige Positionskämpfe

geworden sind. An die Stelle des therapeutischen Spannungselements ist damit ein *hochproblematisches Rivalitätspotential* getreten. In dieser Situation scheint es angezeigt, absichtlich erzeugten Wetteifer im pädagogischen Feld auf drei Bereiche einzuschränken:
- Sport (»Wetteifer ist die Seele des Sports«),
- Übungsphasen und
- Lernspiele (mit besonderer didaktischer Aufbereitung).

In allen anderen Bereichen dagegen sind Formen von *Kooperation* offensichtlich weitaus qualifizierter.

8.3.3   Praktische Hinweise

1. Jeder Wettkampf hat einen Sieger, meist aber mehrere Verlierer. Der Erziehende muß deshalb die möglichen positiven wie auch negativen Rückwirkungen von Erfolg wie Mißerfolg bedenken. Er darf folglich nur zum Wetteifer stimulieren, wo für jeden Beteiligten ungefähr gleiche Siegeschancen bestehen. Es ist daher pädagogisch immer bedenklich, Wettkämpfe außerhalb von Spiel und Sport mit Kindern zu veranstalten, die man nicht genau kennt, denn die Auswirkungen des Wetteifers hängen einmal von Persönlichkeitsmerkmalen der Betroffenen ab, außerdem von strukturellen Bedingungen der jeweiligen Gruppe.

2. Vor allem Lehrer müssen – in einer offenen Weise – dafür sorgen, daß Erfolge nicht immer nur den gleichen Kindern zufallen. Man kann das verhältnismäßig leicht erreichen, wenn Schüler zeitweilig auf mehrere leistungshomogene Wettkampfgruppen verteilt werden.

3. Schließlich muß der Erziehende einen Erfolg wohl anerkennen, sollte ihn nach Möglichkeit aber zugleich auch relativieren: »Dieses Mal bist du der erste! Wenn ihr anderen das nächste Mal auf dieses und das mehr achtet, sieht das Verhältnis vielleicht bald anders aus!« Ein solches Vorgehen erhält den diesmal Unterlegenen die Hoffnung auf späteren Erfolg. Derartige Relativierungen sind dann besonders wichtig, wenn man mit dem Sieg Belohnung verbindet.

4. Der Lehrer muß sich vor allem um jene Schüler kümmern, die immer wieder von Mißerfolgen bedroht sind. Er darf sie auf keinen Fall nur als Staffage benutzen, um die Leistungen einzelner Klassenspitzen besonders herausstellen zu können, sondern muß sie wahrscheinlich aus bisherigen Gruppierungen herausnehmen und dafür solchen zuteilen, in denen auch für sie Chancengleichheit besteht, oder er muß sie aus Wettkämpfen überhaupt ausschließen und sie währenddessen zu individuellen Arbeiten anregen. Wetteifer kann zwar antriebsarme Menschen außerordentlich stimulieren, es muß dann allerdings auch dafür gesorgt werden, daß wirklich ein Erfolg eintritt, – den man ja keinesfalls immer nur einem allein, sondern besser noch einer

ganzen Gruppe zuteilen kann. Erleben antriebsarme Menschen wiederholt Mißerfolge, wird der Endzustand ihrer Arbeitshaltung schlechter als der anfängliche sein.

5. Bei Wettkämpfen verschieben sich die Lernmotive meist erheblich. Wetteifernde lernen um des Erfolgs und nicht um des Eigenwertes der Lernstoffe willen. Deshalb sollten Wettkampfsituationen Bildungsvorgänge immer nur dort begleiten, wo zusätzliche äußere Stimulantia nottun. Das ist, wie schon ausgeführt, vor allem bei Übungen, Wiederholungen, beim Gedächtnistraining, kurz allen jenen Vorgängen der Fall, in denen wiederholt dasselbe getan werden muß. Ähnlich wie es schon bei spielerisch eingekleideten Übungsformen deutlich wurde, entwickelt sich auch durch Wetteifer eine immanente Wiederholtendenz, die in der Tat einen guten Übungseffekt hervorrufen und hemmende Ermüdungserscheinungen pädagogisch immer bedenklicher Langeweile auflösen kann, der es ja zuzuschreiben ist, daß sich bei vielen Schülern sehr schnell ein Müdigkeitsgefühl einstellt, das jeden Lernerfolg hemmt.

6. Wettkämpfe verbieten sich in allen Bereichen, in denen Motivverschiebungen die Substanz selber zerstören würden. Das ist vor allem bei *Gesinnungen und Wertungen* der Fall. Der paulinische Vergleich mit der Rennbahn ist, wie schon gesagt, eine Metapher, die in der Selbsterziehung ihre Bedeutung behalten mag. In der Fremderziehung kann man dagegen Wetteifer nur zur Verbesserung von meßbaren Leistungen anwenden und durch ihn zu erreichen suchen, daß die formalen Voraussetzungen für Leistungen wie Konzentration, Ausdauer, Planungsverhalten u. ä. gesteigert werden. Wertorientierte Einstellungen dagegen würden des Realitätseffektes wegen durch Wetteifer eher geschädigt als verbessert.

7. Auch für die durch Wetteifer stimulierten formalen Fertigkeiten gilt, daß sie in Wettkampfsituationen zwar deutlich hervortreten, dennoch in anderen Lern- und Unterrichtssituationen fast gänzlich fehlen können. Die durch Wetteifer erzielten guten Ergebnisse bleiben in der Hauptsache auf Wettkampfsituationen beschränkt. Sie werden nicht ohne weiteres auf andere Verhältnisse übertragen. Deshalb sollte man vom Wetteifer nicht zu viele formale Bildungsergebnisse erwarten, wie etwa beständiges Engagement und anhaltende Ausdauer, sondern seine Bedeutung vor allem in der Erleichterung der Stoffvermittlung und hier vor allem wieder in der Verstärkung des Übungseffektes sehen. Da er dort aber tatsächlich als »fröhlicher Wetteifer«, wie ihn *Paulsen* beschrieben hat, Lernen zur lustbesetzten Tätigkeit machen kann und dabei die zerstörenden Nebenwirkungen quälender Langeweile ausschließt, kann er schließlich doch indirekt, als Negation der Negation, ausdauer- und interessensteigernd auf Lernverläufe einwirken.

8. Wetteifer entfesselt immer starke egozentrische Kräfte. Damit diese nicht in Egoismus umschlagen, dürfen Wettkämpfe immer nur sachliche Ziele haben. Die beste Leistung allein und nicht die Person soll herausgestellt werden.

Aber auch das reicht schließlich nicht aus, wenn übersehen wird, daß sich Wetteifer eigentlich nur dann pädagogisch rechtfertigen läßt, wenn zugleich genügend auf Bildung kooperativer Fähigkeiten geachtet wird, die als wichtigeres Erziehungsziel vor allen Konkurrenzsituationen rangieren.

8.4 Kooperation

Konkurrenzverhalten kann nach den durchlaufenen Überlegungen kein reflektiertes Ziel pädagogischer Prozesse sein, allenfalls Mittel, und das nur im begrenzten Ausmaße. Kooperation dagegen ist eines der wichtigsten Ziele sozialer Erziehung und zugleich bedeutsames Mittel der Gesamterziehung.

8.4.1 Die Situation des Miteinander

Es gibt verschiedene Gradabstufungen des Miteinander. So die allereinfachste Form der physischen Präsenz: Handlungen werden unter Beisein anderer vollzogen, ohne daß irgendeine Anteilnahme oder gegenseitige Aufmerksamkeit vorhanden wäre[44]. Der Zuschauer bedeutet bereits eine Steigerung: Er verfolgt ein Geschehen, ohne es indes direkt zu beeinflussen. Natürlich ist auch Konkurrenzverhalten eine Situation des Miteinander: andere schauen nicht nur zu, sondern prüfen, vergleichen, übernehmen, kritisieren und streben selber zu zumindest gleichen, möglichst besseren Ergebnissen. Die Verbandssituation bringt eine neue Variante mit sich: gleiche Interessen führen zu ähnlichen Reaktionen, die mehr oder weniger absichtlich koordiniert sein können.

Von diesen vornehmlich äußeren Formen des Miteinander hebt sich Kooperation deutlich ab[45]:
- Kooperation setzt eine *Gruppe* voraus, die nicht nur gelegentlich verbandsmäßige Interessen abstimmt, sondern im Planungs- und Handlungsverlauf unmittelbar und über längere Zeit zusammenwirkt;
- Kooperation setzt deshalb die Bereitschaft zur gegenseitigen Information und Hilfe voraus;
- Kooperation setzt außerdem voraus, daß Formen gemeinsamen Problemlöseverhaltens gefunden und praktiziert werde.

Dieses Miteinander in der Form von Kooperation kann auf verschiedene Weise bedeutsam werden. Ein beliebtes Argument ist der *Leistungsvorteil der Gruppe*[46]. Gemeint ist damit folgender empirisch verhältnismäßig leicht nachprüfbarer Befund: Es hat sich gezeigt, daß bereits die Ergebnisse nur unter optischem oder akustischem Kontakt nebeneinander Arbeitender in der Regel höher liegen als bei voneinander isoliert Tätigen. Allerdings dürfte dabei weniger ein kooperatives als ein rivalisierendes Moment stimulierend wirken.

Bedeutsamer ist, daß die Gruppe gegenüber summierten Einzelleistungen den Vorteil eines deutlichen *Fehlerausgleichs* besitzt, der zu einer »Urteilsüberlegenheit« der Gruppe führt[47]. Dieser Befund gründet auf der so simplen wie einleuchtenden Konzeption des »vier Augen sehen mehr als zwei«. Daß dieser Vorteil eines Fehlerausgleichs und der Urteilsüberlegenheit bei Planungen und Arbeitskontrollen pädagogisch nutzbar gemacht werden und zu einer deutlichen Veränderung des Unterrichtsstils führen kann, liegt auf der Hand: der Lehrende kann detaillierte Anweisungen und Kontrollen in dem Maße an eine Gruppe Lernender delegieren, in dem Lenkungselemente in den Binnenkontakten der Gruppe selber enthalten sind.

Pädagogisch noch wichtiger als der Leistungsvorteil sind die vom Kooperationsverhältnis ausgehenden und auf die teilnehmenden Personen rückwirkenden Effekte. Bei Vergleichen zwischen wettbewerbsorientierten und kooperierenden Arbeitsgruppen zeigten sich deutlich Vorteile zugunsten der kooperativen Struktur[48]:

- Während die Konkurrierenden mehr auf den formalen Erfolg aus waren, zeigten die Kooperierenden größeres Interesse, die Probleme sachlich zu lösen.
- Durch diese Ziellage bedingt, entwickelte sich ein größerer Ideenaustausch zwischen den Kooperierenden.
- Da der andere als Partner und nicht als Gegner erschien, gab es auch weitaus weniger Schwierigkeiten in der Kommunikation.
- Die Partner koordinierten ihre Tätigkeit und verteilten dabei verschiedene Funktionen auf verschiedene Gruppenmitglieder.
- In der kooperativen Situation bildeten sich gegenüber dem Rivalitätsverhältnis eindeutig positive Gefühle aus: Achtung anstelle von Neid, Verbundenheit anstelle von Distanz u. ä.
- In der ausgeweiteten und sachlichen Diskussion traten insgesamt bessere Sacheinsichten zutage.
- Planungen und Schrittfolgen bei der Ausführung wurden besser vorbedacht und sorgfältiger begründet.

Hier zeigt sich offensichtlich eines: Durch Kooperation wird Wetteifer keineswegs aufgelöst, sondern von der Situation her in einer Weise tranformiert, wie es in den vergleichenden historischen Beschreibungen des letzten Teils als pädagogisch besonders erwünscht dargestellt worden ist. Aus dem Wetteifer, der mit anderen rivalisiert, wird ein auf das Ich zurückgebogener Antrieb, den Erwartungen des oder der anderen zu entsprechen. Unter dem situativen Einfluß von Kooperation transformiert sich folglich das Rivalitätspotential zu einem partnerorientierten Leistungswillen.

Anthropologisch geht die Bedeutung des Miteinander noch über Leistungssteigerung, Urteilsüberlegenheit und Transformation des Rivalitätspotentials hinaus. Man muß, um dies analysieren zu können, von der anthropologischen Gegebenheit ausgehen, daß sich der Mensch in keinem instinkt-regulierten Subjekt-Umweltverhältnis befindet, sondern als das »nicht fest-gestellte Tier« einer nicht eindeutig normierten Welt gegenübersteht. Mensch-liches Handeln ist in einem hohen Maße *Entscheidungshandeln*, das *nicht* festge-legt ist, sondern Auswahlmöglichkeiten offen läßt. Diese anthropologische Voraussetzung menschlicher Freiheit hat indes eine weniger angenehme Ent-sprechung: der Entscheidungsfreiheit korrespondiert ein erhebliches Un-sicherheitsgefühl, das zwar durch Gewöhnungen überdeckt werden kann, aber in der Regel desto größer wird, je weniger vertraut Situationen sind. Bei Kin-dern wiederholen sich deshalb ontogenetisch ähnliche Situationen wie sie phylo-genetisch bei der Urhorde bestanden, die einer weithin fremden, unbekannten Welt gegenüberstehend noch ohne ausreichende Erfahrungsbasis war, um Handlungsfolgen genügend antizipieren zu können. Die Verunsicherung muß wachsen, je mehr von diesem unbekannten Gegenüber die Anmutung einer Bedrohung ausgeht, je weniger stabilisierende Faktoren an Geborgenheit, Vertrauen einerseits, antizipatorischer Handlungssicherheit andererseits vor-handen sind.

Hier zeigt sich, daß Gruppenkontakt, -bezug und -halt als bedeutsame sta-bilisierende Momente auftreten. Selbst wo im Sozialkontakt noch keine di-rekte Hilfe erwartet werden kann, bedeutet die einfache Erfahrung des Mit-einander eine spürbare Entlastung[49] (vgl. dazu die populäre Volksweisheit des »Geteiltes Leid ist halbes Leid«). Der stabilisierende Einfluß wird noch deut-licher, wenn in kooperativen Handlungsformen gegenseitige Urteilsabstim-mung erfolgt. Alle bereits analysierten Faktoren treten jetzt erneut auf; aller-dings in einer bedeutsamen Ausweitung auf eine allgemein anthropologische Funktion hin: sowohl durch Fehlerausgleich und Urteilsüberlegenheit wie durch den unmittelbaren emotionalen Gruppenhalt geschieht nicht nur eine bessere momentane Situationsbewältigung, sondern zugleich eine fundamen-tale Daseinssicherung.

8.4.2 Die Gruppe

Wenn man aus dem Gesamtbereich der gegenwärtigen Weltanschauung so et-was wie Grundtendenzen herauszulösen sucht, zeigt sich, daß wie einleitend schon beschrieben, zwei Annahmen besonders auffallen, die unbeschadet ihrer Gleichzeitigkeit in einem deutlichen Widerspruch zueinander stehen. Eine ideengeschichtliche ältere stark individualistische Tendenz hebt sich ziemlich unvermittelt von einer deutlich kollektivistisch orientierten ab. Im Bereich der einen Anschauung wird die Bedeutung der Gruppe für alle Bildungs- und Erziehungsprozesse regelmäßig unterschätzt oder überhaupt nicht gesehen, im Bereich der anderen dagegen die Gruppe oder das ältere Gemeinschafts-ideologien nicht nur weiterführende, sondern übersteigernde Kollektiv derartig in den Vordergrund gerückt, daß ihr gegenüber das Individuum nur mehr negativ definiert werden, folglich rein als Individuum betrachtet überhaupt keine Selbstbestimmbarkeit und mithin auch keine Emanzipationsfähigkeit besitzen kann. Sicher ist, daß im Bereich der pädagogischen Institutionen und auch der vorherrschenden Erziehungslehre die individualistische Anschauung noch dominiert, deutlich indes auch, daß eine gleichermaßen problematische weil entgegengesetzt extreme Bewegung energisch auf Ablösung drängt. Eine reflektierte Gruppentheorie in pädagogische Prozesse einzuführen, ist deshalb doppelt schwierig, weil gleichermaßen gegen das Zuwenig der einen wie das Zuviel der anderen Seite Position bezogen werden muß, wenn die Verselbständigung des Individuums und die unaufhebbare soziale Vermittlung dieser Verselbständigung im Blick behalten werden soll.

Im Rahmen dieser Analyse wird auf eine nähere Beschreibung der verschiedenen Gruppenmodelle[51] verzichtet. Zu erwähnen ist nur, daß sowohl das Mechanismusmodell, das Organismusmodell, das Konfliktmodell, wie das Gleichgewichtsmodell, das strukturell-funktionale Modell, das kybernetische Wachstumsmodell nicht der Gefahr entgehen, Gruppe von den sie bildenden Individuen abgelöst als eine Entität sui generis vorzustellen. Bei allen Modellen, nicht nur beim Organismusmodell, wird die Tendenz sichtbar, Gruppe als eine übergeordnete Einheit zu begreifen, zu der Individualität lediglich im Verhältnis *nach*geordneter Funktion stehe. Über die allgemein anthropologischen Konsequenzen, die bei einer solchen Annahme auftreten müssen, ist einleitend bereits ausführlich gesprochen worden. Hier ist lediglich noch einmal zu betonen, daß, in diesem Abhängigkeitsverhältnis gedacht, auch durch Gruppenpädagogik eine assimilatorische Verhaltensnormierung auftreten muß und die Moralität des Individuums folglich an der Konsequenz gemessen werden wird, mit der es sich individueller Züge entäußert, der allgemeinen Gruppennorm unterwirft und seine ihm zugedachte Rolle widerspruchslos annimmt[52]. Ist Gruppe einer der Individualität übergeordnete Identität, wird alles Individuelle drittrangig und Anpassung moralische Maxime.

Als was ist Gruppe aber dann anzusehen, wenn einerseits anhand der sozialen Vermitteltheit aller individuellen Einstellungsweisen und Verhaltensformen die Unzulänglichkeit der individualistischen Position deutlich wird, andererseits eine Funktionalisierung der Individualität mit den Folgen permanenter Außensteuerung und Anpassung auch nicht gewollt werden kann? Offensichtlich hängt alles davon ab, daß man trotz aller nachgewiesenen Abhängigkeiten einen positiven Begriff von Individualität hat – und wenn man ihn im *kantischen* Sinne postulieren müßte –, dann indes auch zugleich sieht, daß diese positive Form von Individualität im Sinne von feldunabhängiger Selbstverfügbarkeit sich nicht einfach von selber einstellt, sondern Resultat eines pädagogischen Vorganges ist, in dem Erfahrungen und Auseinandersetzungen in Gruppen konstitutive Bedeutung erlangen.

Was ist aber die Gruppe als solche?; wobei diese Frage nicht erneut auf die andere nach einem besonderen Modellentwurf oder, nachdem die verschiedenen Modelle bereits genannt worden sind, nach einem Super-Modell zielt, sondern eher nach dem allen Modellen inhärierenden identischen Elementen. Hier zeigt sich folgendes:

1. Die Gruppe ist ein Reziprozitäts- oder Komplementärsystem: Jeder neue Faktor verändert das *Beziehungsinsgesamt*[53]*;* das heißt, das Verhalten eines Gruppenmitgliedes beeinflußt die Verhaltensformen der anderen und wird selber wiederum durch die reaktiven Verhaltensweisen der anderen Gruppenmitglieder beeinflußt und verändert. Verhalten liegt folglich nicht nur in der Eindimensionalität von Ursache und Wirkung, sondern in einer Wechselseitigkeit: Die Wirkung wirkt selber verändernd auf die Ursache zurück. Eltern beispielsweise beeinflussen durch ihr Verhalten das Kind und werden selber durch das dadurch initiierte kindliche Verhalten beeinflußt. Lehrer verändern durch ihr Verhalten das Verhalten der Schüler und unterliegen den Auswirkungen des veränderten Schülerverhaltens. Die Gruppe zeigt sich folglich als ein *System von Wechselseitigkeiten.*

2. Reziprozität findet sich indes bereits in Kampfsituationen. Auch Kämpfer stellen sich aufeinander ein, ohne daß man sie deswegen als Gruppe ansehen würde. Es müssen folglich noch spezifische Unterscheidungen hinzukommen, um das Komplementärverhalten von Rivalen und das von Partnern voneinander abzuheben. Tatsächlich treten mindestens zwei wichtige zusätzliche Momente auf. Mitglieder einer Gruppe müssen in ihrem Verhalten und Handeln zumindest eine partielle *Zielidentität* besitzen. Unterschiede dürfen einen Schwellenwert von Gemeinsamkeit nicht unterschreiten. Mit der partiellen Zielidentität notwendig verbunden sind Übereinstimmungen im Bereich der Normen und Werte. Bleibt es nur bei der formalen Zielidentität, würde sich nämlich die Gruppe nicht von einem Verbande unterscheiden, durch den ebenfalls gemeinsame Ziele verfolgt werden, ohne daß gefragt würde, unter welchen speziellen Werteinstellungen der einzelne ein Ziel intendiert. So können sich beispielsweise Vertreter einer bestimmten Wirtschaftsform in einem Verbande vereinigen, wobei das gleiche Ziel einmal aus reiner Moralität, das andere Mal dagegen aus sehr pragmatischen Erwägungen verfolgt werden kann. Im Gegensatz dazu ist eine Gruppe durch einen *überwiegend gemeinsamen Norm- und Werthorizont* ausgewiesen. Sie zerfällt, wenn sich diese Gemeinsamkeit auflöst. Ein zweiter wichtiger Punkt ist, daß das Verhalten der Gruppenmitglieder untereinander von einer sozial *positiven Emotionalität* regiert sein muß. Verärgerung, Verbitterung, Ablehnung, Neid, Wut, Haß machen bereits die Kooperation in Zweckverbänden außerordentlich schwierig, weil unter ihrem Einfluß die Gemeinsamkeiten immer wieder durch Rivalitäten überlagert werden. Eine Gruppe ist in einem noch sehr viel stärkerem Maße davon abhängig, daß in ihren Binnenkontakten Anlehnung, Zuneigung,

Sympathie und Vertrauen dominieren. In welchem Verhältnis zueinander diese beiden Momente der Zielidentität und der emotional positiven Atmosphäre wiederum stehen, läßt sich nicht eindeutig bestimmen. Zwei gegenläufige Bedingungsverhältnisse sind denkbar: daß eine Vorgabe an Sympathie zur Annäherung der Ziellage geführt hat, wie umgekehrt, daß die Sympathie als Resonanz auf die Zielidentität zustandekam[54].

3. Auf keinen Fall ist aber das als Gruppe bezeichnete Merkmalsgefüge etwas, das eine von den Individuen unabhängige Seinsqualität besäße. Sprache verführt häufig gerade die mit den bezeichneten Phänomenen beschäftigten Wissenschaftler zu einer falschen Hypostasierung: als ob ein nur durch Abstraktion isolierbarer Tatbestand in konkreter Dinglichkeit existieren würde. Gruppentheoretiker neigen besonders gern zu dieser falschen Übersteigerung. Schon eine Redewendung wie die, die Gruppe sei einmal »erfunden worden«, zeigt deutlich diesen Hang zur falschen Verdinglichkeit[55]. Gruppe ist, dem entgegengesetzt, nichts anderes als eine unter den Merkmalsdimensionen der Zielidentität und Sympathierelation zusammengefaßte Auswahl komplementärer Verhaltensweisen von Individuen, die allerdings durch die Gruppensituation entscheidend beeinflußt werden.

8.4.3 Interaktion

Das Wort ›Interaktion‹ hat, im Gegensatz zu den meisten anderen Ausdrücken der sozialwissenschaftlichen Fachsprache, den Vorzug, verhältnismäßig neu und ausdrücklich zur Bezeichnung eines deutlich abgegrenzten Merkmalfeldes geschaffen worden zu sein[56]. Dennoch ist der Begriff keineswegs klar, weil man sehr unterschiedlicher Meinung darüber sein kann und auch ist, was das sei und welche Bedeutung dem zukomme, was mit dem Wort ›Interaktion‹ bezeichnet wird[57].

Die empirisch beobachtbaren Tatsachen dürften bekannt sein:
- Im Unterschied zu jedem objektgerichteten Handeln, das durch eine einfache Erwartungshaltung gekennzeichnet ist, wird soziales Handeln dadurch bestimmt, daß das Handlungsobjekt selber Subjekt ist. Dieses Subjekt tritt dem Handelnden mit einer eigenen Handlungserwartung entgegen. Soziales Handeln ist folglich durch eine doppelte *gegenläufige Erwartungshaltung* ausgezeichnet.
- Je mehr die beiden Erwartungshaltungen miteinander korrespondieren, desto mehr werden sie in ihrer ursprünglichen Intention verstärkt und verfestigen sich dadurch zu beiderseitigen Einstellungen. Differieren sie dagegen, treten Konflikte auf, die deutlich modifizierend in die folgenden Handlungen wie Erwartungen hineinwirken und zur Bildung kontrastierender ressentimentgeladener Einstellungen führen können, wenn die Konfliktbewältigung nicht oder nur auf unangemessene Weise gelingt.

– In der Konfliktbewältigung liegen folglich die besonderen Probleme der Gruppe. Nach der Voraussetzung, daß Zielidentität und Sympathierelation konstitutiv für Gruppen sind, verbietet sich eine Konfliktbereinigung durch Einsatz äußerer Machtmittel, weil damit die Existenzbasis der Gruppe überhaupt aufgelöst würde. In diesem Falle bliebe die Zielidentität äußerlich als eine erzwungene Einheitlichkeit, während Wert- und Normhorizont deutlich differierten und erst recht das emotionale Verhältnis sich unter der Einwirkung der situativen Bedingungen zur Antipathierelation deformierte.
– Entwicklung und Festigung der für einen Gruppenhalt notwendigen kognitiven und emotionalen Konformität setzt deshalb voraus,
daß zwischen den Gruppenmitgliedern eine ausreichende *Kommunikation* besteht, in der Handlungsintention wie Erwartungshaltungen erläutert, verglichen und aufeinander abgestimmt werden können,
daß die Gruppenmitglieder selbstkritisch über ihre *Handlungsintention* und *Erwartungshaltung* reflektieren können und zumindest im Ansatz Haltungen ausgebildet haben, die durch die Dimension Frustrations- und Ambiguitätstoleranz bezeichnet werden; wobei Frustrationstoleranz die Fähigkeit meint, auftretende Enttäuschungen aufzufangen, Ambiguitätstoleranz die Fähigkeit bezeichnet, nicht von ersten negativen Anmutungen her auf Einstellungen anderer zurückzuschließen, sondern eine positive Grundeinstellung trotz momentaner negativer Erfahrungen zu bewahren.
Dies macht deutlich, daß Konfliktherde desto häufiger auftreten werden,
– je zufälliger eine Gruppe zustande kam,
– je mehr Handlungsanweisungen einfach dominativ gegeben werden,
– je weniger die Kooperationsfähigkeit selber zum Gegenstand von pädagogischen Maßnahmen gemacht worden ist.
Daraus läßt sich ableiten, daß soziale Erziehung, die einerseits auf die Entwicklung von Kommunikationsfähigkeit zielt, andererseits nur innerhalb von Gruppen erfolgen kann, keinem Selbstformungsprozeß überlassen bleiben darf, sondern didaktische Vorstrukturierungen und pädagogische Lenkungen erforderlich macht.
Diese für den Gruppenbestand wichtigen insgesamt indes mehr pragmatischen Fragen weiten sich zu einem zentralen anthropologischen Problem aus, wenn man nachsieht, was durch Rück- oder Nebenwirkungen verschiedener Interaktionsformen auf der Seite des Agierenden wie des reagierenden Individuums geschieht:
– Das im Sozialkontakt erlebte Miteinander baut Verhaltenunsicherheiten ab und wirkt stabilisierend.
– In der Auseinandersetzung mit erwarteten Rollen geschieht eine über Angewöhnung und Anpassung laufende intensive funktionale Verhaltensformung. Dadurch wird äußerliche Identität (»sein wie die anderen«) gewonnen.

– In der Auseinandersetzung mit der eigenen Erwartungshaltung geschieht die Entwicklung antizipatorischer Verhaltensregulierung. Hier entwickelt sich Identität in der Zeitdimension. Handlungen werden nicht mehr nur von punktualistischen Anmutungen her inszeniert, sondern auf die Komplexion des jeweiligen Beziehungsinsgesamt hin entworfen.

– In der Konfrontation eigener und fremder Erwartungshaltungen stabilisieren sich auch die Fähigkeiten, die eigenen Meinungen argumentativ zu entwickeln, zu verteidigen, eventuell durchzusetzen.

Es zeigt sich mithin, daß die verschiedenen Dimensionen der Ich-Identität: emotionale Sicherheit, soziale Verhaltenskonformität, Verhaltenskonsequenz in der Zeitreihe und schließlich die sozial geforderte Fähigkeit der Rücksichtnahme weder von selber entstehen noch über die indirekte Form verbal-intellektueller Belehrung zustande kommen, noch einem freien Spiel der Kräfte überlassen werden können. Es zeigt sich vor allem, daß eine Schule, die solchen auf dem Rücken von Unterrichtsprozessen ablaufenden funktionalen Erziehungsvorgängen nicht die notwendige Aufmerksamkeit zuwendet, erzieherisch versagt. In der Tat stellt die in unseren Unterrichtsinstitutionen vorherrschende Reduktion des pädagogischen Geschehens auf Stoffvermittlung ein erzieherisches Fiasko allererster Ordnung dar.

8.4.4 Gruppendynamik

Gruppendynamik[58] bezeichnet zunächst den Zustand, in dem Gruppen immer sind: daß durch Interdependenzen und komplementäre Verhaltensregulation dauernde Veränderungen im Beziehungsinsgesamt der Gruppenmitglieder erfolgen. Eine sich als ›Gruppendynamik‹ bezeichnende besondere Forschungsrichtung ist sodann darauf orientiert, »die Arten und Formen der Entstehung und der Funktion von sozialen Gruppen unter Einbeziehung der Entstehungsursache«[59] zu analysieren. Unter der besonders in Mode gekommenen Bezeichnung ›Gruppendynamik‹ versteht man indes vor allem absichtliche Einwirkungen in Verlaufsprozesse mit der doppelten Absicht: daß Gruppenmitglieder über Rollenangebote und Rollenübernahme indirekt erzieherisch beeinflußt werden (Gruppentherapie) und daß ihnen schließlich am Rollenspiel die Ein- und Auswirkungen der eigenen Erwartungshaltungen und Reaktionsschemata bewußt werden. Das ist besonders die Funktion der sogenannten *Selbsterfahrungsgruppen*[60].

Im Zusammenhang unserer Fragestellung interessiert Gruppendynamik als besondere Forschungsrichtung nur mittelbar von den Ergebnissen her und kann deshalb hier übergangen werden. Aber auch drei andere wichtige Fragen bilden so umfangreiche eigene Problemkomplexe, daß sie hier nur genannt, aber nicht weiter verfolgt werden können. Es handelt sich dabei im einzelnen um folgende Probleme:

– Wie wirken vorhandene Gruppierungen wie Familie, Geschwisterreihe, Spielgruppen, Klassenstrukturen auf Heranwachsende ein?
– Wie lassen sich diese Gruppierungen entweder in ihrem Interaktionsmuster oder in ihrer Zusammensetzung so verändern, daß ihre funktionalen Wirkungen gewünschten Ziellagen besser entsprechen?
– Können diese vorhandenen Gruppierungen auch die Funktion von Selbsterfahrungsgruppen erfüllen und damit besonderen sozialorientierten Lernzielen (empathische Lernziele) gerecht werden?

Unsere Analyse muß sich auf den Zusammenhang von Gruppendynamik und Kooperation beschränken und kann schließlich auch hier wegen der Fülle der Phänomene, die in Spielgruppen, Geschwisterreihungen, Familienkonstellationen und unter dem Einfluß von Milieuabhängigkeiten auftreten, nicht mehr als einen exemplarischen Fall herausgreifen, der allerdings von besonderer Bedeutung ist: die positiven Erziehungseffekte der Kooperation im Gruppenunterricht der Schule[61].

Definiert man Gruppe als ein durch überwiegend gemeinsame Interessen, gemeinsamen Wert- und Normhorizont, mithin auch durch einander angenäherte Handlungsintentionen ausgezeichnetes Sozialgebilde, dann ist die Schulklasse keine Gruppe, sondern ein durch administrative Maßnahmen gebildetes Aggregat. Man könnte allerdings von Konfliktmodellen ausgehend sagen, daß durch die vorgegebene Schülerrolle sekundär gemeinsame Interessen entstehen, so daß über Rollenidentität notwendig auch stärkere Binnenkontakte auftreten werden, die aus einer Klasse eine Gruppe machen. Das Konfliktmodell, in Einzelfällen zweifellos wichtig und brauchbar, kann allerdings nur zur Beschreibung spezifischer Spannungslagen (Autoritätskonflikte, Mitspracherechte, Konfrontation verschiedener Interessen), sicher aber nicht zur Analyse von Kooperation benutzt werden. Dafür sind vielmehr folgende Ansätze notwendig, unter deren Berücksichtigung dann auch aus einer zunächst administrativ gebildeten Klasse sehr wohl eine kooperationsfähige Gruppe werden kann:

a) Drei Momente sind als Voraussetzungen für Gruppenbildungen besonders wichtig: Motivation, Kommunikation, gegenseitige Anerkennung[62]. *Motivation* entsteht aus einer einheitlichen Zielsetzung, wie dies bei Spielgruppen oder bei Gruppen mit einem gemeinsamen Arbeitsziel beobachtet werden kann. Damit die gemeinsamen Ziele erreicht werden können, müssen die Gruppenmitglieder miteinander kommunizieren. Diese *Kommunikation* wird desto effektiver, je mehr gleichartige Bezugschemata, wie allgemeine Einstellungen oder gleiche Interessen, und je mehr gemeinsame Erfahrungen vorliegen. Die Kommunikation wird außerdem nur dann von positiver Valenz sein, wenn eine Basis *gegenseitiger Anerkennung* vorhanden ist. Dieses in einem »Wir-Gefühl« sich äußernde Empfinden für eine Zusammengehörigkeit wird natürlich in dem Maße verstärkt, in dem positive Kommunikation in der

Form von Erfahrungsaustausch, in der Formulierung gemeinsamer Handlungsintentionen und im Vollzug gemeinsamer Handlungen auch wirklich zustandekommt.

b) Will man eine solche Gruppenbildung in einer Klasse nicht Zufälligkeiten überlassen, muß man zunächst die in der Gruppenbildung sich abzeichnenden Phasen und Stadien feststellen, damit auf sie hin orientierte pädagogische Maßnahmen möglich werden. Es handelt sich dabei vor allem um folgende Stadien: Exploration, Identifikation, Entstehung kollektiver Ziele und Entwicklung von Gruppennormen[63]. In der Phase der *Exploration* wird von den potentiellen Gruppenmitgliedern eruiert, in welchem Umfang gemeinsame Interessen bestehen, Kommunikation möglich ist und gemeinsame Handlungsintentionen entwickelt werden können. In der Phase der *Identifikation* bildet sich die emotionale Bezugslage des schon erwähnten Wir-Gefühls aus: das Individuum fühlt sich der Gruppe zugehörig und entwickelt dabei eine deutliche Meinungskonvergenz. Unterschiedliche Standpunkte nehmen umfangmäßig ab und werden außerdem nicht mehr mit der Vehemenz wie bislang verfolgt. In der Diskussion der Meinungen verdeutlichen sich die *gemeinsamen Gruppenziele*, die zugleich von den Mitgliedern als eigene Handlungsmotive übernommen werden. Diese Gruppen- oder Kollektivziele sind Mittelpunkt der in der Gruppe stattfindenden Kommunikation. Es entwickelt sich dabei eine Art von Gruppengeist, der sich in *Normen* niederschlägt, durch die sich die Gruppe wiederum nach außen hin abgrenzt. Natürlich sind diese einzelnen Phasen oder Stadien nicht als eindimensionale Zeitreihe vorstellbar, sondern stehen untereinander in einem oszillierenden Verhältnis reziproker Verstärkung.

c) In der dem Entstehungsprozeß folgenden Stabilisierungsphase entwickeln sich in den Gruppen in der Regel Rollendifferenzierungen und damit bestimmte mehr oder minder manifeste *Ranghierarchien*. Stärken und Schwächen einzelner Gruppenmitglieder werden bekannt und führen sowohl zur Spezifizierung von Aufgaben (Rollendifferenzierung) wie zur Abgrenzung von Kompetenzen (Rangabstufung). Damit tauchen natürlich besondere Führungs- und Kontrollprobleme auf, auf deren Analyse jetzt aber um so leichter verzichtet werden kann, als das Thema Autorität bereits gesondert behandelt worden ist.

d) Kooperation ist eine besondere handlungsorientierte Form von Kommunikation. Zu analysieren bleibt, welche besonderen Kooperationsformen es im Unterricht gibt, von welchen organisatorischen oder didaktischen Voraussetzungen sie abhängen und welche Rückwirkungen von ihnen auf die Gruppenmitglieder ausgehen. Zuvor muß aber hervorgehoben werden, daß alle genannten Phasen und Stadien zwar auch in gruppendynamisch unbeeinflußten Schulklassen auftreten, dort allerdings immer nur zufällig und außerdem in einer derartigen Komplexität, daß divergierende Wirkfaktoren beständig

296

einander aufzuheben drohen. Will man gruppendynamische Prozesse pädagogisch nutzbar machen, muß man folglich Lernende in solche Konstellationen bringen, in denen Exploration, Identifikation, Entstehung von Zielen und Entwicklung von Gruppennormen möglich sind und die außerdem pädagogisch notwendige Lenkungen zulassen. In der Regel werden dazu die Ergebnisse der *Kleingruppenforschung* heranzuziehen sein.

e) Kommunikation und Kooperation haben ihrerseits bestimmte unterrichtsorganisatorische Voraussetzungen, denn Unterrichtssituationen differieren deutlich nach dem Grad und der Intensität möglicher Kontakte zwischen Schülern und dem Lehrer und zwischen den Schülern selber. Damit in Schulklassen gruppendynamische Prozesse ablaufen können, müssen folglich einige wichtige unterrichtsorganisatorische Vorbedingungen erfüllt sein.

8.4.5 Die unterschiedliche Auswirkung von Unterrichtssituationen auf Kooperationsmöglichkeiten

Die meiste Belehrung findet nachweislich in der Form des sogenannten *Frontalunterrichtes* statt[65], in dem ein Lehrender einer größeren Zahl von Lernenden gegenübersteht und durch Vortrag, vor allem aber durch Frage und Antwort Wissen zu vermitteln sucht. Im Frontalunterricht zeigt sich immer eine überhöhte Aktivität des Lehrenden, durch die die Aktivität der Lernenden stark eingeschränkt wird. Diese sind in aller Regel ständig auf den Lehrenden hingeordnet. Sie bleiben dadurch von den Mitschülern isoliert:

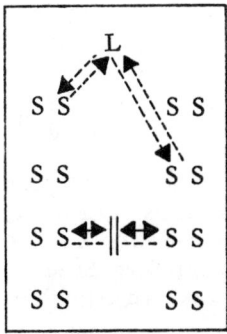

In dieser Lernsituation geschieht Kommunikation zwischen Schülern und erst recht Kooperation durchweg außerhalb des Unterrichts, in Pausen oder in der Freizeit. Außerdem führt die im Frontalunterricht vorherrschende starke Verbalisierung des Unterrichtes dazu, daß die ohnedies schon geringen Kooperationsformen durchweg auf verbale Bezüge beschränkt bleiben. Planungen oder projektorientierte Handlungen sind eine ausgesprochene Seltenheit.

Vergleichen wir mit dieser pädagogischen Situation des herkömmlichen Unterrichts die heute gern diskutierten Lernzielkataloge (Taxonomien), dann zeigt sich, daß gerade die besonders bedeutsamen sozialen und persönlichkeitsorientierten Lernziele wie etwa Kooperationsfähigkeit und -bereitschaft im dominierenden Unterrichtsverfahren nicht berücksichtigt werden, ja daß durch unbemerkte Nebeneffekte des Frontalunterrichts deutlich gegenteilige Wirkungen auftreten können, weil die Bereitschaft und Fähigkeit vieler Schüler zu interagieren nachläßt und sich statt dessen konkurrenzorientierte Verhaltensmuster stabilisieren. Es müssen folglich notwendige unterrichtsorganisatorische Voraussetzungen geschaffen werden[66]:

– Lernen darf nicht nur als ein wesentlich reaktiver Vorgang von Wissensspeicherung angesehen und entsprechend didaktisch organisiert sein, sondern muß vielmehr *in Handlungen eingebettet* werden, die Kommunikations- und Kooperationsmöglichkeiten bieten.

– Schüler müssen deshalb auch an Planungsprozessen beteiligt werden, damit ihnen die Lernziele nicht als reines Oktroy erscheinen, sondern als eine in der Kommunikation gebildete *gemeinsame Norm*, mit der sich der einzelne identifizieren kann.

– Der Lernverlauf mit seiner didaktischen Stufung von Lernschritten und Schwierigkeitsfolgen darf sich also nicht nur als eine vom Lehrer vorgeschriebene Verlaufsform ausweisen. Damit aber Planungsvollzüge möglich werden, dürfen unterrichtsmethodische Überlegungen nicht nur auf den Lehrenden beschränkt bleiben. Der Schüler selber muß auch Methode haben, um über Angemessenheit oder Unangemessenheit verschiedener Lösungsmöglichkeiten und verschiedener Arbeitsformen urteilen zu können.

– Der Lernverlauf muß schließlich aus der Einseitigkeit rein verbaler Vermittlung gelöst und nach Möglichkeit in die Form einer Handlung überführt werden.

Damit diese didaktischen Voraussetzungen zustandekommen, bieten sich wiederum verschiedene unterrichtsorganisatorische Möglichkeiten an:

– Der Lehrer überträgt Lösungen von Übungsaufgaben und von angewandten Beispielen nicht nur einzelnen Schülern, sondern Gruppen, die zur gegenseitigen Hilfe und zur wechselseitigen Ergebniskontrolle aufgefordert werden.

– Leistungsheterogenen Kleingruppen im Klassenverband wird die Aufgabe übertragen, im vorausgegangenen Unterricht vermittelte Lerninhalte so zu wiederholen, daß einzelnen schwächeren Schülern die Lösungsschritte deutlich und die Ergebnisse einsichtig werden. Die sogenannten besseren Schüler werden durch den Zwang zum kleinsten Schritt zu einer genaueren Rekapitulation gebracht, die sogenannten Schwächeren durch die indivi-

dualisierte Wiederholung zum Verständnis und damit zum Unterrichtserfolg.
- Der Lehrer entwickelt ein Problem und überträgt Schülergruppen die Lösung. Im naturwissenschaftlichen Bereich hat Martin *Wagenschein* dazu viele Beispiele geliefert (sog. »Einstiege«). Solche Aufgaben können sowohl im arbeitsgleichen wie im arbeitsteiligen Verfahren gelöst werden. Für den formalen Aspekt der Kooperation wichtig ist, daß innerhalb der Gruppe notwendige Rollendifferenzierungen besprochen, geplant, ausgeführt und gemeinsam kontrolliert werden.
- Schülergruppen arbeiten innerhalb größerer Zeitspannen an *Projekten,* die ausführliche Planung und beständige Kommunikation erfordern. Vor allem die stark in Arbeitsgemeinschaften differenzierte Unterrichtsform in der Sekundarstufe bietet dafür viele Möglichkeiten.
- Schließlich sei noch auf eine an Kooperationsmöglichkeiten reiche Unterrichtsform hingewiesen, die verhältnismäßig wenig Voraussetzungen braucht und im Prinzip in jeder normalen Jahrgangsklasse praktikabel ist: Schülergruppen bereiten die Informationsvermittlung für die gesamte Klasse vor. Das kann von einfachen Schülervorträgen, über Podiumsgespräche bis zur Herstellung von Arbeitspapieren oder der Vorbereitung und Herstellung von Anschauungsmaterial reichen[67].

In allen diesen Fällen ist der Lehrende keineswegs in seiner Kompetenz eingeschränkt, wie dies auf der einen Seite gefürchtet, auf der anderen Seite, unter einer zumindest einseitigen Interpretation der Gruppe als einer autonomen Selbstregulationsinstanz, verlangt wird. Eine Lernergruppe kann in der Regel *kein* autarkes Gebilde sein, weil dann in ihr rasch ein unerträglicher Dilettantismus regieren würde. Die konstatierbare Entwicklung einer deutlichen Problemblindheit in jenen Gruppen, die sich mißtrauisch von jeder Lehrautorität distanziert halten, zeigt, daß man diese Gefahr sicherlich nicht leicht überschätzt[68]. In unkontrollierten Lernergruppen führen auftretende unreflektierte Ranghierarchisierungen außerdem oft zu stark irrationalen Einflußnahmen. Die scheinbar autonome Gruppe ist dann in Wahrheit von unerkannt gebliebenen Krypto-Autoritäten abhängig.

Die Aufgaben der Lehrenden verkleinern sich deshalb keineswegs, wenn Lernen innerhalb von Gruppenprozessen und Kooperationsformen abläuft, sondern vergrößern sich vielmehr deutlich. Sie verlagern sich allerdings auf neue Bereiche:
- Lehrer treten nicht mehr direkt als Informationsträger auf, sondern bereiten *didaktisches Material* vor, das eine selbständige Bearbeitung durch den Lehrenden erfordert;
- Lehrer vermitteln *Methoden* selbständigen Lernens;
- Lehrer überlegen die angemessene Form der Gruppenstruktur (Leistungshomogenität oder -heterogenität, Paargruppe, Kleingruppe, Gruppen für

Planungen oder Lösungen usw.) und beeinflussen außerdem die Gruppen-zusammensetzung, indem sie zunächst die Kriterien für die Gruppenglie-derung erläutern und auf eine angemessene Gruppenstrukturierung drän-gen. Pädagogisch gleichermaßen falsch wäre es, die Gruppenbildung dem freien Spiel der Kräfte zu überlassen wie auch sie einfach zu kommandieren.

- Lehrer treten als *Berater* bei Planungs- oder Lösungsschwierigkeiten auf.
- Lehrer entwickeln mögliche Formen der *Selbstkontrolle* für Schüler, behalten aber ausdrücklich die übergeordnete Kontrollkompetenz;
- Lehrer werden folglich an keiner Stelle des Lernverlaufs aus ihrer pädago-gischen Verantwortung entlassen; ihre Aktivität wird aber überall aus einer direkten in eine mehr indirekte zurückgenommen: vorbereitend, helfend unterstützen sie die gruppenorientierte Selbsttätigkeit der Schüler.

8.4.6 Verlaufsskizze einer kooperationsorientierten Unterrichtssequenz

Erste Phase: Der Lehrer beschreibt das Lernziel und begründet es. Er be-teiligt die Schüler an der Entwicklung, Akzentuierung und Koordination der Feinziele. Wie schon erwähnt, ist es didaktisch bedenklich, auch diese Fein-ziele einfach vorzugeben, weil dann nur ein verhältnismäßig schwacher In-teressenbezug des Schülers zum Lerninhalt zu erwarten ist. Didaktisch glei-chermaßen einseitig wäre es allerdings auch, noch nicht genügend orientierte und informierte Schüler aufgrund momentaner Anmutungen über größere Lernziele entscheiden zu lassen, deren Bedeutung zu diesem Zeitpunkt noch nicht verstanden werden kann und über die folglich nur in einer durchaus irrationalen Weise geurteilt werden könnte. Ein solches Verfahren wäre außer-dem auch von anderen mehr politischen Gesichtspunkten her nur von schein-demokratischer Art, weil es nämlich ausgesprochen selektiv wirkt, denn es werden sich besonders die Schüler qualifizieren, die Vorinformationen in die Schule mitbringen.

Zweite Phase: Schüler planen in der Gesamtgruppe der Klasse Arbeitsein-teilungen: Wieviel Arbeitsgruppen sind notwendig? Welche Ziele sollen die einzelnen Gruppen verfolgen? Welche Ergebnisse werden von ihnen erwar-tet? Der Lehrende überläßt der Gesamtgruppe wohl die Entwicklung der Kriterien. Er kann sich aber keineswegs, etwa aus einer falsch verstandenen »Schülerbefreiung« heraus, von der Kontrolle und notfalls auch Veränderung der Gruppenstrukturen dispensieren. Da er das umfassende allgemein-päd-agogische Wissen mitbringt, muß er etwa individual-pädagogische Gesichts-punkte berücksichtigen oder durch Antizipation zu erwartender Lern-schwierigkeiten auf bestimmte Voraussetzungen drängen. Mögliche Hierar-chisierungen (etwa bei sogenannten »Stars« und ihren Rollenerwartungen) und Konflikte (Außenseiterrollen oder Machtkämpfe) müssen vorausbedacht werden. In solchen und anderen Fällen besteht eine pädagogische *Pflicht*, regulierend in Gruppenbildungsprozesse einzugreifen.

Dritte Phase: Die kleinen Gruppen planen, stellen Material bereit, führen aus und kontrollieren ihre Ergebnisse. Die besondere Aufgabe des Lehrers in dieser Phase besteht in der Vorbereitung des geeigneten didaktischen Materials, in der Beratung und in der Vermittlung geeigneter Lernhilfen. Obwohl auch jetzt die Kontrollfunktion des Lehrenden nicht erlischt, wäre es dennoch bedenklich, auftretende Fehler in Planungsschritten und Lösungsvollzügen zu rasch zu verbessern. Während Fehler in Gruppenstrukturierungen zu bedenklichen Verhaltensbeeinflussungen führen können und deshalb rasch korrigiert werden müssen, sollten Fehler im Arbeitsvollzug möglichst an den Konsequenzen der Arbeit selber erfahren werden.

Vierte Phase: Die kleinen Gruppen informieren sich gegenseitig und diskutieren abschließend die Arbeitsergebnisse. Wichtig ist, daß dabei auch eine Reflexion über den Arbeits*verlauf*, über aufgetretene Konflikte und Schwierigkeiten eingefügt wird, durch die ja das auf dem Rücken der Lernprozesse ablaufende Sozialgeschehen den Lernenden erst deutlich gemacht werden kann.

Die Realisation eines solchen Modells in der Unterrichtspraxis hängt natürlich von einigen Voraussetzungen ab. Vorhandenes Lehrmaterial, Fachräume, Departmentsysteme, Kleingruppenräume, Einzelarbeitsplätze, eine Schulbibliothek wären zu nennen. Das soziale Ziel der Kooperation und ihre Rückwirkung auf die in der Gruppenarbeit miteinander Kommunizierenden kann indes mit bereits verhältnismäßig einfachen Mitteln erreicht werden und ist keineswegs, wie man gemeinhin annimmt, von komplizierten Schulkonstruktionen abhängig. In vielen Fällen läßt sich beispielsweise das *Schulbuch* als ein didaktisch vorgeformter Informationsträger verwenden. In der herkömmlichen Form des Frontalunterrichtes ohnedies etwas an den Rand gedrängt, könnte es zur Vorbereitung von Gruppenarbeit neue didaktische Bedeutung gewinnen.

8.4.7 Zusammenfassung

Auch in kooperierenden Gruppen treten Rivalitätsphänomene auf und können in besonderen Situationen sogar zur Gruppenauflösung führen. In der Regel wird aber die in Gruppen auftretende Art von Wetteifer am ehesten noch der kultivierten Form ähneln, der im letzten Abschnitt besondere bildende Wirkung zuerkannt worden ist. In den Kommunikationsbezügen der Gruppe werden aber vor allem jene Verhaltensformen und individuellen Regulationssysteme aufgebaut, ohne die Sozialbezüge entweder nur durch permanente Außenlenkung gerecht gesteuert werden könnten oder aber zu jenen Rivalisierungsformen denaturiert würden, unter der eine einseitig auf Konkurrenz festgelegte Gesellschaft vor allem leidet.

Anmerkungen und Literaturhinweise

Erstes Kapitel

1. Überblicke in Roth, H.: Päd. Anthropologie I. Bildsamkeit und Bestimmung, Hannover 1966, II. Entwicklung und Erziehung, Hannover 71; Flitner, W.: Die abendländischen Vorbilder und das Ziel der Erz., Bad Godesberg 47; Röhrs, H. (ed): Erziehungswissenschaft und Erziehungswirklichkeit, Frankfurt 67, Lochner, R.: Deutsche Erziehungswissenschaft, Meisenheim 68; Bokelmann, H.: Artikel Pädagogik, Erziehung, Erziehungswiss., in: Speck, W./ Wehle. G. (ed): Handb. päd. Grundbegriffe, Bd. 2, München 70
2. cf Rumpf, H.: Erziehung, in: PädLex Bertelsmann, Gütersloh 70; Mollenhauer, K.: Was ist Erziehung?, in: Deutsche Jugend, 1966, S. 159 ff.
3. Roeder, P.M.: Erz. und Gesellschaft, Weinheim 68; Ottaway, A.C.: Education and Society, London 66; Mollenhauer, K.: Erz. und Emanzipation, München 68.
4. cf Dilthey (IX 192): »Die Erziehung ist eine Funktion der Gesellschaft . . . Der soziale Erneuerungsprozeß, vermöge dessen stets neue Individuen als Elemente der Gesellschaft in sie eintreten, verlangt, daß diese Individuen zu dem Punkt entwickelt werden, an welchem sie die Personen der gegenwärtigen Generation ersetzen können.« Daraus folgt (VI 59 f): »So kann und wird Psychologie einmal Grundlage der Pädagogik, Pädagogik einmal angewandte Psychologie sein.«
5. Allgemeine Päd., Weinheim 59 (2), S. 9.
6. cf Willmann, O.: Didaktik als Bildungslehre, Freiburg, Wien 57 (6), dort vor allem 2. Absch.: Die Bildungszwecke, s. 288 ff.
7. »Nur aus dem Ziel des Lebens kann das der Erziehung abgeleitet werden, aber dieses Ziel des Lebens vermag die Ethik nicht allgemeingültig zu bestimmen« (VI/57). »Das Erziehungsideal einer Zeit und eines Volkes in seiner inhaltlichen Fülle und Wirklichkeit ist historisch bedingt und geartet . . . So entsteht die Erziehungswirklichkeit, kraft deren ein Mensch in seiner Zeit, seinem Volk, seiner Gesellschaft sich dem ihm Angemessenen seiner Leistung entgegen entwickelt« (VI/68).
8. VI/59.
9. cf Weniger, E.: Der Erzieher und die gesellsch. Mächte, in: WPB 5, 1953, S. 1 ff.; Gerner, B. (ed): Der Lehrer und Erzieher, Bad Heilbrunn 69.
10. Überblicke bei Fürstenau, P.: Soziologie der Kindheit, Heidelberg 67; Fend, H.: Sozialisierung und Erziehung, Weinheim 71 (4).
11. cf Dewey, J.: Demokratie und Erz., Braunschweig u.a. 49, bes. 2. Kap.
12. cf Wilhelm, Th.: Päd. der Gegenwart, Stuttgart 59, dort bes. 1. Kap.
13. cf Keller, U./Neumann, G.: Kritische Erziehung. Ein Arbeitsprogramm . . . Bd. 1/2, Opladen 71.
14. cf Adorno, Th.W.: Zum Verhältnis von Soziologie und Psych., in: Sociologica I, Frankfurt 55, S. 11 ff.; Müller-Freienfels, R.: Phil. der Individualität, Leipzig 1923 (2).
15. cf Kerstiens, L.: Der gebildete Mensch, Freiburg 66.

16. cf Fend, H.: Konformität und Selbstbestimmung, Weinheim u.a. 71.
17. Dahrendorf, R.: Homo Sociologicus, Köln, Opladen 65 (5).
18. Systematische Interpretation der dazu vorliegenden Literatur bringt Krappmann, L.: Soziologische Dimensionen der Identität, Stuttgart 71.
19. Gerade an der genauen Explikation dieser Möglichkeit mangelt es in der zeitgenössischen Rollen- und Interaktionstheorie. »Es wird letztlich nicht geklärt, worauf die Fähigkeit des G. H. Meadschen ›I‹ beruht, sich gegen die im ›me‹ übernommenen Erwartungen durchzusetzen« (Krappmann aaO., 21). War in der älteren Literatur (Drews, A.: Das Ich als Grundproblem der Metaphysik, 1897, Österreich, K.: Phänomenologie des Ich, 1910, Mensching, G.: Zur Metaphysik des Ich, 1934) die soziale Gebundenheit des Ich regelmäßig zu kurz angesetzt worden, negiert ein neuerer Trend dessen Substantialität.
20. Als Überblick Zdarzil, H.: Päd. Anthropologie, Heidelberg 71.
21. cf Rumpf, H.: Erziehung, in: LexPäd Bertelsmann, Gütersloh 70, Sp. 779.
22. cf Elzer, H.M.: Menschenbild und Menschenbildung, Darmstadt 56.
23. cf Zdarzil aaO, 2. Abschn.
24. u.a. Hentig, H. v.: Systemzwang und Selbstbestimmung, Stuttgart 70.
25. vor allem in den Publikationen von W. Reich, cf dazu Claßen, J.: Bibliographie zur antiautoritären Erziehung, Heidelberg 71.
26. Fischer, A.: Ges. Abh., München 57, Bd. V/VI, S. 414f.
27. cf Bollnow O.F.: Existenzphilosophie und Pädagogik, Stuttgart 59.
28. Fischer, A.: Vom Sinn der Erz., Ztschr. f. päd. Psych. 1931.
29. cf Gerner, B. (ed): Personale Erziehung, Darmstadt 65.
30. Zum Gesamtkomplex: Geißler, E.E.: Analyse des Unterrichts, Bochum 73, ders.: Herbarts Lehre vom erziehenden Unterricht, Heidelberg 70.
31. Geißler, E.E.: Analyse des U., 1. und 2. Kap.
32. Es liegt eine zur »Allgemeinen Geschichte der Pädagogik« erhobene problemgeschichtliche Darstellung der Erziehungsmaßnahmen vor: Behn, S., Paderborn 61 (2)
33. Bollnow, Existenzphilosophie, S. 17.
34. Spranger, E.: Das Gesetz der ungewollten Nebenwirkungen in der Erz., Heidelberg 62, S. 24.
35. cf Röhrs, H.: Die Rolle der Pädagogischen Technologie im Rahmen der Demokratisierung der Schule, in: Päd. Rundschau, 1970, S. 615ff.
36. Bollnow, Existenzphilosophie, S. 17f.
37. Der Ausdruck stammt von Herbart; cf. zur Bedeutung Geißler, E.E.: Herbarts Lehre vom erziehenden Unterricht, S. 106ff.
38. cf Trübners Deutsches Wörterbuch, 4. Bd., Stichwort ›Mittel‹: »Mittel ist das, was zwischen dem tätigen Subjekt und dem Zweck steht«.
39. Birnbaum, F.: Versuch einer Systematisierung der Erziehungsmittel, Wien 50.
40. cf Geißler, E.E.: Herbarts Lehre ... Teil 1.
41. ibid., S. 27f.; cf. Müller-Eckhardt, H.: Erziehung ohne Zwang, Freiburg u.a. 62.
42. in: Die Religion, Leipzig 1950 (5), S. 33.
43. Geißler, E.E.: Herbarts Lehre ... S. 27ff.
44. u.a. Meng, H.: Zwang und Freiheit in der Erziehung, Stuttgart 61; neuerdings Horn, K.: Dressur oder Erziehung, Frankfurt 68 (2)

45. Bollnow, O.F.: Die päd. Atmosphäre, Heidelberg 65 (2).
46. so etwa bei Ipfling, H.J.: Kritische Anmerkungen zum Problem der Erziehungsmittel, in: Heitger, M. (ed): Erziehung oder Manipulation, München 69; cf dazu auch Tribl, E.: Sinn und Grenzen der Erziehungsmittel, in: Erz. u. Unterricht, 1969, s. 87 ff.
47. Scheuerl, H.: Über Analogien und Bilder im pädagogischen Denken, in: ZfPäd 1959, S. 211 ff.; Geißler, E.E.: Die Metapher des Weges in der Didaktik, in: Elzer, H.M. / Scheuerl, H.: Pädagogische und didaktische Reflexionen, Frankfurt 66, S. 138 ff.
48. Die antinomischen Formulierungen geben jeweils Buchtitel wieder: Litt, Th.: Führen oder Wachsenlassen, Stuttgart 65 (12); Cohn, J.: Befreien und Binden, Leipzig 26; Kerschensteiner, G.: Autorität und Freiheit als Bildungsgrundsätze, Leipzig 24; Fend, H.: Konformität und Selbstbestimmung, Weinheim u.a. 71.
49. zum Problem Krappmann aaO.
50. Spranger, Nebenwirkungen.
51. Überblick bei Weber, E.: Erziehungsstile, Donauwörth 72
52. cf Heitger, M.: Erziehung oder Manipulation, München 69
53. Göttler, J.: System der Pädagogik, München 61 (11), S. 166 ff
54. Spieler, J.: Erziehungsmittel, Luzern 44
55. Langeveld, M.J.: Einführung in die theoretische Pädagogik, Stuttgart 69, S. 113 ff
56. Trost, F.: Erziehungsmittel, Weinheim 66.
57. cf dazu Kron, F.W.: Theorie des erzieherischen Verhältnisses, Bad Heilbrunn 71; ders. (ed): Das erzieherische Verhältnis, Bad Heilbrunn 70; außerdem Gerner, B. (ed): Der Lehrer und Erzieher, Bad Heilbrunn 69.
58. bes. deutlich im ›Erzieher-Führer‹; cf dazu Geißler E.E.: Der Gedanke der Jugend bei Gustav Wyneken, Frankfurt 1963.
59. Lewin, K.: Die Feldtheorie in den Sozialwissenschaften, Bern, Stuttgart 63; dazu auch Winnefeld, F.: Pädagogischer Kontakt und pädagogisches Feld, München, Basel 67 (4), vor allem II/1.
60. Geißler, E.E.: Über die häufige Diskrepanz zwischen pädagogischen Intentionen und erzieherischen Wirkungen, in: Blätter für Lehrerfortbildung, 1967, S. 401 ff.
61. cf Eggersdorfer, F.X.: Erziehung als Funktion und Aufgabe, in: Hochland, 22. Jg. H. 24/25, S. 47 ff.; Fischer, W.: Kritische Gedanken zur Theorie der funktionalen Erziehung, in: Beiträge zur Bildung der Person, Freiburg o.J.; Froese, L.: Erziehung und Bildung. Ursprung, Phänomen und Begriff, in: Röhrs, H. (ed): Erziehungswiss. und Erziehungswirklichkeit, Frankfurt 67; Brezinka, W.: Über Erziehungsbegriffe, in: ZfP 1971, S. 567 ff.; Eggers, Ph.: Zur Differenzierung der funktionalen Erziehung, in: Päd. Rundschau 1967, S. 860 ff.
62. Rumpf, H.: Erziehung, in: LexPäd Bertelsmann.
63. bes. bei Brezinka, cf Anm. 61.
64. König, R. (ed): Materialien zur Soziologie der Familie, Bd. 1, Bern 46; ders.: Soziologie der Familie, in: Soziologie. Ein Lehr- und Handbuch zur modernen Gesellschaftskunde, ed. v. Gehlen, A. und Schelsky, H., Düsseldorf/Köln 65 (2); Mayntz, R.: Die moderne Familie, Stuttgart 55; Neidhardt, F.: Die Fa-

milie in Deutschland, Struktur und Wandel der Gesellschaft, Opladen 66; Claessens, D.: Familie und Wertsystem. Eine Studie zur ›zweiten, sozio-kulturellen Geburt‹ des Menschen, Berlin 62.
65. Roth, H. (ed): Begabung und Lernen, Stuttgart 69 (3).
66. Bittner, G./Schmid-Cords, E. (ed): Erziehung in früher Kindheit, München 70; Rehm, W.: Die psychoanalytische Erziehungslehre, München 68
67. cf Mühle, G./Schell, Ch. (ed): Kreativität und Schule, München 70.
68. Portmann, A.: Zoologie und das neue Bild vom Menschen; Hamburg 56 (2).
69. Eggers, Ph.: Zur Differenzierung der funktionalen Erziehung, in: Päd. Rundschau 1967, S. 860 ff.
70. Langeveld, M.J.: Einführung in die theoretische Pädagogik, Stuttgart 69 (7), S. 113
71. cf Geißler, E.E.: Herbarts Lehre vom erziehenden Unterricht, Heidelberg 70.
72. Umriß pädagogischer Vorlesungen § 57.
73. UV § 8.
74. UV § 58.
75. ibid.
76. Geißler, E.E.: Herbarts Lehre . . ., S. 89 ff.
77. so bereits entwickelt von Pfänder, A.: Motiv und Motivation, Leipzig 30 (2); systematisch dargestellt von Schiefele, H.: Motivation im Unterricht, München 63 (2); als Textübersicht Thomae, H. (ed): Die Motivation menschlichen Handelns, Köln, Berlin 70 (6); Wasna, M.: Die Entwicklung der Leistungsmotivation, München, Basel 70; cf auch die verschiedenen Arbeiten von Heckhausen zum Problem, zusammengefaßt in: Heckhausen, H.: Förderung der Lernmotivation und der intellektuellen Tüchtigkeiten, in: Roth, H. (ed): Begabung und Lernen; zur mehr pädagogischen Seite des Problems cf Winnefeld, F.: Psychologische Analyse des pädagogischen Lernvorgangs, in: Handb. d. Psych., X/93 ff., bes. 102 ff.
78. cf Geißler, E.E.: Analyse des Unterrichts, Bochum 73.
79. ibid., 1. Teil.
80. cf dazu auch Winnefeld, F.: Pädagogischer Kontakt und pädagogisches Feld, München 57; ders.: Psychologische Analyse . . . Handb. Psych. X/93 ff., so S. 102: »Ein bedeutsamer Teil der Tätigkeit des Erziehers hat der Gestaltung dieser Spannungsverhältnisse innerhalb der Zielregion des pädagogischen Feldes zu dienen.« Dazu auch Kohler, J.: Über Aufbau und Wandlungen der Wahrnehmungswelt, Wien 51; Heimann, P.: Die päd. Situation als psychologische Aufgabe, ZfP 1947, 2. H.; Helm, J.: Über den Einfluß affektiver Spannungen auf das Denkhandeln, ZfPsych 1954, S. 23.
81. cf Winnefeld, Psychologische Analyse . . . aaO, S. 98: »Lernsituationen können somit als Gefahr und als positive Lockung gleichzeitig gefaßt werden. Ihre Gefahr liegt in der Möglichkeit des jederzeitigen Abgleitenkönnens in Frustration«; dazu auch Tausch/Tausch, Erziehungspsychologie, Göttingen 65 (2); Hochheimer, W.: Zur Tiefenpsychologie des pädagogischen Feldes, in: Derbolav, J./Roth, H. (ed): Psychologie und Pädagogik, Heidelberg 59; Ruppert, J.P.: Zum Erziehungs- und Unterrichtsstil, ZfP, Beiheft 6, Weinheim 66, S. 105 ff.
82. Geißler, E.E.: Analyse des Unterrichts, Bochum 73, 3. Teil.

83. Spranger, E.: Das Gesetz der ungewollten Nebenwirkungen in der Erziehung, Heidelberg 62
84. Geißler, E.E.: Herbarts Lehre ... aaO, S. 67.
85. Geißler, E.E.: Analyse des Unterrichts, 1. Teil.
86. cf dazu Tausch/Tausch, Erziehungspsychologie, Diskrepanz zwischen Lehreraussagen und Lehrerverhalten.

Zweites Kapitel

1. cf Herrmann, Th.: Lehrbuch der empirischen Persönlichkeitsforschung, Göttingen 69.
2. u.a. bei Marcuse, H.: Triebstruktur und Gesellschaft, Frankfurt 65.
3. Grossmann, H./Grünberg, C.: Anarchismus, Bolschewismus, Kommunismus, Frankfurt 71; Reiche, R.: Sexualität und Klassenkampf, Frankfurt 68; Reich, W.: Die sexuelle Revolution, Frankfurt 69 (3).
4. cf vor allem Erikson, E.H.: Kindheit und Gesellschaft, Stuttgart 65 (2); ders.: Identität und Lebenszyklus, Frankfurt 66, dort entwickelt er, daß »Ich-Identität« des Kindes eine »erfolgreiche Variante einer Gruppenidentität« ist (S. 17).
5. ibid. S. 14: »Statt zu unterstreichen, was die Gesellschaft dem Kinde alles versagt, möchten wir klären, was sie zunächst einmal dem Kinde gibt, wie sie allein dadurch, daß sie es am Leben erhält und durch eine spezifische Form der Fürsorge für seine Bedürfnisse sorgt, zu ihrer besonderen Lebensform verleitet.«
6. cf Riesman, D.: Die einsame Masse, Hamburg 65; auch Fend, H.: Konformität und Selbstbestimmung, Weinheim u.a. 71, 1. Kap.: Dimensionsanalyse normativer Orientierungen, S. 22ff.
7. Kron, W.F.: Theorie des erzieherischen Verhältnisses, Bad Heilbrunn 71; ders., Das erzieherische Verhältnis, Bad Heilbrunn 70
8. cf Brückner, P.: Zur Pathologie des Gehorsams, in: Flitner, A./Scheuerl, H. (ed): Einführung in pädagogisches Sehen und Denken, München 69 (2), S. 98ff.; dazu auch Sölle, D.: Phantasie und Gehorsam, Stuttgart 68.
9. Erikson aaO; cf dazu auch die Diskussion um Summerhill, im Überblick am besten in Paffrath, F.H.: Das Ende der antiautoritären Erziehung?, Bad Heilbrunn 72.
10. über den anthropologischen Hintergrund cf Zdarzil, H.: Päd. Anthropologie, Heidelberg 72.
11. cf Paffrath, F.H.: Das Ende der antiautoritären Erziehung? aaO.
12. cf das Zitat, mit dem Brückner seinen Aufsatz ›Zur Pathologie des Gehorsams‹ beginnt (in: Flitner/Scheuerl: Einf. in päd. Sehen und Denken, S. 98): »Erziehung beugt den Nacken, verbannt übermäßiges Gelächter, beherrscht die Zunge, zügelt den Gaumen, beschwichtigt den Zorn und regelt den Gang.« Gern wird in diesem Zusammenhang der Inhalt der berüchtigten Stiehl'schen Regulative von 1854 zitiert.
13. cf Krüger, G.: Die Lehrerpersönlichkeit im Urteil von Schülern, in: Wege zu neuer Erziehung, H. 7/8, Berlin 50; zum Gesamtproblem als Überblick: Kramp, W.: Wandlungen und Widersprüche in der Berufsrolle des Lehrers, in: Pädagogische Arbeitsblätter, 1970, H. 9/10/11.

14. Döring, K. W.: Lehrerverhalten und Lehrerberufe, Weinheim 72.
15. Geißler, E. E.: Herbarts Lehre vom erziehenden Unterricht, Heidelberg 70, S. 62 f.
16. cf Neill, A. S.: theorie und praxis der antiautoritären erziehung, Hamburg, S. 337 f. ›Über Unterricht‹.
17. Geißler, E. E.: Herbarts Lehre . . . aaO, S. 111 ff.
18. cf den Zusammenhang von sapientia und sapere (dazu auch den Begriff des »Wertfühlens«).
19. wie das etwa in den von F. W. Foerster zusammengetragenen Argumenten zu lesen ist, im 1. Teil von Autorität und Freiheit, Kempten, München 1910.
20. Zdarzil, Päd. Anthropologie, 2. Abschn.
21. Mierke, K.: Psychohygiene im Schulalltag, Stuttgart 67.
22. als problementwickelnder Überblick cf Landmann, M. u. a.: De Homine. Der Mensch im Spiegel seines Gedankens, Freiburg 62.
23. cf Geißler, E. E. (ed): Autorität und Freiheit, Bad Heilbrunn 70.
24. u. a. bei Strohal, R.: Autorität. Ihr Wesen und ihre Funktion im Leben der Gemeinschaft, Freiburg 55; Hildebrandt, D.: Das Wesen der echten Autorität, in: Menschheit am Scheideweg, Regensburg o. J.
25. cf Hartfiel, G. u. a.: Die autoritäre Gesellschaft, Köln, Opladen 69 (mit Literaturübersicht zum Problem).
26. Untersuchungen zum Problem der Autorität. Ein Literaturbericht, in: Die Deutsche Schule 1961/4.
27. cf Geißler, E. E.: Autorität und Freiheit, aaO, dort Nachwort.
28. cf Habermas, J.: Erkenntnis und Interesse, Frankfurt 68.
29. zusammengefaßt bei Foerster, F. W.: Autorität und Freiheit, Kempten, München 1910, 1. Teil.
30. cf Heimsoeth, H.: Die sechs großen Themen der abendländischen Metaphysik . . ., Darmstadt 58 (4), Das Individuum, S. 172 ff.
31. Claßen, J.: Bibliographie zur antiautoritären Erziehung, Heidelberg 71.
32. Paffrath, Das Ende der antiautoritären Erziehung?, aaO, S. 29 f.: Anthropologische Voraussetzungen; außerdem Höltershinken, D.: Anthropologische Grundlagen antiautoritärer Erziehungsmodelle, in: Blätter d. Pest. u. Fröbel-Verbandes, 1971, S. 139 ff.
33. Plack, A.: Die Gesellschaft und das Böse, München 68.
34. Adorno, Th. W. u. a.: The Authoritarian Personality, New York 50; ders.: Erziehung zur Mündigkeit, Frankfurt 70.
35. Problem der Vorurteilsbildung, cf u. a. Boesch, E.: Vorurteile – Ihre Erforschung und Bekämpfung, Frankfurt 64; Hofstätter, P. R.: Das Denken in Stereotypen, Göttingen 60.
36. cf Geißler, E. E.: Die Rückwirkung von Unterrichtssituationen auf die Lerneinstellung der Schüler, in: Roth, L. (ed): Effektiver Unterricht, München 72.
37. zum Gesamtproblem Fend, H.: Konformität und Selbstbestimmung, Weinheim u. a. 71.
38. so vor allem in der Kritik von Key, Gurlitt u. a., cf dazu die Textstellen in Geißler, E. E. (ed): Autorität und Freiheit, Bad Heilbrunn 70.
39. cf Der Konflikt der Generationen, 5 akad. Vorträge von Neidhart, Dubs, Hielholz, Rossmann, Portmann, München 66; Roessler, W.: Das Generations-

problem in pädagogischer Sicht, in: Bildung und Erziehung, 1964, S. 30ff.; Eisenstadt, S.N.: Von Generation zu Generation, München 66; Paloczi-Horvath, G.: Alle Macht der Jugend? Thesen zum Generationskonflikt unserer Zeit, Gütersloh o.J.

40. Fromm, E.: Der moderne Mensch und seine Zukunft, Frankfurt 70; Gehlen, A.: Die Seele im technischen Zeitalter, Hamburg 57; Heitger, M.: Bildung und moderne Gesellschaft, München 63.

41. cf Lautmann, R.: Wert und Norm. Begriffsanalysen für die Soziologie, Köln, Opladen 69.

42. cf Graumann, C.F. (ed): Denken, Köln, Berlin 69 (4), dort Abschn.: Die Einstellung im Denken, S. 159ff.

43. Hartmann, H.: Funktionale Erziehung, Stuttgart 63.

44. cf Autorität ja – Autoritäre Erziehung – nein. Eltern fragen Eltern. Eltern antworten Eltern, Kindler-Lektorat, München 71.

45. cf Geißler, E.E.: Autorität und Freiheit, aaO, dort Nachwort.

46. cf die Beiträge im Schwerpunktheft: Autorität in der Schule heute, Lebendige Schule, 1972, 7. H.

47. Lichtenstein, E.: Das Problem der Autorität in der Pädagogik, in: Päd. Rundschau, 1951/52, S. 1ff.; außerdem die Beiträge ›Zum Problem der Autorität in der Erziehung‹, in: ZfP, Beiheft 6, Weinheim 66.

48. nach Guardini, R.: Die Macht, Würzburg 52.

49. Aronfreed, J.: Conduct and Conscience. The Socialisation of Internalized Control over Behavior, New York 68.

50. »Vertrauen bedeutet Sicherung dem Zukünftigen gegenüber«, Lersch, Ph.: Aufbau der Person, München 54 (6), S. 208.

51. Strzelewicz, W.: Der Autoritätswandel in der Gesellschaft und Erziehung, in: Die Deutsche Schule, 1961, H. 4, wiederabgedruckt in: Geißler, E.E. (ed): Autorität und Freiheit, Bad Heilbrunn 70.

52. aaO S. 109.

53. Erikson, E.H.: Das Problem der Ich-Identität, in: ders.: Identität und Lebenszyklus, Frankfurt 66; cf die Beiträge von Spitz in: Bittner/Cords: Erziehung in früher Kindheit, München 70.

54. cf Mead, G.H.: Geist, Identität und Gesellschaft, Frankfurt 68; Newcomb, Th.M.: Sozialpsychologie, Meisenheim 59, bes. Kap. 7, 8, 15; Hartley, E.L./ Hartley, R.E.: Die Grundlagen der Sozialpsychologie, Berlin 55, bes. Kap. 16, 17.

55. Jung, C.G.: Die Bedeutung des Vaters für das Schicksal des Einzelnen, Zürich, Stuttgart 62 (4); Richter, H.E.: Eltern, Kind, Neurose, Stuttgart 67 (2), bes. S. 83ff.

56. Richter aaO, S. 104ff.

57. u.a. Lersch, Ph.: Aufbau der Person, München 70 (11), S. 253: Die transitiven Gefühlsregungen.

58. der Entwurf stammt von einer Arbeitsgruppe meines Oberseminars WS 71/72.

59. Bericht über die Modelluntersuchungen in: Walz, U.: Soziale Reifung in der Schule, Hannover 60; Lewin, K. u.a.: Patterns of aggressive behavior in experim. created ›social climates‹, in: Journal of Social Psych., 1939 S. 271ff.;

ders.: Führungsstile in der Gruppe, in: Flitner/Scheuerl, Einführung in pädagogisches Sehen und Denken, München 69 (2).

60. ausführlich referiert bei Correll, W.: Das Lehrer-Schüler-Verhältnis, in: Röhrs, H. (ed): Die Disziplin in ihrem Verhältnis zu Lohn und Strafe, Frankfurt 68, S. 347 ff.

61. Becker, W.C.: Consequences of different kinds of parental discipline, in: Review of Child Development Research, 1964, S. 169 ff.

62. Überblick in Fend, H.: Sozialisierung und Erziehung, Weinheim u.a. 71 (4); ebenso bei Mollenhauer, K.: Sozialisation und Schulerfolg, in: Roth, H. (ed): Begabung und Lernen, Stuttgart 69 (3)

63. Geißler, E.E.: Analyse des Unterrichts, Bochum 73, 1. Teil.

64. Die zum Thema vorliegende fast unübersehbare Literatur ist von Claßen, J. in einer Bibliographie zusammengestellt worden, Heidelberg 71.

65. Herrmann, Th.: Lehrbuch der empirischen Persönlichkeitsforschung, Göttingen 69.

66. cf die einschlägigen Publikationen von Siegfried Bernfeld, Wilhelm Reich, Wera Schmidt.

67. Illich, I.: Schulen helfen nicht!, Hamburg 72.

68. zum gesamten Problem Geißler, E.E.: Analyse des Unterrichts, Bochum 73.

69. Böhm, W.: Maria Montessori, Bad Heilbrunn 69, S. 138 ff.

70. ibid., S. 166.

71. Dietrich, Th. (ed): Die pädagogische Bewegung ›Vom Kinde aus‹, Bad Heilbrunn 63.

72. Hetzer, H.: Faule Schüler, in: Lebendige Schule, 1954; Hirsch, G.: Die Faulheit, Halle 31; Mierke, K.: Konzentrationsfähigkeit und Konzentrationsschwäche, Bern, Stuttgart 57.

73. Winnefeld, F.: Psych. Analyse des päd. Lernvorganges, in: Handb. Psych. X/93 ff.

74. cf Ritzel, W.: Pädagogik als praktische Wissenschaft, Heidelberg 72, § 2: Die Erziehungsbedürftigkeit des Heranwachsenden, S. 33 ff.

75. Literatur zum Problem: März, F.: Hören, Gehorchen und personale Existenz, München 62; Plattner, E.: Gehorsam, Stuttgart 60; Lang, L.: Befehlen und Gehorchen, Wien 36; Gilberer, G.: Gehorsam in der Schule, in: Päd. Rundschau, 1970, S. 615 ff.

76. Bott, G. (ed): Erziehung zum Ungehorsam, Frankfurt 70 (2); Wilhelm, Th. (ed): Demokratie in der Schule, Göttingen 70; Liebel, M./Wellendorf, F.: Schülerselbstbefreiung, Frankfurt 69; Dehm, D. (ed): Schulreport, Frankfurt 71.

77. auch dazu ist die Literatur kaum noch zu übersehen; zu beiden Bereichen, dem familialen wie dem schulischen, gibt Liebel/Wellendorf, Schülerselbstbefreiung, aaO, einen Überblick über Themata wie zugehörige Literatur.

78. Claessens, D.: Familie und Wertsystem. Eine Studie zur "zweiten soziokulturellen Geburt" des Menschen, Berlin 67.

79. Krappmann, L.: Soziologische Dimensionen der Identität, Stuttgart 71.

80. Davis, K.: The Sociology of Parent-Youth Conflict, in: American Sociological Review, 1940, S. 523 ff.; Ausubel, D.P.: Das Jugendalter, München 68; Middleton, R./Putney, S.: Student Rebellion against Parental Political Beliefs, in:

Social Forces, 1963, S. 377 ff.; Friedeburg, L. v. (ed): Jugend in der modernen Gesellschaft, Köln, Berlin 65 (2); Wyatt, F.: Motive der Rebellion. Psychologische Anmerkungen zur Autoritätskrise bei Studenten, in: Psyche 1968, H. 8.

81. cf Castner, Th.: Schüler im Autoritätskonflikt. (Was halten Schüler von der älteren Generation?), Neuwied, Berlin 69; zum »Erlöschen des Vaterbildes« cf Parsons, T.: Über wesentliche Ursachen und Formen der Aggressivität in der Sozialstruktur westlicher Industriegesellschaften, in: Beiträge zur soziologischen Theorie, Neuwied, Berlin 64; Mitscherlich, A.: Auf dem Wege zur vaterlosen Gesellschaft, München 63; ders.: Identifikationsschicksale in der Pubertät, in: Die Unfähigkeit zu trauern, München 67.

82. Freud, A.: Probleme der Pubertät, in: Psyche, 1960, H. 1.

83. von »Zwanghafter Männlichkeit« spricht Parsons, Über wesentliche Ursachen ... aaO; »Fetisch der maximalen Differenzierung« steht bei Brückner, P.: Die Transformation des demokratischen Bewußtseins, in: Agnoli, J./Brückner, P.: Die Transformation der Demokratie, Frankfurt 68, S. 114.

84. »Wenn Eltern den Forderungen ihrer Kinder keinen Widerstand entgegensetzen, sondern offen unterstützen, was sie früher selbst zu entmutigen oder abzulehnen schienen, wird es dem heranwachsenden Individuum schwerfallen, sich ein autonomes Selbst zu definieren. Oder: wenn die Eltern sich zu heftig bemühen, gute Eltern zu sein, indem sie ihre Rolle bis zu einem Punkt verbiegen und nach und nach so viel davon aufgeben, daß sie aufhört, eine klar umrissene Funktion zu besitzen, dann muß es für die Kinder einfach schwierig werden, die eigene Identität zu definieren.« Wyatt, F.: Motive der Rebellion. Psychologische Anmerkungen zur Autoritätskrise bei Studenten, in: Psyche, 1968, H. 8, S. 579.

85. cf Michel, E.: Das Vaterproblem heute in soziologischer Sicht, in: Bitter, W. (ed): Vorträge über das Vaterproblem ... Stuttgart 54.

86. cf Paffrath aaO, S. 66.

87. Die Kategorie der Individualität ist in der soziologisch-psychologischen und auch der pädagogischen Diskussion der letzten Zeit etwas aus dem Blick geraten; cf unter der älteren Literatur Müller-Freienfels, R.: Philosophie der Individualität, Leipzig 23 (2);Kafka, G.: Versuch einer kritischen Darstellung der Anschauungen über das Ichproblem, Leipzig 10; Sawicki, F.: Individualität und Persönlichkeit, Paderborn, Würzburg 13; Schmalenbach, H.: Individualität und Individualismus, Kantstudien, Bd. 14, H. 1/2, 1919, S. 365 ff.; Goldbrunner, J.: Individuation, Freiburg 66; Jacobi, J.: Der Weg zur Individuation, Zürich 65.

88. Brückner, Zur Pathologie des Gehorsams, aaO, S. 110; cf dazu auch Sölle, D.: Phantasie und Gehorsam, Stuttgart 68.

89. zur Kritik an dieser Auffassung cf vor allem Foerster, F. W.: Autorität und Freiheit, Kempten 10, bes. S. 51 ff.

90. zur Thematik Beratung cf Mollenhauer, K./Müller, C. W.: ›Führung‹ und ›Beratung‹ in pädagogischer Sicht, Heidelberg 65.

91. zur Thematik ›Guidance‹: Chisholm, L. L.: Guidance in the Secundary School, New York 45; Jones, A. J.: Principles of Counseling and Guidance, New York 43.

92. Richter, H. E.: Die Gruppe, Hamburg 72, vor allem S. 25 ff.

93. Züghart, E.: Disziplinkonflikte in der Schule, Berlin u.a. 61.
94. cf Geißler, E.E.: Der Gedanke der Jugend..., Frankfurt 63.
95. Die vorherrschende Einseitigkeit der gegenteiligen Meinungen hängt zweifellos damit zusammen, daß es die Soziologie, die ›kritische‹ so gut wie die ›empirische‹, bislang versäumt hat, die Bedeutung einer Erfahrungsweitergabe durch Tradition für Veränderungen einigermaßen befriedigend darzustellen.
96. Raapke, H.D.: Das Problem des freien Raums im Jugendleben, Weinheim o.J.
97. Mills, Th.M.: Soziologie der Gruppe, München 69, cf S. 141 ff.
98. Buber, M.: Reden über Erziehung, Heidelberg 53, S. 31.
99. Man vergleiche etwa, mit welcher gedanklichen Leichtigkeit Herbert Marcuse allgemeine Gleichheit und Freiheit zugleich gleichsam als naturwüchsige Produkte ansieht und, für einen Hegel-Schüler erstaunlich, nur durch Bestehendes behindert, nicht aber als ein Werk betrachtet, eine Ziellage, die ohnehin immer nur in Approximationen erreichbar ist; cf. Marcuse, H.: Der eindimensionale Mensch, Neuwied 88 (4), so z.B. S. 255f.; cf dazu aber auch Adorno, Th.W./ Dirks, W.: Soziologische Exkurse, Bd. 4, Frankfurt 56, etwa S. 46 ff.
100. Dembo, T.: Der Ärger als dynamisches Problem, in: Psych. Forschung 15, 1931; die Heranziehung dieser zunächst an ungelösten Aufgaben konstatierten Befunde für die Interpretation der Auswirkungen repressiver Maßnahmen geschieht natürlich analog, aber nicht ohne sachlichen Bezug: In beiden Fällen kommt es zu keiner angemessenen eigenen Leistung, so daß die psychische Rückwirkung der Situation auf den Handelnden in beiden Fällen durchaus ähnlich sein dürfte. Cf dazu auch Schultz-Hencke, H.: Der gehemmte Mensch, Stuttgart 47 (2).
101. Wyatt, F.: Motive der Rebellion. Psychologische Anmerkungen zur Autoritätskrise bei Studenten, in: Psyche 1968, H. 8, cf bes. S. 579.
102. cf Geißler, E.E.: Herbarts Lehre... aaO, Einleitung und 1. Teil.
103. Gertrud, 13. und 14. Brief.
104. ibid.
105. Geißler, E.E.: Herbarts Lehre... aaO, 1. Teil.
106. Der für die gesamte menschliche Lebensführung – und nicht nur eine zeitweilig ›entfremdete‹ – konstitutive Gegensatz von objektiver Forderung (Beständigkeit im Arbeitsprozeß u.a.) und subjektiver Empfindung (cf Geißler, Herbarts Lehre... S. 62f.) ist so gut wie von der gesamten antiautoritären Bewegung einfach negiert worden. Dabei lebt das Pathos der ›revolutionären Bewegung‹ zum guten Teil vom Glauben an die Aufhebbarkeit dieses Gegensatzes. Cf dazu u.a. Scheuch, E.K. (ed): Die Wiedertäufer der Wohlstandsgesellschaft, Köln 68.
107. Gertrud, 13. und 14. Brief.
108. in: Bittner, G./Schmid-Cords, E. (ed): Erziehung in früher Kindheit, München 70.
109. Korczak, J.: Das Recht des Kindes auf Achtung, hrsg. von Heimpel, E. und Ross, H. Göttingen, Zürich 70 (2); ders.: Wie man ein Kind lieben soll, hrsg. von Heimpel/Ross, Göttingen 69.
110. cf Wyneken, G.: Eros, Lauenburg/Elbe 22
111. Kritik bei Rang, M.: Die griechische und die christliche Auffassung der pädagogischen Liebe, in: Bildung und Erziehung 1949, S. 161 ff.; ebenso Buber, M. Reden über Erziehung, Heidelberg 53.

112. aaO S. 33.
113. Die neuere Entwicklungspsychologie hat sich infolge einer veränderten Auffassung über den Zusammenhang von Lernen und Reifen von älteren Phaseneinteilungen gelöst. Dennoch ist noch immer lesenswert, was in den reichhaltigen Befunden jener Entwicklungspsychologie über Alters- und Phasenspezifika zu lesen steht; so auch über Voraussetzungen und Eigenarten des Gehorsamsverhaltens. Ich verweise auf die einschlägigen Publikationen von Gesell, A., Schenk-Danzinger, L., Busemann, A., Bühler, Ch. und schließlich auch Piaget, J.
114. Muchow, H.H.: Flegeljahre, Ravensburg 50.
115. »Kurt Hahn, der Gründer von Salem . . . hat längst vor dem Krieg gepredigt, man müsse den 12- bis 16jährigen mehr Raum für ›reinliche Abenteuer‹, mehr Gelegenheit zur Entfaltung ›giftloser Leidenschaft‹ geben«, Wilhelm, Th.: Über einige Modebegriffe heutiger Pädagogik, in: Schule und Erziehung, Berlin 60
116. Fischer, W.: Neue Tagebücher von Jugendlichen, Freiburg 55.
117. Gehlen wendet die Bedeutung dieses ›acceptance‹ (einen Menschen nehmen wie er ist) ins grundsätzlich Anthropologisch-Moralische. Für ihn stellt es »den Keimpunkt einer Weltethik« dar (in: Die Seele im technischen Zeitalter, Hamburg 57, S. 43).
118. cf Revers, W. J.: Über das Problem der Autoritätsbeziehung und der institutionellen Orientierung der Jugend, in: Kölner Zeitschr. für Soz. und SozPsych., 1962, H. 1.

Drittes Kapitel

1. cf Geißler, E. E.: Analyse des Unterrichts, Bochum 73, 1. Teil: Das Barriere-Modell.
2. Heckhausen, H.: Hoffnung und Furcht in der Leistungsmotivation, Meisenheim/Glan 63; cf außerdem Helm, J.: Über den Einfluß affektiver Spannungen auf das Denkhandeln, in: Z. f. Psych. 1954, 157.; ders.: Über die Wirkung von Erfolgsserien auf das Denkhandeln und die Leistung, in: Bericht über den 21. Kongreß der Deutschen Gesellschaft f. Psych. (Hrsg. Wellek, A.), Göttingen 58; Mierke, K.: Verlaufs- und Wirkungsformen seelischer Überforderung, in: Psych. Rundschau, 3, 1952.
3. Überblick über das Problem (mit reichen Literaturhinweisen) Bartmann, Th.: Psychologie der Lern- und Erziehungsschwierigkeiten, Bochum 71.
4. Fokken, E.: Die Leistungsmotivation nach Erfolg und Mißerfolg in der Schule. Hannover 66.
5. cf Kluge, N.: Ermutigung als Prinzip und Maßnahme der Erz., in: Lebendige Schule 1970, S. 370 ff. (mit Literaturhinweisen).
6. Lob, vom mhd. lop, hängt etymologisch mit lieben, glauben, erlauben zusammen; idg. Wurzel leubh – gernhaben, gutheißen; vgl.: Götze, A.: Etymologisches Wörterbuch der deutschen Sprache, Berlin 57 (17), ›Lob‹.
7. dazu Trost, F.: Erscheinungsweisen bewußt angewandter Erziehungsmittel, in: Handbuch für Lehrer I/495 ff., Gütersloh 60.

8. »Vertrauen bedeutet Sicherung dem Zukünftigen gegenüber«, Lersch, Ph.: Aufbau der Person, 54 (6), S. 208; »Vertrauen bedeutet einen Wechsel für die Zukunft«, Lichtenstein, E.: Vom Sinn erzieherischen Handelns, in: VjschfwPäd 1955; cf auch Scheler, M.: Wesen und Formen der Sympathie, Frankfurt 48 (5).
9. Johannesson, J.: Über die Wirkung von Lob und Tadel auf Leistungen, in: Weinert, F.: Päd. Psych., Köln, Berlin 67.
10. Hochrein, M./Schleicher, J.: Leistungssteigerung. Leistung, Übermüdung, Gesunderhaltung, Stuttgart 53 (3).
11. »Alle Antriebsfaktoren (Motive, Bedürfnisse, Haltungen und Wertungen) müssen gelernt werden«, Winnefeld, F.: Psychologische Analyse des päd. Lernvorgangs, in: Handb. Psych. X/102.
12. Helm, J.: Über die Wirkung von Erfolgsserien . . . aaO.
13. Hoppe, F.: Erfolg und Mißerfolg, ZfPsych. 1930.
14. Weber, H.: Mehr ermutigen als tadeln, in: Die Schulwarte, 1958, S. 78ff. und S. 129ff.; Loch, W.: Pädagogik des Mutes, in: Bildung und Erziehung, 1965, S. 1ff.
15. Rascher-Ausgabe II/240 (gekürzt).
16. Weshalb auch die von Arbeitsschulpädagogen wiederholt erhobene Kritik an einer positiven Bedeutung von Lob (oder Lohn) nicht ganz stichhaltig ist, weil sie die pädagogische Besonderheit der Ausgangslage verkennt; cf etwa Gaudig, H.: Die Schule im Dienste der werdenden Persönlichkeit, Leipzig 30, bes. Kap. ›Methode‹, S. 48ff.: »Unsere gesamte niedere wie höhere Pädagogik krankt geradezu an der peinlichen Gleichgültigkeit gegen den Motivationsvorgang bei der Arbeit in der Schule. Man will den Erfolg . . . und vergißt darüber, auf die Motive der Arbeit zu achten. Will sich aber der Erfolg nicht einstellen, so arbeitet man mit Druck und Stoß von außen, mit einem ganz mechanisch wirkenden Zwang oder mit der Erregung der Seelen durch starke, dem Wesen der Bildungsfreude fremde und ihr im höchsten Maße schädliche Affekte, wie Furcht vor Strafe und Hoffnung auf Lohn. Natürlich entsteht so keine Bildungsgesinnung«.
17. cf Geißler, E.E.: Herbarts Lehre vom erziehenden Unterricht, aaO, S. 175f.
18. Metzger, W.: Stimmung und Leistung, Gelsenkirchen 57; Henz, H.: Ermutigung. Ein Prinzip der Erziehung, Freiburg u.a. 64.
19. Polemann, O./Rössner, L.: Über pädagogische Ermunterung und ›eigenschöpferisches Mittun‹, in: Deutsche Jugend, 1967, S. 512ff.
20. Metzger, W.: Frühkindlicher Trotz, Basel 56; Winkler, O.: Der Trotz, sein Wesen und seine Behandlung, München 29; Busemann, A.: Über das sog. ›erste Trotzalter‹ des Kindes, in: ZfpädPsych. 1928/29; Wieland, A.: Wenn Kinder trotzen, Stuttgart 53.
21. Aufbau der Person, S. 437.
22. Freud, S.: Über das Ich und das Es, GW XIII.
23. Kunz, H.: Die Aggressivität und die Zärtlichkeit, Bern 46.
24. Wieczerkowski, W./Bastine, R. u.a.: Verminderung von Angst und Neurotizismus durch positive Bekräftigungen von Lehrern im Schulunterricht, in: Zeitschr. f. Entw. Psych. u. Päd. Psych,, 1969, S. 3ff.
25. Reiner, H.: Pflicht und Neigung. Die Grundlagen der Sittlichkeit, Meisenheim 51.

26. Daß dieses ursprüngliche nicht affektierte Geltungsbedürfnis gegen eine elementare Angst gerichtet sein könnte, liegt nahe; cf u.a. Loosli-Usteri, M.: Die Angst des Kindes, Bern 48.
27. Schorb, A.O.: Erzogenes Ich – erziehendes Du, Darmstadt 69.
28. cf Brocher, T.: Gruppendynamik und Erwachsenenbildung, Braunschweig 67, S. 106 f.
29. cf Allport, GiW.: Treibjagd auf Sündenböcke, Berlin 51.
30. Jancke, R.: Das Wesen der Ironie, Leipzig 29.
31. zum Gesamtproblem der kompensierenden ›kleinen Herrschaft‹ (Herbart) des Lehrers cf Adorno, Th.W.: Tabus über dem Lehrberuf, wiederabgedruckt in: Gerner, B. (ed): Der Lehrer und Erzieher, Bad Heilbrunn 69, S. 116 ff.
32. Einen Hinweis auf den Doppelaspekt der ›Repression‹ (das Wort ist heute allerdings eindeutig festgelegt) gibt Birnbaum, F.: Versuch einer Systematisierung der Erziehungsmittel, Wien 50, vor allem 4. Hauptteil ›Repressionshilfen‹: »Wir betrachten hier die Mittel der Repression nicht als Dressurmittel, sondern als vorbereitende Mittel im Dienste der Transformation«, S. 296.
33. Lewin, K.: Die psych. Situation bei Lohn und Strafe, Darmstadt 64; Frankl, L.: Lohn und Strafe. Eine Einführung in die Familienerziehung, Jena 35.
34. Habrich, L.: Lohn und Strafe, in: Roloff, LexPäd 17; Schuwerack, W.G.: Tadel und Lob als päd. Werte, VschfwPäd. 1927, S. 11 ff., S. 161 ff.; dazu auch der Beitrag ›Lob und Tadel‹ bei Spieler, J.: Erziehungsmittel, Luzern 44.

Viertes Kapitel

1. Trübners Deutsches Wörterbuch, Bd. 4, Berlin 43; dazu auch der Große Duden, Bd. 7, Herkunftswörterbuch Etymologie.
2. cf aus einer größeren Reihe von Veröffentlichungen: Ferdinand, W.: Der Lehrer mag mein Kind nicht leiden!, in: Schule und Psych., 1962, S. 361; bes. bei Höhn, E.: Der schlechte Schüler, München 67.
3. Hinweise auf dessen verschiedene Erklärungen und Bedingungen bei Hilgard, E.R./Bower, G.H.: Theorien des Lernens II, Stuttgart 71, S. 772.
4. Geißler, E.E.: Analyse des Unterrichts, Bochum 73, 3. Teil.
5. Foppa, K.: Lernen, Gedächtnis, Verhalten, Köln, Berlin 70 (7), 3. Kap.: Die Übung.
6. ibid., 6. Kap.
7. Mierke, K.: Verlaufs- und Wirkungsformen seelischer Überforderung, in: Psych. Rundschau 1952.
8. Geißler, E.E.: Analyse des Unterrichts, 1. Teil.
9. Birnbaum aaO, S. 113.
10. cf Hildebrandt, D.v.: Vom Wesen der echten Autorität, in: Menschheit am Scheideweg, Regensburg o.J.
11. cf u.a. bereits Göttler, J.: System der Pädagogik, S. 174: »Die erziehliche Willenskundgebung ... zielt stets auf innere Willensangleichung, nicht nur auf äußere Übereinstimmung mit dem Befohlenen«, dazu auch Allers, R.: Das Werden der sittlichen Person, Freiburg 29.

12. »Der methodische Grundsatz, die kindliche Handlungsfreiheit nicht mehr als notwendig einzuengen, gibt der Bitte als pädagogischer Maßnahme in diesem Sinne einen Vorrang vor den Befehl«, Art. ›Bitte‹ in: LexPäd Herder 1964.
13. Birnbaum aaO, so vor allem S. 298 ff.
14. cf Ingenkamp, K.H.: Zur Problematik der Jahrgangsklasse, Weinheim 69; Geißler, E.E.: Analyse des Unterrichts; Xochellis, P.: Jahrgangsklassen oder nicht?, München 67.
15. Guilford, J.P.: Persönlichkeit, Weinheim u.a. 71 (5), S. 387 ff.: Allgemeine Problematik der Intelligenzfaktoren.
16. Roth, H.: Erzieht unser Schulunterricht zum produktiven Denken, in: ders.: Päd. Psych. des Lehrens und Lernens, Hannover 66 (9), S. 157 ff.
17. Geißler, Analyse . . . aaO, 2. Teil.
18. Geißler, E.E.: Die Rückwirkung von Unterrichtssituationen auf die Lerneinstellung der Schüler, in: Roth, L. (ed): Effektiver Unterricht, München 72.
19. Dazu Bollnow, O.F.: Einfache Sittlichkeit, Göttingen 47, S. 94 ff. (Ärger, Wut, Zorn, Haß).
20. zur Frage einer didaktischen petitio principii cf Geißler, E.E.: Herbarts Lehre . . . aaO, S. 13 ff.
21. cf Winnefeld, F.: Kontaktschwierigkeiten und Kontaktstörungen im pädagogischen Feld, in: Päd. Kontakt und päd. Feld, München 67 (4), S. 127 ff.
22. cf Denker, R.: Aufklärung über Aggression, Stuttgart 71.
23. cf Rosenthal, R./Jacobson, L.: Pygmalion im Unterricht, Weinheim 71; Thiersch, H.: Lehrerverhalten und kognitive Lernleistung, in: Roth, H. (ed): Begabung und Lernen, Stuttgart 69 (3).
24. cf Rang, M.: Erwachsener und Kind, WPB 1964, 10. H., Abschnitt: ›Die pädagogische Relation‹.
25. Auf Gehlens Meinung, daß im ›acceptance‹ die Basis einer Weltethik zu sehen sei (Die Seele im techn. Zeitalter, S. 43) ist bereits hingewiesen worden, cf Anm. II/117.
26. Aufbau der Person, S. 208.
27. Lichtenstein, E.: Vom Sinn der erzieherischen Situation, in: VjschfwPäd, 1955, S. 22.
28. nach einer Überlegung Herbarts, AP S. 30.
29. Ein außerordentlich wichtiges und zugleich umfangreiches Thema; bezogen auf Unterrichtsprozesse cf Geißler, Analyse . . . aaO, 1. und 2. Teil.
30. Verhältnis von rationaler und emotionaler Partialpräsentation des Gegenstandes, cf Geißler, Herbarts Lehre . . . aaO S. 110 ff.

Fünftes Kapitel

1. Zur Übersicht cf die Bibliographie bei Reble, A.: Das Strafproblem in Beispielen, Bad Heilbrunn 65; dazu auch die Textauswahl bei Netzer, H. (ed): Die Strafe in der Erziehung, Weinheim o.J.; als mehr systematischer Überblick: Die Strafe als Problem der Erziehung, Weinheim, Berlin 67; Willmann-Institut: Pädagogik der Strafe, Freiburg u.a. 67.

2. Thelen, H.: Kinderfeindlichkeit in der Bundesrepublik, in: Eltern und Familie 17/1972/Nr. 5; cf. dazu auch Biermann, G.: Kindeszüchtigung und Kindesmißhandlung, München, Basel, 69
3. Rombach, H.: Das Wesen der Strafe. Philosophische Untersuchungen in pädagogischer Hinsicht, in: Willmann-Institut, Pädagogik der Strafe, Freiburg 67.
4. cf Strafe und Erziehung. Beiträge von S. Bernfeld, W. Reich, S. Yates, E. Fromm, S. Freud; Materialien zur antiautoritären und sozialistischen Erziehung 1, Berlin 69.
5. Gewissen und Gewissensbildung, Art. im LexPäd Bertelsmann, Gütersloh 70; Scholl, R.: Das Gewissen des Kindes, Stuttgart 56.
6. cf Rombach; Das Wesen der Strafe ... aaO, dort: ›Die personalen Grundlagen‹, S. 3 ff.
7. im Gorgias, bei Rombach S. 15.
8. verbaldefinitorisch läßt sich der Begriff (von disco abgeleitet) heute kaum noch verständlich machen. Interpretationswürdig wird er erst, sofern darunter ein Prozeß des Ordnens und als dessen Ergebnis ein geordnetes Verhalten verstanden wird. Hier stellen sich dann die entscheidenden Fragen: – nach der Notwendigkeit von D., – nach der Berechtigung der zugrundeliegenden Ordnung, – didaktisch nach der angemessenen Art der Disziplinierung; cf Geißler, Herbarts Lehre ... 1. Teil, vor allem S. 22.
9. Trapp, W.: Zur Psychologie des Rechtsempfindens bei Jugendlichen, Schwarzenburg 51; Hentig, H. v.: Die Strafe. Ursprung, Zweck, Psychologie, Stuttgart 32.
10. Netzer, H.: Die Theorie der ›natürlichen‹ Strafen, in: ders.: Erziehungslehre, Bad Heilbrunn 72 (10) S. 116 ff.
11. Hellmer, J.: Erziehung und Strafe, Berlin 57, S. 19; cf dazu auch Wolff, J.: Strafzweck und Strafvollzug in der Freiheitsstrafe, in: Studium Generale, Bd. 23, 1970, S. 878 ff.
12. Holzschuh, K.: ... aber ihr klagt uns an, Frankfurt 57.
13. Trapp aaO.
14. Hellmer aaO, S. 20.
15. cf Lipps, H.: Über Strafe, in: ders.: Die Wirklichkeit des Menschen, Frankfurt 54.
16. Zulliger, H.: Helfen statt Strafen, Stuttgart 56; ders.: Umgang mit dem kindlichen Gewissen, Stuttgart 53.
17. Müller-Eckhardt, H.: Das unverstandene Kind, Stuttgart 54; ders.: Erziehung ohne Zwang, Freiburg 62.
18. Horn, K.: Dressur oder Erziehung, Frankfurt 68 (ed); Förster, J.R.: Die Dressur, Langensalza 35; cf auch Rebel, K.H. (ed): Zwang – Autorität – Freiheit in der Erziehung, Weinheim, Berlin 67.
19. Einführung in die theoretische Pädagogik, Stuttgart 69 (7), S. 141.
20. cf dazu vor allem Eßer, A.: Das Phänomen Reue, Köln, Olten 63.
21. in: Vom Ewigen im Menschen, Bern 54; cf außerdem Scheler, M.: Das Ressentiment im Aufbau des Moralischen, in: Vom Umsturz der Werte, Bern 55 (4).
22. aaO S. 43.
23. cf dazu u.a. Meng, H.: Zwang und Freiheit in der Erziehung, Bern 45; Lewin, K.: Die psychologische Situation bei Lohn und Strafe, Darmstadt 64.

24. außer der schon erwähnten Veröffentlichung Loosli-Usteri, M.: Die Angst des Kindes, Bern 48, noch Levitt, E.: Die Psychologie der Angst, Stuttgart 72, Riemann, F.: Grundformen der Angst, München 71, Zulliger, H.: Die Angst unserer Kinder, Stuttgart 66; Boss, M.: Lebensangst, Schuldgefühl und psychotherapeutische Befreiung, Bern, Stuttgart 65.
25. Dietrich, Th. (ed): Die pädagogische Bewegung ›Vom Kinde aus‹, Bad Heilbrunn 63.
26. cf Deutscher Bildungsrat: Strukturplan für das Bildungswesen, Bonn 70, S. 29 ff.: Allgemeine Ziele.
27. Die gegenwärtige Überlagerung der Erziehungswissenschaft durch soziologische und psychologische Fragestellungen, Forschungsansätze und Forschungsergebnisse ist nicht zuletzt von daher zu verstehen.
28. Skinners Zukunftsvision, totale Außensteuerung und völlige Befriedung nur durch Gratifikationen erreichen zu können und alle Repression auszuschalten (in: Futurum zwei, Hamburg 72), mag zwar von der gesteigerten Lustempfindung her positiv zu bewerten sein, am Sachverhalt totaler Unmündigkeit ändert sich dadurch indes nichts. Daraus folgt, daß die Probleme menschlicher Lebensführung und Gesellung nicht nur auf der Dimension Lust – Unlust allein zu lösen sind.
29. »Schule ist heute weit davon entfernt, ein Modell der Freiheit zu sein. Sie zeigt bürokratische Seiten, die in einem einzigartigen Gegensatz zu ihrer Bildungsaufgabe stehen . . . So ist das Bildungsergebnis dieser Schule allmählich der konformistische, einfallslose, mühelos gleichschaltbare Mensch«, Becker, H.: Quantität und Qualität. Grundfragen der Bildungspolitik, Freiburg 62, S. 108, 110.
30. Über die Bedeutung der affektiven Komponente cf Geißler, E.E.: Herbarts Lehre . . . 1. Teil.
31. Bollnow, O.F.: Das Wesen der Stimmungen, Frankfurt 56; ders.: Neue Geborgenheit, Stuttgart 55.
32. Einführung, § 51.
33. Röhrs, H. (ed): Die Disziplin in ihrem Verhältnis zu Lohn und Strafe, Frankfurt 68.
34. cf Anm. V/28.
35. cf Thiersch, H.: Lehrerverhalten und kognitive Lernleistung, vor allem: Der Einfluß sanktionierender Maßnahmen auf die Lernleistung, S. 484 f., in: Roth, H. (ed): Begabung und Lernen.
36. in zusammenfassender Darstellung bei Kron, F.W.: Theorie des erzieherischen Verhältnisses, Bad Heilbrunn 71, dort in Abschn. 5, S. 61.
37. »Die Situation der Inkonsequenz«, bei Ruppert, J.P.: Sozialpsychologie im Raum der Erziehung, Weinheim 57, S. 66 ff.
38. cf Müller, M.: Untersuchungen über das Vorbild, Bern 49; Hampel, J.: Das erzieherische Vorbild, München 57; Hessen, J.: Die Bedeutung des Vorbildes für die Erziehung, Bonn 46; Haase, K.: Das Wesen des Vorbilds und seine Bedeutung für die Erziehung, in: VjschfwissPäd 1927; heute meidet man gern den Begriff Vorbild und spricht stattdessen von Identifikation (cf bei Thiersch aaO »Identifikationsangebote in der Person des Lehrers«, S. 484).
39. cf dazu Bödecker, W.: Autoritätsbildung in einer Klasse verwahrloster ›Halb-

starker‹, in: Die Deutsche Schule, 1961, S. 167 ff. (wiederabgedruckt bei Reble, Das Strafproblem in Beispielen, S. 83 ff.).

40. cf Eckel, W.: Mein Anfang als junger Lehrer, ZfP 1959, S. 319 ff. (wiederabgedruckt bei Reble, Das Strafproblem ... S. 65 ff.).
41. cf Züghart aaO.
42. dazu Weiß, C.: Päd. Soziologie IV, Bad Heilbrunn 67
43. Löwisch, D. J.: Haben Autorität, Gehorsam und Strafe einen erzieherischen Sinn?, in: Heitger, M. (ed): Erziehung oder Manipulation, München 69, S. 33 ff.
44. cf S. 50 ff. d. A.
45. Ingenkamp, K. H.: Die Fragwürdigkeit der Zensurengebung, Weinheim 71; Weiss, R.: Zensuren und Zeugnis, Linz 65.
46. Fend, H.: Konformität und Selbstbestimmung, Weinheim u. a. 71.
47. Rombach, in: Willmann-Institut, Pädagogik der Strafe, S. 13.
48. »Jede Strafe sollte, um wirksam zu sein, das Selbstgefühl des Getroffenen steigern. Ob sie es tut, wie sie es am besten zustande bringt, ist ein Hauptstück der Erziehungskunst und eine Meisterleistung des Erziehers«, Dunin Borkowski, St. v.: Miniaturen erzieherischer Kunst, Berlin 29, S. 90; cf außerdem dazu Wettig, L.: Das Problem der Strafe in der Erziehung, Ravensburg 49.
49. cf Foerster F. W.: Hauptaufgaben der Erziehung, Freiburg 59, S. 96.
50. Retter, H.: Strafe und emanzipatorische Erziehung, in: Die Deutsche Schule, 1972, S. 733 ff.; dabei wird meist die systematische Analyse von der vorherrschenden Praxis her angesetzt.
51. »Als Erziehungsmittel darf die Strafe durchaus nicht gebraucht werden, sondern sie kann nur entschuldigt werden«, Vorlesungen von 1826, S. 241, Päd. Schriften, Düsseldorf 57.
52. Foerster aaO.
53. Netzer, H., in: Erziehungslehre, Bad Heilbrunn 72 (10), S. 119 f.
54. cf Rombach aaO.
55. ibid., S. 16, Anm.
56. entsprechend den genannten Publikationen von Meng, Zulliger, Eckhardt; dazu außerdem Aichhorn, A.: Lohn und Strafe in der Erziehung, in: Röhrs, H. (ed): Die Disziplin in ihrem Verhältnis zu Lohn und Strafe, Frankfurt 68; cf außerdem die anderen dort aufgeführten Arbeiten; Biermann, G.: Kindeszüchtigung und Kindesmißhandlung, München, Basel 69; Blösche, L.: Belohnung und Bestrafung im Lernexperiment, Graz 69; Streckle, B.: Strafe als Erziehungshilfe. Die Rolle der Strafe in der Pädagogik der Gegenwart, München 69.
57. dazu den Beitrag von Rotten, E., bei Netzer, Die Strafe in der Erziehung.
58. cf Gabert, E.: Die Strafe in der Selbsterziehung und in der Erziehung des Kindes, Stuttgart 51.
59. dazu Foerster, F. W.: Autorität und Freiheit, Kempten 10, 1. Teil.
60. Pestalozzi, Stanser Brief; Makarenko, im ›Pädagogischen Poem‹, Flanagan in Oursler, W.: Pater Flanagan von Boys Town, Baden-Baden 51.

Sechstes Kapitel

1. Caillois, R.: Über Wesen und Einteilung der Spiele, in: Diogenes 1956; ders.: Les Jeux et les Hommes, Paris 58; Bally, G.: Vom Spielraum der Freiheit, Basel 66; Zdarzil, H.: Zur Theorie des menschlichen Spiels, in: Ritzel, W. (ed): Rationalität – Phänomenalität – Individualität, Bonn 66.
2. in Anlehnung an Einteilungen bei Bühler, Ch.: Kindheit und Jugend, Göttingen 67 (4); dazu auch die Theorien von Groos, K.: Die Spiele der Menschen, Jena 1899 und Buytendijk, F. J. J.: Wesen und Sinn des Spiels, Berlin 33.
3. Bühler, aaO, S. 135.
4. Überblick zum Thema und zur dazugehörigen Literatur bei Samstag, K.: Informationen zum Lernen im Vorschulalter, Bad Heilbrunn 71.
5. Darstellung des gesamten Problems, allerdings nicht ohne eine gewisse Akzentuierung in der Literaturauswahl und den einzelnen Abhandlungen, gibt Roth, H. (ed): Begabung und Lernen, Stuttgart 69 (3).
6. cf Crott, H.: Experimentelle Untersuchungen zum Verhandlungsverhalten in kooperativen Spielen, in: ZfPsych, 1971, H. 1, S. 61; Hass, I.: Kinder. Theater und Spiel – aber wie?, in: WPB 2971, S. 65 ff.; Hetzer, H.: Spiel als zwecklose und doch sinnvolle Betätigung, in: Lebendige Schule, 1966, S. 45 ff.; Huber, F.: Spielen und Spiele in der Schule, in: Lebendige Schule, 1966, S. 48 ff., Moor, P.: Die Bedeutung des Spieles in der Erziehung, Stuttgart 68 (2); Retter, H.: Probleme der päd. Forschung im Rahmen einer Pädagogik des Spiels und der Spielmittel, in: Päd. Rundschau, 1971, H. 3, S. 190 ff.; Schlaf, B.: Spielformen und Altersstufen, Päd. Hochschule Berlin 69 (nicht veröffentlichte wiss. Examensarbeit).
7. Spitz, R.: Die Entstehung der ersten Objektbeziehungen, Stuttgart 57.
8. Bruner, J. S., The Process of Education, Cambridge 61, abgedruckt (in Auszügen) bei Weinert, F.: Päd. Psych., Köln, Berlin 67, S. 105, interpretiert bei Samstag, aaO, S. 28 f.
9. Schlaf, B.: Spielformen und Altersstufen, Päd. Hochschule Berlin 69 (nicht veröffentlichte wiss. Examensarbeit).
10. Bally, G.: Vom Spielraum der Freiheit, Basel 66; Heidemann, I.: Philosophische Theorien des Spiels, in: Kant-Studien 58/59, S. 320 ff.; Kujawa, G. v.: Ursprung und Sinn des Spiels, Köln 49.
11. Bühler, K.: Die Krise der Psychologie, Jena 27, S. 192 ff.
12. Bally aaO; Überblick über einschlägige Spieltheorien gibt Scheuerl, H.: Beiträge zur Theorie des Spiels, Weinheim o. J.
13. Fröbel, F.: Die Menschenerziehung, Berlin 51, cf dort § 29 f. sowie § 68 und die folgenden, schließlich auch § 97; dazu auch Fröbels Theorie des Spiels, I, II, III (I Weimar 47; II, III, ed. Blochmann, E. u. a., Weinheim 62).
14. dazu Jean Pauls Ansichten über das Spiel (im Auszug wiedergegeben bei Scheuerl, Beiträge, S. 50 ff.); dazu auch Schleiermachers Ansicht (ebenfalls bei Scheuerl); cf dazu auch Huizingas Interpretation des Spiels als eines »Superabundans« in: Huizinga, J.: Homo ludens, Hamburg 56, S. 11; außerdem Jünger, F. G.: Die Spiele. Ein Schlüssel zu ihrer Bedeutung, Frankfurt 53.
15. cf Bollnow, O. F.: Das Wesen der Stimmungen, Frankfurt 56.

16. ibid., S. 165; dazu auch ders.: Neue Geborgenheit, Stuttgart 55, bes. 196f., 234f., 237f.
17. wiedergegeben bei Scheuerl, H.: Spiel und Bildung, in: WPB 1955, H. 8.
18. cf Moor, P.: Die Bedeutung des Spiels in der Erziehung, Stuttgart 62; zum Fiktionalismus cf Claparèdes Deutung des Spiels als eine Welt des Als-ob (Scheuerl, Beiträge, S. 14).
19. Schiller, Briefe über die ästhetische Erziehung des Menschen; Huizinga aaO.
20. so vor allem bei Groos, K.: Die Spiele der Menschen, Jena 1899, und ders.: Die Spiele der Tiere, Jena 30.
21. cf dazu bei Scheuerl, Beiträge, in der Einleitung die Hinweise auf das »Motiv der heimlichen Überlistung zur Übung« (S. 7) durch das Spiel, eine Theorie, die u.a. bei Locke, Fénelon und bei den Philantropen zu finden ist.
22. Hetzer, H.: Spiel als zwecklose und doch sinnvolle Betätigung, in: Lebendige Schule, 1966, S. 45ff., vor allem aber als umfassende Darstellung der pädagogischen Theorie des Spiels und ihrer Geschichte. Scheuerl, H.: Das Spiel. Untersuchungen über sein Wesen, seine pädagogischen Möglichkeiten und Grenzen, Weinheim 54.
23. Scheuerl, Das Spiel, aaO.
24. Huizinga, Homo ludens; so aber schon bei Fröbel, dessen Spieltheorie, vor allem aber die Theorie der Spielgaben (cf Fröbels Theorie des Spiels, Folge I, II, III) auf dem Symbolismus des Spiels aufbaut (dazu noch Bollnow, O.F.: Die Pädagogik der deutschen Romantik . . ., Stuttgart 52; Heiland, H.: Die Symbolwelt F. Fröbels, Heidelberg 67).
25. Brandenstein, B. v.: Der Mensch und seine Stellung im All, Einsiedeln, Köln 47, S. 258ff., 268ff.
26. Bollnow, Stimmungen, aaO, S. 165.
27. cf dazu die von Kant, Dewey und von Sergius Hessen behauptete entwicklungsgemäße Stufenfolge von Spiel und Arbeit (Kant, I.: Kritik der Urteilskraft, S. 78ff., Reclam, Leipzig 44; Dewey, J.: Wie wir denken, Zürich 51, S. 171; Hessen, S.: Fröbel und Montessori. Versuch einer philosophischen Theorie des Spiels, in: Die Erziehung, 1926, S. 65ff.); zum Gesagten vor allem auch Scheuerl, Beiträge, S. 17, S. 106ff.
28. dazu die Ansichten von Schaller, J.: Das Spiel und die Spiele, Weimar 1861; Lazarus, M.: Über die Reize des Spiels, Berlin 1883 (cf Scheuerl, Beiträge, S. 11f., 63ff., 70ff.); so auch Guts Muths, I.Ch.F. (cf die bei Scheuerl, Beiträge abgedruckte Textstelle, S. 35ff.).
29. Freud, S. (Textstelle bei Scheuerl, Beiträge); außerdem Schultz-Hencke, Der gehemmte Mensch, Stuttgart 47 (2).
30. Schiller und Spencer, H. (cf die bei Scheuerl, Beiträge, abgedruckte Textstelle); Hall, St., Adolescence, New York 04; dazu auch Groos, K.: Das Spiel als Katharsis, Jena 22 (2)
31. Lorenz, K.: Beiträge der Zoologie zum Selbstverständnis des Menschen, in: Das ist der Mensch, Stuttgart 59, S. 21ff.; ders.: Über tierisches und menschliches Verhalten, München 65.
32. cf Baer, U.: Ein Modell für emanzipierende Erziehung und das Entscheidungsspiel, in: deutsche jugend, 1969.
33. Oursler, W.F.: Pater Flanagan von Boys Town, Konstanz, Stuttgart 61 (3).

34. Brocher, T.: Gruppendynamik und Erwachsenenbildung, Braunschweig 67.
35. Zum Spieltrieb cf Fröbel, Menschenerziehung, § 29 f.; dazu auch Scheuerl, Beiträge, S. 7.
36. dazu Bühler, K.: Die geistige Entwicklung des Kindes, Jena 29 (5); Bühler, Ch.: Kindheit und Jugend Göttingen 67 (4); vor allem auch Hetzer, H.: Die Entwicklung des Spiels in der Kindheit, in: Beitr. z. päd. Psych. (ed Hansen, W.), Münster 33.
37. Rang, M.: Erwachsener und Kind, WPB 1964, H. 10.
38. ibid.
39. Begriff von Lange, K., übernommen aus Scheuerl, Beiträge, S. 13; ähnlich auch bei Bühler, K.: Die geistige Entwicklung des Kindes, Jena 30 (6), dort S. 331.
40. cf. Groos, K.: Die Spiele der Menschen.
41. cf Dahrendorf, R.: Homo Sociologicus, Köln, Opladen 65 (5); McClelland, D.C. u.a.: The achievement motive, New York 53; Bronfenbrenner, U.: Freudian theories of identification and their derivatives, in: Child development Res., 1960, S. 15 ff.; Johnson, M.M.: Sex-role learning in the nuclear family, in: Child development Res., 1963/64, S. 319 ff.
42. Hetzer, H.: Spiel und Spielzeug für jedes Alter, Lindau 65 (8); dies u.a.: Kinderspiel im Freien, München, Basel 66.
43. Zimmer, H.M.: Spiel und Spielzeug in der Erziehung, in: Die Bayrische Schule, 1970, S. 16 f.
44. Die Duldung von Umwegen für die ›schöpferische Freiheit‹ im ›produktiven Denken‹ ist Voraussetzung, daß spielerische Phantasie im Problemlösungsverhalten fruchtbar werden kann; cf Metzger, W.: Schöpferische Freiheit, Frankfurt 62 (2).
45. Es ist interessant, daß in den vielen Beiträgen zum Modethema Kreativität diese Beziehung bislang noch so gut wie gar nicht analysiert worden ist, obwohl doch von da aus der beste anthropologische Zugang zum Thema Kreativität zu erlangen wäre.
46. Lipps, H.: Der Spieler und das Abenteuer, in: Die menschliche Natur, Frankfurt 41, S. 119 ff.
47. dazu Ortega y Gasset, Über die Jagd; ebenso auch Hemingway, Die grünen Hügel Afrikas.
48. Hahn, K., in: ›Die Zeit‹, vom 27. 6. 57; Röhrs, H. (ed): Bildung als Wagnis und Bewährung. Eine Darstellung des Lebenswerks von Kurt Hahn, Heidelberg 66; Schwarz, K.: Die Kurzschulen Kurt Hahns. Ihre päd. Theorie und Praxis, Ratingen 68.
49. so Schiller: der ›Spieltrieb‹ als Vereinigung und Ausgleich von ›Sachtrieb‹ und ›Formtrieb‹ (cf 14. Brief).
50. Fink, Eu.: Oase des Glücks. Gedanken zu einer Ontologie des Spiels, Stuttgart 57.
51. Huizinga, Homo ludens aaO.
53. ibid. S. 11.
52. dazu die genannten Publikationen und Beiträge von Bally, Kujawa, Fink, Zdarzil u.a.
54. Fink, Eu.: Spiel als Weltsymbol, Stuttgart 60.

55. Fink, Oase des Glücks, aaO.
56. Scheuerl, Beiträge, S. 8; vor allem aber ders.: Spiel und Bildung, WPB aaO.
57. cf die Angaben bei Scheuerl, Beiträge, S. 7f.
58. Montessori, M.: M. Erziehung für Schulkinder, Stuttgart 26, S. 312, 231, 233; cf dazu auch die Gegenüberstellung bei Hessen, S.: Fröbel und Montessori, aaO.
59. Kerschensteiner, G.: Produktive Arbeit und ihr Erziehungswert, in: Grundfragen der Schulorganisation, München 59 (8).
60. Demokratie und Erziehung, Braunschweig u.a. 49 (2), S. 257ff.
61. Geißler, E. E.: Analyse des Unterrichts, Bochum 73, 1. Teil.
62. Geißler, E. E.: Herbarts Lehre vom erziehenden Unterricht, Heidelberg 70.
63. Fend, H.: Konformität und Selbstbestimmung, Weinheim 71, S. 100 ff.
64. Helm, J.: Über den Einfluß affektiver Spannungen auf das Denkhandeln, Zf Psych. 1954; Bartmann, Th.: Psychologie der Lern- und Erziehungsschwierigkeiten, Bochum 71, Abschn 2.5.
65. Winnefeld, F.: Psychologische Analyse des päd. Lernvorgangs, in: Handb. Psych. X/93 ff.
66. Geißler, E.E.: Analyse des Unterrichts, 2. Teil.
67. Geißler, Herbarts Lehre . . . aaO, S. 116 ff.
68. Geißler, Analyse des Unterrichts, 1. und 2. Teil.
69. cf Oerter, R.: Psychologie des Denkens, Donauwörth 71, Abschn.: ›Gefühl‹ und Denken.
70. Hetzer, H.: Faule Schüler, in: Lebendige Schule 1954, S. 21; Mierke, K.: Konzentrationsfähigkeit und Konzentrationsschwäche, Bern, Stuttgart 57.
71. Mierke aaO, S. 94.
72. Mierke, K.: Wille und Leistung, Göttingen 55.
73. Flitner, A.: Die Bildungsfunktion des Spiels, in: Hauswirtsch. Bildung, 1970, S. 3 ff.
74. angegeben bei Spieler, J.: Erziehungsmittel, Luzern 44, S. 115.
75. cf Scheuerl, H.: Das Spiel, Weinheim 54.
76. Scheuerl aaO.
77. weshalb nicht umsonst in der Rollentheorie vom *Spielen* einer Rolle gesprochen wird; cf Dahrendorf, Homo Sociologicus.
78. cf die Auseinandersetzung bei Paffrath u.a. (2. Kap. dieser Arbeit).
79. zusammenfassende Darstellung bei Flammer, A.: Transfer und Korrelation, Weinheim 70.
80. Lehmensick, E.: Die Theorie der formalen Bildung, Göttingen 26.
81. cf Flammer aaO.
82. ibid.
83. Saatmann, L.: Kinder spielen sich gesund, Stuttgart 52; Zulliger, H.: Heilende Kräfte im kindlichen Spiel, Stuttgart 52.
84. Geißler, E.E.: Analyse des Unterrichts; Höhn, E.: Der schlechte Schüler, München 67.
85. ein in seiner Breite noch beinahe völlig unbearbeitetes Gebiet, wenn man von dem besonderen Gebiet des Programmierten Unterrichts einmal absieht.
86. Arndt, M.: Didaktische Spiele für Familie, Kindergarten und Hort, Schulkindergarten und Vorschule, Stuttgart 70.

87. cf Künkel, F.: Charakter, Wachstum und Erziehung, Leipzig 31.
88. Richter, H.E.: Eltern, Kind, Neurose, Stuttgart 63.
89. ibid.
90. Saatmann und Zulliger, aaO.
91. wie sie ähnlich auch bei der Katharsisfunktion auftreten; cf Groos, K.: Das Spiel als Katharsis, Jena 22.
92. Crott, H.: Experimentelle Untersuchungen zum Verhandlungsverhalten in kooperativen Spielen, in: ZfPsych, 1971, H. 1, S. 61 ff.
93. außer Zulliger noch Hetzer, H.: Die psychodiagnostische Bedeutung des Spiels geistig behinderter Kinder, in: Psych. und Päd. 1967, S. 207.
94. Saatmann und Zulliger aaO.
95. Saatmann aaO, Absch.: Ziel und Weg des Heilspiels.
96. ibid., Abschn.: Wie gelangt das Kind zu seinem Heilspiel?
97. Richter: Eltern, Kind, Neurose, aaO.
98. Moor, P.: Die Bedeutung des Spiels in der Erziehung, Stuttgart 62.
99. Hetzer, H.: Spielpädagogik für die Welt von morgen, in: Lebendige Schule, 1971, S. 169 ff.
100. Haas, I.: Kinder. Theater und Spiel – aber wie?, in: WPB 1971, S. 65 ff.

Siebentes Kapitel

1. Überblick bei Kaiser, F.J.: Arbeitslehre, Bad Heilbrunn 71 (2); ders./Kielich, H. (ed): Theorie und Praxis der Arbeitslehre, Bad Heilbrunn 71.
2. Weinstock, H.: Arbeit und Bildung, Heidelberg 54.
3. Jünger, F.G.: Die Perfektion der Technik, Frankfurt 46; cf dazu auch Jungk, R.: Die Zukunft hat schon begonnen, Stuttgart 52; Meyer, H.J.: Die Technisierung der Welt, Tübingen 61.
4. zum Gesagten cf Weinstock aaO S. 58; außerdem Kwant, R.C.: Der Mensch und die Arbeit, München 64.
5. Buth, W.: Begriff und Wesen der Arbeit, in: VjschfwPäd. 1964, S. 34 ff.; außerdem Kluge, F./Götze, A.: Etymologisches Wörterbuch der deutschen Sprache, Berlin 57 (17).
6. Weinstock aaO, S. 44 ff., cf den dort vorgetragenen Bericht über den Roman Folke Fridell ›Eines toten Mannes Hand‹.
7. Art. ›Arbeit‹ in: Wörterbuch der Soziologie, Stuttgart 69, S. 38 ff.; dazu auch Handwörterbuch der Sozialwissenschaften, Stuttgart, Tübingen, Göttingen, 56, Bd. 1, S. 229.
8. Mayo, E.: Probleme der industriellen Arbeitsbedingungen, Frankfurt o. J.
9. Weinstock, aaO, 3. Kap.: Die mechanische Arbeit.
10. dazu u.a.: Weber, M.: Zur Psychophysik der industriellen Arbeit, in: Ges. Aufs. zur Soziologie und Sozialpsych., Tübingen 24; Popitz, A. u.a.: Technik und Industriearbeit, Tübingen 57.
11. Lacroix, J.: Vom Sinn der Arbeit, in: Dokumente, München u.a. 1952, S. 403 ff.; dazu auch Nell-Breuning, O.: Kap. ›Arbeit‹ in: Wörterbuch der Politik, Freiburg 54.

12. weshalb denn auch in beiden Abhandlungen starke Bedenken gegen eine einseitige Auslegung des 3. Kap. des Genesis-Berichtes angemeldet werden: Die Wirkfähigkeit des Menschen, die beglückende Erfüllung der Anlagen und Fähigkeiten sei wohl durch den Sündenfall getrübt worden. Die Mühsal der Arbeit sei indes nicht als Fluch, sondern als Sühne zu begreifen, somit Heilmittel und Segen. Der Charakter der Buße entwürdige Arbeit nicht, sondern adle sie geradezu auf besondere Weise.

13. MEW 23, S. 56 (»Um ihn hervorzubringen, bedarf es einer bestimmten Art produktiver Tätigkeit.«)

14. MEW 23, S. 57.

15. Glaeser, B.: Arbeit und Freiheit bei Marcuse, in: Zsch. f. phil. Forschung, Bd. 24, Meisenheim 1970, S. 589 ff.; Neumann, G.: Zur gesellschaftlichen und individuellen Funktion der Arbeit, in: Die deutsche Berufs- und Fachschule, 1971, S. 241 ff.

16. aaO, S. 229.

17. Wallner, E. M.: Soziologie. Einführung in Grundbegriffe und Probleme, Heidelberg 72, S. 218 f.

18. Wörterbuch der Soziologie, aaO, S. 38.

19. ibid., S. 40.

20. Nowikowa, L. J.: Arbeit und sittliche Erziehung der heranwachsenden Generation, in: Pädagogik, 1967, S. 334 ff.; Weber, E.: Arbeit, Arbeitsschule, Arbeitserziehung, in: Päd. Welt, 1970, H. 1, S. 31 ff.

21. Weinstock aaO, S. 13 f.

22. mitgeteilt bei Lacroix aaO; cf auch Weinstock aaO, S. 18.

23. MEW 20, S. 444.

24. cf. Marx, K.: Nationalökonomie und Philosophie, Köln u.a. 50, vor allem S. 181, 243: »Das Große an der Hegelschen Phänomenologie und ihrem Endresultate – der Dialektik der Negativität als dem bewegenden und erzeugenden Prinzip – ist also einmal, daß Hegel . . . das Wesen der Arbeit faßt und den gegenständlichen, wahren, weil wirklichen Menschen als Resultat seiner eigenen Arbeit begreift.«

25. dazu Weinstock aaO, S. 12 f., vor allem auch S. 15.

26. ibid.

27. Weinstock aaO, S. 81 teilt einen Ausruf Liebknechts mit: »Wir kämpfen um die Pforten des Himmels!« Auf S. 83 zitiert Weinstock einen Ausspruch des Hegelianers Runge, »der den Arbeiter zum ›Vater des Menschen‹ erhebt und die Arbeit ›als einen sich selbst gebärenden Gott‹ feiert, der ›den Menschen zum Menschen macht‹«.

28. Weinstock aaO, S. 13.

29. Lacroix und Nell-Breuning aaO.

30. Kollegstufe NW. Strukturförderung im Bildungswesen des Landes Nordrhein-Westfalen. Eine Schriftenreihe des Kultusministers, Ratingen u.a. 72, H. 17, dort S. 19 f.

31. Welty, E.: Vom Sinn und Wert menschlicher Arbeit, Heidelberg 46.

32. Aus päd. Schriften, Berlin, Leipzig 48, S. 21, entnommen aus Ogorodnikow/Schimbirjew: Lehrbuch der Pädagogik, Leipzig 71.

33. cf dazu auch den erwähnten Aufsatz von Nowikowa, in: Pädagogik 1967.

34. Bildung und Wissen, Frankfurt 47, S. 26.
35. ibid.
36. so schon bei Spranger, cf Grundlegende Bildung, Berufsbildung, Allgemeinbildung, in: Kultur und Erziehung, Leipzig 19, S. 25.
37. Mühl, H.: Bildung oder Leistung, Bonn-Bad Godesberg 71.
38. Bildung und Wissen, S. 6.
39. cf die Beiträge von Alexander, F.: Homöostase und überschüssige Energie, S. 474 und Davis, R.C.: Die Domäne der Homöostase, S. 479 bei Thomae, H. (ed): Die Motivation menschlichen Handelns, Köln, Berlin 70 (6); dazu auch Schiefele, H.: Motivation im Unterricht, München 63 (2).
40. Packard, V.: Die geheimen Verführer. Der Griff nach dem Unbewußten in jedermann, Düsseldorf 72.
41. cf Anm. VII/39.
42. cf Bexton, W.H./Heron, W./Scott, T.H.: Effects of decreased variation in the sensory environment, in: Canadian Journal of Psychol., 8/1954, S. 70ff.
43. Oerter, R.: Psychologie des Denkens, Donauwörth 71, dort bereits im Vorwort, auch in der Einleitung.
44. Sämtliche Werke, Bd. IV, WdL, 2. T., Leipzig 23, S. 58.
45. cf zum Gesagten Rosenfeld, R.: Theorie und Praxis der Lernmotivation, Berlin (Ost) 65.
46. Mead, G.H.: Geist, Identität und Gesellschaft, Frankfurt 68; Krappmann, L.: Soziologische Dimensionen der Identität, Stuttgart 71.
47. Kaiser, F.J.: Arbeitslehre, Bad Heilbrunn 71; Wehnes, F.J.: Arbeitslehre und polytechnische Bildung, in: Neue Wege zum Unterricht, 1970, H. 1, S. 2ff.
48. cf Abschn. 5,2.4 d.A.
49. Geißler, E.E.: Analyse des Unterrichts, Bochum 73, 3. Teil.
50. Kelly, G.A.: Der Motivationsbegriff als irreführendes Konstrukt, in: Thomae Motivation aaO, S. 498ff.
51. cf Abschn. 6.1.1.2 d.A.
52. cf Helm, J.: Über den Einfluß affektiver Spannungen auf das Denkhandeln, ZPsych 1954, S. 23, Dembo, T.: Der Ärger als dynamisches Problem, in: Psych. Forschung 1931, S. 1–144.
53. Mierke, K.: Konzentrationsfähigkeit und Konzentrationsschwäche, Stuttgart 57.
54. Bislang ist noch nicht geklärt, in welchem Umfang gestalttheoretische Überlegungen in diesen Begriff der Vollendungstendenz eingehen. Zumindest ist eine deutliche Nähe feststellbar und für Arbeitspädagogik wäre eine von daher anzusetzende Interpretation sicherlich von einigem Nutzen.
55. cf dazu Rosenfeld, Motivation aaO, Abschn. 1,2, S. 11f.
56. cf dazu Arendt, H.: Vita activa oder vom tätigen Leben, Stuttgart 60.
57. Kaiser/Kielich aaO.
58. dazu Weinstocks Hinweis aaO, S. 28 auf Goethes Ablehnung der »Alleinherrschaft der ›Arbeitsschule‹«.
59. wiederabgedruckt in Reble, A. (ed): Die Arbeitsschule, Bad Helbrunn 64 (2).
60. Kerschensteiner G.: Begriff der Arbeitsschule, München u.a. 61 (14), dort S. 10ff.; dazu auch Wilhelm, Th.: Die Pädagogik Kerschensteiners, Stuttgart 57, vor allem Teil 1; ebenso Wehle, G.: Praxis und Theorie im Lebenswerk Georg Kerschensteiners, Weinheim u.a. 56.

61. Begriff der Arbeitsschule.
62. ibid. S. 10f.
63. cf Anm. VII/36; Spranger, E.: Kultur und Erziehung, Leipzig 19, S. 25.
64. ibid., S. 27.
65. cf Kollegstufe NW (Anm. VII/30).
66. Ferrière, A.: L'école active, deutsch: Weimar 28, S. 9; die folgenden Zitate, die ich nicht einzeln belege, entstammen den S. 149ff.
67. KdrV A 50.
68. Rascher-Ausgabe IX/S. 142f.
69. Aebli, H.: Psychologische Didaktik, Stuttgart 63.
70. ibid. S. 85.
71. ibid.
72. zum Schrifttum Gaudigs cf die der von Lotte Müller besorgten Textauswahl: Schule der Selbsttätigkeit, Bad Heilbrunn 63, beigefügte Bibliographie. – Scheibners Zitat ist entnommen aus Scheibner, O.: Arbeitsschule in Idee und Gestaltung, Heidelberg 62 (5), S. 75ff. (Abschn. IV).
73. Der Text der Kontroverse ist wiedergegeben in der 2. Aufl. der von Reble besorgten Ausgabe: Die Arbeitsschule, Bad Heilbrunn 62, S. 108ff. Unsere Zitate sind diesem Abschnitt entnommen.
74. Arbeitsschule in Idee und Gestaltung aaO, S. 7ff.; von dort auch die folgenden Zitate.
75. Die Schule im Dienste der werdenden Persönlichkeit, Leipzig 30, S. 66.
76. aus der gleichen Schrift; die folgenden Zitate sind dem Kap.»Methode« S. 48ff. entnommen.
77. cf zum Ganzen auch den Abschnitt»Gaudigs freie geistige Arbeit« bei Wößner, G.: Lernen und Lehren, Stuttgart o. J.
78. Gaudig dürfte wohl einer der ersten gewesen sein, der in dieser bestimmten Weise von»selbstbestimmt« gesprochen hat.
79. Reble aaO, S. 118.
80. cf Gaudig, H.: Didaktische Ketzereien, Leipzig, Berlin 1915 (3).
81. Begriff der Arbeitsschule aaO, dort im Abschn. ›Der päd. Begriff der Arbeit‹, aus dem die folgenden Zitate stammen.
82. Die folgenden Ausführungen stützen sich nur noch beiläufig auf Kerschensteiner, zumal es ja in dieser Abhandlung nicht darum gehen kann, dessen Texte einfach zu referieren. Kerschensteiner kennt nur fünf Merkmale pädagogischer Arbeir, die zum Teil auch inhaltlich etwas anders orientiert sind. Cf zum Ganzen auch Reble aaO, S. 185.
83. Reble aaO, S. 37.
84. In Anlehnung an Burger, E.: Arbeitspädagogik, Leipzig 23, dort 2. Kap.

Achtes Kapitel

1. Textauswahl zum Thema: Netzer, H.: Der Wetteifer in der Erziehung, Weinheim 60.
2. Trübners Deutsches Wörterbuch weist Wettkampf und Wettstreit als Synonyma aus.

3. cf Netzer aaO.
4. angegeben bei Nietzsche, Homers Wettkampf, Kröner 22, Bd. 1; cf auch Textabschnitt bei Netzer.
5. cf Bollnow, O.F.: Einfache Sittlichkeit, Göttingen 47 (10).
6. mitgeteilt bei Nietzsche aaO.
7. so schon bei Kant; cf Bollnow, O.F.: Kant und die Pädagogik, in: WPB 1954, H. 2, S. 49 ff.
8. Ich übernehme das Zitat aus Pieper, J.: Über das christliche Menschenbild, München 50, S. 17 f
9. Umriß päd. Vorlesungen § 8; cf Geißler, E.E.: Herbarts Lehre vom erziehenden Unterricht, Heidelberg 70, S. 94 f.
10. Jaeger, W.: Paideia. Die Formung des griechischen Menschen I, II, III, Berlin u.a., 36-47.
11. Weber, M.: Die protestantische Ethik und der Geist des Kapitalismus, in: Ges. Aufsätze zur Religionssoziologie, Bd 11, 47 (4), S. 17–206.
12. McClelland, D.C.: Die Leistungsgesellschaft, Stuttgart u.a. 66.
13. Kluckhohn, F.R.: Dominant and variant value orientations, in: Kluckhohn, C./Murray, H.A. (ed): Personality in nature, society and culture, New York 53 (2), S. 342 ff.
14. das gilt selbst für gelenkte Wirtschaftssysteme, cf Lehmann, H./Zieten, H.: Effektivität und Wettbewerb, Berlin (Ost) 69.
15. Vontobel, J.: Leistungsbedürfnis und soziale Umwelt, Bern, Stuttgart, Wien 70.
16. Graumann, C.F.: Einführung in die Psychologie, Bd. 1, Motivation, Bern, Stuttgart 71 (2), S. 3.
17. ibid., Abschn. 5.6.2, S. 112 f.; außerdem Heckhausen, H.: Motivation der Anspruchsniveausetzung, in: Thomae, H. (ed): Die Motivation menschlichen Handelns, Köln, Berlin 70 (6), S. 231 ff., bes. 236.
18. Halsey, A.H./Flond, J./Anderson, C.A. (ed): Education, Economy and Society, New York 61; cf dazu auch Mühl, H.: Bildung oder Leistung, Bonn-Bad Godesberg 71.
19. Adorno, Th.W.: Zum Verhältnis von Soziologie und Psychologie, in: Sociologica I, Frankfurt 55, S. 32.
20. Habermas, J.: Erkenntnis und Interesse, Frankfurt 68, S. 117.
21. Hoppe, F.: Das Anspruchsniveau, in: Thomae aaO, S. 217; cf vor allem den Beitrag von Heckhausen im gleichen Band S. 231 ff. und die Zusammenstellung bei Graumann, Motivation, aaO, S. 116.
22. Löwe, H.: Probleme des Leistungsversagens in der Schule, Berlin (Ost) 71 (2).
23. Wasna, M.: Die Entwicklung der Leistungsmotivation, München, Basel 70; Fokken, E.: Die Leistungsmotivation nach Erfolg und Mißerfolg in der Schule, Hannover 66; Kemmler, L.: Erfolg und Versagen in der Grundschule, Göttingen 67; für den allgemein gesellschaftlichen Bereich cf Fürstenberg, F.: Das Aufstiegsproblem in der modernen Gesellschaft, Stuttgart 69 (2); dazu auch Daheim, H.J.: Der Beruf in der modernen Gesellschaft, Köln, Berlin 67.
24. u.a. Gaude, P./Teschner, W-P.: Objektivierte Leistungsmessung in der Schule, Frankfurt 70.
25. nach Heckhausen, H.: Hoffnung und Furcht in der Leistungsmotivation, Meisenheim 63

26. Rosen, B.C.: Race, ethnicity and the achieving syndrome, in: American Sociological Rev., 1959; Strodtbeck, F.L.: Family integration, values and achievement, in: Halsey, A.H. u.a.: Education, economy and society aaO, S. 316ff.
27. Mollenhauer, K.: Sozialisation und Schulerfolg, Oevermann, U.: Schichtenspezifische Formen des Sprachverhaltens und ihr Einfluß auf die kognitiven Prozesse, beide in: Roth, H. (ed): Begabung und Lernen, Stuttgart 69 (3).
28. cf Krappmann, L.: Soziologische Dimensionen der Identität, Stuttgart 71, Abschn. 4, S. 132ff.
29. Adorno aaO, S. 29.
30. cf Lichtenstein-Rother, I. (ed): Schulleistung und Leistungsschule, Bad Heilbrunn 71.
31. im 2. Buch des Emile (Übersetzung von Esterhues, Paderborn 62 (2), vor allem S. 141ff.
32. Emile aaO, S. 78.
33. Umriß päd. Vorlesungen § 19; außerdem die Darstellung von Tuiskon Ziller ›künstliche Reizmittel‹ in: Grundlegung zur Lehre vom erziehenden Unterricht, Leipzig 1865.
34. Didaktik als Bildungslehre, Freiburg 57 (6), S. 308f.
35. Ratio atque Institutio studiorum S.J., in: Monumenta Germaniae Paedagogica, Berlin 1887.
36. in: Pädagogik, 11. Kap. Stuttgart, Berlin 11.
37. Vom Ethos des Sports, in: Die Sammlung 1951, zum Teil wiederabgedruckt bei Netzer aaO, S. 80ff.; cf dazu auch Nohls Aufsatz: Der Wetteifer in der Schule, in: Erziehung 1929, ebenfalls teilweise bei Netzer aaO.
38. Homo ludens, Hamburg 56.
39. Bexton, W.H./Heron, W./Scott, T.H.: Effects of decreased variation in the sensory environment, in: Canadian Journal of Psychol., 1954, S. 70ff.
40. Ausschuß Deutscher Leibeserzieher: Der Wetteifer, Frankfurt, Wien 62.
41. ibid.; cf dazu auch noch Correll, W.: Päd. Verhaltenspsych., München, Basel 71; S. 23, 187, 128, 189.
42. dazu auch den Beitrag ›Wetteifer‹ bei Spieler, J. (ed): Erziehungsmittel, Luzern 44.
43. Hofstätter, P.R.: Gruppendynamik, Hamburg 65, cf S. 53ff.: »Das Miteinander wird sichtbar«.
44. ibid. S. 45f.
45. Mills, Th.M.: Soziologie der Gruppe, München 69; Übersicht über Literatur zum Thema ›Gruppe‹ s. im Anhang zu diesem Band.
46. Hofstätter aaO, S. 27f.
47. ibid.
48. Deutsch, M.: An Experimental Study of the Effects of Cooperation and Competition upon Group Process, in: Human Relations II, 1949.
49. Richter, H.E.: Die Gruppe, Hamburg 72.
50. cf die genannten Veröffentlichungen von Mills, Richter, Hofstätter; außerdem, Newcomb, Th.M.: Sozialpsychologie, Meisenheim 59, vor allem Kap. 7,8,15; Hartley, E.L./Hartley, R.E.: Die Grundlagen der Sozialpsychologie, Eerlin 55, vor allem Kap. 16, 17.
51. Mills aaO, Kap. 1, S. 22ff.

52. Die traditionelle amerikanische Soziologie und Sozialpsychologie hat diesen Prozeß der Assimilation als ihr Hauptthema betrachtet; ihr Hauptanliegen:»das Ich in die Gesellschaft zurückzuholen«, Goffman, E.: Role Distance, in: ders.: Encounters, Indianapolis, 66 (3), S. 120.
53. Ruppert, J.P.: Sozialpsychologie im Raum der Schule, Weinheim 54; ders.: Sozialpsychologie im Raum der Erziehung, Weinheim 57.
54. Mills aaO, Kap. 5; Hofstätter aaO, S. 92f.
55. sowohl bei Mills wie bei Hofstätter deutlich zu bemerken.
56. Homans, G.C.: Theorie der sozialen Gruppe, Köln, Opladen 60, S. 60, wenn »eine bestimmte Einheit der Aktivität eines Menschen der bestimmten Einheit der Aktivität eines anderen folgt«.
57. Da der Begriff alles umfaßt, von purer Nachahmung bis zur Sympathie/Antipathierelation, ist er als Globalbegriff ohne jede Trennschärfe.
58. Luft, J.: Einführung in die Gruppendynamik, Stuttgart 71 (mit Literaturübersicht); Ulich, D.: Gruppendynamik in der Schulklasse, München 71; dazu auch Brocher, T.: Gruppendynamik und Erwachsenenbildung, Braunschweig 67.
59. Drever, J./Fröhlich, W.D.: Wörterbuch zur Psychologie, München 68, Stichwort GD.
60. cf Brocher aaO.
61. Dietrich, G.: Bildungswirkungen des Gruppenunterrichts, München 69.
62. Hartley/Hartley: Grundlagen der Sozialpsych. aaO.
63. ibid.
64. Geißler, E.E.: Analyse des Unterrichts, Bochum 73, 3. Teil.
65. ibid.; cf Tausch/Tausch: Erziehungspsychologie, Göttingen 65 (2).
66. Geißler: Analyse des Unterrichts, 1. Teil, / 3. Teil.
67. Geißler aaO; dazu außerdem Geißler, E.E./Plock, H.: Hausaufgaben – Hausarbeiten, Bad Heilbrunn 70.
68. Richter, Gruppe aaO.
69. Geißler aaO.

Sachverzeichnis

Neubearbeitung

Rudolf Seiß
Allgemeine
Psychologie

Exemplarische Einführung für Pädagogen
Mit einem Anhang »Einführung in die
Deskriptionsstatistik« von Prof. Dr. Klaus
Steinhagen
2., erweiterte und verbesserte Auflage. 287
Seiten, 51 Abbildungen, zahlreiche Tabellen,
kartoniert DM 19,80

Aus dem Inhaltsverzeichnis:
Zur Didaktik der Psychologie im Rahmen
der Lehrerbildung.
Die Phänomene des Psychischen – Erleben
und Bewußtsein.
Reiz – physiologische Erregung und senso-
rische Qualität.
Die optische Wahrnehmung.
Gedächtnis, Lernen, Motivation.
Das Denken.
Anhang: Einführung in die Deskriptions-
statistik – Normalverteilung und Testnor-
men.

Auch diese Auflage steht unter dem didaktischen Aspekt, psychische Prozesse der unmittelbaren Erfahrung nahezubringen. Deshalb wird auch Vollständigkeit nicht angestrebt, sondern der Leser erfährt Details nur
insoweit, als sie zum Verständnis der Zusammenhänge notwendig sind.

Auf verbreiteten Wunsch wurde die Neu-
auflage mit einer Einführung in die beschrei-
bende Statistik versehen. Selbstverständlich
wurden die Ausführungen grundlegend aktualisiert und verbessert, womit der Autor
der Weiterentwicklung der Psychologie in
der letzten Zeit gerecht wird.

Anschauliche, nachvollziehbare Beispiele re-
gen den Leser an und bieten gleichzeitig eine
Rückbeziehung der Theorie auf das alltags-
sprachliche Vorverständnis.

Julius Klinkhardt
8173 Bad Heilbrunn